Huber Programmbereich Pflege

Wissenschaftlicher Beirat:
Silvia Käppeli, Zürich
Doris Schiemann, Osnabrück
Hilde Steppe, Frankfurt

Silvia Käppeli

Zwischen Leiden und Erlösung

Religiöse Motive in der Leidenserfahrung von krebskranken Juden und Christen

Verlag Hans Huber
Bern · Göttingen · Toronto · Seattle

Anschrift der Autorin:
Dr. Dr. phil. Silvia Käppeli
Leiterin Zentrum für Entwicklung,
Forschung und Fortbildung in der Pflege
Universitätsspital Zürich
Rämistraße 100
CH-8091 Zürich

Die Deutsche Bibliothek – CIP-Einheitsaufnahme

Käppeli, Silvia:
Zwischen Leiden und Erlösung : religiöse Motive in der
Leidenserfahrung von krebskranken Juden und Christen /
Silvia Käppeli. – Bern ; Göttingen ; Toronto ; Seattle : Huber, 1998
ISBN 3-456-82977-9

© 1998 Verlag Hans Huber, Bern
Satz: Jung Satzcentrum, Lahnau
Druck: Hubert & Co, Göttingen
Printed in Germany

Inhaltsverzeichnis

Vorwort 9
Einführung 11

Teil I: Vorgehen bei der Durchführung der Untersuchung . . 19

1. Forschungsfragen 19
2. Untersuchungsgegenstand 20
   2.1 Religion und Religiosität 20
   2.2 Religiöse Motive 23
   2.3 Leidenserfahrung 24
   2.4 Leidende Juden und leidende Christen 26
   2.5 Zur Form des Untersuchungsgegenstandes 27
3. Thesen 27
4. Methode der Datensammlung 28
   4.1 Auswahl der Untersuchungspersonen und Erstkontakt . . . 29
       4.1.1 Die Untersuchungspersonen in der Schweiz 30
       4.1.2 Die Untersuchungspersonen in Israel 34
       4.1.3 Statistik der Untersuchungspersonen 34
   4.2 Der Gesprächsprozeß 34
   4.3 Mein Gespräch mit Frau A. 38
   4.4 Mein Gespräch mit Herrn B. 52

Teil II: Wissenschaftliche Grundlagen 65

1. Forschungsgeschichte und -kritik 65
   1.1 Religion und Gesundheit 66
   1.2 Zusammenhang zwischen formaler Religionszugehörigkeit und
       krebsbezogener Morbidität und Mortalität 67
   1.3 Zusammenhang von Kirchen- und Gottesdienstbesuch,
       Teilnahme an Aktivitäten einer religiösen Kongregation
       und Gesundheit 69
   1.4 Zusammenhang zwischen formaler Religionszugehörigkeit
       und Krankheitsbewältigung 70
   1.5 Zusammenhang zwischen Religiosität und Sinnfindung
       sowie seelisch-geistigen Variablen der Krankheitsbewältigung . . . 71

    1.5.1 Religiöse Aktivität und Lebensqualität 71
    1.5.2 Lebenszufriedenheit 71
    1.5.3 Sinnfindung 72
    1.5.4 «Locus of control» 73
    1.5.5 Angst vor dem Tod 74
  1.6 Neuere Entwicklungen 75
  1.7 Zusammenfassung und Kritik 77
2. Erkenntnistheoretische Ansätze und Untersuchungsmethoden 82
  2.1 Phänomenologie 83
  2.2 Hermeneutik 85
  2.3 Die Interpretativen Sozialwissenschaften 86
    2.3.1 Symbolischer Interaktionismus 86
    2.3.2 Biographischer Ansatz 90
  2.4 Das Gespräch als Methode der Datensammlung 91
  2.5 Mein Vorgehen bei der Datenanalyse 93

Teil III: Leidensgeschichten 97

1. Umkehrgeschichten 97
  1.1 «Gottes Zurechtweisung ist eine zünftige Ohrfeige» 97
  1.2 «The cancer saved my life» 99
  1.3 «Jetzt ist das wie eine Wiedergeburt durch diese Krankheit» 101
  1.4 Beobachtungen zu den Umkehrgeschichten 103
  1.5 Vergleiche und Typisierung 105
2. Haderergeschichten 107
  2.1 «Ich tue Gott nichts mehr zuliebe» 107
  2.2 «Ich bin schon genug gestraft worden» 109
  2.3 «Es nützt nichts, wenn ich einfach tot bin» 111
  2.4 «Gott ist nicht gut, sonst würde er etwas unternehmen» 113
  2.5 Beobachtungen zu den Haderergeschichten 114
  2.6 Vergleiche und Typisierung 116
3. Ergebenheitsgeschichten 116
  3.1 «It is not about fighting» 116
  3.2 «Zufall war es bestimmt nicht» 119
  3.3 «Dein Wille geschehe» 119
  3.4 «Was man nicht selbst in die Hand nehmen kann,
      wird schon geregelt» 123
  3.5 Beobachtungen zu den Ergebenheitsgeschichten 123
  3.6 Vergleiche und Typisierung 124
4. Eine messianische Geschichte 125
  4.1 «When the work is done the Mashiach will come» 125
  4.2 Beobachtungen und Typisierung 127

5. Verklärungsgeschichten 128
   5.1 «It's going to be for joy, for his glory» 128
   5.2 «I know of things you don't know» 131
   5.3 «Ich erinnere mich, daß ich schwebte» 137
   5.4 «Plötzlich war alles irgendwie geistig» 139
   5.5 «Irgend etwas läuft» 141
   5.6 «Jemand hat ein böses Auge auf mich geworfen» 145
   5.7 Beobachtungen zu den Verklärungsgeschichten 147
   5.8 Vergleiche und Typisierung 148
6. Weitere Geschichten 150
   6.1 «Der liebe Gott versteht alle, die in ernster Andacht zu
      ihm sprechen» 151
   6.2 «Der Glaube hat nur bedingt zu tun mit Kirche» 153

Teil IV: Jüdische und christliche Leidenstraditionen 155

1. Lohn und Strafe 155
   1.1 Umschreibung des Vergeltungsglaubens 155
   1.2 Traditionen von Lohn und Strafe 156
   1.3 Sinn und Rechtfertigung göttlicher Vergeltung 159
   1.4 Umkehr statt Strafe 162
   1.5 Vergeltungserfahrungen 165
2. Vorwürfe gegen Gott 169
   2.1 Gott verhält sich falsch 169
   2.2 Gott gibt keine Antwort 169
   2.3 Gott ist ungerecht 170
   2.4 Gott beherrscht sich 171
   2.5 Gott verbirgt sich 171
   2.6 Gott handelt willkürlich 172
   2.7 Abkehr von Gott 173
3. Aufopferung 175
   3.1 Abraham und Isaak 175
   3.2 Der Gottesknecht und Jesus 178
4. Ringen um den Willen Gottes 179
   4.1 Hingabe an Gott 181
5. Annäherungen an die Endzeit 185
   5.1 Apokalyptische Strömungen 185
   5.2 Apokalyptisches Leidensverständnis 189
   5.3 Endzeitlicher Zerfall 189
6. Mystische Überhöhung 192
   6.1 «Gott alles in allem» 193
   6.2 Wege zu Gott 195

6.3 Leitfiguren	196
6.4 Geheimnisvolle Wandlungen	198

Teil V: Blickpunkte ... 203

1. Religiosität im Leiden ... 203
2. Motivik ... 204
3. Leiden: menschlich – jüdisch – christlich ... 211
4. Tradition wirkt ... 218
5. Vom Leiden zur Erlösung ... 224

Teil VI: Bibliographie und Verzeichnisse ... 227

1. Primärliteratur ... 227
2. Sekundärliteratur ... 228
3. Lexika ... 236
4. Abkürzungsverzeichnis ... 236
   4.1 Zeitschriften ... 236
   4.2 Biblische Bücher ... 238
   4.4 Qumran ... 238
   4.4 Außerkanonische Schriften neben AT und NT ... 238
   4.5 Rabbinisches Schrifttum ... 238
5. Stichwortverzeichnis ... 241

Vorwort

Dieses Buch basiert auf einer wissenschaftlichen Untersuchung, die für die Erlangung eines Doktorates in Philosophie im Fach Judaistik in Verbindung mit Pflegewissenschaft durchgeführt wurde. Ein besonderes Merkmal dieser Arbeit ist die judaistisch-pflegewissenschaftliche Interdisziplinarität der bearbeiteten Thematik. Das Buch wendet sich an Fachleute, welche Kranke pflegen, die von einem Krebsleiden mit ungewissem Ausgang, oder das in absehbarer Zeit zum Tode führen wird, betroffen sind.

Nach 25 Jahren berufsbedingten Nachdenkens über menschliches Leiden ist diese Arbeit ein Markstein im Prozeß meiner Auseinandersetzung. Daß diese einen jüdisch-christlichen Vergleich einschließt, ergibt sich ebenfalls aus meiner Biographie.

Im Zusammenhang mit dieser Untersuchung bin ich vielen Menschen zu großem Dank verpflichtet. Zu ihnen gehören alle Kranken, die mir ihre kostbare Zeit zur Verfügung stellten und mir Einblick in einen Teil ihrer Welt gewährten. Ich denke oft an sie. Prof. Dr. C. Thomas Inspiration, Mut und Weitsicht ermöglichten mir, «seine» Judaistik und «meine» Pflegewissenschaft im Sinne der Interdisziplinarität zu integrieren. Er hat auch mein Anliegen, Wissenschaft und Leben so zu verbinden, daß sie sich gegenseitig bereichern, unermüdlich unterstützt und mir sein umfassendes Wissen zur Verfügung gestellt. In Arbeitsphasen, in denen die Tage zu kurz und die Nächte zu lang wurden, war er mir ein Vorbild im Durchhalten. Für all dies danke ich ihm herzlich. Die Gastfreundschaft des Instituts für jüdisch-christliche Forschung der Hochschule Luzern hat viel dazu beigetragen, daß die theoretische Bearbeitung meiner Forschungsdaten ein Vergnügen war. Prof. Dr. U. M. Lütolf bin ich zu Dank verpflichtet, weil er mir erlaubte, die Kranken seiner Klinik zu studieren, und für seine kritische Beurteilung von Vorarbeiten zu dieser Studie. Seine Bereitschaft, sich als zweiter Begutachter an diesem interdisziplinären Projekt zu engagieren, bedeutet mir viel. Ich danke auch allen anderen, ohne deren Unterstützung diese Arbeit schwieriger gewesen wäre: denjenigen, die bereit waren, auf mich zu verzichten, damit ich in Ruhe arbeiten konnte, wie auch denjenigen, die mich dabei aktiv unterstützten. Dazu gehört Frau R. S. Völkle, die nicht müde wurde, die Filigranarbeit des Abschreibens der Manuskripte und der Textgestaltung mit aller Sorgfalt zu Ende zu führen. Dank gebührt auch Frau S. Rubin, die den Text mit Akribie und Ausdauer korrigierte. Schließlich verdanke ich der großzügigen finanziellen Unterstützung der Carl Gustav Carus Stiftung für psychosomatische Forschung, daß ich mich einen Monat von meiner Tätigkeit im Spital zurückziehen konnte, um an diesem Forschungsbericht zu schreiben.

Zürich, im März 1998

Einführung

Diese Einführung ermöglicht dem Leser einen Blick «hinter die Kulissen» der Untersuchung. Sie informiert über ihre Ursprünge und wissenschaftlich-theoretischen Hintergründe sowie vor allem auch über ihre interdisziplinären Besonderheiten. Im Anschluß daran gibt sie einen Überblick über die einzelnen Kapitel der Arbeit.

Der Titel dieses Buches «Zwischen Leiden und Erlösung» stellt eines der wichtigsten Ergebnisse dieser Untersuchung dar. Die religiösen Motive, welche die Leidenserfahrung der befragten Kranken prägen, deuten an, daß sie auf unterschiedliche Art auf ihre Erlösung hoffen oder sich aktiv darum bemühen. Nach dem ersten Schrecken der Krebserfahrung bedeutet Erlösung sowohl für Juden als auch für Christen vorerst einfach, zu leben, statt am Sterben oder schon tot zu sein. Die Transzendenz, welche der Leidenserfahrung religiös sensibler Menschen innewohnt, verleiht diesem Weiterleben jedoch gleichzeitig eine spirituelle Dimension. Die (vorläufige) Heilung der Krankheit kann das Ende einer von Gott verfügten Strafe, das Bestehen einer Glaubensprüfung, ein erworbenes Verdienst, eine Vereinigung mit dem Göttlichen oder die Befreiung von einem Bann bedeuten. Für manche heißt Erlösung jedoch Abkehr von der institutionellen Religion. In jedem Fall sind die Grenzen zwischen diesseitigen und eschatologischen Anteilen der Erlösung verwischt. Sie stellen Aktualisierungen der entsprechenden Leidenstraditionen dar.

Die krebskranken Juden und Christen, die in dieser Untersuchung zu Worte kommen, erzählen spontan, wie sie ihre Krankheit trifft und wie sie Religion und Religiöses im Leiden erleben. Viele von ihnen «nagen» an der Undurchschaubarkeit ihres Leidens. Sie machen sich Gedanken zum Prinzip göttlicher Lenkung und zur «Ordnung der Welt». Ihnen stehen keine großen theologischen oder literarischen Möglichkeiten zur Verfügung, um ihr Leiden zu deuten. Wenige kennen traditionelle religiöse Interpretationen von Leiden, die sie zur Verarbeitung ihrer Erfahrung zu Hilfe nehmen können. Auf ihre eigene Art finden sie schließlich trotzdem Erklärungen, die ihnen helfen, sich zurechtzufinden. Durch diese hindurch schimmern religiöse Motive jüdischer und christlicher Leidenstraditionen, die bis heute gültig sind.

«Krebs» ist zu einer Metapher geworden, die mit zerstörerischen Geschwüren, vernichtenden Schmerzen und qualvollem Sterben assoziiert wird. In der Bezeichnung der Krankheit als «bösartig» vermischen sich ein populär-medizinischer und ein moralischer Begriff, was den Schrecken gesunder Menschen vor der Krankheit noch vergrößert.

Bei an Krebs Erkrankten konkretisiert sich diese Metapher zur persönlichen aufwühlenden Erfahrung. Nicht selten möchten sie «bösartig» deshalb mit anderen Wörtern ersetzen:

«...und dieses ist bösartig! Warum sagt man dies nicht von Multipler Sklerose? Von der sagt man nicht, sie sei bös, und sie führt auch allmählich zum Tod. Wenn man Krebs gehabt hat im Körper, meint man, im Körper sei etwas Böses. Das gibt ein schlechtes Gefühl. Was hat überhaupt eine Krankheit mit bös zu tun? Man sagt von nichts sonst, es sei bös. Nicht einmal vom Tod...»[1]

Sie erleben, daß Krebs mit Wucht zuschlägt und sie, weitere Schläge befürchtend, «auf der Strecke läßt». Jeder und jede Krebskranke erlebt und deutet die Krankheit auf eigene Weise und macht sich auf eigene Weise Gedanken über Leben und Tod. Ihre Deutungen haben ihren Ursprung in der Biographie, Lebenswelt und im gegenwärtigen Lebenskontext der Kranken.

Als krebskrank diagnostiziert zu werden, bedeutet für die meisten Betroffenen, von etwas berührt zu werden, das jenseits aller sinnlichen Erfahrung liegt. Krebs als existentielle Bedrohung bewirkt bei ihnen ein Gefühl der Nichtigkeit angesichts ihres Ausgeliefertseins an die Willkür von etwas Unfaßbarem. Das Ausbleiben einer schlüssigen Antwort auf Fragen nach einer ursächlichen Erklärung (warum?) führt manche dazu, nach dem Sinn der Krankheit (wozu?) zu fragen. Dies deutet darauf hin, daß der krebsbedingten Leidenserfahrung ein numinoses, mystisches Element anhaftet, das bei den Kranken Reflexionen religiöser Art auslösen kann. Sie fragen dann: «Habe ich richtig gelebt?» «Ist die Krankheit ein Fingerzeig Gottes?» In ihrer Religion finden die Kranken nicht nur Deutungsmöglichkeiten für ihre Situation, sondern sie bietet ihnen Orte der Zuflucht und Hoffnung an. Die Legende vom Heiligen Peregrino (1265–1345 in Forlì, Italien) zeugt davon:

Peregrino war ein Aufständischer gegen den Papst. Während einer Demonstration griff er einen Gesandten des Papstes tätlich an. Danach bereute er jedoch sein Verhalten und trat einem Orden bei, um sein Leben hingebungsvoll Bedürftigen und Kranken zu widmen. Im Laufe dieser Zeit entwickelte sich an seinem Unterschenkel ein gangränös-stinkendes Krebsgeschwür, und er sollte deshalb amputiert werden. In der Nacht vor dem Eingriff betete Peregrino unter dem Kruzifix und schlief schließlich ein. Da träumte er, daß Christus sein Bein berührte. Als er erwachte, war der Krebs spurlos verschwunden. Daraufhin führte er seine Arbeit weiter, bis er an seinem 80. Geburtstag starb. 1609 wurde er heiliggesprochen. Untersuchungen seines Körpers im 17., 18. und 20. Jahrhundert stellten jeweils fest, daß dieser unversehrt war. So wurde San Peregrino zum Schutzpatron der Krebskranken, der von diesen für Heilung und Überleben angerufen werden kann.[2]

In der Pflege von jüdischen und christlichen Krebskranken in der Schweiz und in Israel glaubte ich ursprünglich festzustellen, daß jüdische Kranke mit ihrem Leiden anders umgehen als christliche. Meine Interpretation dieses Unterschiedes stützte sich auf die Annahme, daß ihre ethnisch-religiöse Zugehörigkeit und ihre kollektive leidgeprägte Geschichte ihre Krankheitsdeutung und -verarbeitung sowie die Art, in der sie dem Sterben begegnen, beeinflussen könnten. Diese Beobachtungen in der eigenen Pflegepraxis bewogen mich dazu, mich systematisch mit dieser Thematik auseinan-

---
[1] Gesprächsprotokoll Nr. 18
[2] Pack G. T., St. Peregrine O.S.M., The Patron Saint of Cancer Patients. *CA Cancer J Clin,* 17 (1967), 183–184

derzusetzen. Bei der Lektüre psychologischer, psychosomatischer und psychoonkologischer Literatur zur Krankheitsbewältigung erkannte ich aber rasch, daß sich diese nur mit den psychodynamischen, nicht aber mit spirituell-religiösen Aspekten befaßt. Zum Beispiel werden Sinnfragen meist nur gestreift. Meine Beobachtungen enthielten aber viele Episoden, in denen religiöses Gedankengut manchmal als klare Fragen, manchmal nur andeutungsweise und verhüllt erkennbar war. In der theologischen Literatur wird die Leidensbewältigung vor allem theoretisch abgehandelt.

In meiner Tätigkeit als Krankenschwester beobachte ich ferner, daß die formale ethnische und religiöse Zugehörigkeit der Kranken vom Pflegepersonal zwar zur Kenntnis genommen und respektiert, die von ihnen gelebte Religiosität jedoch kaum gewürdigt oder verstanden wird. Religiöse Aspekte der Krankheitsverarbeitung werden deshalb im Pflegealltag wenig wirksam unterstützt.

In dieser wissenschaftlichen Arbeit vertiefe ich mich deshalb in die subjektive Religiosität von Juden und Christen. Ich untersuchte Inhalt, Bedeutung und Funktion religiöser Motive, die den Kranken helfen, ihre Leidenserfahrung zu deuten, zu verarbeiten und auszudrücken. Die religiöse Dimension der Leidensverarbeitung anhand religiöser Motive zu untersuchen war eine methodologische Möglichkeit, die Thematik für die Forschung faßbar zu machen, ohne eine begriffliche Verengung zu riskieren. Dieser Ansatz ermöglichte mir auch, trotz des Fokus auf transzendenten Aspekten der Krankheitsverarbeitung, physische, psychische und soziale Anteile zu beachten.

Die gewählte Fragestellung hätte auch losgelöst von der empirischen Situation, in Form einer reinen Literaturbearbeitung als Frage nach der Deutung von Leiden in der jüdischen und in der christlichen Tradition ausgeführt werden können. In dieser Untersuchung geht es aber nicht darum, Antworten auf die Erfahrungen der Leidenden zu geben, wie dies die jüdische und die christliche Theologie und die Philosophie immer wieder versucht haben. Solche können den Leidenden zwar hilfreich sein. Die volkstümlichen «Verbiegungen» dieser Lehren deuten aber darauf hin, daß auch in den Mythen der Nicht-Gelehrten eine ungeheure Kraft liegt. Dazu kommt, daß sich heute lebende Juden vom «Judentum» ebenso unterscheiden wie heute lebende Christen vom «Christentum», d. h., daß letztlich die Gläubigen je heterogene Gruppen und Judentum und Christentum heterogene Religionen sind. Ich zog es deshalb vor, zuerst die aktuell-empirische Situation zu untersuchen und sie erst in einem zweiten Schritt mit den je tradierten Leidensauffassungen zu vergleichen. Durch dieses Vorgehen hoffte ich, meine Annahmen bezüglich ethnisch-religiös bedingter Unterschiede in der Krankheitserfahrung krebskranker Juden und Christen verifizieren zu können.

Mit der Beantwortung meiner Forschungsfragen verband ich die Hoffnung, einen Beitrag zur Judaistik zu leisten, eine pflegetheoretische Lücke und ein pflegepraktisches Defizit beheben zu können. Mehr Klarheit und besseres Verstehen der Zusammenhänge zwischen der Leidenserfahrung und der Religiosität krebskranker Menschen wird den Pflegenden helfen, deren spirituelle Betreuung professioneller wahrzunehmen. Dies könnte Kranke, für welche der Glaube ein wichtiges Element in der Verarbeitung ihres Leidens darstellt, ermutigen, diesen auch im Spital zu praktizieren oder sich bei ihren therapiebezogenen Entscheidungen vom religiösen Sinn, den sie in ihrer Krankheit erkennen, mit leiten zu lassen, ohne sich dabei unverstanden, unvernünftig und ausgeschlossen zu fühlen.

Daß die wissenschaftliche Auseinandersetzung mit der angesprochenen Thematik auch einen Beitrag zum jüdisch-christlichen Dialog leisten kann, wurde mir erst im Verlauf der Arbeit bewußt.

Diese Untersuchung hat einen langen Weg gemacht, bis sie in dieser Form publikationsreif war. Die Konzeption und Durchführung des Befragungsteils, die Analyse der Gesprächsprotokolle und der Vergleich der Leidenserfahrungen von Juden und Christen sowie der Zusammenhänge des bei ihnen beobachteten Religionsgutes mit traditionellem erforderte intensives theoretisches und methodologisches Experimentieren und eine umfassende Dokumentation über sechs Jahre hinweg. Ich widme dieser Entwicklungsgeschichte der Untersuchung hier aus zwei Gründen Raum: erstens, um Schwierigkeiten und Gewinne transdisziplinären wissenschaftlichen Arbeitens aufzuzeigen, und zweitens, um dem Leser zu ermöglichen, die wichtigsten «Schlaufen» im hermeneutischen Prozeß der Erkenntnisgewinnung zu folgen.

Die Frage nach der Bedeutung religiöser Motive in der krebsbezogenen Leidenserfahrung betrifft die gesamte menschliche Existenz von Juden und Christen. Sie führt Pflegewissenschaft und Judaistik zusammen und verlangt nach einer Überschreitung der Grenzen der (lediglich) historisch gewachsenen Unterteilungen der Disziplinen. Mit dieser Aufhebung der als unzweckmäßig und einschränkend beurteilten disziplinären Ordnung folgte ich der Empfehlung von B. Gräfrath et al., zugunsten der zu lösenden Aufgabe vorzugehen, wenn sich wissenschaftliche Probleme ergeben, die sich disziplinär nicht lösen lassen.[3] Die sich daraus ergebende transdisziplinäre Arbeitsweise ermöglichte mir, einerseits meine vor allem pflegewissenschaftlich geprägte Wahrnehmungsfähigkeit um die judaistische zu erweitern, andererseits den Forschungsgegenstand so zu studieren, wie er sich mir in der Pflegepraxis präsentiert.

Das zentrale Interesse der Pflegewissenschaft richtet sich auf die Art und Weise, wie Menschen ihre Gesundheit oder Krankheit sowie ihre Behandlung und Pflege subjektiv erleben und wie sie sich mit dieser Erfahrung innerhalb ihres Lebenskontextes auseinandersetzen. Die Fragen der Pflegewissenschaft kommen aus der Pflegepraxis. Praxisrelevantes Fachwissen ist besonders wichtig in der Pflege derjenigen Kranken, deren Leiden sie mit Sinnfragen und Bewältigungsproblemen konfrontieren.[4] Da Pflege als interdisziplinäres Fach zur Lösung ihrer praktischen Aufgaben schon immer auf Pluralismus auf der Theorieebene angewiesen war, verlangt auch die Pflegeforschung Pluralismus auf der methodologischen Ebene.[5]

---

[3] Gräfrath B., Huber R., Uhlmann B., Einheit, Interdisziplinarität, Komplementarität, Orientierungsprobleme der Wissenschaft heute, Akademie der Wissenschaften zu Berlin, Berlin, 1991, 183

[4] Colaizzi J., The proper object of nursing science, JNS, 12 (1975), 197–200; Käppeli S., Hochschulbildung für Krankenschwestern? Spital Management, 4 (1996), 31–35

[5] Robert Bosch Stiftung, Pflegewissenschaft Grundlegung für Lehre, Forschung und Praxis, Denkschrift, Gerlingen, 1996

Wissenschaftlicher Gegenstand der Judaistik ist das Judentum in Geschichte und Gegenwart. Die wissenschaftliche Auseinandersetzung mit dem Judentum setzt umfassende systematische, sprachliche (v. a. Hebräisch und Aramäisch), religionswissenschaftliche, philosophische und theologische Kenntnisse und das Vertrautsein mit den Forschungsmethoden dieser Fächer voraus. Judaistik beinhaltet auch das Verhältnis des Judentums zum Christentum (inkl. Antisemitismus) und zum Islam. Als weit ausgreifende Wissenschaft reicht sie auch in deren Theologie und Philosophie hinein.

In der Fragestellung dieser Arbeit treffen sich die Pflegewissenschaft und die Judaistik insofern, als eine Krankheitserfahrung auch eine Leidenserfahrung sein und als solche religiöse Fragen und Lösungsansätze mit sich bringen kann. Diese unterscheiden sich möglicherweise im Judentum und im Christentum. Pflegewissenschaft und Judaistik können sich ergänzen bei der Untersuchung religiöser Fragen von Juden und Christen. Religiöse Motive sind sowohl individuell konkretes als auch kollektives Religionsgut. Die Pflege als Handlungswissenschaft befaßt sich eher gegenwartsbezogen mit der religiösen Thematik eines Kranken in seinem realen sozialen Kontext. Die Judaistik setzt sich eher theoretisch mit transzendenten, traditionsbezogenen und auch kollektiven Aspekten solcher Fragen auseinander.

Die Fächerkombination dieser Untersuchung hatte begriffliche Konsequenzen bezüglich der Umschreibung des Forschungsgegenstandes, d. h. der Definition des Leidens- und des Religionsbegriffes, die für beide Wissenschaften relevant sein mußten. Ich diskutiere sie im Kapitel «Untersuchungsgegenstand» (I, 2.) dieser Arbeit. Das wichtigste methodologische Erfordernis dieser Untersuchung bestand darin, eine Methode zu wählen, die sowohl dem Forschungsgegenstand gerecht wurde als auch der Auffassung von Wissenschaft beider Disziplinen entsprach. Überlegungen dazu sind im Kapitel 2., Teil II, nachzulesen. Die Transdisziplinarität der bearbeiteten Thematik spiegelt sich zum Teil auch im unterschiedlichen Stil verschiedener Kapitel dieser Arbeit wider, vor allem in demjenigen der «Forschungsgeschichte und -kritik» (II, 1.) im Vergleich mit demjenigen der «Leidensgeschichten» (III).

Wie eingangs beschrieben, erwuchs dieses Forschungsprojekt aus meiner Pflegepraxis. Im ursprünglich gewählten deduktiven Ansatz hatte ich versucht, definierte Motive der jüdischen und der christlichen Tradition als Kategorien zur Einordnung der Leidenserfahrungen der Kranken zu verwenden. Dies gelang nicht, da die Kranken ihr Leiden nur punktuell oder verschleiert in tradierten Mustern erleben. Aus diesem Grund vertauschte ich das primäre Studium von religiösen Topoi gegen das primäre Studium der im Leben der Kranken verwurzelten individuellen Religiosität, um diese erst sekundär mit überlieferten und institutionalisierten Lehrmeinungen zu vergleichen.

Nachdem ich mittels des im Kapitel «Methode der Datensammlung» (I, 4) beschriebenen Vorgehens Datenmaterial gewonnen hatte, erprobte ich verschiedene interpretative Datenanalysen, die zur Beantwortung meiner Fragestellung führen konnten. Dies war nötig, da die methodische Anleitung zur Analyse und Darstellung unstrukturierter Information in der Forschungsliteratur so allgemein ist, daß ihre ge-

genstandsgerechte Anwendung zuerst erprobt werden mußte. Eine ausführliche Beschreibung dieser methodologischen Exploration würde den Rahmen dieser Arbeit sprengen. Ich liste hier die verschiedenen Versuche lediglich auf, um die schließlich angewendete Methode der Datenanalyse im entsprechend benannten Kapitel ausführlich zu erläutern.

Die Versuchsreihe beinhaltete eine qualitative Inhaltsanalyse[6], welche zwar eine enorme Vielfalt religiöser Phänomene und Kategorien hervorbrachte, die aber dazu führte, daß das Datenmaterial losgelöst von dem es thematisierenden Kranken zu bearbeiten war. In einem zweiten Versuch analysierte ich die Leidenserfahrung einzelner Kranker als Ganzes. Auf diesem Weg zeichneten sich klarere und weniger fragmentierte Typen religiösen Erlebens ab als mittels der ersten Methode. Aber dieses Vorgehen eignete sich nur zur Analyse von Material von Kranken, die ihre Leidenssituation und Religiosität differenziert beschreiben konnten. Als drittes überprüfte ich die Möglichkeit, das Datenmaterial mittels einem Erklärungsmodell, das ich von R. Ottos Konzept des Heiligen[7] (vgl. Kap. II, 2.1–2.5) abgeleitet hatte, zu untersuchen. Diese Analyse bestätigte, daß und auf welche Weise eine Krebsdiagnose eine numinose Erfahrung und die Krankheitsverarbeitung ein prozeßhafter Umgang mit dem Numinosen sein konnte. Dieser Ansatz stellte jedoch eine methodologische Abweichung vom angestrebten induktiven Vorgehen dar, indem der Beizug des Begriffes des Heiligen einer deduktiven Vorkategorisierung entsprach. Das Hauptproblem dieses Erklärungsmodelles bestand aber in seiner irreführenden Linearität, die dem Prozeß der Leidensverarbeitung nur teilweise gerecht wurde. Anschließend an diesen Versuch überprüfte ich die Möglichkeit einer traditionsgeschichtlichen Analyse der mittels der bisherigen Untersuchungen identifizierten religiösen Motive.[8] Eine solche war in diesem Stadium der Untersuchung unter anderem aufgrund der erst rudimentär geklärten Motive aber noch nicht möglich. Aufgrund der vorgenommenen theoretischen und methodologischen Evaluation jeder Analysemethode und der Beurteilung der Validität der dabei herauskommenden Ergebnisse sowie aufgrund meines progressiven Literaturstudiums entschied ich mich, das Datenmaterial mittels einem interpretativ-biographischen Ansatz zu analysieren. Die Kapitel 1.1–1.7 im Teil II beinhalten die für das bearbeitete Thema relevante Forschungsgeschichte und -kritik sowie die dieser Untersuchung zugrundeliegende methodologische Diskussion (Kap. II, 2.1–2.5).

Einen Teil des mittels diesem Ansatz erhobenen Datenmaterials stelle ich im Teil III nach den identifizierten religiösen Motiven geordnet vor. Ihm folgt der Teil «Jüdische und christliche Leidenstraditionen» (IV), in dem ich die Traditionen der in den Leidensgeschichten vorgefundenen Leidensdeutungen exemplarisch nachzeichne. Im

---

[6] Mayring P., Qualitative Inhaltsanalyse, Grundlagen und Techniken, Weinheim, 1988
[7] Otto R., Das Heilige, über das Irrationale des Göttlichen und sein Verhältnis zum Rationalen, München, 1979
[8] Steck O. H., Exegese des Alten Testamentes, Leitfaden der Methodik, ein Arbeitsbuch für Proseminare, Seminare und Vorlesungen, 13. Aufl., Neukirchen-Vluyn, 1993

Teil V kommentiere ich Erkenntnisse, welche in den Teilen III und IV anklingen, aber dort nicht explizit thematisiert werden.

Um das Lesen zu erleichtern, brauche ich die männliche Form, wenn ich von Personengruppen schreibe (Juden, Christen, Erzähler usw.); wenn es um bestimmte Personen geht, verwende ich jedoch das zutreffende Geschlecht. Beim Zitieren anderer Autoren setze ich normalerweise deren Initialen vor ihren Geschlechtsnamen. Im Kapitel «Forschungsgeschichte und -kritik» (II, 1) lasse ich jedoch die Initialen im Interesse der Lesbarkeit weg. Die Fußnoten werden durch alle Teile der Arbeit hindurch fortlaufend numeriert. Die Fußnoten «Gesprächsprotokoll Nr. ...» bezeichnen die vollständige Dokumentation meines Gespräches mit den Kranken. Sie ist schriftlich und z. T. auf Tonband aufgezeichnet und aus Gründen der Vertraulichkeit bei mir aufbewahrt.

I Vorgehen bei der Durchführung der Untersuchung

Im ersten Hauptteil dieser Arbeit führe ich die Forschungsfragen und die Thesen, die der Untersuchung zugrunde liegen, auf. Anschließend beschreibe ich das methodische Vorgehen, mittels dessen ich die Daten sammelte. Die exemplarisch daran anschließenden Gesprächsprotokolle illustrieren, wie Gespräche verlaufen konnten.

1. Forschungsfragen

Im Rahmen dieser Arbeit werden folgende Forschungsfragen untersucht:

1. Welche religiösen Motive kommen vor in der Leidenserfahrung von erwachsenen krebskranken Juden und Christen?
2. Gibt es diesbezüglich Unterschiede zwischen Juden und Christen?
3. Wie wirkt sich die religiöse Tradition von Juden und Christen auf die Leidenserfahrung und -verarbeitung aus?
4. Wie stellen sich die bei diesen Kranken aktuellen Motive im motivgeschichtlichen Vergleich dar?

Um diese Fragen zu beantworten, führte ich mit 100 jüdischen und christlichen Krebskranken Gespräche zu Punkten wie den im folgenden Gesprächsleitfaden aufgeführten.

- Beschreiben Sie bitte, wie Sie den Krankheitsverlauf von dessen Beginn bis heute erlebten.
  Wenn Spezifizierung nötig war, stellte ich eine der folgenden Fragen:
    – Wie war es, die Diagnose zu erfahren?
    – Wie erlebten Sie die verschiedenen Behandlungsphasen?
    – Wie war/ist es, zu den Kontrollen zu gehen?
- Suchen/suchten Sie nach einer Erklärung für Ihre Krankheit? Fanden sie eine? Fanden Sie einen Sinn darin? Wie deuten Sie Ihre Krankheit?
- Sehen Sie eine Beziehung zu Religiösem? Wenn ja, wie? Welche Fragen und Vorstellungen sind dabei involviert?

- Für viele Krebskranke bedeutet der Krebs eine Konfrontation mit Leiden und Sterben. Wie ist/war dies für Sie? Welche Fragen und Vorstellungen sind dabei involviert?
- Wohin nehmen Sie Zuflucht in Zeiten von Traurigkeit, Verzweiflung oder Sorgen?
- Veränderte sich Ihre Religiosität im Laufe Ihrer Krankheit? Wenn ja, wie? War dies wegen der Krankheit?
- Wenden Sie alternative Heilmethoden an? Wenn ja, welche, warum?

Mit fremdsprachigen Kranken führte ich die Gespräche anhand desselben Leitfadens englisch oder französisch.

2. Untersuchungsgegenstand

Den Untersuchungsgegenstand dieser Arbeit bilden die religiösen Motive, welche krebskranke Juden und Christen mit ihrer Leidenserfahrung in Zusammenhang bringen. Mit dem Fokus dieser Untersuchung auf der religiösen Interpretation der Leidenserfahrung durch die Kranken wurde die Frage aktuell, welcher Religions- und welcher Leidensbegriff verwendet werden sollte. Dieser Abschnitt der Arbeit dient der Auseinandersetzung mit dieser Frage.

2.1 Religion und Religiosität

Die Frage, was Religion sei, ist besonders in der Religionssoziologie aktuell. Geht es um einen funktionalen Begriff, indem von außen entschieden wird, was religiös ist? Ist Religion ein anthropologisches Bedürfnis des Menschen, sich Gott zu öffnen und damit seine ontologische Erfüllung zu erreichen? Ist Religion ein psychologisches Bedürfnis im Sinne der Angstbewältigung? Dient Religion der Gemeinschaftsbildung im soziologischen Sinne? Bestimmte Leidenstraditionen legen nahe, daß Religion eine evolutionäre Konstante ist, der kein sozialer Wandel etwas anhaben kann.

Die «Versozialwissenschaftlichung» der Religion stellt meines Erachtens eine Gefahr für das Religiöse dar. Das Heilige als zentrales Element des Religiösen gibt dem Menschen mehr als nur psychologische oder soziale Bedürfnisbefriedigung. Es geht tiefer. Dies zeigen der Glaube an die Wirkkraft von Sakramenten und Feststellungen wie diejenige einer befragten Kranken, die sagte: «Das Heilige zu fühlen, ob in der Natur oder durch die Krankheit, bedeutet: ‹To feel one with the elemental powers› (sich eins zu fühlen mit den Urkräften der Natur)».[9]

---

[9] Gesprächsprotokoll Nr. 84

Für diese Untersuchung interpretiere ich deshalb «religiöses Erleben» im weitesten Sinne des Wortes mit R. Ottos religionspsychologischer Beschreibung des Heiligen als einem Erleben von etwas Transzendentem, das jenseits aller sinnlichen Erfahrung liegt, obwohl es für die es erfahrende Person real ist und eine Wirkung auf sie hat.[10] Nicht das Vorkommen von Gott oder einer Gottheit, sondern von einem Numinosum ist in dieser Untersuchung also konstitutiv für «religiös». Das Numinose ist eine Eigenschaft eines wahrnehmbaren Objektes oder eine Wirkung einer unsichtbaren Gegenwart, die nicht von einem menschlichen Willensakt verursacht wird, die aber eine besondere Veränderung des menschlichen Bewußtseins hervorruft. Auch religiösen Praktiken, die dazu dienen, die Wirkung des Heiligen oder Numinosen hervorzurufen, geht ein religiöser Glaube an eine göttliche Ursache voraus.[11]

Der Einfluß des Heiligen, Numinosen oder Religiösen ist für den Menschen Wirklichkeit. Als «fascinosum» löst das Heilige in ihm Momente der Andacht und Beglückung, Gefühle der Dankbarkeit und Zuversicht oder des Vertrauens aus. Es kann zur feierlichen Ergriffenheit führen. Als «tremendum» bewirkt es im Menschen ein «Kreaturgefühl», d. h. Furcht, Scheu und ein Bewußtsein der Nichtigkeit angesichts des Mächtigen und Unnahbaren, ein Bewußtsein seines Bedingtseins gegenüber der göttlichen Allursächlichkeit.[12] Das Heilige oder «mysterium divinum» ist ein Geheimnis, weil es unbegreiflich und als gleichzeitig wundervoll und schauervoll in sich selbst widersprüchlich ist. Das Heilige kann als flüchtige Anwandlung des Gemütes auftreten, aber es kann auch in dämonischer Wucht hervorbrechen. Es kann die Seele als milde Welle durchziehen oder durch «Mark und Bein» gehen. Das Heilige besteht aus rationalen und irrationalen Anteilen. Es zeigt sich dem Menschen gleichzeitig als offenbar und verborgen.

Wenn das Heilige als Ursprünglichstes im Menschen angelegt ist, dann ist die Frage nach dem menschlichen Sein nicht zu trennen von der Frage nach dem Göttlichen. Es gehört demnach zur ontologischen Grundbestimmung des Menschen.[13] Der Mensch deutet und bewertet Heiliges aus dieser Veranlagung zur Religion heraus.[14] C. G. Jung erkennt in der menschlichen Religiosität eine besondere geistige Einstellung, Kraft und Begabung, Heiliges und Numinoses als Mächte zu erkennen und sich von ihm überwältigen zu lassen.[15] Die Frage, ob der Mensch das Religiöse selbst konstituiert, weil sein Bewußtsein dazu präformiert ist, oder ob er in ein Bezugsystem «zwischen Himmel und Erde» eingebunden ist, innerhalb dessen sich ihm «ein Göttliches zeigt», wirft auch die Religionsphänomenologie auf.[16] Die Religionssoziologie andererseits erwägt, ob die Religion als Komplex von Überzeugungen, Mythen, Lehren, Dogmen,

---

[10] Otto, op. cit. (Anm. 7)
[11] Jung C. G., Psychologie und Religion, Zürich, 1940, 13 ff.
[12] Otto, op. cit. (Anm. 7), 9 ff.
[13] Heinrichs J., ‹Ontologie›, TRE, 25 (1995), 244–252
[14] Otto, op. cit. (Anm. 7), 142
[15] Jung, op. cit. (Anm. 11), 14
[16] Braun H. J., Elemente des Religiösen, Zürich, 1993, 107 ff.

Zeremonien und Riten die Fortentwicklung einer inneren Religiosität oder ob umgekehrt die individuelle Religiosität eine Ausdehnung der öffentlichen Religion im Bewußtsein des Menschen ist. Schließlich bleibt offen, wie sich die Wirkung profaner Gegenstände zu derjenigen von heiligen auf den menschlichen Geist verhält und wie der Mensch seine Welt überhaupt in Heiliges und Nichtheiliges aufteilt.[17]

Der Mensch erkennt Ausdrucksweisen des Heiligen als das höchste begrifflich Faßbare des Göttlichen, das sich zwar durch seine Tiefe der verstandesmäßigen Deutung entzieht, jedoch gefühlsmäßig wahrnehmbar ist. Ohne daß das Heilige eine sittliche Kategorie ist, gebietet es dem Menschen Respekt, d. h. wird zum verbindlichen Wert für sein Gewissen.[18]

Das Heilige ist also das, was Religion wesensmäßig ausmacht.[19] Indem es sich in bestimmten Situationen manifestiert, unterliegt es dem historischen Moment. Innerhalb von Religionen wird das Heilige dem Profanen gegenübergestellt. Allerdings geht es dabei nicht um eine strikte Polarisierung zwischen Heiligem und Profanem, sondern darum, daß alles in der profanen Welt auch heilig sein kann. Dies setzt voraus, daß es «erwählt» und dadurch auf eine religiöse Ebene gehoben wird. Von da an verkörpert es etwas anderes als sich selbst und wird religiös wirksam.[20]

Religiöses Handeln im weitesten Sinn des Wortes besteht sodann im Umgang mit dem Heiligen, in Vorstellungen des Göttlichen, in Glauben, Gebet, Respekt und Hoffnung usw. Religiöses Handeln kann das ganze Leben des Menschen durchdringen. Innerhalb eines bestimmten Glaubensbekenntnisses beinhaltet es zusätzlich eine innere Verpflichtung und Treue gegenüber dessen definierten Werten.[21]

Wie die Kritik an R. Ottos Konzeption der religiösen Erfahrung als Reflex auf das Heilige zeigt[22], ist der Begriff «religiös» nicht schlüssig geklärt, sondern von einem Assoziations- und Interpretationsraum umgeben. Trotz dieser Einwände halte ich den religionspsychologisch geprägten Begriff des Religiösen als ein durch das Heilige konstituiertes Phänomen für geeignet für diese Untersuchung.

Die Mehrdeutigkeit des Begriffes Religiosität hat insofern methodologische Konsequenzen, als dasjenige, was sich dem klaren sprachlichen Ausdruck weitgehend entzieht, traditionellerweise auch wissenschaftlich nur als beschränkt bearbeitbar be-

---

[17] Durkheim E., Die elementaren Formen des religiösen Lebens, 2.Aufl., Frankfurt a.M. 1984, 75
[18] Otto, op. cit. (Anm. 7), 69
[19] Durkheim, op. cit. (Anm. 17), 67
[20] Eliade M., Die Religionen und das Heilige, Elemente der Religionsgeschichte, Frankfurt a.M., 1989, 37 ff., 177 f.
[21] Jung, op. cit. (Anm.11), 15
[22] Feigel F. K., Das Heilige, Abh. über Rudolf Ottos gleichnamiges Buch, Tübingen, 1948; Auszüge: Colpe, 380–405, zitiert in Wissmann H., ‹Erfahrung›, TRE, 10 (1982), 87; Baetke W., Das Heilige im Germanischen, Tübingen, 1942, Auszüge: Colpe, 337–379, zitiert in Wissmann, op. cit. (Anm. 22), 87; James W., Die Vielfalt religiöser Erfahrung, Olten, 1979, 18, zitiert in Wissmann, op. cit. (Anm. 22), 87f.

trachtet wurde.[23] Gerade diese durch eine bestimmte Auffassung von «Wissenschaftlichkeit» geprägte Scheu davor, sich durch den begrifflichen Nebel zu tasten, führt aber zu der in der Forschungskritik dieser Arbeit festgestellten Beschränktheit der Erkenntnisse bezüglich der Verwobenheit von Leiden und Religiosität. In der Folge vergrößert das weitgehende Schweigen der Wissenschaft zu diesem Thema die Gefahr der «Verstummung», die viele Krebskranke ohnehin bedrückt.[24] Auch wenn die Achtung vor dem unsagbaren Leiden Schweigen gebietet, darf dies nicht heißen, daß man nicht versuchen soll zu verstehen, was in den Berichten der Kranken an Sinngebung erscheint. Wenn die Pflegewissenschaft ihrem Gegenstand, d. h. auch dem subjektiven Erleben von Leiden, gerecht werden und ihre Aufgabe und ihr Ethos ernst nehmen will, darf sie sich von solch letztlich konstruierten Schranken nicht aufhalten lassen, ohne wenigstens versucht zu haben, etwas Licht ins Dunkel bzw. vielleicht Bilder statt Wörter in die Sprache zu bringen. In diesem Sinne versuche ich, die positivistisch geprägte Wissenschaftstradition zu überwinden.

2.2 Religiöse Motive

In dieser Arbeit verwende ich den Begriff «Motiv» als Bild zur Darstellung und Konkretisierung der Deutung und des Ausdrucks der Leidenserfahrung und nicht als Beweggrund für ein bestimmtes Handeln oder Verhalten der Kranken. Als religiöse Motive bezeichne ich also umfassende religiöse Inhalte, an denen sich die Kranken im Zusammenhang mit ihrem Leiden orientieren oder die sie als Deutungsrahmen verwenden. Weniger umfassende Erscheinungen, die Ausdruck von religiösen Vorstellungen (z. B. von Gott oder einer numinosen Ordnung), Gemütsregungen, Gedanken und Erfahrungen (z. B. Verklärungen oder Vernichtungsgefühlen), religiösen Haltungen (z. B. Rechtfertigung oder Ehrfurcht), Verhaltensweisen (z. B. Abkehr vom Kultischen) und religiösen Handlungen (z. B. Beten) sind, nenne ich religiöse Phänomene. Es geht beim Untersuchungsgegenstand also um eine individuelle seelisch-geistige und manchmal körperlich erlebte Wirklichkeit der Kranken.

Die religiösen Motive und Phänomene beinhalten in ihrer ursprünglichen Form überliefertes (z. B. das Motiv der Passion Christi) oder durch den Lebenskontext der Kranken modifiziertes vieldeutiges und dynamisches Religionsgut, welches durch das Krankheitsereignis Krebs aktiviert und artikuliert wird.

Die religiöse Tradition, in der jemand aufwächst, ist nicht nur ein passives Repertoire von Bildern oder bildhaften Geschehnissen, sondern auch ein Referenzrahmen, mit dessen Hilfe später jemand eigene Erfahrungen deuten kann. Das heißt, daß eine Person eine bestimmte Erfahrung religiös deutet bzw. daß diese zu einer religiösen Erfahrung werden kann, während sie für eine andere als profanes Ereignis verarbeitet

---

[23] Lüdtke A., Was ist und wer treibt Alltagsgeschichte? zitiert in Lüdtke A., Alltagsgeschichte, Frankfurt, 1989, 9 ff., zitiert in Vorländer H. (Hg.), Oral History, mündlich erfragte Geschichte, Göttingen, 1990, 8 f.
[24] Sölle D., Leiden, 7. Aufl., Marburg, 1987, 89 ff.

wird. Dabei ist zu beachten, daß bei Personen mit ausgesprochen religiösen Identitäten «profane Deutungsenklaven» bestehen und daß das Umgekehrte ebenfalls vorkommen kann. Der religiöse Referenzrahmen, innerhalb dessen jemand lebt, hat demnach große Bedeutung für die Motive und Phänomene, welche er z. B. mit seinem Leiden assoziiert.[25]

In dieser Arbeit versuche ich solches Geschehen zu erschließen und zu beschreiben. Religiöse Motive, die zur Leidensdeutung beigezogen werden, sind dabei nicht als enggefaßte oder abgegrenzte Symbole zu verstehen, sondern als «Welten». Beim Versuch, diese Welten zu entdecken, erfasse ich dem Wesen des Religiösen entsprechend sowohl sinnlich Wahrnehmbares und Anschauliches als auch darüber hinausgehendes Transzendentes, über das Kranke berichten. Zu diesem Zweck erschließe ich alle auf ethisch vertretbare Art zugänglichen Erkenntnisquellen.

2.3 Leidenserfahrung

In dieser Studie beinhaltet der Begriff Leidenserfahrung das subjektive Erleben, Deuten und Verarbeiten der Krebskrankheit als objektiv diagnostizierbaren pathophysiologischen Prozeß und als potentiell transzendentes Ereignis. Das Wesen der Leidenserfahrung kann ebensowenig objektiv, eindeutig und schlüssig beschrieben und von Nicht-Leiden unterschieden werden wie das Wesen des Religiösen von dem des Profanen.

«Leidenserfahrung», wie ich den Begriff in dieser Arbeit verwende, schließt sowohl die «geschöpflich undistanzierte» Erfahrung im Sinne der natürlichen, naiven Begegnung mit dem Leiden oder mit Religiösem als auch die reflektierte im Sinne der verobjektivierten Erfahrung ein, wobei die beiden nicht immer klar unterscheidbar sind. Erfahrung bedeutet Subjektivität, indem sie geprägt ist vom Vorverständnis der Wahrnehmung, Erkenntnis und Interpretation des Erfahrenden.[26] Insofern Erfahrung in Gesellschaft und Kultur wurzelt, ist sie jedoch auch normativ geprägt. Ihre Verankerung in emotionalen Strukturen, ihre Evidenzgestütztheit und ihre Subjektivität verleihen der Erfahrung einen hohen Wahrheitsgehalt und große Vielfalt.[27] Erfahrung ist gleichzeitig definitiv unverlierbar und offen für Veränderung. Sie kann als Modell zum Verstehen der Wirklichkeit oder als dialogischer oder hermeneutischer Prozeß konzipiert werden.[28] Um ihr Leiden zu verstehen, waren z. B. viele der von mir befragten Kranken bereits seit mehreren Jahren daran, zu versuchen, ihr Schicksal zu verstehen. Die Betroffenen betreiben eine Art Hermeneutik des Lebens mit dem Ziel, sich in ihrer

---

[25] Sundén H., Die Religion und die Rollen. Eine psychologische Untersuchung der Frömmigkeit, Berlin, 1966, 3 ff., zitiert in Wissmann, op. cit. (Anm. 22), 87
[26] Zillessen D., ‹Erfahrung›, TRE, 10 (1982), 137 f.
[27] Wissmann, op. cit. (Anm. 22), 85
[28] Zillessen, op. cit. (Anm. 26), 137 f. Sutherland A. V., Worldframes and God-talk in trauma and suffering, *JPC*, Fall 49 (1995), 280–292

Krankheitssituation zurechtzufinden. Sie vernahmen ihre Diagnose und begannen gleich danach dieses «Gespenst» auszuleuchten. Zu diesem Zweck horchten sie andere Leute aus, fragten Betroffene und Nicht-Betroffene um deren Ansichten, lasen alles, was ihnen in die Hände kam, verfolgten Mediensendungen zum Thema und sammelten vielfältiges Material zu verschiedensten Arten von Heilmethoden, Adressen von Ärzten und Behandlungszentren. Verschiedene Kranke nutzten auch das Gespräch mit mir zum Zweck der Klärung und Deutung ihrer Situation. Alle diese mehr oder weniger gezielten Strategien, Informationen zu ihrer Situation zu erhalten, hatten zum Ziel, besser zu verstehen und besser bewältigen zu können. Aus den Berichten der Kranken lassen sich Motive, Bedeutung und Funktion ihrer Religiosität ableiten. Dabei steht «Bedeutung» für den zeichenhaften Sinn, die Wichtigkeit und den Wert der religiösen Motive bezogen auf die Leidenserfahrung. Die «Funktion» bezeichnet die Wirkung der religiösen Motive auf diese.

Wie eingangs beschrieben, kann die existentielle Bedeutung der Krebserfahrung diese in unmittelbare Nähe einer religiösen rücken. Wegen dieses potentiell numinosen Charakters und ihrer Offenheit würde eine trennscharfe Definition von «Leidenserfahrung» zu einer unsachgemäßen Verengung führen. Um dies zu illustrieren, genügt ein kurzer Überblick über Deutungen von Leiden in der jüdischen und der christlichen Tradition. Diese können sowohl als Leidenserfahrungen wie als Antworten auf solche gelesen werden.[29] Die alttestamentlich-jüdische und die christliche Tradition sind sich darin einig, daß das Wesen der Leidenserfahrung in einer Selbstentfremdung des Leidenden besteht, in einer Entfremdung von der schöpfungsmäßig auf Heil angelegten Bestimmung des Menschen. Traditionelle jüdische und christliche Deutungen des Leidens sind deshalb daraufhin angelegt, Leiden im Glauben an einen heilschaffenden Gott zu interpretieren.[30]

Da ich meine Untersuchung der Motivik der Leidenserfahrung auf den Bereich des Religiösen einschränke, verzichte ich hier auf einen Überblick über die Leidensdeutungen der abendländischen Philosophie und der Psychoanalyse.

Wie bereits die verschiedenen jüdischen und christlichen Leidenstraditionen die Problematik einer eindeutigen Definition des Leidensbegriffes aufzeigen, würde die Vielfalt individueller Deutungen die Unmöglichkeit eines solchen Unterfangens noch plausibler machen. Vom pflegewissenschaftlichen Standpunkt aus gilt auch bezüglich der theoretischen Erschließung der «Leidenserfahrung», daß die Ambiguität des Begriffes nicht verhindern sollte, daß man trotzdem versucht, sich darüber zu verständigen. Analog zur Handhabung des Begriffes «religiös» verzichte ich deshalb auch in bezug auf «Leidenserfahrung» auf eine objektivierende Definition, nur um diesen Begriff analytisch brauchbar zu machen.

---

[29] Für einen detaillierten Überblick vgl. das Kapitel ‹Leiden›, TRE, 20 (1990): Scharbert J., 669–672; Lauer S., 672–677; Wolter M., 677–688; Sparn W., 688–707; Winkler K., 707–711
[30] Wolter M., ‹Leiden›, TRE, 20 (1990), 677–688

2.4 Leidende Juden und leidende Christen

Die religiöse Dimension der Krankheitserfahrung von Juden und Christen bildet den Fokus dieser Untersuchung. Trotzdem ziehe ich zur Interpretation der vorkommenden Motive andere beobachtbare Aspekte ihrer Leidensverarbeitung bei, da solche mit der Religiosität der Kranken interagieren. Dieses Vorgehen empfiehlt auch H. Wissmann für die Auseinandersetzung mit religiösen Erfahrungen.[31]

Die Leidensverarbeitung kann eher erlebnishaft oder eher gedanklich sein. Die Ausdrucksweise der Kranken kann eher in Bildern erzählend oder eher abstrakt begrifflich sein. In ihren Verhaltensweisen unterscheiden sich Kranke bezüglich dem Zulassen von Emotionen, von Mimik und Gestik oder bezüglich einer sprachlichen gegenüber einer eher körperlichen Gestaltung ihres Dramas. Die Kranken sind unterschiedlich zeitbezogen, d. h. verweilen im Leiden, bis es vorüber ist, oder versuchen, es zu bekämpfen oder auszudehnen im Hinblick auf Vergangenes oder Zukünftiges, auf Gewinne und Verluste. Die soziale Dimension der Leidensverarbeitung drückt sich darin aus, wie die Kranken Mitmenschen an ihrem Leid beteiligen oder davon ausschließen. Schließlich organisieren Kranke ihr Leiden eher linear, indem sie «eins nach dem anderen» nehmen, während andere zur Bekämpfung des Leidens «alle Hebel auf einmal» in Bewegung setzen.

Eine solche Polarisierung von Erscheinungsformen des Umganges mit dem Leiden kommt im gelebten Leiden nicht vor. Gerade im Hinblick auf die zu untersuchende Unterscheidung von Juden und Christen sind solche theoretischen Erwägungen jedoch wichtig. Als Hypothesen zum Vergleich der Wirkung «der Synagoge» bzw. der Kultur Jerusalems und der Wirkung «der Kirche» bzw. der Kultur Athens/Roms haben sie sogar eine gewisse Tradition. So stellt E. Lévinas die zwischenmenschliche Nähe und das Erleben der jüdischen Tradition der lebensfeindlichen abstrakten Begriffsbildung der abendländischen Philosophie gegenüber.[32] W. Schubart vergleicht die beiden Religionen aufgrund der Bedeutung, die Eros (im Sinne von Lebenskraft) und Logos in den «letzten Fragen des Seins» spielt.[33] Möglicherweise existieren zwei idealtypische Grundzüge der Lebens- bzw. Leidensäußerung, die auf die genannte Art unterschieden werden können. Sie müssen jedoch nicht identisch sein mit der ethnisch-religiösen Zugehörigkeit ihrer Träger.

---

[31] Wissmann, op. cit. (Anm. 22), 85
[32] Derrida J., Essay über das Denken Emmanuel Lévinas, in Derrida J., Die Schrift und die Differenz, 6. Aufl., Frankfurt a. M., 1974, 121–235
[33] Schubart W., Religion und Eros, München, 1966

2.5 Zur Form des Untersuchungsgegenstandes

Leidenserfahrungen und religiöse Erfahrungen können nicht beobachtet, sondern nur berichtet werden. Seiner Form nach handelt es sich beim Untersuchungsmaterial dieser Arbeit also um Material sprachlicher Art. Der Sprache der Kranken muß auch besondere Beachtung geschenkt werden, weil beide Hauptaspekte des Untersuchungsgegenstandes, Krebs und Religion, weitgehend Tabuthemen sind. Als Konsequenz davon verwenden viele Kranken Euphemismen, wenn es um heikle Themen geht, oder vermeiden, gewisse Phänomene beim Namen zu nennen. Es geht also darum, ihre Sprache innerhalb ihrer Lebenswelt zu verstehen und sie im Zusammenhang mit ihrer konkreten Lebenssituation zu interpretieren.

3. Thesen

Ich ging in meiner ursprünglichen Fragestellung zu dieser Untersuchung von folgenden Thesen aus:

1. Die Leidenserfahrung von Krebskranken ist ihrem Wesen nach mindestens partiell religiös. Lebenszeugnisse Krebskranker zeigen, daß das Auftreten eines bösartigen Tumors Betroffene dazu veranlaßt, religiöse Fragen zu stellen. R. Otto stellte fest, daß die Beziehung des Menschen zum Heiligen oder Numinosen die Urbeziehung ist, die sein religiöses Dasein begründet.[34] Gestützt darauf geht H. Braun davon aus, daß diese Urbeziehung das menschliche Bewußtsein für die Wahrnehmung des Transzendenten präformiert. Von numinosen Anstößen stimuliert, konstituiert der Mensch religiöses Empfinden.[35] Eine andere Voraussetzung zu dieser These bildet die von H. Jonas beschriebene transzendierende Freiheit des menschlichen Geistes. Sie beinhaltet nicht nur die Freiheit zur Abwandlung des sinnlich Gegebenen in selbst erschaffene innere Bilder, sondern auch jene zum Überschreiten des Sinnlichen zum Übersinnlichen, vom Zeitlichen zum Ewigen und vom Bedingten zum Unbedingten. Der Mensch ist fähig, über sich nachzudenken.[36] Diese «Begabung zur Innerlichkeit» würde dem Menschen auch ermöglichen, über seine Leidenserfahrung nachzudenken und sie zu deuten.

2. Ich nehme an, daß der Krebskranke seine Krankheit auf mehreren religiösen Ebenen erlebt:
- auf der Ebene des kreatürlichen, spontanen Erlebens, d. h. in Form von geschöpflicher Religiosität: Krebs konfrontiert den Menschen mit seinem eigenen

---
[34] Otto, op. cit. (Anm. 7)
[35] Braun, op. cit. (Anm. 16), 107 ff.
[36] Jonas H., Materie, Geist und Schöpfung, Frankfurt a. M., 1988, 25 ff.

Menschsein, mit Fragen über Zweck und Bedeutung des Lebens, mit dem Gedanken an eine möglicherweise lange Leidenszeit und mit Fragen zum Tod und dem Danach. Die Erfahrung auf dieser grundsätzlichen Ebene liegt darin begründet, daß sich der Mensch als einen Teil der Schöpfung erkennt und sich als solchen deren Ordnung und Kräften bzw. einer «höheren Macht» ausgesetzt sieht. Wenn diese letztere ihn mit Krebs schlägt, fühlt er sich existentiell bedroht und mit der Endlichkeit seines Lebens konfrontiert.

- auf der Ebene situationsbezogener Religiosität: Der Betroffene deutet seine Krankheit als etwas nicht nur Pathophysiologisches. Zu dieser Deutung vergleicht er seine Erfahrung mit den ihm zur Verfügung stehenden religiösen Motiven und interpretiert sie innerhalb der ihm bekannten religiösen Deutungsrahmen. Diese sind historisch-traditioneller oder zeitgenössischer Herkunft; sie haben biblischen, neben- oder nachbiblischen oder volkstümlichen Ursprung. Zum Beispiel vergleicht der Kranke sich mit Hiob oder seine Situation mit der des Apokalyptikers; möglicherweise fühlt er sich magischen Kräften ausgeliefert.
- auf der Ebene der Konfession bzw. der ethnisch bedingten Religiosität: Die Tatsache, daß der Kranke bei seiner Deutung auf ein religiöses Vorwissen zurückgreift, welches seiner religiösen bzw. ethnischen und konfessionellen Zugehörigkeit eigen ist, führt zu einer weiteren Konkretisierung der religiösen Erfahrung. Das Wiederaufleben von Motiven, die an die geistig-religiöse Sozialisierung der Kranken gebunden sind, führt zu Unterschieden in der Leidenserfahrung von jüdischen und christlichen Krebskranken.
- auf der Ebene der individuellen Religiosität: Das Individuum bildet religiöse Synkretismen, je nach seiner Persönlichkeit, Biographie, Lebenswelt und seinem Lebenskontext.

3. Schließlich gehe ich von einer grundsätzlichen Interdependenz zwischen Leidenserfahrung und subjektiver Religiosität aus.

4. Methode der Datensammlung

Den Gegenstand dieser Untersuchung bilden die religiösen Motive, welche krebskranke Juden und Christen mit ihrer Leidenserfahrung in Verbindung bringen. Die von Biographie, Lebenswelt und -situation der Kranken beeinflußte, also zutiefst persönliche und subjektive Deutung ihrer Leidenserfahrung ist so komplex, daß sie nicht mittels vorstrukturierten oder standardisierten Methoden untersucht werden kann. Auch sind religiöse Motive im Zusammenhang mit einer Krebserkrankung erst so elementar untersucht worden, daß eine Vorkategorisierung von religiösen Inhalten kaum möglich gewesen wäre. Hinzu kommt, daß beide Hauptaspekte des Themas – Krebs und Religiosität – in unserer Gesellschaft mindestens teilweise tabuisiert werden; zusätzlich beinhaltet meine Fragestellung eine Konfrontation der Kranken mit sehr belastenden und möglicherweise bereits erfolgreich verdrängten Gedanken und Gefühlen, vor allem eine Konfrontation mit Sinnfragen und mit dem Sterben. Aus diesen Gründen und weil es für eine explorative Untersuchung wichtig ist, für möglichst viele verschiedene Komponenten des Themas Raum zu schaffen, wählte ich eine weite Fragestellung. Sie sollte Erfahrungen von betroffenen Erwachsenen beiden Geschlechts, verschiedenen Alters, Juden und Christen, Personen aus allen sozialen Schichten, jeglichen Bildungsstandes, mit verschiedenen Tumorerkrankungen, in verschiedenen Krankheitsphasen, mit verschiedenen Behandlungsmethoden und Prognosen einschließen. Die gewählte Form des Gesprächs sollte mir ermöglichen, mich diesen Gegebenheiten meiner Gesprächspartner optimal anzupassen.

Mittels der Methode des themenorientierten Gesprächs lud ich die Kranken ein, über ihre Leidenserfahrung und Religiosität nachzudenken und ihre diesbezüglichen Erfahrungen, Gefühle und Gedanken zu erzählen.

Das von mir gewählte methodische Vorgehen entspricht den Richtlinien der Helsinki-Deklaration betreffend die Forschung am Menschen.[37] Die ethische Problematik, die in dieser Untersuchung involviert ist, betrifft speziell Fragen um das Eindringen in die Privatsphäre der Kranken, das Brechen von Tabus und die Aktivierung von möglicherweise schmerzvollen Gefühlen und Gedanken in den Gesprächen. Diesem Argument gegen Gespräche dieser Art kann ihre therapeutische Wirkung entgegengehalten werden. In der diskursiven Auseinandersetzung kann vor allem die Überwindung jenes Leidens erfolgen, das die Menschen verstummen und sich mit dem Leiden in Isolation absorbieren läßt. Weil das Erzählen der eigenen Leidensgeschichte oft mit einer neuen Interpretation und besserem Verstehen derselben einhergeht, wird das Erzählen von Geschichten mitunter als Erlösungsgeschehen betrachtet.[38] Leidende vertrauen sich zudem oft lieber Fremden als nahestehenden Personen an, weil Fremde das Leiden mit sich fortnehmen.[39] Die meisten befragten Kranken dieser Studie bestätigten solche Wirkungen des Gesprächs.

4.1 Auswahl der Untersuchungspersonen und Erstkontakt

Da es sich bei dieser Untersuchung um eine explorative Studie handelt, arbeitete ich mit «Experten», die die untenstehenden Bedingungen erfüllten. Sie mußten

- Juden oder Christen und über 18 Jahre alt sein,
- freiwillig teilnehmen,

---

[37] Helsinki Declaration, Recommendations guiding medical doctors in bio-medical research involving human subjects, Helsinki 1964, Tokyo 1975, Venice 1983
[38] Sölle, op. cit. (Anm. 24), 88 ff.; Ganzevoort R. R., Investigating life-stories: Personal narratives in pastoral psychology, *JPsT*, 21 (1993), 277–287; Thoma C., Jüdische Versuche, Auschwitz zu deuten, Communio, 24 (1995), 25, C. Thoma zitiert E. Wiesel
[39] Piepmeier R., Philosophische Reflexionen zum Phänomen des Leidens, in Oelmüller W. (Hg.), Religion und Philosophie, Bd. 3, Paderborn, 1986, 77 f.

- informiert sein über ihre maligne Krankheit,
- in einer mir geläufigen Sprache kommunizieren können.

Daraus ergab sich, daß die Untersuchungspersonen

- Männer und Frauen verschiedenen Alters waren,
- verschiedene soziale Hintergründe hatten,
- verschiedene Bildungshintergründe hatten,
- sich in unterschiedlichen Krankheitsphasen befanden,
- an unterschiedlichen Tumoren litten,
- verschiedene Behandlungen erhalten hatten,
- unterschiedliche Prognosen hatten.

Diese letzteren Punkte waren keine Selektionskriterien, wurden jedoch als Variablen verwendet bei der Analyse der gewonnenen Information.

4.1.1 Die Untersuchungspersonen in der Schweiz

Die Namen von potentiellen Untersuchungspersonen erhielt ich aus der Kartei einer radio-onkologischen Klinik. Die Pflegenden trafen eine Auswahl unter denjenigen jüdischen und christlichen Kranken, denen gemäß ihrer beruflichen Beurteilung ein Gespräch zugemutet werden konnte. Einige Namen von Kranken erhielt ich von einem Onkologen eines zweiten Spitals, und einige wurden mir durch Kranke, die ich interviewt hatte, vermittelt.

Ich sandte diesen Personen einen Brief, in dem ich sie über Inhalt und Zweck der Untersuchung informierte und sie um ihre Mitarbeit bat. Nach einigen Tagen rief ich die angeschriebenen Personen an, um ihre Entscheidung zu vernehmen und um mit denen, die sich beteiligen wollten, einen Termin und den Gesprächsort zu vereinbaren. Bei meiner telefonischen Anfrage verwendete ich stets dieselbe Formel. Im Anschluß an dieses Telefongespräch teilten mir die Kranken ihren Entscheid mit.

Vereinzelt riefen mich angeschriebene Personen spontan an, um einen Termin zu erhalten. Sie wollten sich diese Chance nicht entgehen lassen, da sie, wie sie sagten, etwas zu sagen hätten. Eine 41jährige Mutter von zwei kleinen Kindern beispielsweise, die an Brustkrebs erkrankt war und bei der seit der ersten Behandlung Metastasen aufgetreten waren, sagte, sie wolle unbedingt mitmachen, sei aber schlecht erreichbar. Sie hatte darauf die Möglichkeit genutzt, sich ein Wochenende lang hinzusetzen, um Gefühle, Gedanken und Beziehungen im Kontext ihrer Krankheit aufzuschreiben und auf dem Papier zu ordnen. Ein wesentlicher Teil davon betraf ihre Beziehung zu Gott. Sie brachte ihre Notizen zum Gespräch mit und überließ sie mir. Eine Nonne hatte sich schriftlich bei mir gemeldet, da sie im Kloster telefonisch schwierig zu erreichen war. Der Lebensgefährte einer an Unterleibskrebs erkrankten Frau empfahl mir am Telefon, sie zwar zu besuchen, mich jedoch statt mit seiner Partnerin mit dem sie betreuenden spirituellen Heiler zu unterhalten. Dies sei interessanter.

Einige Kranke waren sehr erfreut, für ein Gespräch angefragt worden zu sein, und formulierten ihre Erwartungen. Verschiedentlich erwähnten sie bereits am Telefon, was sie mir aufgrund ihrer Erfahrungen zu sagen hatten. Die meisten Personen dieser Gruppe glaubten, daß ihnen «darüber reden» im Gespräch mit mir gut tun würde, und sie freuten sich, wenn sie dadurch auch zukünftigen Leidensgenossen helfen konnten.

Personen, die unschlüssig waren, benutzten das Telefongespräch dazu, sich zu erkundigen, warum sie ausgewählt worden waren. Die jüdischen Patienten fragten, ob sie ausgewählt worden seien, weil sie Juden sind. Viele Kranken wollten ferner Informationen erhalten über Nutzen und Zweck dieser Untersuchung, über den Aufwand oder darüber, «wie das gehe». Einige waren unsicher, ob sie «dies wohl könnten, ob sie etwas zu sagen hätten», oder sie spekulierten über Gewinn oder Folgen eines Gesprächs. Eine Patientin fragte, ob es sich um ein Einzelgespräch oder «so Selbsthilfezeugs» handle.

Eine 77jährige Frau sagte: «Was soll ich sagen? Ich bin ziemlich introvertiert; gut, versuchen wir's.» Eine jüngere erkundigte sich, ob ich Fragen stellen würde oder ob es sich um ein freies Gespräch handle. Sie breite sich ungerne aus. Ich beantwortete solche Fragen der Kranken, indem ich versuchte, ihnen die Bedeutung der Erfahrung von Betroffenen für die Pflegenden klarzumachen. Ich betonte ihre diesbezügliche Kompetenz und versuchte ihre Gesprächsängste zu mildern. Alle der zuerst Unschlüssigen willigten ziemlich rasch ein, nachdem ihre Fragen beantwortet waren.

Alle, die sich nicht beteiligen wollten, begründeten ihre Absage mit mehr oder weniger langen Erklärungen. Ich versuchte nie, diese Personen umzustimmen. Angegebene Gründe für eine Ablehnung eines Gesprächs waren Berufstätigkeit oder berufliche Überlastung bei den Jüngeren, ihr Alter bei einigen über 70jährigen oder Atemnot, die längeres Sprechen verunmöglichte bei an Lungenkrebs Erkrankten. Einige sagten, sie wollten jetzt endlich abschließen, sie wollten nicht immer wieder «daran» erinnert werden, sie hätten bereits an Befragungen teilgenommen, oder es gehe ihnen gut und es sei gar nicht schlimm gewesen.

Ein Kranker, der an einem Prostatatumor gelitten hatte, sagte am Telefon:

«Ich bin im 53. Lebensjahr. Natürlich, am Anfang war es schon ein ‹Chlapf›. Mini Wält isch zämegheit. Aber jetzt habe ich nichts mehr: keine Schmerzen, ich cha wider brünzle und stuele; seit der Bestrahlung vor fünf Monaten geht eigentlich alles wieder gut. Wenn ich es nicht wüßte, wäre ich kerngesund. Natürlich hat mir meine Frau viel geholfen. Aber seelisch brauche ich somit nichts. Es gibt schon Tage ... oder wenn ich etwas am Fernsehen gesehen oder etwas gelesen habe über Krebs, dann mache ich mir wieder Gedanken. Zum Beispiel gestern abend in einem Film kam einer den andern besuchen nach einigen Jahren. Da sagte der eine, er habe Krebs. Da sagte der andere, das sei ja überraschend gekommen. Da sagte der Betroffene wieder, ‹Nein, Krebs arbeitet langsam, aber sicher.› Wissen Sie, ich will es so schnell als möglich vergessen. Ich denke nicht daran, und es gelingt mir sehr gut. Im Haus ist auch gerade jemand gestorben. Aber eben. Ich will lieber nicht darüber reden und alles wieder hochkommen lassen.»

Diese Art Telefongespräche waren nicht selten und könnten als solche Forschungsgegenstand sein. Während mir aufgrund solcher Gespräche klar war, daß ich mich definitiv verabschieden würde, ließen Gespräche wie das folgende gewisse diesbezügliche Zweifel entstehen.

Eine 75jährige Frau, die sich durch ihren Gesundheitszustand und ihre Behandlungssituation in einem akuten Streßzustand befand, schilderte mir ihre Lage am Telefon wasserfallartig folgendermaßen:

1990 habe sie beide Augen operieren lassen müssen, 1991, im Oktober, habe sie sich wegen dem Krebs operieren lassen müssen, dann sei sie zur Erholung in Heiden gewesen. Daraufhin habe sie Bestrahlungen gehabt und sich SBB-Tagescoupons gekauft. Dr. X. betreue sie jetzt. Sie habe Linsen in den Augen und müsse «tropfen». Und manchmal müsse sie drei Stunden warten in der Poliklinik. Auch habe sie eine «Kommedi» mit den Beinen und müsse zu ihrem Arzt in Oerlikon für den «Quick». Dann wieder in die Frauenklinik, wo sie operiert worden war. Sie müsse hinaus wegen der Beine. Jetzt habe sie insgesamt drei Jahre verloren. Bis sie 69 gewesen war, sei alles in Ordnung gewesen, und dann kam das eine Auge und dann das andere. Sie sei nicht mehr leistungsfähig. Die Treppe könne sie auch nicht mehr putzen. Sie habe jetzt eine Frau dafür. Aber sie könne nicht mehr rückwärts die Treppe hinuntergehen. Sie habe sowieso Angst vor der Treppe. Auch könne sie nicht mehr sitzen. Und diese Buchhaltung, die sich aus allen Arztbesuchen ergebe... Ich solle in einigen Monaten wieder anrufen, dann sei es ein Jahr her.

Obwohl Effizienz kein Kriterium sein kann für die von mir gewählte Art der Untersuchung, konnte ich mich aus Aufwand-/Ertragsüberlegungen nicht für eine weitere Anfrage bei dieser Frau entschließen.

Zwei Kranke erhielten meinen Brief zu einem Zeitpunkt oder unter Umständen, in denen sie sich darüber ärgerten. Eine Kranke rief mich wütend an, da ihr Arzt ihr nicht mitgeteilt hat, daß er ihre Adresse weitergegeben hatte.

Eine 34jährige Frau, die an einem fortgeschrittenen Brustkrebs litt und über ihre schlechte Prognose informiert war, erhielt meinen Anruf, als sie gerade von einer mehrwöchigen Südamerikareise zurückgekehrt war. Diese Reise hatte für sie den Abschluß einer bedrückenden Krankheitsphase und den Neubeginn eines unbeschwerten Lebens bedeutet. Meine Anfrage zerstörte ihre Organisation ihrer psychischen Welt leider abrupt.

Eine Frau sagte am Telefon, sie habe keinen Krebs, sondern nur ein paar Zellen gehabt; man habe nur sicherheitshalber bestrahlt. Ihr Mann sei jedoch an Krebs gestorben.

Vier Kranke habe ich telefonisch nie erreicht.

Die Vereinbarung eines Gesprächsortes war meist unproblematisch, und die meisten Kranken überließen mir die Wahl. Die Vereinbarung eines Termins war immer problemlos mit christlichen Kandidaten; sie bereitete jedoch immer gewisse Schwierigkeiten bei den jüdischen Kranken, die in der Schweiz lebten.

Ein christlicher Mann ließ sich mein Anliegen am Telefon erklären, da er meinen Brief nicht erhalten hatte. Er willigte zu einem Gespräch ein, und wir vereinbarten einen Termin etwa einen Monat nach unserem Telefonat. Er wollte sich mit mir in einem ihm vertrauten Restaurant treffen. Zwei Tage vor diesem Termin rief er mich nochmals an, um dies zu bestätigen. Als ich zum vereinbarten Zeitpunkt dort eintraf, war «Ruhetag», und der Kranke war nicht dort. Wieder rief er mich an, und wir vereinbarten einen weiteren Termin in einem anderen Restaurant, das er kannte, ungefähr drei Wochen später. Als ich dort eintraf, war auch dort «Ruhetag». Ich wartete ein Weilchen, und als der Mann nicht erschien, fuhr ich nach Hause. Kaum angekommen, rief er mich an. Er war dort gewesen, aber etwa 15 Minuten zu spät. Wir vereinbarten unser Gespräch auf eine halbe Stunde später in einem dritten Lokal, wo er schließlich, wieder mit Verspätung, eintraf. Er hatte gar nicht gewußt, wo sich dieses Restaurant befand, obwohl er gesagt hatte, er kenne es.

Ein jüdischer Kranker fragte, ob diese Untersuchung für Patienten oder fürs Spital sei. Wenn es für die Patienten sei, dann könne er sich beteiligen. Wir vereinbarten einen Termin. Er sagte jedoch, ich solle nochmals anrufen. Als ich wieder anrief, verschob er den Termin. Er sagte, ich solle am Abend vorher nochmals telefonieren, was ich tat. Zu diesem Zeitpunkt verschoben wir das Gespräch um 30 Minuten.

Eine jüdische Kranke sagte sofort zu, erzählte mir aber anschließend, welche Abklärungen sie getroffen hatte, bevor sie zu diesem Entscheid gelangt war. Zuerst war sie überrascht gewesen, daß ihr Arzt sie nicht darüber informiert hatte. Anschließend hatte sie sich im Spital bei einer ihr bekannten Sozialarbeiterin erkundigt, wer ich sei und ob sie von dieser Untersuchung gehört habe. Ihre Bekannte war die Sozialarbeiterin der Radio-Onkologiestation, der ich einen ersten Artikel, den ich über diese Untersuchung geschrieben hatte, zu lesen gegeben hatte. Sie hatte ihr darauf empfohlen, sich daran zu beteiligen. Wir vereinbarten schließlich das erstmögliche Datum etwa zwei Monate später.

Auch die krankheitsbedingt instabile Situation gewisser Kranker erschwerte die Organisation der Gespräche. Eine Patientin, die an Lungenkrebs litt, wollte unbedingt während ihres Spitalaufenthaltes mit mir sprechen. Sie wurde jedoch plötzlich in ein anderes Spital verlegt. Als ich schließlich ihren neuen Aufenthaltsort herausgefunden und dort angerufen hatte, war sie von dort bereits nach Hause verlegt worden. Sie freute sich sehr über meinen Anruf, aber mittlerweile ging es ihr so schlecht, daß sie nicht mehr die Kraft hatte, mehr als zwei Sätze aneinander zu sprechen.

Eine jüdische Patientin beauftragte ihre Sekretärin im April damit, mir mitzuteilen, daß sie gerne mitmachen würde, daß sie jedoch noch drei Wochen zur Erholung abwesend sei. Ich solle wieder anrufen. Als ich im Mai telefonierte, befand sich die Patientin in einem sehr schlechten Gesundheitszustand, da sie in der Zwischenzeit einen schweren Autounfall erlitten hatte. Sie bat mich, einen Monat später wieder anzurufen. Ich telefonierte erneut mit ihr, worauf sie mir mitteilte, daß sie sich vom Unfall noch nicht erholt habe und nicht gehen könne. Vier Wochen später schrieb sie mir, daß sie in zwei Monaten bereit sein werde für unser Gespräch, welches sie gerne durchführen möchte. Schließlich trafen wir uns zu einem sehr ergiebigen Gespräch.

4.1.2 Die Untersuchungspersonen in Israel

Da ich in der Schweiz aus verschiedenen Gründen nicht so viele jüdische Krebskranke für ein Interview gewinnen konnte, wie dies für eine vergleichende Studie nötig war, führte ich 15 Interviews in Israel, dies, obwohl Israelis nicht ohne Einschränkung mit Schweizer Juden verglichen werden können.

Die israelischen Untersuchungspersonen gewann ich, indem ich meine Forschungsabsicht in zwei Selbsthilfegruppen für Krebskranke vorstellte und die Anwesenden einlud, sich bei mir für ein Interview zu melden. Innerhalb von drei Wochen meldeten sich 15 Frauen. Diese Gruppe von Kranken unterschied sich nebst ihrer geographischen Lokalisation primär dadurch von allen anderen, daß sie sich entschlossen hatten, an einer Selbsthilfegruppe und -therapie teilzunehmen, und zweitens dadurch, daß sie sich selbst bei mir meldeten.

4.1.3 Statistik der Untersuchungspersonen

In der Schweiz führte ich zwischen Anfang 1992 und Ende 1994 mit 82 Kranken Gespräche durch, drei Kranke interviewte ich 1996; d. h., ich führte in der Schweiz mit total 85 Kranken Gespräche. Von diesen 85 waren 14 Juden und 71 Christen.

Von den 14 Juden waren 6 Männer und 8 Frauen, der Jüngste war 20, der Älteste 96 Jahre alt.

Von den 71 Christen waren 34 Männer und 37 Frauen. Sie waren zwischen 35 und 82 Jahre alt. Von den 34 Männern waren 16 Protestanten, 15 Katholiken, einer war neuapostolisch, einer bezeichnete sich als Atheist und ein konvertierter Jude fühlte sich beiden Testamenten zugehörig.

Von den 37 Frauen waren 19 Katholikinnen, 17 Protestantinnen, eine gehörte einer religiösen Gemeinschaft an.

11 der total 96 in der Schweiz angefragten Kranken wollten sich nicht an der Untersuchung beteiligen.

In Israel interviewte ich im September und Oktober 1994 15 Jüdinnen, die zwischen 40 und 79 Jahre alt waren.

4.2 Der Gesprächsprozeß

Es war mir bewußt, daß der Beziehungsprozeß bereits beim ersten Kontakt mit den Kranken begann, in diesem Fall im Moment, in dem sie meine erste schriftliche Anfrage für die Beteiligung an dieser Untersuchung lasen.

Meine Gespräche mit den Patienten unterschieden sich grundsätzlich nur durch ihre Zweckbestimmung von einem Alltagsgespräch, d. h. durch die Tatsache, daß ich irgendwann im Verlaufe des Gesprächs gewisse Fragen stellen wollte. Ich strukturierte die Gespräche für mich in drei Hauptphasen, eine «Anwärm-», eine «Arbeits-» und eine «Verabschiedungsphase». Aufgrund von Hinweisen aus den Telefongesprächen gestaltete ich meine Rolle (und die Gesprächsart) bewußt als diejenige einer möglichst nicht bedrohlichen, mitfühlenden und interessierten Zuhörerin, die jedoch keine therapeutische Funktion übernahm. Trotzdem wollte ich durch das Auflegen meines Schreibzeuges oder des Aufnahmegerätes während des Gesprächs diesem eine verbindliche Note und den Befragten eine gewisse Verpflichtung zum «Ernst der Sache» nahelegen.

Ich stellte mich immer als Krankenschwester vor und teilte den Patienten als erstes wahrheitsgetreu mit, daß ich außer ihrer Diagnose und ihren Personalien nichts von ihnen wußte. Auf diese Weise gelang es mir meist, den gegenseitigen Rollenformierungsprozeß in Gang zu bringen.

Die meisten Gespräche fanden bei den Untersuchungspersonen zu Hause statt. Dies gab meinen Gastgebern die Möglichkeit, mich entsprechend ihren Bedürfnissen zu «managen». Sie konnten mich plazieren, wo sie wollten: am Küchentisch, in der Polstergruppe vor dem Cheminee oder am Arbeitstisch im Garten. Meine Aufgabe während dieser Anwärmphase war, möglichst schnell die Atmosphäre, den Verhaltensstil, die Routinen und Tabus und die Bedürfnisse meiner «Gastgeber» zu identifizieren und mich ihnen anzupassen (und zu entscheiden, in welchem Maß ich mich mißbrauchen ließ, z. B., um Beschwerden gegen das Spital entgegenzunehmen). Das Wichtigste war, meinen Gesprächspartnern zu vermitteln, daß ich unbeschränkt Zeit für sie hatte und daß alles, was sie erzählen wollten, Platz hatte. Mehrere Patienten erwarteten mich mit gedecktem Tisch zum Morgenkaffee oder zum bereitgestellten Nachtessen. An mehreren Orten wurden mir Wohnungen und Häuser vorgeführt und deren Traditionen erläutert. Mancherorts mußte ich meine Sympathie auf Hunde, Katzen und Vögel ausdehnen, um keine Regeln zu verletzen. Während solcher Rituale bemühte ich mich, unproblematische Gespräche in Gang zu halten und einen Teil von mir selbst preiszugeben, das Machtgefüge des Gesprächs auszugleichen, indem ich z. B. versuchte, Gemeinsamkeiten mit den Patienten zu etablieren («Ich wohne auch auf dem Land, treibe auch Sport, bewundere Handarbeiten usw.»), d. h. meinen Gesprächspartnern mitzuteilen, daß sie mich als private Persönlichkeiten, die an Krebs erkrankt waren, und nicht als Rollen «Krebspatient» interessierten. Die Anwärmphase diente dazu, die Motivation der Kranken, meine Fragen zu beantworten, und ihre Bereitschaft zu sprechen zu optimieren.

All dies war schwieriger, wenn die Kranken zum Gespräch in mein Büro kamen oder wenn ich stationäre Kranke ausnahmsweise in ihren Spitalzimmern aufsuchte. Um bei den ersteren die Anwärmphase zu verlängern, holte ich alle Kranken am Spitaleingang ab. So hatten wir Gelegenheit, uns auf dem Weg durchs Spital etwas kennenzulernen. Wenn möglich achtete ich darauf, daß ich zivil gekleidet war. Meine weiße Berufskleidung verleitete die Kranken dazu, mir vorwiegend medizinische Informationen zu geben. Ab und zu hatte ich die Möglichkeit, den Kranken einen Kaffee anzubieten. Den meisten Kranken gelang es, die Spitalatmosphäre rasch zu ignorieren und sich zu entspannen. Einer hinterließ allerdings schwarze Striche auf dem Fußboden. Er hatte während des Gesprächs nervös geschartt.

Mit Beginn der Arbeitsphase, die durch mich oder durch die Kranken eingeleitet werden konnte, veränderte sich die Beziehung zwischen uns insofern, als die Kranken mir ihre Bereitschaft, Fragen zu beantworten und Auskunft zu geben, signalisierten. Ich eröffnete das Gespräch mit einer übergeordneten Feststellung oder Frage oder mit einem leidensbezogenen Thema, welches die Kranken bereits während der Anwärmphase angeschnitten hatten. Oft sprachen sie zuerst über die belastendsten Dinge, als ob sie diese loswerden wollten. Einige hatten sich schriftlich vorbereitet und schilderten mir den chronologischen Verlauf ihrer Krankheit. Dies diente mir als eine Art Übersicht und erlaubte mir, später auf gewisse Themen und Erfahrungen zurückzukommen, um sie auszuleuchten oder zu vertiefen. Die Sequenz, in der die Kranken sich zu meinen Fragen äußerten, überließ ich ihnen. Oft mußte ich keine Fragen stellen, da die Kranken spontan über diese Themen sprachen.

Wenn Kranke Intimes oder für sie Peinliches erzählten, das sie in Verlegenheit brachte, betrachtete ich dies als Zeichen einer vertrauensvollen Gesprächsbeziehung (z. B. erzählte ein Kranker, wie er nachts dem lieben Gott Briefe geschrieben hatte in seiner Not; eine Kranke erzählte detailliert, wie es ihr nach ihrem gynäkologischen Eingriff allmählich wieder gelang, mit ihrem Mann Geschlechtsverkehr aufzunehmen, sie gestand beschämt, daß er sich vor Ansteckung fürchtete; eine brustamputierte Frau schilderte die Berührungsängste ihres Mannes; ein Mann erzählte, wie seine Frau ihn gequält hatte, indem sie ihn vor anderen wegen seines veränderten Aussehens [Akromegalie] lächerlich gemacht hatte). In solchen Momenten oder wenn Kranke mit den Tränen kämpften, erwies sich die Bedeutung einer während der Anwärmphase gestalteten akzeptierenden und für die Dauer des Gesprächs tragfähigen Beziehung als bedeutsam. Sie erlaubte auch mir, meine Gefühle und Gedanken zum Gehörten auszudrücken.

Die Offenheit dieser Gesprächsart ermöglichte mir auch, das Abstraktionsniveau der Gespräche zu kontrollieren und unvorhergesehene Beiträge einzuschließen; z. B. hatte ich nicht vorausgesehen, daß alternative Heilmethoden und Geistheilung eine so bedeutende Ergänzung oder Erweiterung von Religiösem sein würden. Auch wußte ich nie im voraus, ob ein (Ehe-) Partner darauf bestand, aktiv am Gespräch teilzunehmen. Wenn dies der Fall war, erlaubte ich es natürlich.

Die Gespräche dauerten zwischen 20 Minuten und etwa drei Stunden, unabhängig vom Gesprächsort. Die Dauer wurde in der Regel durch die Kranken bestimmt, die mittels verschiedener verbaler und non-verbaler Ausdrucksweisen mitteilten, daß sie nichts mehr zu sagen hatten, müde waren oder gehen mußten.

Alle Kranken, die sich äußerten, empfanden das Gespräch positiv und freuten sich über die Tatsache, daß eine solche Untersuchung durchgeführt wurde und daß dies auf diese bestimmte Art geschah. Viele sagten, es habe ihnen gut getan, mit jemandem «darüber» zu reden. Das heißt nicht, daß das «Spitalkuvert» im Briefkasten bei einzelnen nicht einen ersten Schreck ausgelöst hätte. So erkundigte sich ein sich als mißtrauisch bezeichnender Kranker zuerst über meine Identität: «Was sind Sie denn nun eigentlich für ein Doktor, wenn Sie gleichzeitig sagen, Sie seien Krankenschwester, und im Orientierungsbrief steht etwas von theologischer Fakultät?» Er habe meinen Brief sowohl zwischen den Zeilen als auch die Zeilen gelesen und diskutiert. Er sei erschrocken. Er habe gedacht, ich sei ein Vorbote Gottes. Er wisse ja, daß er sozusagen unheilbar krank sei. Er habe gedacht, ich müsse ihm so etwas mitteilen, daß keine Hoffnung mehr bestehe, etwas, das sich der Chef nicht zu sagen getraue. Und dann stand im Brief auch noch «religiös», und das in Klammern. Diese Klammer sei wie der Seelsorger im Spital. So habe er sich gefragt, ob man mich gesandt habe, um ihm beizustehen, um ihn im Tode zu begleiten. Er habe gedacht, sie schicken eine Frau als Vorboten des Todes, das sei noch idealer als ein Mann. Er sei nun unheimlich froh, daß er so bald mit mir reden konnte, sonst wäre er ohne Hoffnung nach Hause gefahren anläßlich seines Wochenendurlaubes. Er hatte sich auch am Wort «bösartig» gestört. Das sollte ich anders formulieren. Feiner. «Tumor» sei schon in Ordnung, aber bösartig, so schwarz auf weiß!

Andere Kranke schätzten gerade die Offenheit und ärgerten sich über Euphemismen betreffend ihre Krankheit.

Zum Abschluß der Gespräche bedankte ich mich bei den Kranken für ihre Gesprächsbereitschaft und ihre Offenheit. Je nach Situation schrieb ich ihnen eine Karte, um mich abschließend für die zum Teil sehr großzügige Gastfreundschaft zu bedanken. Oft erhielt ich Briefe und Karten von Kranken, die mir dankten, oder sie schickten mir Literatur oder Informationen über Themen, die sie während des Gesprächs angeschnitten hatten (z. B. alternativmedizinische Literatur). Es gab auch solche, die mir spontan ihre Tagebuchnotizen sandten. Mit keinem Kranken führte ich den Kontakt über dieses Gespräch hinaus fort.

Bei den israelischen Untersuchungspersonen führte ich alle Interviews in Englisch, Deutsch oder Französisch durch. 13 dieser Interviews fanden bei den Frauen zu Hause und meist in Anwesenheit einer Drittperson statt, zwei Interviews führte ich in Restaurants durch. Sie dauerten zwischen einer und drei Stunden. Mit einer Ausnahme erlaubten mir alle Frauen, das Interview auf Tonband aufzunehmen, was in der Schweiz nicht möglich war. Auch die israelischen Untersuchungspersonen gaben mir Exemplare von Texten und magischen Gegenständen nach Hause mit (rote Fäden, die beschützende «Hand der Fatima» [«Chamsa»] usw.), die ihnen während der Krankheit halfen, damit auch ich beschützt würde.

Rückblickend stelle ich fest, daß sich die beschriebene Art des Zuganges zu den Kranken aus ethischen, methodologischen und praktischen Gründen bewährte, obwohl sie sehr aufwendig war. Für die Kranken war von Vorteil, daß sie am Telefon meine Stimme hörten und die Möglichkeit hatten, mir Fragen zu stellen und sich über Verschiedenes zu unterhalten, bevor sie sich zur Teilnahme entschieden. Dies war mir wichtig, da mir eine wirkliche Gesprächsbereitschaft angesichts des durch Emotionen ohnehin belasteten Gesprächsthemas für die Qualität der Information zentral schien.

Ich selbst erhielt durch dieses Vorgehen bereits während des Erstkontaktes am Telefon wichtige Informationen, die mir erlaubten, mich emotional, gesprächstechnisch und inhaltlich auf meine Gesprächspartner und auf die Interviewsituation vorzubereiten. Ich wußte z. B., ob ich zu einem Arbeiter im Zürcher Arbeiterviertel, zu einer Nonne in ein Kloster oder zu einer Schloßherrin gehen würde. Ich hatte einen Eindruck von der Sprache, Kommunikationsart und von der Motivation meines Gegenübers. Vor allem konnte ich potentielle Schwierigkeiten vorwegnehmend bedenken. Durch etwas mehr Überzeugungsarbeit meinerseits hätte ich die Beteiligung der Kranken vermutlich um einige Prozente erhöhen und dadurch die Befragungsperiode früher abschließen können.

Das folgende Beispiel gewährt einen Einblick in eine Gesprächssituation. Das dargestellte «Rohmaterial» beinhaltet das Gesamte der Haupt- und Nebengeschichten der Kranken, die Gesprächsatmosphäre und des sozialen und materiellen Kontextes sowohl der Kranken als auch des Gesprächs.

4.3 Mein Gespräch mit Frau A.[40]

Frau A. ist eine 50jährige, in Israel geborene und lebende ledige Jüdin. Sie ist klein, hat schmale Schultern und im Verhältnis dazu ein disproportioniertes, sehr adipöses Becken und außerordentlich umfangreiche Oberschenkel. Ihr Kopf erscheint im Verhältnis zu ihrer Körpergröße riesig; dies insbesondere, weil sie fast keine Haare und große, abstehende Ohren hat. Insgesamt wirkt sie ungepflegt. Frau A. wohnt bei einem alten Mann und dessen Tochter. Sie nennt ihn auch Vater.

Ich besuchte Frau A. zu Hause in einem kleinen Ort nahe dem Meer im Norden Israels. Mein Besuch bei ihr war mit einigen Schwierigkeiten verbunden, da das Gespräch an einem Shabbat stattfand und mir keine öffentlichen Transportmittel zur Verfügung standen. Frau A.s Wohnung befindet sich in einem Wohnblock im Parterre. Die Wohnung ist sehr klein und gänzlich verwahrlost. Beton und Farbe bröckeln von den Wänden ab, die Fenstergitter sind verrostet. Frau A. führt mich in ein kleines, schlauchförmiges Zimmerchen. Darin steht ein ungemachtes Bett, daneben eine nicht ausgepackte Siemens-Waschmachine, zwei mit der Lehne an die Wand gestellte Fauteuils und dazwischen ein Tischchen. Alles ist schmutzig, auch das Geschirr, in dem sie mir Orangensaft, Kaffee und Kuchen offeriert.

Eher barsch weist mir Frau A. einen Fauteuil zu und setzt sich auf den anderen. In dieser Sitzordnung haben wir beide die abblätternde Wand vor dem Gesicht und würden uns nicht anschauen. So setzte ich mich quer auf den unverrückbaren Stuhl, um Frau A. zu sehen. Daraufhin wirft Frau A. ihre Riesenschenkel übereinander und wendet sich mir zu, so gut es geht in ihrem engen Sessel. Aus dieser Nähe wirkt Frau A. einerseits fast bedrohlich. Andererseits erinnern mich ihr fast nackter Schädel und ihr Gesichtsausdruck an Bilder von Häftlingen aus Konzentrationslagern. Sie sieht aus wie eine 70jährige, zu Tode erschreckte Frau. Frau A. informiert mich, daß sie Lehrerin ist an einem College in der Nachbarstadt. Sie unterrichtet Wirtschaftskunde, Kom-

---

[40] Gesprächsprotokoll Nr. 82

munikation, Körpersprache und Verwaltungslehre. Sie sagte, sie liebe ihren Beruf. Sie habe eine Klasse von 35 Schülerinnen und Schülern, die sie alle gern haben. Die Schüler hatten ihr sehr geholfen, als sie krank war. Während unseres Gesprächs erwähnt sie immer wieder, sie habe eine fürchterliche Jugend gehabt, geht dann aber auf eine Art über diese Feststellung hinweg, die mich veranlaßt, nicht näher nachzufragen. Ihr Vater war gestorben, als sie 15 1/2 jährig war. Seither könne sie nicht mehr zum Friedhof gehen, sagt sie. Ihre Mutter sei Richterin gewesen. Über ihre Persönlichkeit sagt Frau A., nur im Denken sei sie autonom. Sie sei wie ein 5jähriges Kind und habe z. B. Angst, alleine zu Hause zu sein.

Frau A. spricht sehr abgehackt, brüsk, hastig und gehetzt. Dies mag zum Teil damit zusammenhängen, daß wir uns in Englisch, also nicht in ihrer Muttersprache, unterhalten. Sie wirkt sehr leidend. Immer und immer wieder weint sie während des Gesprächs, besonders wenn sie von Lea, ihrer an Krebs verstorbenen Freundin spricht. Dieser Zug an ihr überraschte mich, denn auch bei der telefonischen Vereinbarung unseres Gesprächs wirkte sie sehr hart und bestimmt. Frau A. leidet an Unterleibskrebs.

Nachdem ich Frau A. nochmals meine Motivation für diese Untersuchung erläutert habe, sagt sie, sie glaube nicht, Israelis seien anders als Christen. Aber vielleicht sei ich die einzige Krankenschwester, die sich mit den Patienten unterhalten wollte. «Ich hatte nämlich eine wunderbare Beziehung zu einer nicht-jüdischen Krankenschwester. Ich hatte Gebärmutterkrebs und wurde operiert. Sie war die beste Schwester, die ich je gesehen hatte», begann Frau A. nun zu erzählen. «Oh, wollen Sie Fragen stellen?» sagte sie dann unvermittelt zu mir, als hätte sie beschlossen, daß das Interview nun formal beginnen könne.

«Was bedeutet es für Sie, Krebs zu haben?» fragte ich also. «Ok, ich war krank und hatte drei Jahre, bevor ich operiert wurde, unter Blutungen gelitten. Ich wurde fürchterlich vernachlässigt. Als ich vor drei Jahren auf die Notfallstation ging, gaben sie mir allerlei Hormone, allerlei. Dann eines Morgens stand ich auf, und ich sagte zu mir, ok, es ist Krebs. Ich ging zum Arzt aus einer Art Laune, Intuition, Gefühl oder Angst heraus. Sie verstanden, daß ich Krebs habe. Sie verstanden es nun auch, und es war eine Art Erdbeben. Ich fühlte mich, als ob man mich gebrochen hätte; ich wußte nichts, ich dachte nichts, jemand erzählte mir von Onkologie und daß man eine Zukunft habe. Ich verstand nichts. Ich kannte Krebs nur in der allergrausamsten Art, in welcher Menschen sich fühlen können (I just knew of cancer in the most cruel way that I have ever seen that people feel.) Ich ging zum Arzt. Er gab mir fünf Minuten seiner Zeit und sagte, die Versicherung werde mir helfen. Ok, es sei schade, daß ich Gebärmutterkrebs habe, aber er habe keine Zeit. Shalom. (Auf Wiedersehen.) Gehen Sie ins Spital. Ich war allein. Es war keine Krankenschwester bei ihm. Was mir an jenem Tag geholfen hätte, wäre gewesen, Kontakt zu haben mit anderen Frauen in derselben Situation, nicht einfach glauben zu müssen, was man mir erzählte. Es gibt ein wunderbares Radioprogramm am Dienstag nacht. Jedermann, der ein Problem oder etwas Interessantes zu erzählen hat, kann dem Rabbi telefonieren zwischen ein und fünf Uhr nachts. Im ersten Moment versuchte ich, dort anzurufen. Ich war verzweifelt, ich war schockiert, ich war ‹alles›. Ich wollte Kontakt mit Frauen, die dasselbe Problem hatten wie ich. Am selben Tag (nachdem sie angerufen hatte) erhielt ich viele Telefonanrufe. Mit zwei Frauen habe ich immer noch Kontakt. Eine ist alleinstehend und blind, die andere hat vier Kinder. Und langsam, langsam beginne ich zu verstehen, zu wissen und zu akzeptieren, was es heißt, selbst Krebs zu haben.»

«Wann begann es?» fragte ich.

«Ok, es begann vor der Operation. Ich wußte, daß ich Krebs hatte. Aber wir wußten nicht, wieviel und wie weit er schon fortgeschritten war. Wie weit! Zu meinem Glück war es der letzte Moment. Ich hatte Krebs im Stadium 1,3 und brauchte nach der Operation nur Bestrahlungstherapie. Gott bewahre mich vor Chemotherapie. Gott bewahre mich vor Chemotherapie! Ok.»

«Das erste Stadium war vor der Operation. Sie brachten mich zu einem Operationsmeeting (einer Patientenvorstellung). Dreißig Ärzte. Ich hatte Angst. Niemand sprach etwas, schaute auf mich, gab mir einen Ventilator oder etwas Eis. Und dann diese idiotische Sozialarbeiterin. Idiotisch! ‹Ok›, sagte sie. ‹Du bist Lehrerin, du wirst Chemotherapie brauchen und wirst sie haben, du wirst sie haben (über dich ergehen lassen), wenn du Chemotherapie brauchst.› Ich bin kein Idiot. Ich bin nicht blöd. Ich bin informiert. Ich weiß, was Chemotherapie bedeutet. Ok. Ich ging hinaus. Ich beschloß, nichts zu unterschreiben. Ich wollte einen Arzt. Ich wollte Hilfe und eine Erklärung. Und ich habe ein Anrecht auf eine Erklärung. Ok. Als ich mich auf der Chirurgie befand, dachte ich nach. Ich hatte zuvor einige Operationen gehabt. Ich war sehr fett und ich hatte einen ‹Magenbypass› und einen Bypass im Dickdarm erhalten. Deshalb wußte ich, eine Operation ist etwas. Die schlimmste Zeit ist die zwischen der Rekonvaleszenz der Operation und der Antwort von der Histologie (Zelluntersuchung). Das ist eine schreckliche Zeit. Niemand will mit Ihnen sprechen, niemand will ein Wort sagen. Sie fühlen sich einsam, Sie fühlen sich furchtbar einsam.»

«Wie lange dauerte diese Periode?» fragte ich.

«Zu lange. Es dauerte drei Wochen. Diese Bürokratie ist eine schreckliche Bürokratie. Auf informellem Weg erhielt ich vorher Informationen, weil ich eine Freundin habe, die die leitende Schwester auf der Operationsabteilung ist. Sie war dabei bei der Operation. Sie kam am zweiten Tag. Sie sagte mir, der Tumor habe die Umgebung nicht infiltriert und es habe keine Metastasen, Gott sei Dank. Wenigstens erhielt ich auf informellem Weg eine Antwort, aber wissen Sie... erst, als ich die richtige Antwort hatte, realisierte ich, wieviel Glück ich hatte. Erst als ich den Bericht hatte. Ich wußte nichts, ich weiß, ich bin eine erwachsene gebildete Person, welche denken kann. Gemäß meiner Erinnerung gibt es Zeiten von Depression, von schlechter Laune, und ich hatte ein scheußliches Leben... so I came back (nach Hause?). Es ging auf und ab. Und dann in jener Abteilung (Chirurgie) gibt man Ihnen Injektionen, man gibt Ihnen zu essen, aber man spricht nicht mit Ihnen. Man spricht nicht. Niemand, außer hallo, shalom, guten Morgen, guten Abend – niemand.»

«Warum ist dies so?» fragte ich.

«Ich nehme an, die haben Angst zu sprechen. Die haben Angst zu sprechen. Ich sah keine, wenn Sie... mit wem... mit mir zu sein, mich anzuschauen und über Krebs zu sprechen. Und über Krebs zu sprechen. Ich lebe mit einem Mann, der 22 Jahre älter ist als ich. Ich bat um Hilfe, Hilfe für ihn, als ich nach Hause kam. Er war schockiert. Er war schockiert. Er brauchte einen Arzt. Ok. Was am ersten Tag geschah. Ich ging sofort wieder zur Arbeit. Ich bin Lehrerin, und sobald ich die Treppen hinaufgehen konnte, sobald ich nicht mehr aussah wie eine sehr kranke Person, kehrte ich zur Arbeit zurück. Ok. Was mir half, war offen zu sein über alles, nicht den so fatalen Fehler zu machen, den viele begehen und nicht mit anderen sprechen.»

«Sind Sie allgemein eine offene Person?» fragte ich.

«Ich bin eine offene Person und ich beschloß, offen zu sein. Ich beschloß, daß es nicht darum geht, daß ich ein Dieb bin, ich bin keine Mörderin, es ist eine Krankheit, und ich wurde mir bewußt, daß ich eine offene Person bin. Ich hatte viele Kurse gegeben über zwischenmenschliche Beziehungen, und ich unterrichtete Kommunikationsverhalten, und ich wende es selbst an. Nie bin ich – ich habe keine Familie, ich habe keine eigene Familie (sie weint), ich war – ich habe einen sehr alten Onkel, er ist der Bruder meines Vaters, und zu meiner Familie habe ich schreckliche Beziehungen. Ich bin das schwarze Schaf, seit ich 13 war. Deshalb, als ich dies (Krebs) bekam, wußte ich sofort, ich brauchte Hilfe. Ich wußte, ich brauchte Hilfe von außen. Deshalb mußte ich sprechen.» (Frau A. spricht in Verzweiflung.) «Als ich dort hinging... war ich in einem Zustand, in dem ich den Ärzten nichts glaubte. Ich war – und dann fragte ich die Ärzte, mit denen ich früher gesprochen hatte. Einen von ihnen nenne ich ‹meinen Engel›. Er ist Onkologe im Hadassahspital in Jerusalem. Er war Arzt dort, als ich früher operiert worden bin. Ihm glaubte ich. Ich glaubte dem Chirurgen, der den Magenbypass machte; es war sehr schwierig, den jungen Ärzten etwas zu glauben.»

«Hatten jene Sie schon vorher angeschwindelt?» fragte ich.

«Jaja, ich wollte keine Lügen. Ich wollte keine Lügen. Ich wollte nicht wissen... ich wollte nicht fragen, wie lange ich noch leben werde. Denn ich wußte, daß – sobald ich mehr Einzelheiten über meine Krankheit haben würde – ich selbst verstehen würde, wie es stand. Ich werde selbst verstehen. Und niemand kann leben mit einer Uhr. Ich wollte Stadium und Grad des Krebses wissen. Und sie akzeptierten es. So fand ich zum erstenmal, daß ich eine wunderbare Hilfe erhalte, von der viele keinen Gebrauch machen in der ‹Teleinformation› der Krebsgesellschaft. So begann ich dort anzurufen. Geben sie mir Informationen über meine Krankheit, über Bestrahlung, über... Ich erhielt Radiumeinlagen, und alle versuchten... So erhielt ich Bücher und begann zu studieren. Im selben Augenblick verstand ich, daß ich Glück gehabt hatte. Und ich hoffte, daß es gut werden würde. Und ich wußte, daß die Information, die ich erhielt, keine Lüge war, denn es war reine Information. Nicht speziell für mich zugeschnitten. Wirklich nicht. Als ich den Bericht erhalten hatte, war ich schockiert gewesen, sehr erschrocken wegen der Chemotherapie. Die ganze Zeit erzählte ich allen, daß ich keine Chemotherapie haben wolle.»

«Hatten Sie vorher von Chemotherapie gewußt?» fragte ich.

«Ja klar. Sie können nicht – ich bin 50, Sie haben Freunde. Sie haben Verwandte, zwei meiner – eine Tante starb an Krebs, die andere starb an Krebs, aber nicht... es gibt niemanden, der nicht weiß. Niemanden. (Sie weint.) Und zuerst, am Anfang, als ich die Antwort erhielt, fragte ich zuerst, wo stehen wir? Radiotherapie oder Chemotherapie? Das war das erste, was ich wissen wollte. Als ich wußte, daß es Bestrahlungstherapie sein wird, wußte ich, ich werde es überwinden. Dann kam eine Periode, während der ich Gott fragte, warum? Ich war wütend über Gott, wütend, fatalistisch, wütend, ich wollte Hilfe; es war eine Mischung von Gefühlen. Man kann nicht sagen, es ist... Dann kam eine Zeit, in der ich das Gefühl hatte, daß der Krebs, daß der Krebs eine Art Gefühl oder eine Lektion – es ist sehr schwierig, es zu verstehen (to come to it).»

«War dies eine Art Antwort auf Ihre Frage, warum?»

«Es ist die Antwort, weil ich – eine gute Freundin von mir, welche eine Psychotherapie durchgemacht hatte – ihr erzählte ich viele Dinge. Mit ihr wollte ich sprechen, weil die Ärzte in Israel nicht sprechen. Sie sprechen nicht. Ok. Ich sage, der Onkologe kann nicht sprechen und sprechen mit jedem Krebspatienten den ganzen Tag, aber sie gehen auf Distanz. Aber alle Psychologen oder Alternativmediziner sprechen. Sie sprechen. Und dann fand ich, begann ich ‹Simonton› (eine Methode der Visualisierung) zu lesen, und ich las viel über Ganzheitsmedizin, und ich fand einen Zusammenhang. Oft hatte ich darüber gesprochen, daß ich mir das Leben nehmen wolle und sterben wolle und daß ich ein schweres Leben habe und es tun... Und nun verstehe ich, daß die Anlegung der vielen Bypässe eine Immunreaktion bewirkten, und die Dinge begannen, klarer zu werden.»

«Ich habe Beziehungen zu einer religiösen Familie und kann sie kontaktieren, wann ich will. Ich gehe zur Synagoge, wann ich will, aber ich will keine Hirnwäsche. (Sie weint.) Ich lese die Bibel allein, ich lese die Gebete allein. Ich bin nicht religiös. Ich mache viel. Religion bedeutet, daß man an Gott glaubt. Sie bezieht sich auf Gott und auf die Menschen. (You are doing it with God, you are doing it with people.) Ich praktiziere sie mit Menschen. Ja, ich lebe die Religion. Ja, helfen, helfen, Krebspatienten helfen. Offen sein, offen sein, indem man Anrufe von Krebspatienten beantwortet, wenn es nötig ist.»

«Als er (ihr Partner) in die Staaten ging, hatte ich, war ich... ich kollabierte, weil ich allein zurückblieb. Zwei Tage nach den Bestrahlungen. Und wissen Sie, 25 tiefe Bestrahlungen. 25 Bestrahlungen. Ich wurde nicht vorbereitet auf die Strahlenreaktion. Nichts. Nicht über die Reaktion, ich hatte keine Kraft, es war eine schwierige Reaktion. Ich konnte nicht kochen. Ich mußte die ganze Zeit erbrechen, der Geschmack von allem verändert sich, viele verschiedene Veränderungen. Ich war nicht, ich war nicht vorbereitet. Man sagte nur ‹Shalom›, man nannte mich bei meinem Namen, legte mich auf mein Bett, brachte mich zur Bestrahlung, verschiedenes. Die Bestrahlung tut nicht weh. Es ist wahr, Bestrahlung tut nicht weh, es ist nicht traumatisch. Ich hatte einen Kampf mit dem Spital, die Radiumeinlagen unter Narkose zu erhalten. Sie wollten es ohne tun. Ich sagte nein. Ich gehe sonst ins Hadassahspital und lasse mich privat hospitalisieren. So war alles ein Kampf, alles war ein Kampf, Kampf, Kampf, Kampf für Erklärungen, Kampf für alles, ich mußte sogar kämpfen für was sie ‹markers› nennen (Indikatoren für Krebszellen). Ein Arzt sagte, es nütze nichts bei Unterleibskrebs (sie äffte nach, wie er dies gesagt hatte), und ich sagte, ich will sie trotzdem, ich will sie. Worum geht es? Was ist das Problem? Ich mußte kämpfen für alles.»

«Ist das üblich hier?» fragte ich sie, denn eine andere Patientin hatte mir ähnliches erzählt.

«Es ist üblich. Wenn Sie zu Luisa gehen... (eine Teilnehmerin aus ihrer Selbsthilfegruppe), nicht zu Miriam. Sie ist beschränkt, beschränkt: Miriam ist eine wunderbare Frau. 36 Jahre, nachdem sie Krebs hatte... Ich werde versuchen, Sie mit Shula zu verbinden. Ok. Ich versuche, den Kontakt herzustellen. Sie ist ein wenig... ich will, daß sie mit Ihnen spricht.»

«Ich war deprimiert und allein. Ich mußte arbeiten gehen. Die Sozialarbeiter sind etwas Schreckliches in Israel. Niemand erklärte mir, nicht einmal, daß ich Hilfe bekommen könnte für ein paar Monate. Sie sagte mir zuerst... sie sagte mir, mich invalid schreiben zu lassen. Arbeite nicht, sitze zu Hause und laß dir Geld geben. Ich sagte, aber ich will arbeiten. Ich will leben, was soll das? Schauen... zum Fenster hinausschauen und warten, auf was, für was? Ich bin allein. (Sie schreit fast vor Verzweiflung.) So ist es! Die Arbeit rettete mich, ok. Ich wurde bestrahlt. Ich ging arbeiten. Die erste Woche. Ich wurde bestrahlt, und ich wurde allein gelassen; ich wurde allein gelassen. Ich schrie um Hilfe, ich schrie wirklich um Hilfe. Sie kamen hierhin von der Krankenversicherung und sagten: ‹You are clean›, ok, du brauchst keine Hilfe. Ich konnte nicht kochen, sagte ich, ich konnte nichts essen, ich fühlte mich so elend und dann bat ich um Hilfe, ich wußte, ich brauchte Hilfe, alle wußten, daß ich um Hilfe gebeten hatte. Langsam ging es besser, und was mir half, war ‹Esra›. Kennen Sie Esra?»

«Nein.»

«Es ist die psychiatrische Telefonhilfe. Psychologische Hilfe. Ok. Ich begann zu telefonieren, telefonieren, telefonieren.» Während sie davon spricht, wird sie sehr ruhig, als ob sie mit ihren Gedanken dieser Organisation «nachhängen» würde. «Eines Tages rief ich die russische Nummer an, eine wunderbare Analytikerin fragte mich, was das Problem sei. Sie fragte mich, ob ich die Selbsthilfegruppe ‹Chosen› kenne. Ok, ich kannte sie nicht. Ich hatte zwar alle Sozialarbeiter der Krankenversicherung gefragt, ob es so eine Gruppe gebe. Nein, sagten sie, es gibt eine Gruppe von Frauen mit Brustkrebs. Ich wußte auch nicht, daß mein Arzt mit dieser ‹Chosen›-Gruppe in Verbindung stand. Am Tag, an dem ich zu dieser Gruppe ging, fühlte ich mich zum erstenmal wohl.»

«Wofür genau brauchten Sie diese Gruppe?»

«Nicht um zu leben, sondern um mit den Kindern zu arbeiten. Ich arbeite mit Kindern und mit Lehrern. Und niemand will jemanden, der sich miserabel fühlt, der den ganzen Tag ein miserables Gesicht macht und nicht lächelt, den ganzen Tag anschauen. Und ich konnte nicht, ich bin allein, ich erhielt keine Hilfe», sagte sie jetzt erschöpft.

«Er erhielt auch keine Hilfe. Aber ich weiß nicht... irgendwann beginnen sie zu essen.

Ich hatte niemanden, und ich brauchte Hilfe. Ok.» Nun äffte sie die Sozialarbeiterin nach, wie sie jeweils «salopp» zu Besuch kam und fragte: «How do you do today?» «Das ist keine Hilfe. Sie brachte mich zu einer Psychiaterin, die mir so viele Medikamente geben wollte. Sie dachte, ich nehme all das. Sie gab mir 100 mg Anafranil pro Tag, denken Sie, Nozinane (ein Beruhigungsmittel). Ich konnte nicht alles gehen lassen. Ok. Dann fand ich eine Psychiaterin, die selbst krank gewesen war. Sie war die einzige, die mir die Wahrheit gesagt hatte. Nämlich, du wirst nie aufhören, Angst zu haben, aber du wirst lernen, mit der Angst zu leben, und das ist wahr. Das ist realistisch, das ist keine Lüge, obwohl es bedeutet, daß da immer etwas ist. Ja, es ist da, es ist da. Wenn ich zur Ärztin gehe wegen etwas, dann macht sie zehn, 20 Analysen. Ich gehe noch immer alle drei Monate zum Onkologen. Die Frau weiß es. Man rechnet mit der Zeit (you count the clock). Eine Woche davor beginnt der Streß. Man macht die ‹markers›; es bedeutet Streß. Man geht zu... und man beginnt zu wissen, daß sein Leben sehr instabil ist. Die Angst – ich wußte dies. Man spricht von fünf Jahren (bis zur Gewißheit der definitiven Heilung). Ich habe das Gefühl, es sind fünf Jahre seither, aber es ist erst gerade eineinhalb Jahre seither. Und jetzt beginnen sie, von zehn Jahren zu sprechen. Sie sprechen nicht mehr von fünf Jahren. Und jetzt gibt es sogar nach zehn Jahren Fälle, die vergessen und dann... man weiß... Ich weiß es persönlich und ich weiß auch das Gegenteil. Und dann beginnt man zu lernen, daß es keine Regel gibt im Krebs, keine Regel. Es kann so sein, und kann das Gegenteil sein.»

«Es ist ganz willkürlich?»

«So ist es. Weil es nicht wie eine Herzkrankheit ist, bei der man weiß, was vor sich geht, und man jedes Stadium erwarten kann. Hier gibt es nichts. Dies begann ich zu verstehen. Und ich begann, ein wenig Ordnung zu schaffen aus all der Information. Und im Wissen, daß ‹Heilmethoden› (alternative) mir nie halfen und nie helfen werden... Heilen ist nichts für mich.»

«Heilen?» fragte ich.

«Magie. Es ist wie Magie. Es ist wie Magie.» Sie zeichnet mit den Händen eine Art Beschwörung nach. «Ich denke, daß ich eine sehr unpassende Person bin für Heilmethoden, denn sogar als ich sehr traurig war und Autosuggestion versuchte, gelang es mir nie.»

«Denken Sie, daß...?»

«Ich bin zu stur, sehr stur, sehr stur. Man sagte mir, daß ich für die Radiumeinlagen viel Narkosemittel gebraucht habe, weil sie mich kaum einschläfern konnten. Und ich erwachte erst am Abend, statt nach zehn Minuten. Ich will leben wie ein gesunder Mensch. Das heißt, wenn es möglich ist, ohne all diese Spezialnahrungsmittel und ‹Gras› zu essen. Ich will arbeiten. Ich besprach meine Ernährung mit einer Ernährungsberaterin im Spital. Nicht, daß ich jetzt Blumen esse oder keinen Käse mehr usw. Man erhält viel Beratung, und wenn man alleine ist, übernimmt man selbst die Verantwortung.»

«Sie gehen also zu einer Ernährungsberaterin?»

«Ja, im Spital. Und es gibt so viele Optionen wie Diätberaterinnen. Ich weiß viel, ich kann sogar selbst ein Buch schreiben darüber. Ich wußte, daß ich einen Psychologen brauchte, und ich fand meinen Platz in der Selbsthilfegruppe. Es ist keine Arbeitsgruppe. Und es geht nicht um die Gruppe, es geht um Jossi, den Leiter.» (Sie spricht jetzt sanft und langsam.) «Und die Gruppe befaßt sich nicht mit medizinischen Angelegenheiten, sondern mit psychologischen. In der Gruppe machen sie... als ich in die Gruppe kam, war ich voller Wut, ich wollte den Leiter schlagen, alle schlagen. Ich wollte streiten..., weil ich nichts wußte. Weil ich so wütend war, weil ich Hilfe brauchte. Ich suchte so sehr Hilfe und fand keine. Und ich konnte nicht glauben, daß ich jetzt Hilfe gefunden hatte. Es war wahr, ich konnte sie haben, bitte... ich schrie, helft mir, helft mir, helft mir, ich will leben, ich will... hilf mir, Jossi! Ich schaffe es nicht allein.» (Während Frau A. dies erzählt, «schluckt» sie ihre Worte wieder vor Panik.) «Ich hatte drei Monate hier gesessen und geweint, geweint, geweint, und ich war allein. (Sie weint wieder.) Es war nicht der Krebs, niemand. Ich war allein.»

«Sie waren am Verzweifeln?»

«Am Verzweifeln. Es sieht aus... ich verdanke alles Jossi. In der Gruppe machen wir verschiedene Sachen. Gewiß, wir erzählen einander, wir haben Kontakt, und Kontakte durch Jossi, viele Kontakte. Ich habe viel Arbeit, aber... Eine Frau (nun weint sie wieder), die mir sehr nahestand, starb vor einem Monat. Es war schrecklich. Und ich wollte sogar aus der Gruppe gehen. Zum erstenmal fürchtete ich dann, daß dieser Gruppe anzugehören ist wie warten... Menschen, die warten auf das Ende, auf Gott. Es kam so über mich. Sie war sehr... in der Gruppe. Es war sehr schwirig für uns. Es ist sehr schwirig jedesmal, wenn Sie fühlen, daß jemand an Krebs stirbt. Es gab z. B. eine Sängerin, die an Krebs starb. Sie war eine Art Heldin. Und Jacqueline Onassis... wer immer es ist. Und wenn Sie davon hören, denken Sie, es ist nicht sie. Sie konnte alles haben, nein, sie konnte alles haben.»

«Bedeutet es, daß Sie beim Tod jedes Krebskranken denken, ich könnte es sein, daß Sie bei jedem mit dem eigenen Tod konfrontiert werden?» fragte ich sie.

«Ich weiß nicht. Ich weiß nicht. Ich glaube nicht, daß ich den Tod fürchte. Ich fürchte das Stadium zwischen dem Tod. Dies macht mir schrecklich Angst.»

«Zu leiden?»

«Leiden. (Sie weint und sagt) I'll overcome it... Ich will Ihnen über die Gruppe erzählen, weil es das Hauptinstrument ist. Jossi gab uns die Mittel, zu beginnen, positiv zu denken. Positiv zu denken, anzufangen, unser Leben anzuschauen. Ich schreibe gut in Hebräisch, sehr gut sogar, und ich wollte Jossi schreiben. Ich wollte ihm schreiben, daß er mir das beste Jahr Lebensqualität von all diesen Jahren geschenkt hat. Es tönt etwas sarkastisch. Am selben Ort zu sein, viele Dinge, die er sagte, tun, was ich wirklich tun wollte, aufhören ‹to be a pleaser› (anderen Leuten gefallen zu wollen), aufhören, sehr gut zu sein, egoistisch zu sein. Ich bin Lehrerin, und ich gebe, aber (lernen) egoistischer zu sein. In der Gegenwart zu leben und nicht nur in der Zukunft. Weil, wenn ich an die Zukunft denke, gibt es schreckliche, schreckliche... die Zukunft, weil, mit viel, viel ‹Glück› werde ich all diese Jahre allein sein. Es ist genug. Dies ist genug, um Angst zu haben. Ohne Familie, hier sein, dort sein, in einem Haus zu sein... es ist das beste, woran ich denken kann. Als diese Freundin starb, kam ich nach Hause, und ich konnte nicht einmal mit ihm (dem Partner) sprechen. Ich redete, aber es war oberflächliches Gerede. Und ich sagte nur... ok (Frau A. weint so bitterlich, daß ich nicht mehr verstehe, was sie sagt.) Die Einsamkeit ist die bittere, schreckliche Angst. Weil ich weiß, die Schmerzen sind nicht so schlimm. Sie sind nicht so schrecklich, und man gibt Ihnen, man gibt Ihnen (Schmerzmittel). Niemand weiß, daß... im Hospice und sie nehmen jedermann. Es ist nicht der Schmerz, es ist nicht der Schmerz, es geht ums Gesundsein, es geht ums Leben, wie ein gesunder Mensch arbeiten zu gehen, von der Arbeit nach Hause zu kommen, unabhängig zu sein. Weil im Moment, in dem ich abhängig werde, in diesem Moment mein Geld... wird aufhören, und wenn ich kein Geld habe, erhalte ich keine Hilfe. Dieses Jahr benötigte ich viel Hilfe, was immer ich... vor Jahren hatte Geld eine andere Bedeutung, weil ich wußte, Geld bedeutet, daß man Hilfe erhält. Geld bedeutet nicht Überseereisen und... zu sein, wir lernten zu leben.»

«Sie meinen, für alles müssen Sie bezahlen?»

«Ja. Ich meine die Selbsthilfegruppe ist nichts, 80 Shekel pro Monat (ca. 30 Franken). Es ist nichts. Und wenn Sie dort hingehen, und Sie können nicht bezahlen, wird niemand Geld verlangen. Aber wenn man Hilfe braucht, und man braucht jemanden zum Kochen und zum Helfen... Am ersten Tag nach der Operation wollte ich... einen Shock, und weder Ärzte noch Schwestern beachteten es. Und wir hatten eine Schwester, die hieß Lotti. Lotti, sie wäre verantwortlich gewesen und alle Patienten nannten sie Nazi. Ja, Nazi, Nazi, kein anderes Wort, Nazi. Und man will etwas über sich selbst nachdenken. Man will sprechen mit jemandem, man will anfangen, mit jemandem zu sprechen über das, was einem wirklich angst macht. Aber man erhält von der Selbsthilfegruppe so viel, wie man gibt. So viel wie man fragen will. Die Leute, welche jede Woche kommen und nebeneinander sitzen und Shalom sagen, um dann wieder zu gehen, haben nichts von der Gruppe. Aber wenn man offen ist und arbeiten will und alle ‹Autosuggestiva› macht. Man macht Joga...»

«Haben Sie all dies dort gelernt?»

«Ja, nein, ich versuchte es. Ich kannte dies nicht vorher. Ich versuchte einfach. Wir machen Bewegungen; dies bedeutet, daß in der Gruppe zu sein heißt, sehr involviert zu sein. Und sie macht es mir möglich, zu beginnen zu leben. Ich weiß, eineinhalb Jahre vergingen jetzt.»

«Das ist viel in einenhalb Jahren.»

«Ja.» Nun machte sie eine lange Pause. «Die Angst ist nicht vor dem Tod, ich habe keine Angst vor dem Tod, weil jedermann sterben wird. Aber wenn man beginnt, die Bedeutung von ‹Am-Leben-zu-Sein› zu fühlen, zählt *dies* nach dem Krebs. Natürlich steht man auf am Morgen, macht sich Kaffee und geht zur Arbeit. Wer fühlt das schon? Aber an *dem* Morgen, an dem man sich bewußt geworden ist, daß man Krebs hat, bekommt jeder Tag Bedeutung. Und man merkt, daß – wenn man etwas tun will, will man es sofort tun, weil man nicht weiß, ob man noch Zeit haben wird dafür.»

«Man schickte mich zu einer Gruppe in Deutschland, vier Monate nach der Bestrahlung. Mein Partner war im Ausland. Und ich hatte kein Geld. Ich hätte es leihen können, aber ich tat es nicht. Als er von Deutschland zurückkam, sagte er mir, was ich in Deutschland wolle, die Deutschen... Ich sagte ihm, die Deutschen seien die einzigen, die mich eingeladen hatten. Und man will gut gekleidet sein. Weil, das erstemal, als ich ging, schaute ich in den Spiegel und suchte die besten Kleider, denn ich hatte das Gefühl, es sei mir auf den Rücken geschrieben, daß ich Krebs habe.»

«Sie hatten das Gefühl, daß man es Ihnen ansieht?»

«Ja, das war das Gefühl. Die Angst dreht sich ums Leiden. Ich sah schlimme Tage meiner Tante und meines Onkels, und das genügte. Dies ist die Angst, dies ist die Angst.»

«Jene, die an Krebs starben?»

«Ja. Und alle warteten und saßen und sagten, Gott sei ihm gnädig und lasse ihn sterben, denn das hat keinen Sinn. Davor habe ich Angst. Aber man lernt sowieso mit dem Auf und Ab zu leben. Diese schwierigen Stimmungen. Was mir mehr hilft, ist zu beten, aber wann ich will. Ich bin nicht eine systematische Beterin. Es gibt Tage, an denen ich das Gebetbuch nicht anrühre. Und ich fühle mich ok, ich bin nicht schlecht im Beten und mit den täglichen Lesungen und bezüglich Zur-Synagoge-Gehen. Aber wann ich will.»

«Aber ich mache das Beste aus allem, wie dem Davidstern; ich sage nie mehr, das ist schlecht, alles, was Sie wollen, der Davidstern und Jerushalaim und das Chai-Zeichen (Symbol für Leben) und... und ein Auge, ein blaues Auge, was immer Sie wollen. Ich denke, ich habe das Gefühl, daß ich alles brauche für mich selbst. Ich mixe, ich mixe diese Dinge. Ich konnte nichts finden, von dem ich sagen würde, dies ist das einzige, was mir hilft. Ich konnte nichts dergleichen finden. Es ist eine Mischung. Denn es gab eine Zeit, in der ich mit dem Rabbi sprach. Aber der einzige Rabbi, zu dem ich eine Beziehung herstellen konnte, war der ‹Chabad-Rabbi›. Dies sind sehr freundliche Leute, und ich gehe zu ihm, wenn ich mit ihm sprechen will und wenn nicht, dann nicht. Es ist eine Mischung. Aber das einzige, was ich regelmäßig tue, ist die Selbsthilfegruppe besuchen. Zur Selbsthilfegruppe gehen und dort das Gefühl haben, es ist das Meeting, das zählt, welches macht, daß ich mich wohl fühle. Es gibt mir das Gefühl, daß ich geben will, daß ich helfen will... das ist die einzige Sache, die ich systematisch tue.»

«Was ist Ihre Absicht, wenn Sie beten oder mit dem Rabbi sprechen?»

«Es geht nicht um Entspannung. Immer, wenn ich philosophieren will, spreche ich mit dem Rabbi. Oder es geht darum, Gott zu fragen, warum und darum, in den Büchern über den Glauben zu schauen, und ich weiß nicht, wie ich dies übersetzen soll, wir sagen in Hebräisch, wir tragen die Schuld für das, was unsere Eltern taten. Ich stehe für meine schlechten Eltern. Wenn ich in einer philosophischen Stimmung bin, brauche ich den Rabbi oder ich brauche eine religiöse Person, eine intelligente religiöse Person, und ich habe zwei solche Personen an meinem Arbeitsplatz. Vor der Operation bat ich zwei Personen, für mich zu beten. Als es vorbei war, bat ich einen davon, wieder zu beten und Gott zu danken. Ich dachte, vielleicht ist er ein besserer Jude, und Gott wird ihn besser hören.»

«Besser als Sie selbst?»

«Etwas in dieser Richtung.»

«Das tönt, als ob Sie kalkulieren würden, was das Wirksamste sein könnte», sagte ich.

«In gewissem Sinne... Moment... Wirksamer in bezug auf mich. Ich bin keine ‹global student of cancer. I am not a global student›, aber ich sage, daß ich dies für mich tun muß, weil die konservativen Ärzte sich lustig machen über die Alternativmedizin. Sie machen sich lustig. Ich sprach mit meinem Arzt, und er... ist sehr rational, und er sagte, noch niemand wurde gesund durch die Alternativmedizin. Ich übernahm die Verantwortung für die Bestrahlung. Ich schaute weg. Aber ich sehe keine Gefahr darin, die beiden zu mischen. Was mir zum erstenmal half vor eineinhalb Jahren war zur Gruppe zu kommen, und jemand rief an und zum erstenmal fühlte ich, fühlte ich eine wunderbare Hilfe in Bioenergie. Zum erstenmal. Jedesmal, als mir jemand etwas erzählte, lachte ich. Aber zum erstenmal hatte ich das Gefühl, es helfe, und ich möchte weitermachen und mit diesem Mann. Wirkungen verändern sich bei mir, denn es gibt Zeiten, in denen ich etwas anderes brauche. Manchmal muß ich sprechen. Ich schreibe sehr viel.»

«Führen Sie ein Tagebuch?»

«Es ist kein Tagebuch. Was ich schreibe, sind Briefe an mich. An mein Gesicht, an mein Gesicht. Dies gibt mir ein gewisses Verständnis von dem, was mich beschäftigt. Ich schreibe Briefe an ihn, an Moshe, wenn ich wütend bin auf ihn, und wenn ich nicht fähig bin, zu sprechen.»

«Wer ist Moshe?»

«Es ist die Person, mit der ich lebe; mit der ich nicht fähig bin, zu sprechen, unfähig zu sprechen, ich bin unfähig, zu sprechen mit ihm; wenn ich sprechen will auf einem Niveau, das er nicht versteht. Weil er versucht, es zu rational zu machen. Ok. Warum Krebs? Ok. Krebs ist ‹out›. Vergiß ihn! Aber man kann nicht, man kann nicht. Und sich benehmen! Ich haßte alle Leute, die sagten, ich solle mich beherrschen. Sie sind nicht mehr meine Freunde. Nicht mehr meine Freunde, sogar mein Onkel; er versuchte die ganze Zeit, sich zu beherrschen, beherrschen und sich beherrschen. Deshalb ist diese Beziehung zu Ende. Manchmal gibt mir Schreiben sehr viel. Ich schreib' viele Briefe an Gott. Es ist schwierig zu...»

«Behalten Sie sie?»

«Ja. Verstehen Sie etwas Hebräisch? Ich versuche, einen zu finden, den ich übersetzen kann für Sie. Wollen Sie?»

«Ja, gerne.»

«Ich versuche, einen Brief zu übersetzen, den ich Moshe schrieb, zu der Person, mit der ich lebe. Ich schrieb den Brief dieses Jahr vor dem Neujahr. Und die Neujahrszeit ist eine Zeit, zu der man um Vergebung bittet.»

Frau A. liest: «Ich habe das Gefühl, daß ich mich Gottes Hilfe übergeben habe und daß ich Gottes Gnade übergeben bin. Wenn ich wieder krank werde und noch eine Operation und Chemotherapie (haben muß), kann ich das Leben nicht mehr aushalten.

‹I am getting out of here.› Gehe ich von hier weg. Ich verursachte Dir ein fürchterliches Jahr und bitte Dich, mir zu vergeben. Es geht um Vergebung. Du schuldest mir nichts. Du bist nicht verantwortlich, Du bist nicht meine Krankenschwester, Du hast Dein eigenes Leben, Deine eigenen Probleme, und in Deinem Alter verdienst Du Ruhe. Wenn ich krank bin, brauche ich mein Heim nicht, und ich brauche nichts. Ich verkauf' es, ich verlasse es, und man wird mir helfen. Ich gehe weg von hier und bezüglich des Endes, vergiß mich im Guten. Es wird keine Beziehung mehr bestehen zwischen uns, und was mir geschieht, ist meine Angelegenheit. Du bist nicht mehr mein Vater (ich nenne ihn Vater), Deine Tochter Ilona ist nicht meine Schwester. Hilf mir zum erstenmal! Hilf mir, einen guten Arzt zu finden. Komm nie ins Spital, um mich zu besuchen. Du bist sehr kostbar für mich, Du weißt, wie sehr. Ich will, daß es Dir gut geht; ich will Dich nicht stören, ich will nichts von Dir, lasse es, wie Du kannst. Wenn ich Dich belastet habe dieses Jahr, war es, weil ich ein sehr schwieriges Jahr hatte, ein sehr schwieriges Jahr. Und auch, wenn es nicht leicht ist mit mir, ich liebe Dich, ich liebe Dich von ganzem Herzen. Ich hoffe, die Prüfungen gehen vorbei. Das einzige, was ich will, ist, ein unabhängiges Leben zu leben. Sei nicht böse mit mir. Ich versuche, mich zu beherrschen, aber es ist schwierig.»

«Es gibt Briefe, die sind viel besser als dieser», sagte sie entschuldigend. «Den letzten Brief, ok, versuchte ich, Jossi zu schreiben. Ich wollte ihn ihm nicht geben, weil ich nicht wollte, daß ich in der Gruppe als Schmeichlerin erscheine. Er erhielt ihn nicht. Er ist auf den 28. August 1994 datiert.»

«Jossi, um Dir zu danken, es gibt keine Worte mehr. Weil Du, Jossi, bist von Gott gesandt. Ein Führer und ein Engel. Jossi, Du bist das Licht und das Ende der Dunkelheit. Du bist mein Seil, das mich mit dem Leben verbindet. Du bist das Motiv, Du bist die Maschine, Du bist da, um denen zu helfen, die nicht heraus können. Du tust jeden Tag das Wichtigste, Du bringst Krebskranke zurück ins Leben. Du heilst schmerzende Seelen, Du gibst Kraft und Glauben, daß es nach Krebs immer noch ein Leben gibt. Ich fühle mich als Dein Computer. Du versuchst, mich... zu machen, und ich fühle, daß alles, was Du sagst, wirklich geschehen wird. Du machst, daß ich glaube, daß Du etwas verändern kannst, denn wir sind noch am Leben. Du gabst mir Leben mit Qualität; vorher waren es nur Jahre, die vorbeigingen. Du wurdest gesandt von Gott. Du bist für mich... wissen Sie, es gab Weise, Engel, welche zur Erde zurückgesandt worden waren. Es gibt 36.» Später im Brief hieß es: «Du bist der 37. Gott, Gott Zaddik, der auf die Erde zurückgesandt worden war. Und viele Briefe wie diesen», fügte sie bei. «Es ist im Moment, es ist nicht ein ‹plain writing›; es ist ein ‹writing in the moment›, spontan. Was immer man fühlt, ist richtig. Und das hilft mir, das hilft mir.»

«Ich vermute, wenn Sie Gott schreiben, bitten Sie ihn um Hilfe?»

«Ums Leben, ums Leben, nicht mehr für Hilfe, weil die einzige Hilfe, die ich will, ist eine Hilfe für den Haushalt. Das einzige, was ich von Gott will, ist Leben. Als meine gute Freundin Lea starb, sandte ich Gott einen Brief, und ich konnte nicht beten. Aber ich bat ihn, daß Lea in den Himmel gehen möge, um für uns zu beten und um

Gott für unser Leben und unsere Gesundheit zu bitten. Das ist das einzige, worum ich bitte. Weil dann habe ich alles. Und ich brauche nicht viel, nur Leben.»

«Glauben Sie an ein Leben nach dem Tod?»

«Ich glaube nicht daran, rational, ich glaube nicht daran. Ich versuche, zu lesen und zu schauen, und es geht nicht um ‹gisch-gusch›. Jemand erzählte uns, ein Psychologe erzählte uns, daß man Licht sehe, und man sehe dies und das. Ich glaube es nicht. Aber ich fühle, daß Leute, die ich liebe, noch immer bei mir sind.»

«Geistig?»

«Sie sind geistig bei mir. Vor einem Monat starb der Philosoph Professor Leibovitz. Er sagte, und ich konnte nie verstehen... und das ist etwas, was ich beginne zu überdenken... er sagte, der Körper ist tot, aber die Seele lebt. Und so fühle ich. Und ich bin sehr froh und glücklich, und ich fühle mich gut, daß Lea bei mir ist. Wenn ich Hilfe brauche, spreche ich mit Lea. Als ich die Bestrahlungstherapie hatte und allein war in jenen Tagen, in meiner Phantasie sprach ich zu wem immer ich wollte. Aber zu sagen, daß ich an ein Leben nach dem Tod glaube oder daß mich dies erleichtert, weiß ich nicht. Ich weiß, daß ich sterbe, daß ich sterben werde. Alle sterben und...»

«Ich erinnere mich gerade, daß man hier die Gräber ewig bestehen läßt», sage ich zwischendurch.

«Auf ein Grab zu gehen ist für mich das Allerschwierigste.»

«Warum?»

«Ich war fünfzehneinhalb Jahre alt, als mein Vater starb. Und er starb... Ich war fünfzehneinhalb, als er starb, und ich versteckte mich in einem Auto und wollte nicht sehen, daß mein Vater ins Grab gelegt wurde. Ich bin bereit, zu gehen und im Spital zu helfen und Leute im Spital zu besuchen, aber nicht zu einer Beerdigung zu gehen. Leute, die mich kennen, vergeben mir dies. Es war schon, bevor ich krank war, seit mein Vater starb.»

Plötzlich trat Stille ein, und sie schaute mich an. Sie weinte wieder. «Ich weiß nicht, was ich sagen soll», sagte ich zu ihr.

«Ok», sagte sie. «Manchmal ist es besser, nichts zu sagen. Es ist besser, sich zu konzentrieren und nur bei der Person zu sein und nichts zu sagen. Weil Worte manchmal dumm scheinen. Ok?»

Unvermittelt beendete sie die Stille, indem sie fragte: «Cup of coffee?»

«Yes, please.»

Frau A.s Bezeichnung der Wirkung, die die Diagnose auf sie hatte, als «Erdbeben» vermittelt die Wucht der Erschütterung, die Trümmer, die sie hinterließ und eine Idee der zu leistenden «Aufbauarbeit». Rational bedeutete «Krebs» für sie eine Krankheit, emotional blieb er ein Stigma.

Frau A. bezeichnet sich wiederholt als intelligente, aber einseitig rational entwickelte Frau mit einem starken Willen und einem großen Autonomiebedürfnis. Ihre momentane Situation erscheint als vorläufig letzte Station in einer Leidensbiographie, in der sich gewisse Muster abzeichnen. So scheint ihre Krankheit, die sie letztlich als

Buße für die Taten ihrer schlechten Eltern deutete, einmal mehr ihre Sündenbockexistenz zu bestätigen. Und auch die Schwierigkeiten, angemessene Hilfe zu erhalten, zeigen ihr erneut, daß sie für alles kämpfen muß.

Ihre soziale Situation ist gekennzeichnet von unsagbarer Einsamkeit, Heimatlosigkeit und großer Not, welche ebenfalls weit in ihre Jugend zurück reichen. Sie versucht, diese durch «Offenheit» und Kommunikation bzw. «Mizwot» (Liebeshandlungen) wettzumachen. Aus dieser Situation heraus ist verständlich, warum «akzeptiert sein» für sie so wichtig ist.

Der Fächer von Bewältigungsstrategien, die Frau A. anwendet, spiegelt ihre Verwirrung bezüglich der Krankheitsinterpretation, den Grad ihres Bedrohtseins und ihrer Verzweiflung wider. Sie mischt medizinisch-therapeutisch professionelle und Laienorganisationen und -personen, Religiöses und Säkulares, innerhalb des Religiösen Institutionelles und Informell-Unkonventionelles, inklusive die geistige Gemeinschaft mit den Toten, bei denen sie sich wohler fühlt als bei den Lebenden. Nebst der medizinischen und paramedizinischen Maßnahmen spielt die Religion in ihrer Krankheitsverarbeitung eine zentrale Rolle; dies obwohl sie selbst beteuert, nicht religiös zu sein. Bezüglich ihrer religiösen Selbstwahrnehmung unterscheidet sie sich von «guten Juden», deren Gebete vermutlich wirkungsvoller seien als ihr eigenes. Dies, wie ihre Krankheitsdeutung, entspricht einer rabbinischen Konzeption bzw. läßt chassidische Züge von Religiosität durchschimmern.

Frau A. ist religiös gebildet, unterscheidet halachisch-rabbinisches Judentum von kabbalistischem, aber weiß, daß die beiden «im Verborgenen der Religion» eins sind. So überrascht es auch nicht, daß Frau A. ihren «Vergebungsbrief» an Moshe vor dem jüdischen Neujahr, der Zeit des Gerichtes und der Sühne, schrieb. Frau A. hat keine Zweifel an Gott. Ungeachtet des Gesetzes schreibt sie auch ihm Briefe, als ob er ein Mensch sei. Auch von der Wirksamkeit des Gebetes und der Fürbitte von Lebenden oder Toten und von magisch-mystischen Praktiken macht sie reichlich Gebrauch. So hat sie immer verschiedene Amulette bei sich, um sich mit einer schützenden Aura zu umgeben. Andererseits erachtet sie jegliche Art von Geistheilung als unvereinbar mit ihrer Persönlichkeit.

Während die irdische Welt für sie Zerrüttung, Angst und Schrecken vor der Zukunft bedeutet, fühlt sie sich in der spirituellen geborgen. So bemüht sie sich aktiv um diese, indem sie verschiedenste religiöse Personen und Organisationen konsultiert und in ihrer intensiven Wohltätigkeit Religiöses und Säkulares verbindet. Sie zieht dies Kultischem vor. Ihr höchster religiöser Wert ist ihr Leben, was zeigt, daß sie dessen elende Züge zu transzendieren vermag. Dies mag erkären, warum sie den Psychologen, der ihr Leben rettete und dessen Funktion sie mystisch überhöht, vergöttlicht und vergöttert. Als Gottes Medium hat er ihre Wiedergeburt bewirkt. Er stellt eine Mischung von Mittlerfigur Gottes, Therapeut, «Zaddik» (Weiser/Gerechter) und Messias dar. Ihr Brief an ihn ist ein Liebesbrief. Ihre Beschreibung seines erlösenden Wirkens erinnert an Befreiungsgeschichen aus der jüdischen Tradition, wie diejenige des Gottesknechtes, der auch stellvertretend litt und schließlich gerechtfertigt wurde.

4.4 Mein Gespräch mit Herrn B.[41]

Herr B. war zwischen meiner brieflichen Anfrage und meinem Gespräch mit ihm im Spital, wo ich ihn kurz besucht hatte, um mich vorzustellen. Als ich ihn nach seiner Entlassung zu Hause anrief, sagte er: «Aha, die liebe Frau Pfarrer Käppeli, die mich im Spital besuchte.» Ich berichtigte seine Annahme und vereinbarte einen Gesprächstermin bei ihm zu Hause. Er sagte am Telefon, er habe keinen guten Tag, freue sich jedoch sehr auf meinen Besuch, denn wenn er keinen Besuch habe, versinke er in sich und werde schwermütig. Er diktierte mir eine Wegbeschreibung zu seinem Haus und forderte mich auf, diese zu wiederholen, was ich auch tat. «Ich weiß nämlich, wo ich wohne», schloß er dann das Gespräch brüsk ab.

Als ich erwartungsvoll die Außentreppe zur Wohnung hinaufstieg, empfing mich das Ehepaar B. sehr freundlich unter der Haustüre. Herr B. stand, groß und hager, vor mir, seine Frau klein und mit liebenswürdiger Zurückhaltung. Herr B. war 63jährig. Bevor wir uns zum Gespräch niederließen, führte er mich auf den Balkon und dann an alle Fenster seiner großen Wohnung, um mir zu zeigen, wie weit sein Land reicht und welche Gebäude in der Umgebung ihm gehörten. Es handelte sich um eine kleine Fabrik. Seine Frau war unterdessen unbemerkt verschwunden.

Herr B. führte mich in ein sonniges Wohnzimmer und wies mir einen Platz zu auf einem der Sofas. Er setzte sich übers Eck auf seinen Stammplatz. Vor uns auf dem Clubtischchen standen bereits Kaffeegeschirr und Gipfeli bereit.

«Ich spreche undeutlich, Telegrammstil und abgehackt, alles in kurzen Sätzen, ich habe eben nicht gern..., die Zeit ist mir zu kostbar. Jetzt fragen Sie ‹öppis cheibs› [etwas]!» Ich erklärte ihm nochmals, worum es bei meiner Untersuchung geht. In diesem Moment trat Frau B. mit dem Kaffee ein, und er sagte zu ihr: «Wir lassen das Tonband laufen dort, und wenn ich gelogen habe, kommt es dann raus.»

Wieder mir zugewandt, fuhr er dann fort: «Sehen Sie, ich bin B., nach außen hin ‹en steihärte Siech› [ein steinharter Kerl]. Granit. Sehen Sie, da liegt er.» Dabei zeigte er auf seine Herzgegend. «Innen schon ein bißchen weniger, isch scho klar, hä? Es ist keiner so hart, wie er sich nach außen gibt. Aber ich hatte ein Geschäft mit elf Mann, da mußte ich hart sein, und ich habe 45 Jahre gearbeitet wie ein Stier.» Er hatte sein Geschäft von seinem Vater übernommen. «Ich tat es aber gerne; nicht wegen des Geldes, es hat nachher einfach Geld gegeben. Wir haben jetzt ein Vermögen von etwa 4 Millionen; ich habe mehr Geld als Sie. Aber das nützt mir ja nichts, verstehen Sie. Mein Vater konnte bis 85 ‹wiiterchlüttere› [weiterbasteln]. Wir hatten ein gutes Verhältnis, aber er hat mich ‹öppenemal zvill aagschnorret› [ein paarmal zuviel heruntergekanzelt]. Aber man muß ja arbeiten, wenn man mag und nicht wenn man nicht mehr mag. Jetzt könnte ich nicht mehr ‹chrampfe› [schuften]; jetzt ist fertig. Schwach auf den Beinen.»

---

[41] Gesprächsprotokoll Nr. 67

Nach einer nachdenklichen Pause erinnerte er sich an den gestrigen schlechten Tag. Dann sagte er, verschmitzt lachend: «Aber heute habe ich mich umgetauft auf ‹Positivli›. Heute geht es mir gut, und ich habe so gehofft, daß Frau Käppeli eine nette ist und nicht so eine blöde Geiß, so ein Beamtentyp mit so einem blöden Gesicht. Aber Sie sehen mir sympathisch aus. Wenn man krank ist, hat man nicht gerne blöde Menschen um sich herum. Sonst wird man gleich naß, verstehen Sie.» Symbolisch putzte er sich dabei den Schweiß von der Stirn. «Wenn Sie sympathisch sind, können Sie drei Stunden hier hocken, und es macht einem nichts. Verstehen Sie, ich bin ja kein Psychologe, ich bin Schlosser und der Dümmste in der Familie.» Herr B. hat drei Kinder, die studierten. «Gälled Sie, ich bin en komische Mänsch! Aber ich habe natürlich eine ganz gute Frau. Die hält die ganze Familie zusammen. Gut. Jetzt haben Sie mir vorher eine Frage gestellt», sagte er unverhofft, «wegen dieser Krankheit.»

«Wie ist es, Krebs zu haben?» wiederholte ich.

«Das ist eine schwierige Frage. Das ist nicht so einfach. Diese Krankheit habe ich immer von mir abgestoßen. Ich habe ja Prostatakrebs. Da hauen sie da zuerst die Prostata heraus. Wissen Sie überhaupt, was das ist?» Ich bestätigte. «Die Männer wissen nämlich nichts von diesem Zeugs. Sie verstehen überhaupt nichts vom Körper. Und sie müssen auch nicht wissen, was sie dort haben. Also ‹useghaue› [herausgeschnitten] haben sie sie, und als wir im letzten November ein Röntgenbild machten, hatte es darauf so schwarze Punkte: am Oberschenkel, im Becken und in der Halswirbelsäule. Der Arzt sagte: ‹Herr B., Sie haben Krebs.› Gut, da hatte ich eben Krebs. Da hat mir der Arzt nur noch Mittel gegen die Schmerzen gegeben.»

«Haben Sie Schmerzen gehabt?» frage ich.

«Nein, Sie merken überhaupt nichts. Jetzt muß ich etwas zurück, ausholen», fuhr er fort. «Meine Frau und ich waren in Kenia gewesen. Da geht so ein Reiseleiter mit alten Weibern, böse gesagt.» Herr B. erzählte, wie seine Frau infolge der Medikamente, welche sie als Reisevorbereitung einnehmen mußte, keine weißen Blutkörperchen mehr hatte. «Sie, kein Stück mehr! Da hat der Arzt gesagt, man könne ihr gar nicht mehr helfen. Da bin ich schön erwacht, Sie! Da hat mir der Sack weh getan, ‹dä Mannesack›. Das kann ich Ihnen ja schon sagen, das haben Sie ja auch schon gesehen. Ich zum Doktor, ich habe Hodenkrebs. Er geschaut dort, aber gesagt, du hast keine Spitzen dran, weil dann hat man so Spitzen an den Hoden. Die Frau gesund geworden.» Er erzählte noch zwei Episoden, während derer er Hodenschmerzen hatte wegen belastenden Erlebnissen.

«Gut, jetzt weiter, jetzt bin ich wieder abgezweigt. Ich bin so einer. Ich bin halt so. Ich bin kein Stern, ich bin auch kein Schnurri [Schwätzer]; ich bin ein Schlosser. Sie können dann das auf dem Tonband selbst aufräumen. Wenn man so – wo bin ich jetzt gewesen? Beim Operieren.»

«Jetzt haben wir operiert, und nachher ist rausgekommen, daß ich Krebs habe. Da sagte mir der Arzt, jetzt gibt es nur noch Pillen gegen die Schmerzen. Das hat mir gar nicht gepaßt. Ich wollte eine Konferenz mit meinem Hausarzt. Da ‹heepet dä hinedure zu sinere Bürochatz› [ohne mich zu beachten, brüllte er zu seiner Bürokatze], er habe keine Zeit. Das erträgt man nicht so gut.»

Herr B. erzählt, wie er dann einen anderen Arzt aufsuchte und dieser ihn sofort einem Onkologen überwies. «Da haben sie mich bestrahlt, ‹huere guet det gopfertelli, nöd, mir gahts scho ganz guet dete› [verdammt gut ist es dort, nicht wahr, mir geht es dort gut], aber am Abend kam der Strahlenkoller. Sie, hätte ich eine Pistole gehabt, ich hätte mich gerade [gleich] erschossen. Sie, mir war es so oberhundsmies, schlecht, mies, hä!»

Ich fragte darauf, ob es auch eine seelische Belastung bedeutete. «Seelisch, ja, hmm, ich habe natürlich auch eine Seele.» Er beschrieb die ambulante Bestrahlungsperiode, während der sein Sohn ihn immer hin und her gefahren und seine Frau ihn begleitet hatte. Als er zu schwach war, blieb er stationär im Spital. «Da han ich nüme chöne [Da konnte ich nicht mehr]. Gut, jetzt weiter. Fragen Sie etwas; ich habe jetzt lange genug ‹gschnörret› [geschwatzt]. Fragen Sie noch etwas.»

Ich fragte ihn nach seiner Reaktion auf die Mitteilung, daß er Krebs habe. «Dann hast du das halt. Dann bin ich nach Hause gelaufen. Dann ist vor mir in... wissen Sie, was ein Schachtdeckel ist?» Frau B. bringt frischen Kaffee und erkundigt sich nach dem Befinden ihres Gatten. «Es geht gut mit uns», antwortete er, während sie das Wohnzimmer gleich wieder verließ. «Da ist vor mir ein Schachtdeckel aufgegangen, und ich bin in ein Loch ‹gheit› [gefallen], und es wurde immer dunkler beim Heimlaufen dort. Da fiel mir ein, daß ich es noch der Frau sagen muß. Ich komme nach Hause und sage, du, ich habe Krebs. Da brach sie gleich in Tränen aus. Sie ist nicht erschrocken, meine Frau ist natürlich eine Superfrau. Sie ist mir moralisch überlegen. Das ist schon klar. Sie erreicht alles psychologisch. Und ich ‹ghei› immer mit ‹dä Türe is Huus ine› [falle immer gleich mit der Tür ins Haus], verstehen Sie, ‹dä quärewäg› [der Quere nach]. Es ist schon klar, die Frau ist eben gescheiter.»

«Jetzt weiter, was muß ich noch antworten da wegen dieser Krankheit?»

Ich fragte Herrn B. nach einer Konfrontation mit dem Sterben. «Wenn ich herumfrage, dann sehe ich, daß alle anderen herumlaufen und daß der Krebs gar nicht so tragisch ist. Aber wenn man das Wort Krebs hört, B., du hast Krebs, dann ist das schon nicht so gewaltig. Ich bin jetzt gut 60 Jahre ‹umegsiechet› [herumgehetzt] wie eine Rakete. Ich gehe immer schnell wegen meiner Gesundheit. Ich bin ja müde am Abend. Ich habe noch nie ein Buch gelesen. Jetzt müssen Sie mir sagen, wann. Ich bin ja Schlosser. Wir haben die Bude auf 50 °C geheizt, und hier oben ist 20 °C. Ich kann höchstens Fachbücher lesen oder so Blech dort (Prospekte). Es ist so, verstehen Sie. Ich habe jetzt 60 Jahre nicht für mich geschaut. Es ist immer alles gegangen. Jetzt beginne ich mit ‹Umehirne› [Nachdenken]. Jetzt frag' ich überall. Eine hat vor sieben Jahren Krebs gehabt, eine vor zwanzig. Die leben noch. Krebs ist nicht mehr tödlich. Und die da in Zürich (im Spital) sind auch keine ‹Löli› [Idioten]. Die haben nicht gesagt, B., wir können nicht mehr [nichts mehr tun], die haben gemacht [gehandelt]. Ich hoffe, ich komme davon. Ich glaube daran, daß ich davonkomme. Und wenn man Krebs hat, dann ist man im Spital und dann hat man Zeit zum Studieren. ‹Mä tänkt scho alle Cheibs, alle Cheibs.› [Was da einem alles durch den Kopf geht!]»

«Jetzt habe ich da eine Beige Zettel, die wir zwei ausfüllen müssen. Wegen dem Essen im Spital. Das war obermiserabel. Jetzt weiter! Eine weitere Frage an mich.»

«Haben Sie einmal nach einer Erklärung für Ihre Krankheit gesucht?»

«Ich habe überlegt: ‹Bin ich en böse Siech gsi [böser Kerl gewesen] früher?› Klar habe ich einmal am Abend den Vater etwas ‹angelangt› [bin ich dem Vater zu nahe getreten], man sollte ja nie den Vater ‹alange› [nahe treten]. Ich habe den Vater halt einmal etwas geschüttelt, aber nicht abgeschlagen [zusammengeschlagen]. Das hätte ich nicht machen sollen. Dann weiter. Da diese Frau, die macht da so ‹Todesbegleitung› – wie sagt man dem? Sterbebegleitung macht die. Übrigens sind Sie reich oder hat Ihr Vater Geld gehabt? Aber sterben müssen wir ja alle.»

«Mein Hausarzt kommt aus armem Haus, aber letzthin hat er einen neuen Mercedes gekauft. Er macht ‹truurigi huere Priise› [verlangt hohe Preise], aber er operiert tipptopp. Und er hat mich immer besucht im Spital, und seine Bürokatze hat er auch mitgenommen. ‹Das isch au en glatte Siech› [toller Kerl]. Das tut einem richtig gut.»

«Ich habe da halt ein paar wüste Wörter, ich komme vom Volk, verstehen Sie? Jetzt habe ich den Faden wieder verloren.»

«Dann hat mich also dieser Arzt angerufen und gesagt, ich müsse diese Psychologin anrufen. ‹Das isch a Superchatz›, sieht aus wie ein Filmstar. Ich dachte, ‹gopfertelli› [verdammt], was willst denn du da mit mir? Die ist so schön. Eine Wunderfrau. Dann hat die mir da ... ich müsse mich entschuldigen, wenn ich den Sohn früher zuviel ‹aagschnorret› [angebrüllt] habe. Und da ich im Beruf gut war ... aber man sollte die Leute immer zuerst selbst lernen lassen, daß sie auf den rechten Weg kommen. Da hat die mir einen langen Vortrag gehalten und bei mir den ‹Gang ineghcit› [in Gang gebracht]. Was habe ich dann gemacht? Ich habe mich bei meinem Sohn entschuldigt. Schon ein bißchen ... schon etwa so (er markierte Abwehr). Ich habe zu ihm gesagt, es tue mir leid. Da habe ich das also gemacht. Punkt 1.»

«Jetzt kommt noch mehr. Sind Sie reformiert? Ich bin reformiert und habe ein Geschäft in einem katholischen Ort. Die Kirche wird umgebaut und braucht fünf Fensterrähmli. Da kommt eine Absage auf meine Offerte. Und verstehen Sie, ich bin ja reformiert, der einzige Schlosser im Ort. Die andere Religion, der ich nichts bezahle, die gibt mir alles. ‹Das mag eim› [geht einem sehr nahe]. Und was habe ich gemacht? Was? Bin aus der Kirche ausgetreten. Und da kommt diese Frau und sagt, ich sei kein Schlauer, das belaste mich. Ich müsse wieder eintreten. Das habe ich diese Woche auch gemacht. Verstehen Sie, wenn ich dann diesen Brief mit der Absage sehe, gibt es da innen immer einen ‹Zwick› [Stich].»

«Es gibt Altlasten, die Sie wegwerfen müssen. Aufräumen. Sie sind jung, Sie kommen draus. Wie alt sind Sie? Fünfunddreißig?» Ich berichtige ihn – 47. «Sie? Dann sind Sie aber ein guter Mensch in diesem Fall. Sonst würden Sie älter aussehen. Es lohnt sich, glaube ich, wenn man recht lebt. Es kommt schon zum Ausdruck, zuletzt. Ich habe jetzt 63 Jahre Sorge getragen. Wieviel sind Sie?» Herr B. neigte sich zu mir und und sagte inspizierend: «Aber schauen Sie einmal Ihren Hals an? Wie neu!»

«Dann eben habe ich sie angerufen und gesagt, ich habe die beiden Punkte erledigt. Jetzt habe ich die Kirche wieder eingerenkt. Heute kommt der Pfarrer. Dann habe ich das. Ich gehe nie in die Kirche. Am Abend bete ich allein, jeden Tag, jeden Tag. Da, bei mir.» Er zeigte auf sein Herz. «Hier im Ort hatte es einmal ein Gemälde in der Kirche mit einem Abendmahl. In der Mitte hockt Jesus. Ich bete immer ihn an. Ist das gut? Ich sehe immer den vor mir, dann bete ich jeden Tag. Obwohl ich ‹en harte Siech bin›, bete ich jeden Tag. Es ist ja keiner so hart, wie er tut. Um 15 Uhr kommt dieser Pfarrer, und dieser andere Präsident hat mir diesen Auftrag nicht gegeben. Aber ich habe bei dem keine Versicherung, und er ist Versicherungsagent. Sehen Sie, die Kirche hat mir keine ‹Büetz› [Arbeit, Auftrag] gegeben. Das mag [trifft] Sie, dort, wo Sie Steuern bezahlen. Jetzt müssen Sie einmal sehen, wie gemein die Kirche ist.» Er gab mir den Brief mit der Absage. «Diese gemeinen Siechen. Das sind alles so Sachen, die man nicht machen sollte. Die Kirche sowieso nicht. Aber was machen die Brüder? Sie schicken den Pfarrer. Ich habe gesagt, Herr Pfarrer, da können Sie nichts dafür, ich bin weiterhin reformiert. Ich bin nur finanziell ausgetreten. Heute um 15 Uhr kommt er. Dann kann er die Akten haben, damit sie mich nicht mehr belasten. Dieser Austritt aus der Kirche war ja nicht fein. Die ganze Familie hat gegen mich gesprochen, aber ich mußte etwas machen. Das habe ich nicht gern. Es waren fünf ‹Rähmli›, 54 cm groß. Immer wenn ich sie sehe, werde ich verrückt.»

«Gut, jetzt haben wir das besprochen; jetzt nehmen wir die Küche von Zürich dran. Machen Sie mit?» Gemeinsam füllten wir den Evaluationsfragebogen des Spitals aus.»

«Sie sehen gut aus für Ihr Alter, sind Sie ledig? Sie sehen schaurig jung aus. Sie sind ein guter Mensch, Sie; deshalb haben Sie kein altes Gesicht. Man lernt erst im Alter, daß man recht leben sollte. Das ist manchmal eine Kunst. Man muß ein Mensch sein mit den Leuten. Ich habe auch schon einen Prozeß verloren. Ich habe den Prozeß vor Bezirksgericht verloren, bin dann vors Kantonsgericht und dann vors Bundesgericht. Sie, ich bin kein Idiot, ich. Ich habe dann mein ‹Übergwändli› abgezogen, und von da an nie mehr ‹Übergwändli› [Arbeitskleidung]. Ich habe nachts geschwitzt und kalt gehabt im Bett, wochenweise. Verstehen Sie, diese Richter, die kommen doch gar nicht draus [begreifen nichts], alles Idioten. Und dann werden Sie verurteilt, und das mag Sie. Das mag einem lange, Sie, lange. Jetzt habe ich alle Akten noch im Keller, ich Dubel [Idiot]. Jetzt mache ich das System der Psychologin. Ich verbrenne alles. Es hat so einen Ofen dort. Dann ist es fort, ich muß ja meinen Geist entlasten. Habe ich dies jetzt gescheit gesagt?» fragt er voller Schalk.

«Bin ich überhaupt gescheit? Sie müssen sagen, wenn ich nicht gescheit rede. Ich habe nie Gespräche gelernt. Ich kann nur Fensterrahmen und Blech biegen.»

«Jetzt muß ich anfangen, überall aufzuräumen. Eben weil sie sagen, Krebs ist nicht mehr so schlimm wie früher. Das merken Sie erst, wenn Sie es haben und herumfragen. Aber unterschwellig hat man trotzdem Angst, ob man zu diesen gehört oder zu den anderen. Verstehen Sie, wenn man krank ist, ist man ‹schampar› [furchtbar] empfindlich auf Gespräche.»

In diesem Moment kam seine Frau herein, um einen Auslandsanruf anzumelden. Erneut lobte er sie, aber er wollte nicht, daß sie beim Gespräch dabei war. «Ich kann am besten schwatzen, wenn ich allein bin mit Ihnen. Ich bin weniger verklemmt. Ihnen kann ich alles sagen. Ihnen sagte ich von allen am meisten bis jetzt. Sie sind mir sympathisch. Sie sehen glatt [toll] aus. Ich bin froh, sehen Sie glatt aus.»

Nun läutete das Telefon, und ich verließ den Raum. In der Zwischenzeit unterhielt ich mich in der Küche mit seiner Frau.

Nach dem Anruf setzten wir unser Gespräch fort. «Ich mußte nie turnen und jetzt habe ich da keine Beine mehr. Sehen Sie. Jetzt muß ich Ihnen meine Beine zeigen. Sehen Sie. Jetzt ist das alles weg. Jetzt muß ich turnen. Aber Sie müssen auch turnen mögen [imstande sein zu turnen]! Sie können schon sagen, positiv denken. Aber Sie müssen mögen. Wenn Sie nämlich unten sind, können Sie auch nicht positiv denken. Heute bin ich ein Positivli. Habe ich schon einmal gesagt, oder?»

«Der Kaffee ist kalt, hä, nicht mehr gut. Jetzt gebe ich Ihnen einen Befehl. Meine Frau hat gesagt, ich müsse meinen Stil ändern. Würden Sie so gut sein und diesen Kaffee ausleeren und neuen einschenken? Weil ich nicht so gut gehen kann. Ich kann schon gehen, aber es ist ein Krampf für mich. Nur die Tassen mitnehmen, wie zu Hause!»

«Kennen Sie Sr. X.? Sie hat wie meine Tante ausgesehen, eine abgefressene Frisur; das ist eine glatte, die kommt draus, und wenn die umherläuft, hat man das Gefühl, man ist sicher. Sie ist ein ‹glatter Saucheib› [toller Kerl], eine Liebe. Was soll ich vor Ihnen geheimhalten? Mein Bankkonto? Weibergeschichten hatte ich keine. Ich habe eine Frau gehabt in meinem Leben. Was soll ich Ihnen vorenthalten? Ich weiß jetzt, was Sie ungefähr sagen. Das macht mich nicht müde. Ein fremder Besuch macht mich müde. Haben Sie etwas Neues vernommen von mir heute?» «Vieles», bestätige ich ihm.

Er erzählte von Filmaufnahmen, die er anläßlich von einzigartigen Familienfesten aufgenommen, dann aber verloren hatte. «Aber eben, es gibt noch schlimmeres. Wenn man krank ist, ist das andere nicht mehr so ‹cheibe› [furchtbar] wichtig. Ich mußte doch hier Eisen abladen. Da überlegte ich mir genau, wie ich hinfahren muß mit dem Krän, damit das Eisen genau so zu liegen kommt, wie ich will. Das habe ich gerne gemacht. Aber das sind nur dumme Sachen. Da kommen Sie gar nirgends hin damit. Das nützt doch gar nichts. Das gibt nur Stütz [Geld]. Und materieller Besitz nützt nichts, wenn man krank ist.»

«Weiter! Darf ich weiterschwatzen? Ja, die Katholiken! Weil es katholisch ist, müssen sie Katholiken heißen. Die Katholiken halten zusammen wie Gift. Die Reformierten halten nicht zusammen. Aber die Katholiken haben mir Arbeit gegeben. Betreuen Sie auch Katholiken? Der Präsident (der Katholiken) hat beim Sohn einen Ständer bestellt, ohne Offerte. Kommen Sie draus? Dem anderen der fremden Kirche zugetraut, ohne, Sie, ohne. Wenn es Ihnen im Leben gut geht, merken Sie nicht so einen Kampf. Aber da gibt es so ein Wort ‹Neid›. Neid macht viel. Und da ich eine gute Ehe habe und Superkinder, und s'Geschäft haut au no!»

«Jetzt kommen Sie, würden Sie mir etwas Milch geben... wenn Sie so gut sein wollen. Sie lernen schnell. Nein, ich habe meinen Typ nicht verändert.»

«Haben Sie vorhin etwas gefragt? Was haben Sie vorher gefragt? ‹Usegheit› [entfallen], das kennen wir. Aber es wird mir schon wieder einfallen.»

Ich führte das Gespräch zurück auf das Abendmahlbild, welches er erwähnt hatte. «Zu wem soll ich sonst beten? Ich muß ja etwas anschauen, wenn ich bete.»

Ich fragte ihn nach seinen Vorstellungen vom Jenseits. «Ich habe keine. Ich schaue jetzt, daß ich mein Leben richtig leben kann. Ich will lieber ‹bschisse› [betrogen] werden als ‹bschisse› [betrügen], verstehen Sie? Sie kommen zu mir als Frau. Sie verstehen überhaupt nichts. Sie sind eine Pumpe [Amateur]. Sie wollen von mir ein Gartentörchen oder ‹öppis cheibs› [irgend etwas], und Sie wollen keinen Bruch. Jetzt empfehle ich Ihnen etwas Besseres und mache keinen Bruch. Und betrüge Sie auch nicht. Einen Laien betrügen, einen, der nichts versteht. Einen anderen, der mich ‹verseckle› [hereinlegen] will eher. Wenn so einer zu mir kommt und einen Mist bestellt, erhält er einen Mist. Ihnen, verstehen Sie, würde ich nur das Beste verkaufen, verstehen Sie? Ich habe Ordnung im Geschäft. Ich mache keinen Pfusch. Berufsstolz. B. in X. Ich bin bekannt, daß ich spät liefere, nie zu früh. Aber die Qualität ist bei mir immer gut. Das ist mein Berufsstolz. Weitere Fragen!»

Ohne abzuwarten fuhr er weiter. «Sie fragten nach dem Tod? Darüber habe ich jetzt noch nie nachgedacht. Ich lebe schon recht. Eben, daß ich nachher vielleicht Ordnung habe. Ruhe eben, jetzt, Altlasten. Eben die müssen weg sein. Wenn ich diesen Zettel der reformierten Kirche da sehe, dann kommt es wieder. Meine Prozeßakten da unten im Keller. Sobald ich mag, muß ich in den Keller und sie hinaustragen. Dann werde ich die mit Wonne verbrennen. Wegen dieser Psychologin. Die hat ihre Scheidungsurkunde auch verbrannt.»

«Jetzt ist es so, da ist das Pfarrhaus, und da unten am See wohnt diese Psychologin. Der Pfarrer... jetzt hat die viel Besuch, Herrenbesuch und mit Autos. Und der Pfarrer weiß nicht, was die macht, und der Pfarrer meint, sie habe ein Puff. Ich habe es ihr gesagt. Das ist nicht so fein, aber es ist egal. Ich muß dem Pfarrer sagen, diese Frau macht eben das dort. Die macht das gut. Die Männer tun ja gerne ein bißchen jammern bei einer Frau. Und wenn sie noch etwas älter ist wie Sie, tut es noch besser. Jaja. Nicht steinalt, nicht 70. Aber um 50 herum ist auch schön. Wenn ein Mensch 50 ist. Weiter! Weitere Fragen!»

Ich spreche ihn auf seine Auffassung an, der Krebs habe etwas zu tun mit all «diesem ungeheuren Zeugs», von dem er mir erzählte. «Habe ich zuerst gemeint, aber die Psychologin meint, es sei nicht dies. Nicht der Ärger. Der Professor meint auch, Krebs habe man oder habe man nicht. Den habe man in sich drinnen, hat jemand gesagt. Ich habe gedacht, mit diesem Ärger vor Bundesgericht – ich tue inwendig, nicht? Inwendig. Inwendig sind die meisten Männer nicht so hart. Außen sind sie böse ‹Saucheiben› [Saukerle]. Wegen der Tränen. Ich habe bei der Psychologin immer Tränen gehabt. Immer zuvorderst. Kann ich als Mann vor Ihnen weinen? Als Mann bin ich hart. Sehen Sie. Ein Fels. Es ist hart. Ich habe mich beim Sohn entschuldigt diese Woche.»

(Er hielt die Hände vors Gesicht und senkte den Kopf, als er mit dies erzählte.) «Das ist schon nicht so fein. Klar ist es besser (er kämpft mit den Tränen), aber es ist so. Man kann nicht aus der Haut. Haben Sie den Sohn gesehen? Er ist ein Supersohn. Führt das Geschäft weiter. Er ist edel. Ein edler Mensch. Kein normaler. Er hat eine gute Gesinnung.»

«Ich bin aus der Kirche ausgetreten trotz dem Krebs. Sie, das hat mich so mögen [das traf mich sehr]. Es waren nur fünf so Rähmli. An sich eine Kleinigkeit. Aber mich zu verletzen wegen nichts. Aber die kommen alle dran, später, diese Brüder. Ich habe mein Leben ziemlich in Ordnung. Ich habe kein Puff. Aber die kommen alle dran. Moralisch. Später. Es ist nicht so einfach mit dem Älterwerden. Speziell da Sie, die erste Krise da. Da beginnt man schon ein wenig zu hirnen, da. Zu hirnen. Was man hätte sollen und was man noch machen sollte. Die kommen alle noch dran. Ich habe mir vorgenommen, immer recht zu leben. Ich habe den Vater einmal ‹angelangt› ... Das hätte ich nicht tun sollen. Sonst war ich recht mit ihm. Es reut einem nachher. Es mag Sie persönlich nachher. Ich habe einen Fehler gemacht, aber nur einmal. Und mit der Mutter war ich immer nett. Ein Sohn ist mit der Mutter nie schlecht. Gar nie. Wir verehren unsere Mutter. Sie ist ja auch meine Mutter, meine Frau. Ich meine ‹s'Mami›. Wenn die Kinder nach Hause kommen, ist das erste immer: ‹S'Mami, wo isch s'Mami›?»

Ich sagte ihm, daß ich mir vorstellen könne, daß es für sie auch schlimm sei, wenn er so krank ist.

«Nein, sie sieht dies klar, daß ich, daß ich davonkomme. Meine Frau war gar nie traurig. Sie hat eine ganz gute Haltung. Die kommt herein, sachlich, und macht nicht so ein Gesicht. Sie weiß, das tut dem Alten nicht gut. Sie kommt herein und strahlt. Sie hat nie Angst gehabt, daß ich sterbe. Sie war eben auch Kinderschwester. Sie hat schon Kinder eingesargt, hat schon alles gemacht. Und jetzt eben hat sie das Gefühl, daß ich davonkomme, weil ich hie und da..., weil alle, die man hört, haben schon Krebs gehabt und leben alle noch. Das ist ein Aufsteller. Die laufen alle noch rum, und, Sie, ich laufe auch wieder herum. Ich habe ja gesagt, wenn ich eine Pistole gehabt hätte vor ein paar Tagen. Aber die Zeit. Vermutlich hätte ich mich erschossen oder vielleicht doch nicht. Nach dieser Bestrahlung kam ich auf diesen Tiefpunkt. Ich dachte, ‹das isch no huere glatt› [das ist gar nicht so schlimm], diese Bestrahlung macht nichts. Dann nach Hause, und nach 4 Stunden hat es angefangen. Da wurde mir oberhundsmies. Wissen Sie, es tut nicht weh. Aber oberhundsmies. Heute geht es mir jetzt gut, heute. Da Sie ein netter Besuch sind. Ich darf ja nicht sagen, ‹lieb›, netter Besuch. Das ist auch gut.»

«Jetzt muß ich dann nochmals ins Spital, diesen Nuklearsaft spritzen zu lassen, und nachher sollte das dann etwa fertig sein. Jetzt beginne ich zu turnen, weil meine Beine nicht mehr halten. Und wenn die Beine nicht halten, ist der Mensch auch nichts wert. Gut, weiter!»

«Wenn es einem so schlecht ist, wäre sterben einfacher. Aber jetzt natürlich nicht mehr. Jetzt muß ich wieder leben. Noch ein paar Jahre, Sie. Noch etwas ‹schäffele› [arbeiten]. Gereist sind wir schon. Aber sterben will ich jetzt noch nicht, und ich komme auch davon. Ich glaube ans Davonkommen. Das vom Positiv-Denken ist nur blödes ‹Gschnorr› [Geschwätz]. Eben, ich bin ja s'Positivli heute, neu, das ist das neuste Wort. Selbst erfunden. Patent B.»

«Letzthin habe ich nachts nicht geschlafen, mich gedreht und gemacht. Gestern nacht bin ich mit der Frau im Wald spazieren gegangen.» Ich fragte ihn, ob er dies geträumt habe. «Nein, ich mache das. Dann habe ich mit der Frau eine Kreuzfahrt gemacht. Und habe nur an positive Sachen gedacht. Heute nacht nicht: nur mich gedreht, links und rechts. Arme hinauf, Arme hinunter, Arme nach hinten, Arme nach vorn. Das kennen Sie doch. Auf die Uhr geschaut. Und ich habe nie auf die Uhr geschaut aus Prinzip. ‹Dä cheibe Zeiger dete.› Um sechs bin ich erwacht. ‹Dä Siech isch immer dobe, gaht nie rundume› [der verdammte Zeiger ist immer noch am selben Ort, bewegt sich nicht]. Das kennen Sie. Ich habe einfach nie auf die Uhr geschaut. Eben, positiv denken. Weil ich das heute jetzt kann. Wenn Sie das nicht können, dann können Sie es eben nicht. Positiv denken, das geht schon, wenn es [hin-]haut. Ich hoffe, es bleibt. Die Frau weiß genau, es kommt wieder einmal ein Tief. Sie weiß es. Es ist einfach so – auch wenn man gesund ist. Aber meinen Krebs besiegen wir jetzt. Ich bin jetzt an einem guten Ort im Spital.»

Befragt nach alternativen Heilmethoden sagte er: «Ich mache Reflexzonenmassage. Die kommt am Abend. Sie kommt jeden Tag. Ich denke, solange diese Frau bei mir ist, geht eine Stunde vorbei, und ich hoffe, es nütze etwas. Jetzt muß ich auch beginnen, mit meinen Beinen zu wackeln, damit es etwas Fleisch daran gibt.»

Herr B. nahm nochmals das Evaluationsformular des Spitals hervor. Punkt Information: «Ich wußte nicht, was mir bei der Bestrahlung passiert. Ich hatte schon ein Heftli [Broschüre]. Dort drinnen würde es schon stehen. Wollen Sie, wenn Sie Krebs haben, noch ein Heftli lesen? Eben. Sie mögen ja gar nicht lesen. Wenn Sie lesen, dann ohne Geist. Man kann es doch auch ohne Geist lesen, oder? Dann ist es einfach, wie wenn man nichts gelesen hätte. Was denken Sie jetzt von mir? Ich sei ein Spinner? Sind Sie zufrieden mit meinem Gespräch?» Ich bedankte mich.

«Dann haben wir das. Gehen Sie jetzt wieder? Ihr Besuch war lieb. Ich darf zwar das Wort ‹lieb› nicht sagen, aber nett. Verstehen Sie, nett ist jeder. Verstehen Sie, ‹die Linken und die Netten›. Sie müssen ja nett sein, aber nicht lieb. Aber das Wort ‹lieb› sollte ich nicht sagen, weil ich ein alter Mann bin. Das tönt blöd, wenn dann einer zu einer jungen Frau sagt: Sie sind eine Liebe. Aber Ihr Besuch war lieb und angenehm. Sie haben das gescheit gemacht. Habe ich etwas genützt? Ich kann Ihnen ja alles sagen, ich habe keine Geheimnisse. Ich zahle 100 000 Franken Steuern und habe 18 Wohnungen. Aber das nützt Ihnen in einem solchen Fall nichts. Materielle Werte nützen nichts. Nur die Gesundheit. Wenn man sich wohl fühlt. Wenn ich geradeaus laufen kann und nicht ermüde. Jetzt kann ich nur bis dorthin gehen und dann habe ich wieder ‹Gummifüße›.»

Nochmals erkundigte sich Herr B., ob Reflexzonenmassage gut sei. Seine Frau gehe schon seit Jahren und habe gedacht, es könne ihm auch helfen. Nun wollte er seiner Frau sagen, ich habe nichts dagegen, wenn es richtig gemacht werde. «Das stellt sie uuf [freut sie]. Man muß überhaupt anfangen, die Leute aufzustellen. Dem Arzt sage ich nichts. Und ich kann auch noch mit der Frau ‹schnörre› [schwatzen], und am Schluß betet sie noch. So macht sie.»

«Ich bete auch. Danke immer. Ich fordere wenig. Auch das Unservater ist ja nur ein ‹blöds cheibe Hole› [furchtbar blödes Holen]. Gib uns heute, immer gib uns, gib uns. Ich danke immer. Überlegen Sie sich das einmal. Alles nur Wünsche. Vom Danken ist nichts im Vaterunser innen. Gib uns heute und eine primitive Form von gib uns heute. Wie ich. Befehlsform. Es ist so, nicht? Alles befehlen. Immer holen, immer holen. Ich danke immer. Daß ich heute gelebt habe, daß ich nicht fest Bauchweh gehabt habe, daß ich... ich danke immer für alles. Jeden Abend. Und ich verlange... ich wünsche, daß ich morgen etwas besser ‹zwäg› [in Form] bin. Und daß ich wieder gesund werde. Ich danke mehr, als ich verlange. Nein, das Vaterunser ist nur ‹es cheibe Hole›. Jetzt haben Sie etwas gelernt von B., heute, hä? Jetzt haben Sie mit einem Menschen geredet, der noch nie ein Buch gelesen hat. Ich habe mir alles selbst angeeignet im Laufe der Jahre. Ich sage immer, was ich denke. Das haben sie mir im Spital schon gesagt. Meine Art ist vielen nicht gelegen.»

Nun rief seine Frau aus der Küche, sein Sohn und die kleine Katze kamen ins Wohnzimmer. Das Telefon läutete im selben Moment, so daß ich das Tonband abstellte.

Herr B. und seine Frau begleiteten mich zu meinem Auto, nachdem Herr B. gesagt hatte, er sei jetzt müde, und ich das Gespräch beendete.

Eine Woche nach unserem Gespräch telefonierte ich mit Herrn B. nochmals, um zu fragen, wie es ihm gehe. «Besser, besser.» Der Arzt habe gesagt, das Blut sei besser und er könne bald ins Spital gehen für «diesen Nuklearsaft gegen diese bösen Bazillen». Dann sagte er: «Es ist traurig. Ich liege zu Hause auf der Couch, wo ich letztes Mal saß, wo ich Ihnen gezeigt habe, und denke nach. Ich würde lieber weiterarbeiten, beim Arbeiten komme ich draus, da habe ich keine Probleme. Es kommen viele Leute zu Besuch, ein Kollege, jetzt gerade. Der ist auch krank. Und der hat jetzt gerade Exit unterschrieben. Ist Exit etwas Gescheites?» Ohne auf Antwort zu warten, sagte er: «Vielleicht, wenn es langfristig ist, dann ist es vielleicht besser zu sterben. Wenn man mit allen Schläuchen... aber wer hat den Mut? Und wenn das Leben später weitergeht. Man denkt ans Sterben, wenn man älter wird. Gegen das Lebensende und über das Lebensende und was nachher kommt. Im Geschäft kommt ohne mich keiner draus, das ist nicht gut. Was kommt nachher? Jetzt muß ich Ordnung machen, alles vereinfachen in der Bude, und wenn es wieder besser kommt, der Frau helfen. Ich will als edler Mensch älter werden und nicht sterben. Nicht nur ‹chrampfe›, das ist wichtig. Ich frage mich auch, warum hat es mich ‹gepreicht› [erwischt]? Warum diese Strafe? Ich weiß, jeder braucht eine Strafe. Absturz. Bisher ist immer alles gut gegangen, immer alles rund gelaufen, aber für was? Ich war nicht böse und nicht falsch... Es ist ein Absturz, es ist eine Niederlage für Menschen, so eine Krankheit. Man muß daran glauben, daß es wieder besser kommt. Das Blut ist jetzt besser, es geht ‹opsi› [bergauf]. Ich habe mich auch bei meinem Sohn entschuldigt und in die Kirche bin ich wieder eingetreten. Ihr Besuch hat mir gutgetan. Und auch meine Frau hat gesagt, mit Ihnen könne man gut reden.»

Während Herr B. anläßlich meines Besuches telefoniert hatte, unterhielt ich mich in der Küche mit Frau B., die am Salatwaschen war. Sie begann gleich, mit den Tränen zu kämpfen. Sie sagte, sie sei körperlich und seelisch erschöpft, und wenn ‹das› noch lange dauert... Normalerweise, wenn kein Besuch da sei, liege Herr B. auf dem Sofa und weine vor sich hin. Es sei grauenhaft. Und er sei gar nicht mehr ihr Mann. Er sei so anders geworden. Seine Persönlichkeit habe sich in letzter Zeit so verändert. Das schlimmste sei, daß er meine, er werde wieder gesund, dabei habe er doch diese Knochenmetastasen. «Man kann mit niemandem darüber reden, niemand versteht dies. Die Kinder können nicht verstehen, wie das ist, wenn sich der Mann so verändert. Er ist nicht wie der Vater. Ich erinnere mich auch an das Sterben meiner Eltern, die haben sich auch verändert im Alter, aber dort ist es normal. Aber wenn es wegen dieser Krankheit ist! Ich habe fast keine Kraft mehr.» Sie bestätigte, daß die Schwierigkeit auch darin liege, daß sie bereits damit beschäftigt sei, von ihm Abschied zu nehmen und zu trauern, während er die ganze Zeit von Heilung rede. «Und deshalb kann man gar nicht vernünftig sprechen. Man fragt sich, warum ihn dies treffen muß», weinte sie. «Alle seine Angehörigen sind so alt geworden und so gesund geblieben.»

Neben diesem Gespräch mit Frau B. über ihren Mann hatte sich seine Tochter über ihn geäußert, als ich im Spital mit ihm das Gespräch vereinbart hatte. Sie hatte gesagt: «Passen Sie auf, manchmal benimmt sich mein Vater wie eine Wildsau.»

Dem Wesen von Herrn B.s Religiosität in einer kurzen Beschreibung gerecht zu werden ist unmöglich. Denn alles, was ich über ihn sage, ist zwar vielleicht analytisch richtig, erscheint aber weniger wahr und «tief» als das, was er selbst erzählte und ausstrahlte.

Herr B. stellt sich selbst einerseits als hart, ungebildet und ungehobelt dar. Andererseits liegt ihm viel daran, sein wahres Wesen, seine moralischen Prinzipien und sein berufsethisches Wertsystem darzulegen. So z. B. zu «gestehen», daß er im Innersten ein sehr feinfühliger und verletzlicher Mensch ist. Seine Art begründet er damit, daß er eben Schlosser sei, wobei er «Schlosser» mit Rauheit, Pragmatismus, schwerer physischer Arbeit und einem «einfachen Gemüt» gleichsetzt und der Schulbildung und dem Studium seiner Kinder gegenüberstellt. In seiner Art denkt er jetzt über sein Leben nach und berichtet seine Ansichten und Erkenntnisse. Sie schlägt sich auch in seiner Religiosität nieder. Auch diesbezüglich scheint er (nicht nur bedingt durch Hirnmetastasen) kaum Beschönigungen, Gefälligkeiten, Tabus und Zensurierungen zu kennen. Er spricht mit beeindruckender Ehrlichkeit.

Seine momentane Hauptbeschäftigung besteht darin, mit geschärften Sinnen mit sich selbst ins Reine zu kommen und sein Gewissen zu entlasten von allem, was ihn bedrückt. Dabei fallen Dinge, die Außenstehenden als Kleinigkeiten vorkommen mögen, unverhältnismäßig schwer ins Gewicht. Sein ganzes Leben lang hat er sich in Familie und Beruf von einer Art «protestantischen Ethik» leiten lassen. Er hat diese jedoch (da sie ihm nicht bewußt war) autonom und unkompliziert, aber nicht undifferenziert in seinem Alltag umgesetzt. Immer hat er sich bemüht, «recht» zu leben und mit anderen Leuten «ein Mensch» zu sein. Zu seinem eher ethisch als religiös geprägten Wertsystem gehören ferner, Vater und Mutter zu ehren, Nächstenliebe, Professionalität und Fairneß im Umgang mit Kunden. Die Einhaltung dieser Prinzipien erwartet er auch von seinen Mitmenschen, aber insbesondere von der reformierten Kirche als religiöser Institution. Gerade ihre Disloyalität ihm gegenüber trifft ihn außerordentlich intensiv.

Herr B.s Religiosität läßt sich am ehesten als geschöpflich-naiv oder als «Volksreligiosität» beschreiben. Dies, obwohl er eine eindeutige und angesichts seiner diffusen Religiosität verblüffende konfessionsbezogene bzw. kirchenpolitische Haltung zeigt. Aus seinem spontan-religiösen Empfinden heraus praktiziert er «Religion» ungeachtet jeglicher offiziellen Dogmatik und aller (auch sprachlicher) Formalitäten und Formen. Er kennt keine und er braucht sie auch nicht. Es scheint ihm lediglich plausibel, daß er eine Gestalt anbetet. Hingegen findet er es unangebracht und unverhältnismäßig, daß der Mensch sich anmaßt, von Gott als unbestrittener Autorität etwas zu fordern. Statt dessen ist sein größtes religiöses Anliegen selbst angesichts seiner terminalen Situation, Gott zu danken.

In Herrn B.s Geschichte manifestiert sich ein ausgeprägtes Empfinden von Recht und Unrecht und von «ausgleichender Gerechtigkeit». Angesichts seines lebenslangen Bemühens, «recht zu leben», und seiner schonungslosen Überprüfung seiner Lebensweise sind ihm zwar einige «Ausrutscher» bewußt; aber die Möglichkeit, daß Krebs eine Strafe sein könnte, versteht er dennoch nicht. Er empfindet auch echte und tiefe Reue bezüglich seiner Vergehen und bemüht sich, «Buße zu tun», wo dies möglich ist. Er ist auch bereit, denen zu vergeben, die ihn versehentlich beleidigt haben. Hingegen macht er keinen Hehl aus seinen Rachegedanken und seiner Hoffnung, seine Feinde würden «drankommen». Selbst ein gutes Gewissen haben will er nicht in erster Linie wegen eines allfälligen Gerichts, sondern weil er sein neu bewertetes Leben in Ruhe zu Ende leben will.

Wenn ich Herrn B. religiös-ethisch kategorisieren müßte, würde ich ihn in der Nähe von Kohelet ansiedeln. Herr B. schien sich selbst, seine Mitmenschen und deren Spiele sowie «das System», d. h. gesellschaftliche Zusammenhänge, Werte und Scheinwerte, therapeutische Maßnahmen und pseudo-therapeutische Lächerlichkeiten, durchschaut zu haben. Er ist zwar stolz auf sein Können und auf seinen Besitz, jedoch sein «Absturz» bzw. seine Niederlage zeigt ihm deren Nichtigkeit angesichts der Endlichkeit seines Lebens. Er hat auch gemerkt, daß «hirnen» mehr Probleme bringt als «chrampfen».

II Wissenschaftliche Grundlagen

1. Forschungsgeschichte und -kritik

Diese Forschungsgeschichte und -kritik soll einerseits einen Überblick geben über den Stand des Wissens bezüglich der Bedeutung und Funktion von Religion und subjektiver Religiosität für die Verarbeitung krebsbedingten Leidens bei Juden und Christen. Andererseits soll sie konzeptionell wie methodologisch problematische Aspekte der bisherigen Forschung im fraglichen Themenbereich kritisch analysieren. Sie ermöglicht die Einordnung meiner Untersuchung in das Bestehende.

Die hier behandelte Forschungsliteratur wählte ich von meinem pflegewissenschaftlichen Standpunkt und entsprechend den Schwerpunkten des Forschungsgegenstandes folgendermaßen aus: Ich suchte in der internationalen Datenbank «Medline Express», in der die international publizierte medizinische und die Pflegeforschung indexiert sind, mit den Schlagwörtern «cancer», «suffering», «coping», «religiosity», «religion», «Jews» und «Christians» nach relevanten Publikationen für den Zeitraum von 1966 bis 1996. Innerhalb dieses Zeitraums fand ich keinen Artikel, der sich mittels interpretativer Forschungsmethoden mit meiner Fragestellung befaßte. Von den etwa 70 Artikeln, die «verwandte» Fragestellungen bearbeiteten, waren in den letzten Jahren deutlich mehr publiziert worden als am Anfang dieser Periode. Nach der Feststellung, daß sich weder die Humanmedizin noch die Pflegewissenschaft (wobei die letztere eher als die erstere) mit Fragen subjektiver Religiosität im Zusammenhang mit Krebserkrankungen systematisch befassen, konsultierte ich internationale wissenschaftliche Zeitschriften für Theologie und Seelsorge. Zur Vervollständigung der Literaturrecherche durchsuchte ich die Bibliographien der verwendeten Publikationen systematisch nach weiteren einschlägigen Veröffentlichungen.

Bereits bei der Durchsicht dieser Publikationen fiel auf, in wie vielen Untersuchungen «Religiosität» und «Religion» im Zusammenhang mit Krebs zwar als Schlagwort aufgeführt werden, als Inhalte jedoch nur sehr randständig oder als Zufallsbefunde vorkommen. Die meisten dieser Untersuchungen erforschten mittels Verwendung verobjektivierender und normierender Begriffe epidemiologische oder kausale Zusammenhänge und ignorierten dabei deren subjektiv-interpretativen Momente. Trotzdem analysierte ich sie so weit, daß ich feststellen konnte, daß meine Untersuchung keine Kontinuität, sondern einen Kontrast und damit eine Ergänzung der vorhandenen Forschung darstellt.

In dieser Forschungsgeschichte ordnete ich die gesichteten Untersuchungen entsprechend ihren Fragestellungen unter den folgenden Titeln:

- Religion und Gesundheit
- Zusammenhang zwischen formaler Religionszugehörigkeit und krebsbezogener Morbidität und Mortalität
- Zusammenhang von Kirchen- und Gottesdienstbesuch, Teilnahme an Aktivitäten einer religiösen Kongregation und Gesundheit
- Zusammenhang zwischen formaler Religionszugehörigkeit und Krankheitsbewältigung
- Zusammenhang zwischen Religiosität und Sinnfindung und verschiedenen seelisch-geistigen Variablen der Krankheitsbewältigung
- Neuere Entwicklungen

Im Anschluß daran versuchte ich eine Kritik.

1.1 Religion und Gesundheit

«Have we lost faith?» fragte eine englische Zeitung G. B. Shaw. «Certainly not», antwortete er, «but we have transferred it from God to the General Medical Council».[42] Die seit der Moderne bestehende Tendenz einseitiger Überantwortung des Glaubens an religiöse Erklärungen für Krankheit und Heilung an die Medizin stellt vordergründig einen Bruch der traditionell engen Verbundenheit zwischen Religion und Medizin dar. Seit der Antike spielten religiöse und medizinische Institutionen eine Rolle in der Sozialisierung bezüglich der Art, wie der Mensch mit seinem Körper umgeht. Wie die vergleichende Forschung im Bereich des Gesundheitsverhaltens zeigt, tragen z. B. religionsbedingte Speise- und Hygienevorschriften und Bräuche, welche die Sexualität regeln, zum Gesundheitszustand einer Glaubensgemeinschaft bei. Zugehörigkeit zu einer religiösen Denomination kann auch die Nutzung des Gesundheitssystems durch die Gemeindemitglieder beeinflussen.[43]

Der religiöse Umgang mit dem Körper als etwas Heiligem bildet einen Gegensatz zum wissenschaftlichen, der eine Säkularisierung desselben darstellt.[44] Die beiden Positionen stehen aber nicht nur im Konflikt, sondern es gibt auch Verwandtschaften zwischen ihnen.[45] Zum Beispiel die psychosomatische Medizin, sofern sie berücksichtigt,

---

[42] Shaw G. B. Doctors' delusions, in Ayot St. Lawrence Edition of ‹The collected works of Bernhard Shaw›, p. XV, William, H. Wise, New York, 1932

[43] Levine J.S., Schiller, P.L., Is there a religious factor in health? *JRHe*, 26 (1987), 9–36; Schwarz D., Jüdische Speisegesetze und Gesundheitserziehung, *Z gesamte Hyg*, 36 (1990), 641–644; Trappler B., Greenberg S., Friedman S., Treatment of Hassidic Jewish patients in a General Hospital, Medical-Psychiatric Unit, *Psych Services*, 46 (1995), 833–835

[44] Turner B.S., The body and religion: toward an alliance of Medical Sociology and Sociology of Religion, *Annu Rev Soc Sci*, 4 (1980), 247–286

[45] Wittram A., ‹Heil und Heilung› Symbole ärztlich-pflegerischer Kunst und religiöser Hoffnung, *Die Schwester/der Pfleger*, 31 (1992), 482–485

daß sich Religiosität als seelische Bewegtheit manifestiert, hat sich das Zusammenwirken von Religion und Medizin mindestens indirekt zum Inhalt ihrer Tätigkeit gemacht.[46]

Die mehrheitlich positive Wirkung der Religion wird im allgemeinen auch von der Ganzheitsmedizin anerkannt. Allerdings hält diese einschränkend fest, daß stark normative oder punitive Glaubenssysteme zum Beispiel bei streßbedingten Krankheiten zum Risikofaktor werden können, wenn sie im Gläubigen starke Schuldgefühle und Angst bewirken.[47]

Die von G. B. Shaw bereits im Jahre 1932 festgestellte Medikalisierung religiöser Auffassungen von Krankheit und Heilung hat sich in der westlichen Gesellschaft seither zur Norm entwickelt. Die in den letzten Jahren aufblühende Hinwendung gewisser Bevölkerungsgruppen zu spirituell orientierten komplementärmedizinischen Behandlungsmethoden und zu Geistheilern als Alternative oder Ergänzung zur Schulmedizin stellt allerdings eine gewisse Gegenbewegung dazu dar. Die vorliegende Forschungsgeschichte bestätigt somit, daß der Stellenwert der wissenschaftlichen Erforschung von Zusammenhängen zwischen Religion und Gesundheit durch Pflege, Medizin und Theologie noch nicht voll erkannt wurde und noch keinen legitimen Standort gefunden hat oder aber methodologisch bedingt ist.[48]

1.2 Zusammenhang zwischen formaler Religionszugehörigkeit und krebsbezogener Morbidität und Mortalität

Untersuchungen dieses Zusammenhanges stellten den Anfang der wissenschaftlichen Forschung zu möglichen Beziehungen zwischen Religion und Gesundheit im medizinischen Fachbereich der Onkologie dar.

Die erste dokumentierte Feststellung eines möglichen Zusammenhanges zwischen Religion und Gesundheit ist Benjamin Travers 1837 gemachte Beobachtung, daß er bei keinem Juden einen Peniskrebs gesehen habe. Rigoni-Stern stellte 1842 das hohe Brustkrebs- und das tiefe Gebärmutterkrebsrisiko bei katholischen Nonnen fest. Dieses letztere wird allerdings von Griffiths in Frage gestellt.[49] 1891 erhob John Shaw Billings zum erstenmal statistisch Zusammenhänge zwischen Morbiditäts- und Mortalitätsraten bei Juden und Nicht-Juden für die Zeit zwischen 1885 und 1889 in Nordamerika[50] und stellte dabei eine viel höhere Lebenserwartung bei Juden gegenüber den Nicht-Juden fest.

---

[46] von Uexküll T. (Hg.), Lehrbuch der Psychosomatischen Medizin, München, 1979
[47] Kaplan B. H., A note on religious beliefs and coronary heart disease, *J South Carol Med Ass*, 1976, Feb. Suppl 60–64, zitiert in Levine/Schiller, op. cit. (Anm. 43), 11; Graves C. C., Cause or Cure? *Perspect Psychiatr Care*, XXI (1983), 27–37
[48] Levine/Schiller, op. cit. (Anm. 43), 9–36
[49] Griffiths M., Nuns, virgins, and spinsters, Rigoni-Stern and cervical cancer revisited. *Br J Obs Gyn*, 98 (1991), 797–802
[50] Levine/Schiller, op. cit. (Anm. 43), 9

Bolduan und Weiner zeigten 1933, daß sich das Auftreten von Krebs in bestimmten Lebensaltern und bezüglich bestimmten von Krebs befallenen Organen bei Juden zum Teil signifikant vom Auftreten bei Nicht-Juden unterschied. Diese Studie basierte auf öffentlichen Statistiken über 14 047 Juden und 27 186 weißen Nicht-Juden 1931 in New York.[51] Auch 1966 war die Rate der an Lungenkrebs erkrankten jüdischen Männer tiefer als diejenige von Katholiken und Protestanten in New York City, während dies in früheren Jahren umgekehrt gewesen war.[52] 1970 zeigten Horowitz und Enterline, daß die im Vergleich zu Katholiken und Angehörigen anderer Denominationen niedrige Lungenkrebsrate von Juden in Montreal durch deren Rauchergewohnheiten erklärt werden kann, daß aber umgekehrt die hohe Rate bei den Jüdinnen derselben Population nicht durch dieselben erklärt wird.[53] Die Resultate früherer Studien zu gewissen Zusammenhängen zwischen Raucher- und sexuellen Gewohnheiten von Juden und Adventisten im Vergleich zu anderen Amerikanern in Los Angeles County (USA) und Krebsmorbidität wurden durch eine 1985 publizierte Untersuchung bestätigt.[54] Auch andere interkulturelle Studien bestätigen die Annahme, daß ein bestimmter Lebensstil die Krebsmorbidität und -mortalität direkt beeinflussen kann,[55] auch wenn Mack et al. davor warnen, religiös bedingten Lebensstil als Ursache dieses Morbiditätsbildes anzunehmen, solange andere Faktoren nicht definitv ausgeschlossen sind. Einen direkten Schluß von solchen Resultaten auf Lebensstil als einzige Determinante der Erkrankung erachteten auch Lyon et al. als spekulativ und voreilig.[56]

Ein weiteres Problem stellt die Gleichsetzung der religiösen Zugehörigkeit als kausaler Faktor bestimmter Gesundheitsvariablen dar. Die Erforschung der Beziehung zwischen Gebärmutterkrebs und religiöser Zugehörigkeit zum Beispiel zeigt zwar umgekehrte Korrelationen zwischen orthodoxer Indoktrination/Verhaltenskonformität der Gläubigen und krebsbezogener Mortalität und Morbidität. Ob dies tatsächlich aufgrund des religiösen Faktors und nicht aufgrund der Schwangerschaftsverhütungsmethoden, der Hygienemaßnahmen und der Regeln bezüglich Sexualität dieser Gemeinde so ist, ist ungewiß.[57] Unterschiede in der Gesundheit der Angehö-

---

[51] Bolduan C., Weiner L., Causes of death among Jews in New York City, *N Engl J Med*, 208 (1933), 407–416

[52] Seidman H., Lung Cancer among Jewish, Catholic and Protestant males in New York City, *Cancer*, 19 (1966), 185–190

[53] Horowitz I., Enterline P.E., Lung Cancer among the Jews, *Am J Pub Health*, 60 (1970), 275–282

[54] Mack T.M., Berkel J., Bernstein L., Mack W., Religion and cancer in Los Angeles County, *Nat Cancer Instit Monogr*, 69 (1985), 235–245

[55] Grundmann E., Cancer morbidity and mortality in USA Mormons and Seventh-Day Adventists, *Arch Anat Cytol Pathol*, 40 (1992), 73–78; Troyer H., Review of cancer among four religious sects: evidence that life-styles as distinctive sets of risk factors, *Soc Sci Med*, 26 (1988), 1007–1017

[56] Lyon J., Gardner K., Gress R.E., Cancer incidence among Mormons and Non-Mormons in Utah (US), 1971–1985, *Cancer Causes Control*, 5 (1994), 149–156

[57] Jarvis G.K., Northcott H.C., Religion and differences in morbidity and mortality, *Soc Sci Med*, 25 (1987), 813–824

rigen gewisser Kongregationen können also soziodemographisch oder hygienisch und nicht nur «religiös» erklärt werden.[58]

1.3 Zusammenhang von Kirchen- und Gottesdienstbesuch, Teilnahme an Aktivitäten einer religiösen Kongregation und Gesundheit

Nebst den Studien, welche formale Religionszugehörigkeit mit Gesundheitsvariablen in Beziehung setzen, beinhalten jene, welche Kirchen- und Gottesdienstbesuche damit verbinden, die zweithäufigste Fragestellung im aktuellen Forschungsthema. Allerdings bezog sich keine dieser Untersuchungen auf Krebskranke. Ich schließe sie hier trotzdem ein, weil sie als «Hintergrunddaten» zum Vergleich beigezogen werden können.

Verschiedene Studien zeigten, daß Kirchen- und Gottesdienstbesuch positiv korrelierten mit persönlicher Anpassung ans Alter und reduzierter Angst vor dem Tod, stellten aber fest, daß die Beziehung zwischen Kirchenbesuch und verschiedenen Gesundheitsvariablen unspezifisch und nicht kausal ist. Eine israelische Studie von 1971[59] zeigte dagegen ein doppeltes Herzinfarktrisiko bei den nicht religiösen Juden im Vergleich zu sehr religiösen Juden, wenn Religiosität mit Synagogenbesuch gleichgesetzt wurde.

In einer schottischen Studie wurde bei 1344 zufällig ausgewählten Personen mittels einer Fragebogenerhebung festgestellt, daß Personen, die religiös passiv waren, signifikant mehr physische, psychisch-geistige und soziale Symptome hatten als jene, die religiös aktiv waren. Dieses Resultat war noch ausgeprägter, wenn die Wirkung von Alter und Geschlecht berücksichtigt wurde. Aktive Religiosität war vor allem stark in Minoritätsgruppen, die fern ihrer Heimat lebten. Glauben erschien dort als stabilisierender Faktor, der vor den Ungewißheiten einer fremden Kultur schützt.[60]

Eine Untersuchung der Zusammenhänge zwischen Mustern religiöser Aktivität, Gesundheitszustand und Depression bei 2811 nicht institutionalisierten Betagten in einem US-Staat zeigte eine positive Korrelation zwischen größerer öffentlich-religiöser Aktivität für Frauen, größerer privat-religiöser Aktivität für Männer mit einem tieferen Grad von Invalidität, Krankheit und depressiver Symptomatologie.[61]

---

[58] Levine/Schiller, op.cit. (Anm. 43), 9–36
[59] Shamgar L., Medalie J. H., 1971 zitiert in Comstock B. W., Partridge K. B., Church attendance and health, *J Chron Dis*, 25 (1972), 665–672
[60] Hamay D. R., Religion and Health, *Soc Sci Med*, 14A (1980), 683–688
[61] Idler E. K., Religious involvement and the health of the elderly: some hypotheses and an initial test. *JRHe*, 66 (1987/88), 226–238

1.4 Zusammenhang zwischen formaler Religionszugehörigkeit und Krankheitsbewältigung

Diese Untersuchungen befassen sich mit der Krankheitsbewältigung von bereits erkrankten Menschen.

Mittels verschiedenen Fallstudien zeigten Trill und Holland, daß «Rasse», Ethnizität und Kultur in der Evaluation physischer und psychologischer Symptome und in der Diagnose und Behandlung einer Krebserkrankung bei der Einschätzung der Krankheitsbewältigung durch die Betroffenen von Bedeutung sind.[62]

In einer israelischen Studie wurden 33 «Westerners», d. h. Jüdinnen europäischer oder amerikanischer Abstammung, die an Brustkrebs erkrankt waren, mit «Orientals», d. h. nordafrikanischer Abstammung oder aus dem Mittleren Osten, d. h. aus muslimischen Ländern, bezüglich Wahrnehmung, Erklärung der Ursachen und Haltungen gegenüber Hilfeleistungen verglichen. Für beide Gruppen bedeutete Religiosität Verwirklichung eines bestimmten Lebensstils und religiöse Glaubenspraktiken. 28 der 33 Frauen waren sich der Bösartigkeit ihrer Krankheit bewußt und konnten dieses Wort aussprechen. Vier der fünf, welche diese nicht zur Kenntnis nahmen, waren orientalischer Abstammung. Das Nicht-Aussprechen der Diagnose wurde als möglicherweise magische Abwehr gegen die Bedeutung der Krankheit interpretiert. Die «Orientals» unterschieden sich von den «Westerners» in bezug auf diese Haltung mit mäßiger Signifikanz. Die meisten «Westerners» erwähnten verschiedene physiologische Ursachen, sagten aber auch, daß niemand diese wirklich kenne, und nahmen insgesamt eine skeptisch-rational-wissenschaftsorientierte Haltung ein. Die «Orientals» unterschieden sich davon durch ihre persönlich-emotional (wer ist schuld/was ist schuld oder Urheber?) geprägten Erklärungen statistisch signifikant. Religiöse «Orientals» betrachteten sich selbst oder andere Leute als Verursacher und die Krankheit als Schuld. Ferner wurden Gott, Schicksal und Glück genannt. Elf der vierzehn «Orientals» sahen keine Möglichkeit, selbst etwas zur Heilung beizutragen, da nichts oder nur Gott ihnen helfen könne. Das orientalische Muster wird als hilflos, fatalistisch und passiv bezeichnet. 15 von 19 «Westerners» waren hingegen aktiv. Sie verließen sich auf Medizin, Selbstkontrolle und Selbstbewußtsein und unterschieden sich dadurch signifikant von den «Orientals». In einem anderen Teil dieser Studie zeigten die Forscherinnen, daß die «Westerners» die Krankheit signifikant besser bewältigten als die passiven «Orientals».[63]

43 amerikanische Fundamentalisten von «Pentecostal Sects», welche 71 Heilungserfahrungen erlebt hatten, zeigten ähnliche Umgangsformen mit ihrer Krankheit. Dies

---

[62] Trill M. D., Holland J., Cross-cultural differences in the care of patients with cancer, a review, *Gen Hosp Psychiatry*, 15 (1993), 21–30

[63] Baider L., Sarell M., Perceptions and causal attributions of Israeli women with breast cancer concerning their illness: The effects of ethnicity and religiosity, *Psychother Psychosom*, 39 (1983), 136–143

deckte eine Studie auf, die untersuchte, ob Personen mit einer bestimmten Art von Persönlichkeit *Geistheiler* konsultieren, warum sie dies tun und ob dies ihren Lebensstil verändert. Die Resultate zeigen eine typische Konstellation von Persönlichkeitszügen, wie zum Beispiel Neigung zur Mißachtung der Wirklichkeit, zur Verneinung der Krankheit und Neigung zu repressivem Verhalten. Die primäre Wirkung der Geistheilung besteht gemäß dieser Studie nicht in einer Veränderung der Symptomatologie bei diesen Personen, sondern in einer Verstärkung ihres magischen Glaubenssystems. Dieses wurde als Teil ihres Bewältigungssystems betrachtet, so daß es diesen Personen persönliche Integrität und soziale Integration innerhalb ihrer Kongregation verschaffte.[64]

1.5 Zusammenhang zwischen Religiosität und Sinnfindung sowie seelisch-geistigen Variablen der Krankheitsbewältigung

1.5.1 Religiöse Aktivität und Lebensqualität

Eine Untersuchung des multidimensionalen Konstruktes Lebensqualität bei 687 Langzeitüberlebenden einer Krebserkrankung zeigte, daß spirituelle Aktivitäten die Lebensqualität während akuter Krankheitsphasen positiv beeinflußten.[65] Im Rahmen einer Lebensqualitätsstudie wurden bei 191 Frauen, welche Langzeitüberlebende einer Krebserkrankung waren, verschiedene Aspekte der Lebensqualität gemessen. Dabei stellte sich heraus, daß Frauen im mittleren Alter, die eine positive «philosophisch-spirituelle Einstellung» hatten, eher gesund lebten und gegenüber anderen Krebskranken eher unterstützend waren als die unter 40- oder über 80jährigen.[66]

1.5.2 Lebenszufriedenheit

Eine 1981 von Yates et al. durchgeführte longitudinale Studie bei 71 Patienten (2 jüdischen und 60 christlichen und 9 ohne Religionszugehörigkeit) mit fortgeschrittener Krebserkrankung zeigte starke positive Korrelationen zwischen Religiosität und Lebenszufriedenheit. Die meisten Patienten berichteten, daß Religion in Form von Glauben, Erfahrung und organisierter Aktivität eine wenn auch unterschiedlich große

---

[64] Mansell Pattison E., Lapins N. A., Doerr H. A., Faith Healing, *J Nerv Ment Dis*, 157 (1973), 398–409
[65] Ferrell B. R., Dow K. H., Leigh S. L, Gulasekaram P, Quality of life in long-term cancer survivors, *ONF*, 22 (1995), 915–922
[66] Kurtz B. R., Wyatt G., Kurtz J. C., Psychological and sexual well-being, philosophical/spiritual views and health habits of long-term cancer survivors, *Health Care Wo Internat*, 16 (1995), 253–263

Rolle in ihrer Krankheitszeit spielten.[67] Auch die Studie von Hunsberger deutete eine Tendenz hin zu positiven Korrelationen zwischen Religiosität und Lebenszufriedenheit an.[68] Reed konnte die positive Beziehung zwischen Religiosität und Wohlbefinden vorerst nicht bestätigen bei den 154 terminal Kranken in ihrer Studie.[69] Eine 300 Personen umfassende Nachfolgestudie zeigte jedoch, daß terminalkranke hospitalisierte Patienten eine stärkere spirituelle Lebensorientierung zeigten als die Gesunden, mit denen sie verglichen wurden. Eine signifikant positive Beziehung zwischen spiritueller Orientierung und Wohlbefinden bei den terminal Kranken wurde nun gefunden. Ferner stellte Reed bei den terminal Kranken eine signifikant größere Zahl von Personen fest, die in letzter Zeit «spiritueller» geworden waren.[70]

1.5.3 Sinnfindung

O'Connor et al. beschrieben die Sinnsuche bei 30 frisch diagnostizierten Frauen mit Brust- oder Lungenkrebs oder Krebs im Bereich des Dick- oder Enddarmes innerhalb der ersten 100 Tage nach der Operation. Dabei fanden sie unter anderem, daß der Glaube ein signifikanter Faktor in ihrer Sinnsuche war. 50 % der Untersuchungspersonen halfen Glauben, Beten und das Vertrauen in Gottes heilende Kraft, indem sie ihnen Hoffnung vermittelten.[71]

Ersek und Ferrell erstellten eine Literaturübersicht zum Thema Sinnfindung im Schmerz bei Krebskranken. Die Kranken konnten diese u. a. auf «letzte Ursachen» zurückführen. «Letzte Ursachen» waren spiritueller oder religiöser Art und beantworteten Fragen nach dem Warum der Schmerzen. Die Schmerzen wurden als Strafe oder als Herausforderung, immer jedoch als Gottes Wille betrachtet. Trotzdem waren die Kranken unsicher über Gottes Entschluß, solches Leiden zuzulassen, wiesen die Möglichkeit, daß ein Mensch soviel Leiden verdienen könnte, zurück oder rechtfertigten Gott. Viele Kranke verbalisierten verschiedene gleichzeitige und widersprüchliche Sinngebungen als «letzte Ursachen» ihrer Schmerzen. Dabei kam häufig vor, daß sie die Schmerzen als Gottes Wille betrachteten, aber auch gleichzeitig glaubten, Gott helfe ihnen, diese zu tragen. Manche verweigerten eine Diskussion der «letzten Gründe», weil sie eine solche als schädlich erachteten. Bei vielen Kranken löste der

---

[67] Yates J. W., Chalmer B. J., James P. S., Fooansbee M., McKegney P., Religion in patients with advanced cancer, *Med Pediatr Oncol*, 9 (1981), 121–128

[68] Hunsberger B., Religion, age, life satisfaction and perceived sources of religiousness: a study of older persons, *J Gerontol*, 40 (1985), 615–620

[69] Reed P. B., Religiousness among terminally ill and healthy adults, *Res Nurs Health*, 9 (1986), 35–41

[70] Reed P.B., Spirituality and well-being in terminally ill hospitalised adults, *Res Nurs Health*, 10 (1987), 335–344

[71] O'Connor A. P., Wicker C. A., Germino B. B., Understanding the cancer patients search for meaning, *Cancer Nurs*, 13 (1990), 167–175

Schmerz einen Lebensrückblick aus, in welchem sie sich mit anderen Leuten verglichen.[72]

Die Bedeutung, welche 150 Frauen ihrer Brustkrebserkrankung beimaßen, wurde auch von Luker et al. anläßlich der Diagnosestellung und 21 Monate später erhoben. Viele Frauen erkannten ihren Glauben als entscheidenden Faktor für ihre erfolgreiche Krankheitsbewältigung. Er machte sie stärker und fähiger, die Krankheit zu akzeptieren.[73]

Jenkins und Pargament untersuchten die Rolle der kognitiven Einschätzung ihrer Krebserkrankung, der dadurch bedingten Lebenssituation und der Einschätzung von persönlichen Bewältigungsressourcen im Anpassungsprozeß von 55 Kranken. Diese Studie, die bei mit Chemotherapie behandelten Kranken durchgeführt wurde (64,5% Frauen und 35,5% Männern), zeigte, daß die Kranken im allgemeinen versuchten, Kontrolle über die Bedrohung zu erlangen. Im weiteren fand man, daß die Wahrnehmung derjenigen Patienten, die Gott als Faktor in der Krankheit erkannten, ein höheres Selbstwertgefühl hatten und weniger bedrückt waren als die anderen. Die Untersuchungspersonen beschrieben einen aktiven Austausch mit Gott und keine passive Unterordnung unter ihn. Gott wirkte durch ihre eigene Anstrengung und durch die Bemühungen der Ärzte. Das heißt, die Kranken erreichten ihren Zugang zu Gottes Kontrolle über das Krankheitsgeschehen durch ihr Gebet und ihren Glauben. Auch wenn «Gottes Wille» als externe Quelle der Kontrolle erscheint, «verwenden» ihn verschiedene Kranke auf interaktive Art. Die Variablen «Glück» und «Schicksal» korrelierten in dieser Studie (analog zu derjenigen von Baider und Sarell[74]) negativ mit Anpassung an die Krankheit. Ferner wurde den Faktoren «Glück» und «Schicksal» nur «etwas» Kontrolle im Geschehen zugebilligt, während «Gott» viel Kontrolle auszuüben schien.[75]

1.5.4 «Locus of control»

Tebbi et al., Weidman Gibbs, Achterberg-Lawlis[76] und Yates et al.[77] stellten zur Beziehung zwischen Religiosität und «locus of control» *(der Ort der Instanz, der jemand Kontrolle über sein Leben zuschreibt)* fest, daß bei den untersuchten 28 adoleszenten Krebskranken Religion eine wertvolle Quelle von Unterstützung war und sinn-

---

[72] Ersek M., Ferrell B.R., Providing relief from cancer pain by assisting in the search for meaning, *J Palliat Care*, 10 (1994), 15–22

[73] Luker K.A., Beaver K., Leinster S.J., Meaning of illness for women with breast cancer, *JAN*, 23 (1996), 1194–1201

[74] Baider/Sarell, op.cit. (Anm.63), 136–143

[75] Jenkins R.A., Pargament K.I., Cognitive appraisals in cancer patients, *Soc Sci Med*, 26 (1988), 625–633

[76] Weidman Gibbs H., Achterberg-Lawlis J., Spiritual values and death anxiety implications for counseling with terminal cancer patients, *J Couns Psychol*, 25 (1978), 563–569

[77] Yates et al., op.cit. (Anm. 67), 121–128

volle Interpretationsmöglichkeiten bezüglich dem Leben und dessen Sinn gab. Sie zeigten, daß Religion angesichts des bevorstehenden Todes Sicherheit vermitteln kann.[78] Brandts Studie untersuchte mittels drei verschiedener Skalen bei 31 an Brustkrebs erkrankten Frauen, die ihre erste Behandlung erhielten, wie hilfreich religiöser Glaube war. Die Patientinnen zeigten wenige Anzeichen von Hoffnungslosigkeit. Alle Patientinnen bezeugten religiösen Glauben und alle stimmten mit den Resultaten von Cain und Henke[79] überein, die den Glauben als sehr hilfreich für die Krankheitsbewältigung betrachteten.[80]

1.5.5 Angst vor dem Tod

Bei hospitalisierten terminal kranken Krebspatienten wurde mittels verschiedener Skalen und strukturierter Interviews die Angst vor dem Tod gemessen und in Beziehung gesetzt zu früheren Erfahrungen mit dem Tod, zu ihrem sozialen Stützsystem und zu ihrer Religiosität. Die Angst vor dem Tod wurde auch bei ambulanten Patienten einer Augenklinik gemessen. Bei den Krebspatienten war die Angst vor dem Tod signifikant tiefer als bei den Patienten der Augenklinik. Die Krebskranken identifizierten «Kirche» als Hauptquelle emotionaler Unterstützung. Sie erlebten weniger Schmerzen, weniger Schlafschwierigkeiten und zeigten einen stärkeren Grad an Verdrängung ihres bevorstehenden Todes und gewisser Aspekte ihrer Krankheit als die «Augenpatienten». Die Studie schloß daraus, daß Religiosität eine Art «Polsterung» gegen die Einwirkungen der Krankheit und des bevorstehenden Todes darstellte.[81]

In der Annahme, daß Personen, welche mit lebensbedrohender Krankheit konfrontiert sind, weniger Angst haben, wenn sie eine stark spirituelle Lebenshaltung zeigten, wurden 114 Krebskranke untersucht. Eine konsistente umgekehrte Beziehung wurde gefunden zwischen spirituellem Wohlbefinden und Angst, ohne daß diese durch Geschlecht, Alter, Zivilstand, Diagnose, Gruppenpartizipation und Zeit seit der Diagnosestellung beeinflußt worden wäre. Diese Korrelation war am höchsten bei Nonnen. Das spirituelle Wohlbefinden war am tiefsten und die Angst am höchsten bei jenen Kranken, deren Behandlungserfolg noch ungewiß war. Die Autoren warnen davor, aus diesen Resultaten auf kausale Beziehungen zu schließen.[82]

---

[78] Tebbi C. K., Mallon J. C., Richards M. E., Bigler L. R., Religiosity and locus of control of adolescent cancer patients, *Psychol Rep*, 61 (1987), 683–696
[79] Cain M., Henke C., Living with cancer, *ONF*, 5 (1978), 4–5
[80] Brandt B. T., The relationship between hopelessness and selected variables in women receiving chemotherapy for breast cancer, *ONF*, 14 (1987), 35–39
[81] Weidman Gibbs/Achterberg-Lawlis, op. cit. (Anm. 76), 563–569
[82] Karczorowski J. M., Spiritual well-being and anxiety in adults diagnosed with cancer, *The Hospice Journal*, 5 (1989), 105–115

1.6 Neuere Entwicklungen

Parallel zu den in traditioneller Form weitergeführten wissenschaftlichen Untersuchungen erscheinen auch außerhalb der Lebensqualitätsforschung Grundsatzartikel in Fachzeitschriften, die sich mit alternativen «Krankenrollen» und Bezeichnungen für diese auseinandersetzen. Sie können als Anzeichen einer Relativierung des medizinischen Modells als einzig möglichen theoretischen Rahmens für die Konzeptionierung der Situation eines Kranken gewertet werden. Sie können Ausgangspunkt neuer Forschungsansätze sein. So impliziert beispielsweise der Patient als «Leidender» ein theologisches Modell, das zusätzlich zur medizinischen Definition des Patienten (via Diagnose) religiöse bzw. biblische Deutungen zuläßt. Eine Krankheit kann damit als Teil menschlichen Daseins, Prüfung, Bestrafung, Sühne usw. interpretiert werden. Die Bezeichnung «Leidender» nimmt im jüdisch-christlich geprägten Kulturraum implizit die Frage nach dem Sinn des Leidens auf.[83] Das Buch «Kranke gestern, Kranke heute: Die Gesellschaft und das Leiden» ist eine hervorragende historische Analyse des Zusammenspieles von Individuum, Gesellschaft, Krankheit und Religion. Sie stimuliert zum Ausblick auf zukünftige Entwicklungen.[84] Die Wiederentdeckung der Geistheilung bzw. das Wiederaufleben von spirituell orientierten Heilungsansätzen bewirkten ihrerseits unter anderem ethnographisch geprägte Diskussionen religiöser Auseinandersetzungen mit Krankheit.[85]

Wissenschaftliche Analysen von Organisationsentwicklungsprojekten, welche versuchen, Institutionen des Gesundheitswesens den kulturellen Bedürfnissen ihrer Klienten anzupassen, deuten ebenfalls auf eine zunehmende Sensibilisierung von Ärzten und Pflegenden auf religiöse Anliegen ihrer Klienten hin. Der Bericht über die Überbrückung des Abgrundes zwischen der «medizinischen Welt» der Psychiatriefachleute und der «heiligen Welt» der jüdischen ultra-orthodoxen psychiatrischen Patienten in einer Jerusalemer Institution kann als vorbildliches Beispiel beigezogen werden, wenn auch nicht im Bereich der Onkologie.[86]

Eine Gruppe von Artikeln befaßt sich mit der spirituell-religiösen Betreuung von Menschen, die von spezifischen Lebensereignissen oder -phasen betroffen sind.[87] Shaffer weist auf die spirituelle Not von Intensivpflegepatienten und deren Überprüfung ihres Lebens in dieser Situation hin.[88] Gleichermaßen werden spirituelle Bedürf-

---

[83] Atkinson, J. M., The patient as sufferer, *Br J Med Psych*, 66 (1993), 113–120
[84] Herzlich C., Pierret J., Kranke gestern, Kranke heute: Die Gesellschaft und das Leiden, dt. Übers. München, 1991
[85] Stewart C., Strategies of suffering and their interpretation(s), *Cult Med Psychiatry*, 16 (1992), 107–119
[86] Bilu Y., Witzum E., Working with Jewish Ultra Orthodox Patients: guidelines for a culturally sensitive therapy, *Cult Med Psychiatry*, 17 (1993), 197–233
[87] Maxwell T., Aldredge-Clanton J., Survivor Guilt in Cancer Patients: A pastoral perspective, JPC, 48(1994)25-31; Forbis P., Meeting patientsí spiritual needs, *Geriatric Nursing*, 1989, 158–159; Granstrom S. L., Spiritual nursing care for oncology patients, *Top Clin Nurs*, April (1985), 39–45
[88] Shaffer J. L., Spiritual distress and critical illness, *Crit Care Nurs*, 11 (1991), 42–45

nisse von Menschen mit AIDS[89], von chronisch Kranken,[90] von Betagten[91] und von geistig Behinderten thematisiert.[92] Für die Pflege von Krebskranken gibt es vor allem Reflexionen und Empfehlungen bezüglich seelsorgerlichen Beistandes und pflegerischer Beratung.[93]

Die offizielle Berufsauffassung der Krankenpflege und das Berufsethos vergleicht in Anlehnung an die religiöse Tradition der Krankenpflege auch seelsorgerliche Aspekte der Pflegetätigkeit mit solchen der kirchlichen Seelsorge. Unter Titeln wie «Moderated love a theology of professional care»[94] und «The ministry of nursing»[95] wird der traditionell seelsorgerliche Auftrag des Pflegeberufes analysiert. Diese Dimension der Pflege wird innerhalb der seit Anfang der neunziger Jahre aktualisierten «Caring»-Ideologie stark thematisiert. Diese Bewegung kann als Reaktion auf die «Technologiebewegung» in der Krankenpflege betrachtet werden. Allerdings machten McGilloway and Donnelly bereits 1977 auf die Notwendigkeit aufmerksam, daß Pflegende die Funktion der Religion in gesundheitsbedingten Krisensituationen beachten sollten.[96] Spirituell-religiöse Unterstützung von Patienten wurde also seit jeher als normaler Bestandteil der Berufsrolle der Pflegenden betrachtet.[97] Die meisten Artikel zu diesem Thema beschränken sich jedoch auf «wie man es machen soll» und entbehren durchgehend wissenschaftlicher Fundierung.

---

[89] Carson V., Soeken K. L., Shanty J., Terry L., Hope and spiritual wellbeing: Essentials for living with AIDS, *Perspect Psychiatr Care*, 26 (1990), 28–34
[90] Soeken K. L., Carson V. J, Responding to the spiritual needs of the chronically ill, *Nurs Clin North Am*, 22 (1987), 603–610; Fitzgerald Miller J., Assessment of loneliness and spiritual well-being in chronically ill and healthy adults, *J Prof Nurs*, March/April (1985), 79–85
[91] Hungelmann J., Kenkel-Rossl E., Klassen L., Stollenwerk R. M., Spiritual wellbeing in older adults: harmonious interconnectedness, *JRHe*, 24 (1985), 147–153; Reed P.B., Spirituality and mental health in older adults, extant knowledge for nursing, *Fam Com Health*, 14 (1991), 14–25; Koenig H. G., George L. K., Siegler I., The use of religion and other emotion-regulating coping strategies among older adults, *Gerontologist*, 28 (1988), 303–310
[92] Basset R. C., Perry K., Repass R., Silver E., Welch T., Perceptions of God among persons with mental retardation: A research note, *JPsT*, 22 (1994), 45–49
[93] Purdy W., Theological reflections on the ethics of pain control among the terminally ill, *JPC*, 46 (1992), 13–17; Reisz H. F., A dying person is a living person: a pastoral theology for ministry to the dying, *JPC*, 46 (1992), 184–192; Piles C. C., Providing spiritual Care, *Nurs Educ*, 15 (1990), 36–41
[94] Campbell A.V., Moderated love a theology of professional care, London, 1984
[95] Widerquist J., Davidhizar R., The ministry of nursing, *JAN*, 19 (1994), 647–652
[96] McGilloway F. A., Donnelly L., Religion and patient care: the functionalist approach, *JAN*, 2 (1977), 3–13
[97] Stoll R. I., Guidelines for spiritual assessment, *AJN*, 1979, 1574–1577; Nagai-Jacobson M.B., Burkhardt M. A., Spirituality: cornerstone of holistic nursing practice, *Holistic Nurs Pract*, 3 (1984), 18–26; Peterson E.A., How to meet your clients' spiritual needs, *J Psychosoc Nurs*, 25 (1987), 34–39; Clark C. C., Cross J. R., Deane D. M., Lowry L. W., Spirituality: integral to quality care, *Holistic Nurs Pract*, 5 (1991), 67–76; Fahlberg L. L., Fahlberg L. A., Exploring spirituality and consciousness with an expanded Science. Beyond the ego with Empiricism, Phenomenology and contemplation, *Am J Health Promot*, 5 (1991), 273–280

Ein weiterer Typ von Artikeln befaßt sich mit Ausbildungsfragen zur Verbesserung der Kompetenz der Pflegenden im spirituell-religiösen Bereich.[98]

Eine Anzahl von Grundsatzartikeln bemüht sich um begriffliche Klarheit und Abgrenzungen der Begriffe Religiosität und Spiritualität.[99]

1.7 Zusammenfassung und Kritik

Eine kritische Analyse der aufgeführten wissenschaftlichen Studien zeigt trotz ihrer begrifflichen und methodologischen Unklarheiten und Grenzen,[100] daß Religiosität und Religion mindestens als nicht spezifizierte Größen Faktoren in Morbidität und Mortalität von Krebs sowie im Kranheitserleben von Krebskranken darstellen können. Religiosität erscheint tendenziell in allen Untersuchungen, die solche Beziehungen herstellen, im Zusammenhang mit größerer physischer und funktionaler Gesundheit, mit größerer Lebenszufriedenheit, mit größerer seelischer Gesundheit, mit größerer geistiger Unabhängigkeit, mehr Hoffnung und einem Gefühl, nicht irgendwelchen Mächten ausgeliefert, sondern auf positive Weise aufgehoben zu sein. Dabei zeigten Mickley et al. kulturelle Unterschiede in einer vergleichenden Studie zwischen hispanisch-amerikanischen und anglo-amerikanischen Frauen. Die 25 hispanisch-amerikanischen Untersuchungspersonen zeigten ein signifikant höheres Niveau intrinsischer, d. h. innengeleiteter Religiosität als die 25 Anglo-Amerikanerinnen.[101] Klonoff et al. zeigten geschlechtsspezifische Unterschiede bezüglich der Zuordnung der Krankheitsursache durch Betroffene. Frauen sahen die Ursache für Krankheit eher in Sünde und Sexualität oder als Form von Bestrafung als Männer.[102] Parallelen bezüglich Zusammenhängen von religiösen Aktivitäten und bestimmten Gesundheitsvariablen scheint es nicht nur zu geben zwischen Krebskranken und Gesunden, sondern auch zwischen Krebskranken und an anderen Krankheiten Leidenden. Der Grad der Lebensbedrohung durch die Krankheit, nicht aber die Krankheit selbst oder das betroffene Organ, scheint ausschlaggebend zu sein für gewisse Resultate.[103] Wie die Studien

---

[98] Johnston Taylor E., Amenta M., Cancer nurses' perspectives on spiritual care: implications for pastoral care, *JPC*, 48 (1994), 259–264; Scott M.S., Grzybowski M., Webb S., Perceptions and practices of registered nurses regarding pastoral care and the spiritual need of hospital patients, *JPC*, 48 (1994), 171–179

[99] Mansen T. J., The spiritual dimension of individuals: conceptual development, *Nurs Diagnosis*, 4 (1993), 140–147; Lane J. A., The care of the human spirit, *J Prof Nurs*, Nov./Dec. (1987), 332–337

[100] Idler, op. cit. (Anm. 61), 227 ff.; Jarvis/Northcott, op. cit. (Anm. 57), 1987, 813–824

[101] Mickley J. R., Soeken K., Belcher A., Spiritual well-being, religiousness and hope among women with breast cancer, Image, *J Nurs Scholarship*, 24 (1992), 267–272

[102] Klonoff E. A., Landrine H., Culture and gender diversity in commonsense beliefs about the causes of six illnesses, *J Behav Med*, 17 (1994), 407–419

[103] Croog S. H., Levine S., Religious identity and response to serious illness: a report on heart patients, *Soc Sci Med*, 6 (1972), 17–32

von Croog und Levine[104] und Feifel et al.[105] andeuten, scheint sich die Religiosität erkrankter Personen im Verlauf der Krankheit einerseits kaum zu verändern, andererseits aber tendenzmäßig eher zu intensivieren.

Wie aus dieser Forschungsgeschichte hervorgeht, beschränkte sich die vergleichende Epidemiologie zu Religion und Gesundheit bis etwa anfangs der achtziger Jahre auf Juden im Vergleich zu Katholiken und Protestanten oder auf Juden im Vergleich zu Nicht-Juden. Von da an fand eine sukzessive Erweiterung der Forschung auf Mitglieder anderer Denominationen oder Kulturen statt. Dies veränderte aber kaum etwas am methodischen Ansatz, der bis heute fast ausschließlich auf Epidemiologie und die dazu passenden Zähl- und Meßverfahren beschränkt blieb. Simmons stellt dazu eine Ausnahme dar. Er kritisierte das in den siebziger Jahren von J.W. Fowler entwickelte halbstrukturierte Interview zur Feststellung der Glaubensentwicklung einer Person, weil dieses das soziale Gefüge eines Individuums mißachtete.[106]

Eines der Hauptprobleme der analysierten Studien ist der a-theoretische Zugang, unter dem nicht-vergleichende wie vergleichende epidemiologische Studien leiden. Eine Festlegung der theoretischen Perspektive, unter welcher der Zusammenhang zwischen religiösem Engagement und Gesundheit bzw. Gesundheitsverhalten untersucht wird, ist aber deshalb empfehlenswert, weil dieser unterschiedlich konzipiert werden kann und weil dies in der Folge sowohl die Forschungsfragen wie die Hypothesen prägt.

Vermutlich eine Folge des a-theoretischen Zugangs zu Untersuchungen von Zusammenhängen zwischen Religion und Gesundheit ist einerseits die Nicht-Unterscheidung der Begriffe «Religion» und «Religiosität» und andererseits deren Gleichsetzung mit Religionszugehörigkeit bzw. formaler Mitgliedschaft in einer Kongregation oder mit Kirchen-/Gottesdienstbesuch bzw. religiöser Aktivität. Das heißt, daß sich aus der anfänglichen theoretischen Konzeptlosigkeit in der Fragestellung begriffliche Schwierigkeiten ergeben oder umgekehrt. Theoretische Ungenauigkeiten verunmöglichen das Erkennen und Kontrollieren von unerwünschten Variablen und stören dadurch die Messungen.[107]

Religionszugehörigkeit ist eine operationale Variable, welche Heterogenität bezüglich Strömungen und Synkretismen innerhalb dieser Religionen bzw. Konfessionen ignoriert.[108] Religiöse Zugehörigkeit kann ethnisch bedingt oder von Geburt an bestimmt sein, sie kann aktiv oder passiv ausgeübt werden, sie kann durch Heirat, als Konsequenz der Unzufriedenheit mit einer anderen Kirche oder des Ausschlusses aus einer solchen entstehen oder aus geographischen Gründen.[109] Auch sagt religiöse Mit-

---

[104] Croog/Levine, op. cit. (Anm. 103), 17–32
[105] Feifel H., Freilich J., Hermann L.J., Death fear in dying heart and cancer patients, *J Psychosom Res*, 17 (1973), 161–166
[106] Fowler J.W., Stages of faith, San Francisco, 1983
[107] Hoge D.A., Validated Intrinsic Religious Motivation Scale, *JSSR*, 11 (1972), 369–376
[108] Levine/Schiller, op. cit. (Anm. 43), 9–36
[109] Jarvis/Northcott, op. cit. (Anm. 57), 813–824

gliedschaft nichts aus über den Grad der persönlichen Übereinstimmung mit dem Glaubenssystem und den Dogmen einer Kirche oder über die Glaubensintensität.[110] Feifel und Reed[111] stellen fest, daß in der Pflege weniger ein Bedarf an Kenntnissen über formale Religionen, sondern ein größerer Bedarf an Kenntnissen der persönlichen Religiosität und der persönlichen religiösen Ansichten von Kranken nötig ist.

Nebst Religionszugehörigkeit erschienen «Kirchen- und Gottesdienstbesuch» gehäuft als unabhängige Variable in Verbindung mit Aspekten von Gesundheit. Kirchen- und Gottesdienstbesuch kann jedoch die Wirkung früher Sozialisierung, passiv angenommene Konvention, normatives Muster innerhalb einer Gemeinde oder Gegend oder Gefälligkeit usw. sein.[112] Derselbe Indikator kann also eines oder mehrere Motive zur Teilnahme am Gottesdienst widerspiegeln.

In Anbetracht der angenommenen Säkularisierung der westlichen Gesellschaft, der damit einhergehenden Ausbreitung der Medikalisierung einst nicht-medizinischer Institutionen, die zunehmende Bedeutung von Selbstpflege, Selbsthilfe und sozialer Gruppenunterstützung kann Kirchenbesuch nicht mehr ausschließlich als «Besuch des Gottesdienstes» im wörtlichen Sinne verstanden, sondern sollte dieser auch als Zugang zu oder Verstärker von einigen der genannten Möglichkeiten betrachtet werden.[113] Besonders wenn man bedenkt, daß gerade der Gesundheitszustand Kranke am Gottesdienstbesuch hindern kann, ist eine Unterscheidung von religiösen Aktivitäten, die eine minimale körperliche Mobilität voraussetzen, und solchen, die dies nicht tun, nötig.[114] Variationen religiöser Teilnahme können schließlich mit Variationen anderer Faktoren, beispielsweise Zugehörigkeit zu einer bestimmten sozialen Schicht, zusammenhängen.[115]

Wenn Religionszugehörigkeit oder Kirchen- und Gottesdienstbesuch als unabhängige Variablen gewählt werden, werden Faktoren institutionalisierter, im Gegensatz zur internalisierten Religiosität gemessen.[116] Es könnte sein, daß das Wesen des Glaubens, Muster religiöser Praxis, theologische Ausrichtung usw. fruchtbarere Variablen wären im Zusammenhang mit Gesundheit.[117]

Die Konzipierung von Religion oder Religiosität als multidimensionale komplexe Begriffe in eindimensionalen Fragestellungen verunmöglicht das Erkennen der Wirkung von anderen, zum Beispiel psychologischen oder sozialen, mit der Beantwortung der Frage interagierenden Variablen, wie die oben geschilderten.[118] Zu diesem Pro-

---

[110] Feifel H., Religious conviction and the fear of death among the healthy and the terminally ill, *JSSR*, 13 (1974), 353–360
[111] Reed, op. cit. (Anm. 69), 35–41
[112] Levine/Schiller, op. cit. (Anm. 43), 9–36
[113] Levine/Schiller, op. cit. (Anm. 43), 9–36
[114] Idler, op. cit. (Anm. 61), 226–238
[115] Jarvis/Northcott, op. cit. (Anm. 57), 813–824
[116] Allport G. W., zitiert in Mickley et. al., op. cit. (Anm. 101), 267
[117] Levine/Schiller, op. cit. (Anm. 43), 9–36
[118] Jarvis/Northcott, op. cit. (Anm. 57), 813–824

blem einer Verwechslung gehört auch die Gleichsetzung des Glaubens an «Gottes Wille» mit «external locus of control». Wie Jenkins et al. zeigten, ist diese Relation komplexer, da viele Menschen Gott als innere Kraft erleben.[119]

Zu den begrifflichen Problemen gehören auch terminologische Schwierigkeiten, indem mit der Verweltlichung der westlichen Gesellschaft bzw. der zunehmenden Verinnerlichung der Religion psychologische Begriffe die religiösen ablösen bzw. sich mit diesen vermischen. «Schuld» sein an seiner Krankheit wird heute beispielsweise eher mit «dafür verantwortlich sein» übersetzt. Dieses Bild vermittelt Kranken weniger direkt den Eindruck einer Strafe Gottes, als vielmehr daß jemand/etwas durch die Krankheit zu ihnen spricht. Diese genannten begrifflichen Unklarheiten schlagen sich im methodologischen Vorgehen nieder und führen beispielsweise zu einer fragwürdigen Validität von Meßskalen.[120] Es gibt nur wenige Untersuchungen, die sich auf eine Synthese von bereits vorhandenem Wissen abstützen bzw. dieses vertiefen.[121] Das weitgehende Fehlen methodologischer Verfeinerung kann vielleicht sogar dadurch erklärt werden, denn sie kann nur dann erfolgen, wenn die hier bearbeitete Thematik sich als legitimes Forschungsgebiet etablieren kann. Eine gewisse Phantasielosigkeit zeigt sich bezüglich Studien, die sich mit Religion und Gesundheit bei Frauen befassen. Sie beschränken sich fast ausschließlich auf das Sexualverhalten oder die Geschlechtsorgane der Frauen. Verschiedene Studien leiden unter zahlenmäßig beschränkten Untersuchungsgruppen. Gemessen an der Anzahl der vorhandenen Untersuchungen, welche Religion oder Religiosität als Nebensache untersuchen, gibt es einen Mangel an solchen, welche Religion oder Religiosität zum Fokus der Untersuchungen machen.[122]

Die Fachliteratur zum Thema des persönlichen Umganges mit einer Krebserkrankung erreichte in den letzten Jahren einen beachtlichen Umfang. Die wissenschaftliche Literatur, die sich auf Kranke mit Krebsleiden bezieht, erhellt aber vor allem verschiedenste psychosoziale Kategorien, Strategien und Muster der Krankheitsverarbeitung oder subsumiert religiöse Fragen unter diese.

Die Subsumierung religiöser Variablen in psychologische mag mit der Schwierigkeit zusammenhängen, Religiöses von Psychologischem und Psychiatrischem klar zu trennen. Die Vernachlässigung des Religiösen mag auch mit der Tendenz zur Tabuisierung von Kirche und Religion in der westlichen Gesellschaft zusammenhängen. Daß in der Pflegefachliteratur Fragen zur Religiosität kaum angesprochen werden, mag weniger verwundern, als daß Fragen des Leidens nicht thematisiert werden, da doch das Wesen und der Alltag der Pflege darin besteht, Leiden zu lindern.[123] Das letz-

---

[119] Jenkins/Pargament, op. cit. (Anm. 75), 625–633
[120] Hodge D. A., Validated Intrinsic Religious Motivation Scale, *JSSR*, 11 (1972), 369–376
[121] Levine/Schiller, op. cit. (Anm. 43), 9–36
[122] Levine/Schiller, op. cit. (Anm. 43), 9–36
[123] Kahn D. L., Steevens R. H., The experience of suffering: conceptual clarification and the theoretical definition, *JAN*, 11 (1986), 623–631

tere hängt mit der Anlehnung der Krankenpflege an das biomedizinische Modell und damit mit der Tendenz, die Subjektivität der Leidenserfahrung zu vernachlässigen, zusammen. Die Vernachlässigung religiöser Fragen innerhalb der Pflege wäre dann eine natürliche Folge davon. Das Ausklammern des Religiösen aus der Fachliteratur und damit aus der akademischen und beruflichen Bildung hat zur Folge, daß es nicht als Teil der Rolle oder der beruflichen Praxis derer, die Krebskranke betreuen, betrachtet wird. Dies bedeutet aber auch, daß Patienten, für die der Glaube ein wichtiges Element in der Bewältigung ihrer Krankheit darstellt, nicht wagen und keinen Raum erhalten, darüber zu sprechen oder ihren Glauben im Spital spontan und auf ihre Art zu praktizieren. Für viele Krebspatienten wäre ihr Leiden sinnlos und führte zur Verzweiflung, wenn sie nicht in einer religiösen Erklärung Zuflucht finden könnten. Für viele Leidende bedeutet ihr Gottvertrauen das einzige, was sie vor dem Suizid bewahrt.

Methodisch handelt es sich bei Studien im Bereich der Krankheitsbewältigung meist um epidemiologische Untersuchungen, d. h. um nach statistischen Gesichtspunkten ausgewählte Untersuchungsgruppen und um gültige und verläßliche Datenerhebungen in Form von Zähl- und Meßverfahren. Dieser Art Forschung gelingt es nicht, die Komplexität der Leidenserfahrung von Krebspatienten adäquat auszuleuchten und wiederzugeben. Wie im psychosozialen Bereich der Krankheitsbewältigung schränkt die ausschließliche Verwendung dieses Forschungsansatzes das Erkenntnispotential, das hinter der Thematik der religiösen Krankheitsverarbeitung liegt, massiv ein. Das subjektive und vor allem das religiöse Erleben von Krebskranken findet sich vorläufig eher in Form von Tagebüchern von Betroffenen, die oft literarisch und bildlich aufgearbeitet sind. So schrieb eine sterbende Frau: «Ja, und heute ist Ostern, und für mich ist Karfreitag irgendwie vorbei.»[124] Solche Erfahrungsberichte sind zwar oft sehr ergreifend und lehrreich; als rein narrative Dokumente werden sie ab und zu zur punktuellen Bereicherung epidemiologisch gewonnenen Zahlenmaterials verwendet, aber kaum systematisch analysiert im Sinne beispielsweise von Einzelfallstudien. Atkinson kritisierte andererseits die Überbetonung narrativer Berichte wegen ihres romantisch-sentimentalen «Appeals». Mit der Betonung auf der narrativen Präsentation statt auf der Analyse dieser appelliert der Text an die Empathie des Lesers und nicht an die analytische Interpretation. Die narrative Form von Forschungsberichten hat jedoch wissenschaftlich-theoretische und nicht therapeutische Absicht.[125]

Die zitierten Untersuchungen «objektivieren» die Leidenserfahrung von Krebskranken getreu der naturwissenschaftlichen Forschungstradition, sofern sie überhaupt danach fragen. Sie sind dadurch für die Pflegepraxis nur sehr beschränkt nützlich. Der Pflegewissenschaft gehen grundlegende Inhalte kostbarster Art für die Pflege von

---

[124] Multerer-Heiniger M., Geburt im Dunkeln, Erfahrungen mit Krebs, Zürich, 1993, 28
[125] Atkinson R., Narrative turn or blind alley? Reflections on narrative and qualitative health research, Paper given to International Interdisciplinary Qualitative Health Research Conference, Bournemouth, 31.10.96

Krebskranken verloren, wenn sie sich auf diese Forschungsmethode beschränkte. Ashbrook bestätigt, daß das Funktionieren religiöser Angelegenheiten nicht reduktionistisch angegangen werden kann. Aber wenn es tatsächlich so ist, daß Gott in Gesundheit und Krankheit eine Rolle spielt, dann sollte sichtbar gemacht werden *wie*.[126] Unter vielen anderen verweist er auf interdisziplinäre Forschungsansätze.

Auf diesem Hintergrund und vor allem aufgrund des in dieser Forschungsgeschichte aufgezeigten Standes des Wissens bezüglich Vorkommen, Bedeutung und Funktion subjektiver Religiosität in der Krankheitsverarbeitung ist die vorliegende Untersuchung eine pflegewissenschaftliche Notwendigkeit.

2. Erkenntnistheoretische Ansätze und Untersuchungsmethoden

Dieses Kapitel der Arbeit beinhaltet das Ergebnis meiner Auseinandersetzung mit erkenntnistheoretischen Ansätzen, Methoden der Datensammlung und -analyse, die sich eigneten für die Untersuchung religiöser Motive, sowie mit Fragen zur religionsgeschichtlichen und theologischen Verankerung der religiösen Aussagen der Kranken. Die Komplexität dieser Untersuchung erforderte eine umfangreiche Sichtung verschiedener Möglichkeiten. Diese schlägt sich im Umfang dieses Kapitels nieder.

Im Interesse einer optimalen Ausschöpfung des Erkenntnispotentials und einer intensiven und extensiven Ausleuchtung des Forschungsgegenstandes und im Interesse der Transdisziplinarität des Forschungsgegenstandes und einer notwendigen Weiterentwicklung bestehender Forschungsmethoden zog ich eine Synthese von geeigneten Methoden einem puristischen Ansatz vor. Ein solches Vorgehen war schon früher im Dienste wissenschaftlicher Erkenntnis verschiedentlich empfohlen worden.[127] Dieser pluralistische Ansatz führte mich zur Kombination von Elementen der philosophischen Phänomenologie, der Hermeneutik, der Interpretativen Sozialforschung und der biographischen Forschung. Wie bereits kurz erwähnt, erschienen zur Untersuchung des Religiösen in der Leidenserfahrung krebskranker Juden und Christen ein phänomenologisch-hermeneutischer Forschungsansatz angemessen. Die *Phänomenologie* eignet sich als Forschungsperspektive für diese Untersuchung, weil sie den Wirklichkeitsbezug in der Begriffsbildung zu erhalten versucht, ohne dabei einem Abbild-Realismus zu verfallen. Sie macht sich Lebenswelt, Erlebnisrealität und Subjektivität des

---

[126] Ashbrook J. B., Neurotheology: The working brain and the work of theology, *Zygon*, 19 (1984), 331–350, zitiert in Levine/Schiller, op. cit. (Anm. 43), 26

[127] Kleining G., Methodologie und Geschichte qualitativer Sozialforschung, zitiert in Flick U., von Kardorff E., Keupp H., von Rosenstiel L., Wolff S. (Hg.), Handbuch Qualitative Sozialforschung, München 1991, 17; Silverman D., Interpreting qualitative data, methods for analysing talk, text and interaction, London, 1993, 8 ff.; Steck O. H., Exegese des Alten Testamentes, Leitfaden der Methodik, ein Arbeitsbuch für Proseminare, Seminare und Vorlesungen, 13. Aufl., Neukirchen-Vluyn, 1993, 15 f.; Ganzevoort, op. cit. (Anm. 38), 277–287

Menschen zum Gegenstand ihrer Befragung, weil sie davon ausgeht, daß die Dinge nicht unabhängig vom menschlichen Bewußtsein existieren.

Die *Hermeneutik* ist zentral wegen ihrer Ausrichtung auf das Verstehen und Interpretieren von Sinn und Bedeutung sprachlichen und bildlichen Ausdruckes von Erfahrung.

Die religiösen Motive, die den Forschungsgegenstand bilden, sind, bedingt durch ihre subjektive Prägung, äußerst heterogen, prozeßhaft, veränderlich und unterschiedlich deutlich erkennbar. Um diese Eigenschaften des Forschungsgegenstandes für die Analyse zu erhalten, entschied ich mich für eine unstrukturierte Methode der Datensammlung, wie sie die Interpretativen Sozialwissenschaften anwenden. Diese stützen sich ihrerseits auf Phänomenologie und Hermeneutik ab.

Als wichtigste Methode der Datensammlung für diese Untersuchung verwendete ich das minimal strukturierte Interview, das ich durch ebenfalls unstrukturierte Beobachtungen und Analysen von Dokumenten (z. B. Tagebuchauszügen von Kranken) ergänzte. Zur Analyse ihrer Lebens- und Leidensgeschichten orientierte ich mich an den Empfehlungen jener biographischen Forschungsmethoden, die in Übereinstimmung mit dem genannten Forschungsansatz Biographien nicht als chronologische Abfolge objektiver Ereignisse, sondern als kontinuierlichen Prozeß der Interpretation und des Ordnens von Lebenserfahrungen betrachten.[128] Dieses methodische Vorgehen gewährleistete, daß das Ergebnis der Untersuchung gemäß den Kriterien der interpretativen Forschung wissenschaftlich gültig und glaubwürdig, d. h. valide ist.

Innerhalb der Grenzen dieser Arbeit ist es nicht möglich, die genannten wissenschaftlichen Ansätze und Methoden erschöpfend darzustellen. Im folgenden skizziere ich deshalb die Phänomenologie und die Hermeneutik nur kurz, um anschließend Schwerpunkte der Interpretativen Sozialforschung ausführlicher diskutieren zu können.

2.1 Phänomenologie

Die philosophische Phänomenologie geht davon aus, daß das Leben nur angemessen verstehbar ist, wenn die Subjektivität des Menschen auch Gegenstand wissenschaftlicher Betrachtung sein kann. In diesem Sinne ist sie Lebenswissenschaft.[129] *E. Husserl* (1859–1938), der Begründer der philosophischen Phänomenologie, nannte diesen theoretischen Ansatz die Wissenschaft von den Wesenheiten, die zur Wesensgestalt der Dinge durch die Methode der Reduktion und Ideation vordringt.[130] Diese Reduk-

---

[128] Ganzevoort, op. cit. (Anm. 38), 277; Gerkin C. V., The living human document, Nashville: Abingdon, 1984, zitiert in Ganzevoort, op. cit. (Anm. 38), 277–287
[129] Henry M., Die Barbarei, Eine phänomenologische Kulturkritik (dt. Übers.), Freiburg/München, 1994
[130] Edmund Husserl, Die phänomenologische Methode, ausgewählte Texte I, Held K. (Hg.), Stuttgart, 1990, 30; Edmund Husserl, Phänomenologie der Lebenswelt, Ausgewählte Texte II, Held K. (Hg.), Stuttgart, 1986

tion beinhaltet die Herausarbeitung der reinen Bedeutung oder des Wesens eines Phänomens. Dieser wesenhaft entscheidende Kern eines Phänomens beinhaltet den Inbgriff der Eigenschaften, die es ausmachen. Von ihm hängen alle anderen Eigenschaften ab. Das Wesen beinhaltet das Bleibende im Unterschied zu den wechselnden Zügen und Zuständen eines Gegenstandes. Das Wesen entspricht dem Typos des Phänomens. Er ist von allgemeiner Gültigkeit und beinhaltet all seine Bestimmungen.[131] Zur Unterscheidung dieser Merkmale gelangt der Phänomenologe durch deren Vergleich.

Die Phänomenologie geht davon aus, daß das Wesen der Phänomene als Passives in jedem Menschen angelegt ist.[132] Die geistige Erschauung der Dinge, die Ideation (z.B. des Religiösen), beruht sodann auf der aktiven Erfassung des so Angelegten. Diese Verbundenheit von menschlichem «Bewußtsein von etwas» mit dem vorgegebenen Gegenstand, der «Evidenz», bezeichnete E.Husserl als «Intentionalität».[133] Um zu merken, daß die Gegenstände nicht unabhängig vom menschlichen Bewußtsein existieren, muß sich der Phänomenologe des eigenen Urteils den Gegenständen gegenüber enthalten.[134] Diese Enthaltung des eigenen Urteils bedeutet nicht Selbstauslöschung, sondern ein Sich-Zurückziehen auf sich selbst. Nur wenn der Beobachter ganz sich selbst ist, kann er das Fremde auf seine Art verstehen und sich ein Bild davon machen. Dieses gibt dann nicht seine subjektiven Eindrücke wieder, sondern eine gültige Formulierung seiner Schau. Zur Enthaltung tritt die innere Zuwendung und das Interesse des Forschers an der Sache. Diese wird auch als meditatives Sich-Einleben ins Fremde, das der Sinnentfaltung des Phänomens dient, verstanden. Es verbessert die Deutung des Phänomens. Enthaltung und Engagement zusammen bilden das Verstehen, durch das eine vorerst chaotisch anmutende Vielfalt von Gegebenheiten zu etwas wie einer Offenbarung wird.[135]

Die Religionsphänomenologie interpretiert den Ansatz der philosophischen Phänomenologie gegenstandsbezogen. Der Auftrag der Religionsphänomenologie liegt in der Erforschung der Religion, deren Wesen und Erscheinungsformen. Die moderne Religionsphänomenologie liefert Beschreibungen von religiösen Formen, die im Kontext menschlichen Daseins anzutreffen sind, schließt also den Sozialkontext und psychologische Gegebenheiten in die Betrachtung der Religion mit ein.[136]

Die Ausgangslage der Religionsphänomenologie ist die, daß Menschen eine Sinnbesetzung gegenüber religiösen Phänomenen leisten und damit bestimmte Absichten und Interessen bekanntgeben. Diesen Prozeß nennt man Intention. Durch gezielte Intention wird z.B. eine Bitte einer Person zu einem Gebet, ein Bild zu einer Ikone, die

---

[131] Fellmann F., Symbolischer Pragmatismus nach Dilthey, Reinbek bei Hamburg, 1991, 155 ff.
[132] Seiffert H., Einführung in die Wissenschaftstheorie, Bd. II, 10. Aufl., München, 1983, 42 ff.
[133] Held K., ‹Phänomenologie›, *TRE*, 26 (1996), 454–458
[134] Lanczkowski G., Einführung in die Religionsphänomenologie, 3. Aufl., Darmstadt, 1990, 31 ff.
[135] Van der Leeuw G., *Phänomenologie der Religion*, Tübingen, 1956, 779, zitiert in Braun, op. cit. (Anm. 16), 19 ff.
[136] Braun, op. cit. (Anm. 16), 158

von da an heilig und wirkkräftig ist und eine Bedeutung hat. Das Erleben eines Numinosums bildet den Gegenstand religionsphänomenologischer Analyse. Die Erscheinungs-, Vorstellungs- und Erlebniswelt des Religiösen bildet ihr Arbeitsmaterial. Es schließt Manifestationen von Sakralem in verschiedenen profanen Lebensbereichen mit ein (z. B. religiöse Stätten in der Natur, religiöse Zeiten, Gegenstände und Menschen, Gebete, Überlieferungen, der Glaube an Gott usw.). Das religiöse Phänomen zeigt sich dem Betrachter als Objekt, das in Beziehung zum Betrachter steht und umgekehrt. Es zeigt sich im Kontext allgemein menschlichen Lebens und kann deshalb nicht ohne Einbezug desselben untersucht werden. Religionsphänomenologie verarbeitet das, was bei der Begegnung mit dem Heiligen geschieht. Der Phänomenologe lernt Nuancen religiöser Phänomene kennen, aus denen sich dann das phänomenale Ganze konstituiert.

2.2 Hermeneutik

In der Hermeneutik geht es um das Verstehen des Wesens der Phänomene.[137] In einer neueren Interpretation wird Hermeneutik als das Studium der Art und Weise, in der Menschen ihr Leben interpretieren, um den Sinn von Handlungen und Ereignissen zu verstehen, definiert.[138] Phänomenologie und Hermeneutik gehören insofern zusammen, als sich die Phänomene des Lebens und das Verstehen derselben aufeinander beziehen.

«Hermeneutisches Verstehen» ist ein spiralförmiger Prozeß, in dem dieselben Gegenstände dem Menschen immer wieder auf verschiedenen Verständnisebenen begegnen. Hermeneutisches Arbeiten dient in der Wissenschaft als Methode, durch die der Hermeneutiker zu einem Verständnis von etwas Bestimmtem gelangen kann, was in einem sich immer wiederholenden Wechselspiel von Information und Deutung, von Fragen und Wissen stattfindet.[139] Hätte der Forscher kein Vorwissen vom Gegenstand, würde er ihn auch nicht erforschen wollen. Das Problembewußtsein des Forschers besteht darin, etwas zu wissen, aber auch zu wissen, daß er noch nicht alles weiß vom Untersuchungsgegenstand. Jede wissenschaftliche Fragestellung ist durch das Vorverständnis des Wissenschaftlers, d.h. durch Vorurteile, Normen und Traditionen mit dem zu untersuchenden Gegenstand verbunden. Die Sichtbarmachung dieses Vorverständnisses durch den Forscher schafft die Kontinuität des Erkennens.[140] Praktisch veranlaßt das Vorverständnis den Forscher, Material zu finden, an dem er seine Forschungsfrage explorieren und schließlich beantworten kann. Die Materialbeschaffung

---

[137] Heidegger M., Sein und Zeit, Tübingen, 1927/1967, 7f., 12, 42, in v. Bormann C., ‹Hermeneutik›, TRE, 15 (1986), 108–137
[138] Ganzevoort, op. cit. (Anm. 38), 177
[139] Seiffert H., Einführung in die Hermeneutik, München, 1992, 50f.
[140] Gadamer H. G., Wahrheit und Methode, Grundzüge einer philosophischen Hermeneutik, Tübingen, 1960/1975, 250 ff., zitiert in v. Bormann, op. cit. (Anm. 137), 126

vermittelt eine Grundvorstellung der zu beantwortenden Frage. Eine vorerst grobe Sichtung möglichst umfassenden Materials weist auf spezifische bedeutungsvolle Themenkreise hin, die in aufeinanderfolgenden Analysephasen in zunehmendem Maß verstanden und erklärt werden können. Auch das Schreiben des Forschungsberichtes vollzieht sich nach diesem Prinzip des hermeneutischen Prozesses. Erst mit dem Schreiben kommt die genaue Konzeption und die definitive Anfertigung des Berichtes. Anfänglich Geschriebenes wird überarbeitet im Lichte des Verstehens von später Geschriebenem.[141]

Die Zielsetzungen der Phänomenologie und der Hermeneutik erfordern ein induktives Forschungsvorgehen. Als erkenntnistheoretische Ansätze geben sie jedoch kaum Handlungsweisungen vor. Solche werden aber von denjenigen Interpretativen Sozialwissenschaften angeboten, die sich mit der Analyse von menschlichem Erleben, Deuten und Handeln oder von sozialen Prozessen befassen.

2.3 Die Interpretativen Sozialwissenschaften

2.3.1 Symbolischer Interaktionismus

Im folgenden beschreibe ich den Symbolischen Interaktionismus als wichtigste soziologische Theorie der Interpretativen Sozialforschung. Im Anschluß daran erläutere ich kurz Inhalte, Merkmale, Vorgehen, Ziele und Darstellungsgrundsätze der Interpretativen Sozialwissenschaften. Die wichtigste soziologische Theorie für die Interpretative Sozialforschung ist der Symbolische Interaktionismus. Der Symbolische Interaktionismus geht davon aus, daß menschliches Erleben und Handeln bedingt sind durch den Sinn und die Bedeutung, die bestimmte Dinge für den Menschen haben. Sinn und Bedeutung ihrerseits sind begründet in der menschlichen Lebenswelt. Diese hat einerseits historisch-biographische, kulturelle und materielle Wurzeln, und andererseits besteht sie aus dem konkreten sozialen und gegenständlichen Handlungskontext des Menschen. Die Lebenswelt und deren Sinnhaftigkeit sind also weitestgehend Ergebnis intersubjektiver Kommunikation und sozialen Handelns. Sie sind aber nicht nur *Produkt* menschlichen Erlebens und Handelns, sondern auch deren *Basis*.[142]

Für das Individuum ist, gemäß dem Symbolischen Interaktionismus, seine Interpretation der Wirklichkeit real, ungeachtet dessen, ob sie objektiv richtig ist. Handlungen, die auf ihr beruhen, können deshalb nur innerhalb des jeweiligen Deutungszusammenhanges und nicht aufgrund von apriorischen oder einer von außen an die Handlung herangetragenen Auffassung verstanden werden.[143] Auch ist zu beachten,

---

[141] Seiffert, op. cit. (Anm. 139), 212 f.
[142] Mead G. H., Mind, Self and Society, Chicago, 1934/1962
[143] Mead G. H., 1975 D,128, zitiert in Flick, et al., op. cit. (Anm. 127), 71

daß die Interpretation, welche Erleben und Handeln formt, nicht identisch ist mit dem Grund für eine Handlung. Damit der Außenstehende sie versteht, muß er nicht ihre Ursache kennen, sondern die Art und Weise, in welcher der Handelnde sie interpretiert.[144]

Die interpretativ-sozialwissenschaftlichen Methoden eignen sich besonders für Untersuchungen komplexen Erlebens, unerschlossener Denk- und Handlungsmuster und deren Sinn und Bedeutung innerhalb der konkreten Lebenswirklichkeit des Menschen. Es geht um alltägliche, natürliche Handlungskontexte und Lebenswelten und nicht experimentelle Situationen.[145] Aus den erkenntnistheoretischen Grundlagen der Interpretativen Sozialwissenschaften werden eine große Vielfalt von Methoden der Datenerhebung und -analyse sowie Strategien zur Optimierung der Gültigkeit und Glaubwürdigkeit ihrer Resultate abgeleitet.[146] Der gemeinsame Nenner der Methoden ist ihre theoretische, inhaltliche und strukturelle Offenheit und ihre Gegenstandsnähe und Flexibilität. Im Bemühen um eine möglichst getreue Wiedergabe der Realität der Untersuchungspersonen bevorzugen die Interpretativen Sozialwissenschaften unstrukturierte Methoden der Datensammlung, Verzicht auf vorausgehende Hypothesebildung und auf Kategorisierung von Inhalten (z. B. in standardisierten geschlossenen Fragen). Der Verzicht auf Erhebungsinstrumente, welche die Reichweite dessen, was im Forschungsfeld vorkommt, steuern und begrenzen, ist aber nicht gleichzusetzen mit theoretischer oder methodologischer Voraussetzungslosigkeit. Aber strukturierte Forschungsmethoden, welche die Untersuchungspersonen in einzelne Verhaltenssegmente zerteilen, führen, wie die Forschungsgeschichte zeigt, zu realitätsfernen und illusionsfördernden Konstruktionen von Individuen als Summen isolierter Teile. Diese haben mit deren komplexem Handeln im Alltagskontext wenig gemeinsam.[147]

In den Interpretativen Sozialwissenschaften bezieht sich «Interpretation» auf zwei Ebenen: einerseits auf diejenige der Untersuchungsperson, die ihre Wirklichkeit interpretiert; andererseits auf diejenige des Forschers, der die Interpretation der Untersuchungspersonen deutet. Dasselbe gilt für den Einbezug der menschlichen Subjektivität, die daraus folgt. Diese erfordert eine methodische Erweiterung sowohl der analytischen *Induktion* (dem Schließen von Einzelfällen auf allgemeingültige Lehrsätze) als auch der *Deduktion* (dem Ableiten von Einzelvorgängen aus Hypothesen oder bekannten Gesetzmäßigkeiten).[148] Die Erforschung der Lebenswelt von Menschen erfordert die Möglichkeit zur ganzheitlichen und auf die Alltagserfahrung des Forschers abgestützten Interpretation alltäglicher Situationen. Das Einbringen seines persönlichen Potentials (d. h. seines Erlebens, seiner Fähigkeit zur Introspektion) in

---

[144] Schwartz H., Jacobs J., Qualitative sociology a method to the madness, London, 1979, 25
[145] Bryman A., Quantity and quality in social research, London, 1988, Hammersley M., beide zitiert in Silverman, op. cit. (Anm. 127), 23 ff.
[146] Silverman, op. cit. (Anm 127), 23 ff.
[147] Von Kardoff E., zitiert in Flick, et al., op. cit. (Anm. 127), 6
[148] Seiffert, op. cit. (Anm. 132), 42 ff.

die Forschung ist deshalb eine Notwendigkeit, weil es dem Forscher gestattet, mehr zu erfassen, als wenn er sich vom Gegenstand distanziert.[149]

Das Prinzip der Verwendung der eigenen Lebenserfahrung zum Verstehen der Lebenswelt der studierten Menschen kann zu Abgrenzungsproblemen und damit zur Gefahr für die Validität der Daten werden. Gerade beim Bemühen, religiöse Phänomene zu verstehen, kann der Forscher davon nicht unberührt bleiben. Diese unvermeidliche Wirkung des Religiösen in Form von Empfindungen und gedanklichen Assoziationen auf den Forscher betrachtet O. H. Steck trotzdem als nützliche Ergänzung zur streng sachlichen Analyse des Materials.[150] Auch die Religionsphänomenologie kombiniert hermeneutische Interpretation mit historisch-kritischer Analyse, d. h. mit deren Herstellung in Raum und Zeit und ihrer kulturellen Zugehörigkeit.[151]

Eine weitere Annahme der Interpretativen Sozialwissenschaften ist, daß sie ihre Untersuchungspersonen als «Experten» ihrer Welt betrachten, welche deshalb am besten in der Lage sind, ihre Situation zu beschreiben. Konsequenterweise geht es in dieser Forschung darum zu verstehen, wie die Experten ihre Welt verstehen, statt diese von außen zu interpretieren,[152] d. h. die Lebenswirklichkeit der Subjekte zu ergründen, statt Fakten über sie zu sammeln.[153] Das Erkennen der sozialen Wirklichkeit «von innen» her bedingt, daß sich die Forschungsmethode jeweils nach dem Wesen des Untersuchungsgegenstandes richtet.[154]

Das Ziel der möglichst getreuen Wiedergabe der analysierten Lebenswelt der Untersuchungspersonen erfordert größtmögliche emotional-geistige und manchmal physische Nähe des Forschers zu ihr. Der Forscher muß möglichst die Position seiner Untersuchungsperson einnehmen, um sie optimal zu verstehen. Er muß auch den Handlungskontext so sehen, wie der Handelnde ihn sieht. Aus diesem Verständnis heraus kann der Kontext nicht bloß als Randbedingung für das Handeln betrachtet werden. Er ist Teil des Forschungsgegenstandes.[155] Auch das Prozeßhafte von Handlungen muß berücksichtigt werden. Die Annahme der grundsätzlichen Unabgeschlossenheit sozialen Handelns impliziert, daß die untersuchten Subjekte ihre Interpretation einer bestimmten Situation oder ihres Handelns nicht unverändert aufrechterhalten. Für den Forscher bedeutet dies, daß er solche Veränderungen in seinen Daten übernehmen muß.[156] Aus der Anteilnahme des Forschers an einem Ausschnitt des Lebens seiner Untersuchungsperson ergibt sich sein Dialog mit ihr. Dieser wird als Moment der Her-

---

[149] Seiffert, op. cit. (Anm. 139), 255 ff.
[150] Steck, op. cit. (Anm. 8)
[151] Lanczkowski, op. cit. (Anm. 134), 33 ff.
[152] Schwartz/Jacobs, op. cit. (Anm. 144), 10
[153] Hopf C., Weingarten D. (Hg.), Qualitative Sozialforschung, 2. Aufl., Stuttgart, 1994, 15–22
[154] Volmerg U., Validität im interpretativen Paradigma, dargestellt an der Konstruktion qualitativer Erhebungsverfahren, zitiert in Zedler P., Moser H. (Hg.), Aspekte qualitativer Sozialforschung, Opladen, 1983, 126
[155] Volmerg, op. cit. (Anm. 154), 126
[156] Volmerg, op. cit. (Anm. 154), 126 ff.

stellung des Untersuchungsgegenstandes bzw. als konstitutives Element des Erkenntnisprozesses verstanden.[157]

Diese Übersicht über Schwerpunkte der Interpretativen Sozialwissenschaften zeigt, worin die Übereinstimmung der skizzierten geistes- und sozialwissenschaftlichen Forschungsansätze bestehen. Die Verwandtschaft der Interpretativen Sozialwissenschaften mit der *Phänomenologie* liegt in ihrer Auseinandersetzung mit Phänomenen der menschlichen Lebenswelt und ihrer Bezogenheit aufs Individuelle und Subjektive.[158] Ihre Gemeinsamkeit mit der *Hermeneutik* dagegen liegt im Sinnverstehen als Form der Erkenntnis. Sinnverstehen ist dabei sowohl Methode als auch Gegenstand. Die Verschränktheit beider Aspekte gründet darin, daß einerseits Sinn etwas Verstehbares ist und daß andererseits Verstehen auf Sinngehalte ausgerichtet ist.

Die Interpretativen Sozialwissenschaften haben ihre Funktion in der induktiven Hervorbringung von Hypothesen und Theorien, die später getestet werden müssen.[159] Dank ihrer Auffassung von Wissenschaft zeichnet sich Interpretative Sozialwissenschaft dadurch aus, daß sie vielgestaltige Theorien hervorbringt. Die Literatur zur Interpretativen Sozialforschung vernachlässigt die Diskussion der Problematik betreffend der systematischen Analyse des komplexen Datenmaterials. Diese wird häufig mit einem Verweis auf hermeneutische Vorgehensweise erledigt. Dasselbe trifft zu für die Beschreibung interpretativer Theorie.[160] Die Datenauswertung betrifft schwerpunktmäßig die Bildung von Kategorien oder Typen durch konstante vergleichende Analyse, d. h. durch den Vergleich von Analogien und Unterschieden im Datenmaterial und dem Ableiten von Regelmäßigkeiten oder dem Herauskristallisieren von idealtypischen Einzelfällen, die allgemeine Erscheinungen illustrieren.

Die Interpretative Sozialforschung betrachtet die analytische Beschreibung, die sie hervorbringt, als erste Stufe der Theoriebildung. Die Wiedergabe des sinnlich nicht Erfaßbaren (z. B. des Transzendenten) erscheint dabei als Interpretation. Die beschriebenen Typen werden mit Material aus der Datensammlung veranschaulicht. Gemäß M. Weber soll es bei der Darstellung von Idealtypen aber nicht um eine Darstellung des Wirklichen gehen, sondern der Idealtypus soll eine Hypothese der möglichen Realität enthalten.[161] Die Beschreibung darf nicht reine «folk description», sentimental rührige Wiedergabe narrativer Schilderungen oder intuitive Streuung von «Datenschnipseln» in den Forschungsbericht sein, die letztlich den Forscher überflüssig macht, sondern die Beschreibung muß analysiert sein.[162]

---

[157] Von Kardorff E., Qualitative Sozialforschung – Versuch einer Standortbestimmung, 38, in Flick et al., op. cit. (Anm.127), 4

[158] Berger P. L., Luckmann T., The social construction of reality, New York, 1967; Husserl E., Die Krise der europäischen Wissenschaften und die transzendentale Phänomenologie, Hamburg, 1936/1982; Hopf/Weingarten, op.cit. (Anm. 153), 18 ff.

[159] Von Kardorff E., zitiert in Flick, op. cit. (Anm. 127), 5

[160] Gerhard U., Typenbildung, zitiert in Flick et al., op. cit. (Anm. 127), 425 f.

[161] Flick et al., op. cit. (Anm. 127), 437 ff.

[162] Atkinson, op. cit. (Anm. 127)

Die interpretativen Wissenschaften berichten in «natürlicher» Sprache über ihre Daten, so daß sie vorerst vorwissenschaftlich erscheinen und traditioneller wissenschaftlicher Klarheit und Kürze zu entbehren scheinen. Gerade wegen der Komplexität sozialer Interaktion und Interpretation von Erfahrung sind zu deren Untersuchung nur Methoden, die dieser Komplexität gerecht werden, geeignet, da nur sie valide soziale Theorien hervorbringen.[163]

2.3.2 Biographischer Ansatz

Interpretativ orientierte biographische Forschungsmethoden fokussieren auf dem Subjektiven und Retrospektiven. Sie gehen davon aus, daß das menschliche Leben nicht ausschließlich aus einer Reihe objektiver Fakten besteht, sondern aus dem kontinuierlichen Prozeß von Ereignissen und Erfahrungen, die sich innerhalb der Lebenswelt eines Individuums abspielen. Sie nehmen an, daß das Individuum solche Episoden durch oder in Geschichten deutet. Der soziale Kontext der Erfahrungen wird durch die Geschichten anderer gebildet und dient als Quelle für mögliche Deutungen der eigenen Geschichten. Er wird «narrative Öffentlichkeit» genannt. Der religiöse Kontext ist Teil des sozialen.[164] Durch die Zuschreibung von Sinn ordnet das Individuum seine einzelnen Geschichten und gliedert sie im Gesamt seiner Geschichten, d. h. seinem narrativen System.[165] Durch dieses persönliche narrative System wird das Individuum zur «narrativen Identität».[166] Personen, die in vielen ihrer Geschichten für etwas kämpfen müssen, erleben sich selbst als «Kämpfernatur», andere schildern sich als «Opfertypen» aufgrund diesbezüglicher kontinuierlicher Erfahrungen. Diese Identität bzw. das in der zentralen Geschichte einer Person immer wieder vorkommende Interpretationsmuster prägt Sinn und Bedeutung sowohl einzelner Erfahrungen als auch des ganzen Lebens.[167] Das Interpretationsmuster wird zentral und ändert sich möglicherweise, wenn eine Person mit unvorhergesehenen Ereignissen und Krisen konfrontiert wird und wenn ihre Geschichten zu Leidensgeschichten werden. Ein in dieser Untersuchung Befragter, der sein Deutungsmuster änderte, sagte: «Ich dachte, die Welt müsse mir etwas geben, aber es ist umgekehrt, ich muß der Welt etwas geben.»[168] Es gibt auch Individuen, die in Krisen parallel zum bestehenden ein alternatives Muster aufbauen. In diesem Fall müssen sie laufend entscheiden, welches sie für die Interpretation ihrer Geschichten beiziehen wollen.

---

[163] Schwartz/Jacobs, op. cit. (Anm. 144), 10
[164] Kox W. A., From crisis to Christ, Utrecht, 1989, zitiert in Ganzevoort, op. cit. (Anm. 38), 278
[165] Gerkin C. V., Crisis experience in modern life, Nashville Abingdon, 1979, zitiert in Ganzevoort, op. cit. (Anm. 38), 227
[166] Ricoeur P., L'identité narrative, Genève, 1988, zitiert in Ganzevoort, op. cit. (Anm. 38), 227
[167] Ganzevoort R. R., Life stories, Kok-Voorhoeve, 1989, zitiert in Ganzevoort, op. cit. (Anm. 38), 227
[168] Gesprächsprotokoll Nr. 15

Zur Untersuchung biographischer Daten in Form von Geschichten wird ein Forschungsvorgehen empfohlen, das im wesentlichen identisch ist mit den Strategien der Interpretativen Sozialforschung. Um die persönliche Geschichte einer Untersuchungsperson zu unterscheiden von derjenigen einer anderen, werden folgende Kriterien beobachtet: Man sucht dasjenige analytische Merkmal einer Geschichte, das in allen Geschichten einer Untersuchungsperson vorkommt, durch das sich alle ihre Geschichten «berühren» und das letztlich ein erkennbares Muster bildet. Zweitens untersucht man die wiederholt erzählte Konstellation aller kontextueller Faktoren des Erzählens. Drittens wird auf die Wahrnehmung realer oder fiktiver Figuren und deren Beziehungen zu anderen durch die Untersuchungsperson verwiesen. Und schließlich achtet man auf den Ton der Geschichte, welche die übergeordnete emotionale Atmosphäre und die Bedeutung des Inhaltes anzeigt. Beim Verstehen der persönlichen Geschichte einer Untersuchungsperson geht es letztlich darum, deren Grundmetapher und deren Botschaft zu erkennen.

2.4 Das Gespräch als Methode der Datensammlung[169]

Das Gespräch kommt als Methode der Datensammlung in Frage, wenn das Forschungsinteresse einem Gegenstand gilt, der «erfragt» werden muß, oder wenn nicht erwartet werden kann, daß Menschen diesen schriftlich dokumentieren. Das Erforschen solcher Erfahrungen ist jedoch nicht gleichzusetzen mit belangloser Augenblicksgeschichte oder Anekdoten.

Das halbstrukturierte Gespräch basiert auf einer Liste von Themen, über die mit allen Untersuchungspersonen gesprochen werden sollte im Sinne eines Gesprächsleitfadens. Diese Art Strukturierung gründet in der Annahme, daß die Information, die der Forscher von den Untersuchungspersonen erhält, u.a. auf der Beziehung, die er zu ihnen aufbauen kann, beruht. Diese wird z.B. dadurch verbessert, daß die befragte Person mit demjenigen Thema beginnen kann, das ihr am nächsten liegt, und daß sie darüber in ihrer eigenen Sprache sprechen kann. Wenn die Untersuchungsperson den Gesprächsverlauf mitbestimmen kann, fühlt sie sich besser verstanden und ist kooperativer. Der Forscher kann die Reihenfolge der Erörterung seiner Themen dem Gespräch anpassen, kann seine Themen weglassen, wenn er erkennt, daß sie irrelevant oder störend sind, oder kann solche, die er selbst nicht bedacht hat, von der Untersuchungsperson aufnehmen. Besonders in frühen Phasen der Exploration eines Untersuchungsgegenstandes oder wenn «heikle» Themen angesprochen werden müssen, eignet sich diese Gesprächsstrategie. Dieses Vorgehen eignet sich auch besonders für die Befragung von heterogenen Untersuchungsgruppen.

---

[169] Wenn ich in diesem Abschnitt eher alte Literatur verwende, so ist es deshalb, weil sich moderne Autoren weitgehend auch auf diese abstützen und ich Primärliteratur vorziehe.

Im halbstrukturierten Gespräch kommt der Beziehung zwischen Untersuchungsperson und Forscher große Bedeutung zu, weil sie weitgehend Qualität und Menge der gesammelten Information bestimmt. Dies bedingt, daß der Forscher als kompetenter Gesprächsführer die Untersuchungspersonen auf nicht bedrohliche Weise zum Sprechen bringen und sich dem Gesprächsverlauf anpassen kann.[170] Die Literatur über das offene Gespräch in der Interpretativen Sozialforschung geht davon aus, daß die Beziehung zwischen den zwei Gesprächspartnern zu Beginn diejenige zwischen zwei Fremden ist. Davon werden aber zwei grundsätzlich verschiedene Folgerungen abgeleitet. Einerseits wird die Anonymität in der Beziehung positiv bewertet, weil sie zu Informationen führen kann, welche eine Untersuchungsperson Menschen, die ihr näher stehen, möglicherweise vorenthalten würde.[171] Andererseits kann diese Anonymität zwischen Forscher und Untersuchungsperson die Verpflichtung der letzteren, ehrlich zu sein, und seine Bereitschaft, Privates oder Intimes zu erzählen, unterminieren.[172]

Verschiedene Aspekte der Asymmetrie im Forschungsgespräch werden auch im Rahmen der «Oral History» diskutiert. Besonders wenn diese lebensgeschichtlich ausgerichtet ist, kann die vermutete Spontaneität des offenen Gesprächs durch verschiedene Faktoren kompromittiert werden. Dazu gehören die spezifische, nicht unbefangene Gesprächssituation und die Ungleichheit zwischen Forscher und Untersuchungsperson bezüglich ihrer Sprachkompetenz, Ausdrucksfähigkeit, unterschiedlichen strategischen Ziele und Absichten, Machtgefüge usw. Normalerweise besteht ein Informationsgefälle von der Untersuchungsperson hinab zum Forscher. Die Asymmetrie kann sich aber auch umkehren und den Forscher in eine überlegene bzw. eine Rolle als Therapeut oder «Beichtvater» versetzen.[173]

Die Beiträge der Untersuchungsperson sind auch situativ geprägt. Bei jedem Forschungsgespräch reagiert die Untersuchungsperson vorerst auf die durch den Forscher herbeigeführten «Situationen». Der Forscher konstituiert also den Akt der Vergegenwärtigung der biographischen Mitteilung mit. Er bewirkt eine bestimmte Art des Erinnerns und Formulierens von Erinnerung. Die Reproduktion biographischer Information ist ferner auf der Seite des Forschers wie auf derjenigen der Untersuchungsperson vorstrukturiert durch Dinge, wie gängige Lebenslaufdarstellungen für Bewerbungen, ritualisierte Formen wie ärztliche Anamnese, Abdankungen oder Beichten, erlernte Gliederungsprinzipien, oder durch die Orientierung an der Erwartung des Gegenübers.[174] Die Untersuchungsperson hat immer die Möglichkeit der unbewußten

---

[170] Schatzman L, Strauß A. L., Field research: strategies for a natural sociology, Englewood Cliffs, N.Y., 1973; Schwartz/Jacobs, op. cit. (Anm.144)
[171] Gusfield J. R., Fieldwork reciprocities in studying a social movement, *HO*, 14 (1955), 29–33
[172] Denzin N., Interpretative Biography, Qualitative research methods, London, 1989
[173] Vorländer H. (Hg.), Oral History, mündlich erfragte Geschichte, Göttingen, 1990, 8 ff.
[174] Fuchs W., Biographische Forschung, eine Einführung in Praxis und Methoden, Opladen, 1984, 21 ff., zitiert in Vorländer, op. cit. (Anm. 173), 15 ff.

oder absichtlichen Gestaltung bzw. Manipulation ihrer Beiträge. Dies kann in der Form selektiven oder einseitigen Berichtens sein.

Zentral für die Qualität der gesammelten Information ist die Selektion der Untersuchungspersonen. Die interpretative Forschung vertritt durchwegs eine theoretisch bestimmte statt der (in der positivistischen oder epidemiologischen Forschung üblichen) statistisch bestimmten Auswahl der Untersuchungspersonen zur Optimierung der Validität der Resultate. Das heißt, in der interpretativen Forschung versucht man eine maximale Varianz der Untersuchungspersonen zu erreichen, indem man sie nach *inhaltlich* relevanten Kriterien auswählt.[175] Untersuchungspersonen müssen vertraut sein mit dem Untersuchungsgegenstand und fähig, darüber zu berichten. Auch die Dauer, während der eine Untersuchungsperson dem Forschungsgegenstand «ausgesetzt» war, und der Zeitabstand dieser Exposition zum Gespräch sollten beachtet werden. Die Untersuchungspersonen sollten motiviert sein, freiwillig über den Untersuchungsgegenstand auf die Art zu berichten, die den Forscher interessiert.[176] Schließlich stellt sich die Frage, ob erinnerte Biographie nicht bloß aktuelle Rekonstruktion ist, die weniger aussagt über die Vergangenheit als über heutige Deutungsmuster und Lebensauffassungen. Erinnerung ist immer auch sozial geprägt und hat dadurch einen kollektiven Anteil.[177]

Wenn Theorie unter Verwendung des Gesprächs als Methode der Datensammlung entwickelt wird, kann man von einer Art «kommunikativer» Wissenschaft sprechen. Die Untersuchungspersonen nehmen darin eine entscheidende Stellung ein. Die damit verbundenen Schwierigkeiten, die sich durchwegs auf die Validität der gewonnenen Erkenntnisse auswirken, erfordern deshalb Aufmerksamkeit.

2.5 Mein Vorgehen bei der Datenanalyse

In den Gesprächen erzählten mir die Kranken denjenigen Lebensabschnitt und diejenigen Lebensumstände und Ereignisse, die sie selbst mit ihrer Krankheit assoziierten. Diese waren nicht zu trennen vom Sinn und von der Bedeutung, die sie ihnen beimaßen. Meistens begannen sie mit der chronologischen Abfolge ihrer Krankengeschichte und weiteten diese dann in verschiedene Richtungen aus. Die Geschichten der Kranken enthielten viele verschiedene «Binnengeschichten», die zum Teil schon vor der Erkrankung begonnen hatten oder eine Art «Nebenschauplätze» der Leidensgeschichte betrafen. Diese hatten aber immer einen Bezug zur aktuellen Leidensgeschichte.

---

[175] Glaser B., Strauss A. L.,The discovery of grounded theory: strategies for qualitative research, New York, 1967; Bogdan R., Taylor S. J., Introduction to qualitative research methods – a phenomenological approach to the Social Sciences. London, 1975 op. cit. (Anm. 251); Schwartz/Jacobs, op.cit. (Anm.144); Vorländer, op. cit. (Anm. 173), 13 ff.
[176] Back W.W., The well-informed informant, *HO*, 14 (1956), 30–33
[177] Vorländer, op. cit. (Anm. 173), 20

Zur wissenschaftlichen Untersuchung der religiösen Erfahrung und Verarbeitung einer Krebserkrankung eignet sich ein phänomenologisch-hermeneutischer Forschungsansatz. Insbesondere die sich auf Geschichten abstützende interpretativ-biographische Methode diente der Analyse der Leidensgeschichten der Kranken. Mittels dieser Methode war es möglich, das Religiöse aus einer Anzahl konkreter Geschichten herauszukristallisieren.

Konkret ging ich nach folgenden Prinzipien vor: ich achtete in den Gesprächsprotokollen auf Geschichten und Themen der Kranken und betrachtete diese als deutende Einheiten. Sie führten mich zur Identität des Erzählers bzw. dessen Interpretationsrahmen oder -muster. Innerhalb des Interpretationsrahmens des Erzählers achtete ich besonders auf die Art seines Erlebens, seiner Verarbeitung und der Wandlung, die er allenfalls aufgrund seiner Leidensreflexion durchlief. Zuerst sortierte ich die Gesprächsprotokolle in solche, die etwas Transzendentes enthielten, und in andere, in denen keine religiösen Themen vorkamen. Dabei berücksichtigte ich sowohl den wörtlichen als auch den Erfahrungsgehalt der Darstellung der Kranken. Ich nahm auch Stilmerkmale der Geschichten zu Hilfe. Die Gesprächsprotokolle betrachtete ich nicht als Texte, sondern als Transkripte verbaler Darstellungen von Erlebtem. Es ging dabei also nicht um Literatur, sondern um erzähltes Material, das den Gegenstand meiner Analyse bildete.

In den zur Analyse ausgewählten Gesprächsprotokollen erschloß ich den Realitätsbezug der Leidenserfahrungen der Kranken im Sinne des folgenden Rasters:

- *Lebenssituation der Kranken:*
  - Biographisches: Wer ist der Kranke, woher kommt er, was für eine Erziehung, Bildung und Sozialisation hat er durchlebt?
  - Welcher Religion gehört er an? Welche religiösen Neigungen hat er? Wie ist seine moralisch-ethische Selbsteinschätzung?
- *Zur Leidenserfahrung:*
  - Medizinische und Pflegeanamnese und -diagnosen
  - Erlebnisqualität im Zusammenhang mit der Krebsdiagnose: Beinhaltet das Erleben etwas Numinoses?
  - Wie erklärt sich der Kranke sein Leiden im Rahmen seiner Biographie und Lebenswelt, seiner Weltanschauung usw., Deutung von Leben, Leiden und Sterben allgemein und angewandt auf die eigene Situation, Deutung der Krankheitsursache und Bedeutung des erkrankten Organs, Beurteilung des «locus of control» bezüglich der Weiterentwicklung der Krankheit.
  - Verarbeitungsprozeß: Wie denkt, fühlt und handelt der Kranke im Umgang mit seinem Leiden? Hat er Strategien zur Überwindung oder Beseitigung des Leidens? Welche Quellen für Trost und Hoffnung und welche Zufluchtsorte benutzt der Kranke, wer oder was gibt ihm Kraft, heilt oder versöhnt ihn mit dem Schicksal? Wie gestaltet er sein Leiden? Wie nutzt der Kranke die Leidenszeit? Wie versucht er, Heilung, Heil und Erlösung oder Rettung vom Leiden zu erlangen? Was ist seine Devise?

– Wandlung: Verändert die Leidenserfahrung bisherige Vorstellungen und die Lebensweise und wie? Worin hat sich der Kranke ergeben? Aus welchem Grund hat sich der Kranke ergeben? Aus welchem Grund hat er sich mit seinem Schicksal versöhnt, wodurch hat sich das Problem aufgelöst? Was hat der Kranke gelernt?
- *Gestalterische Elemente der Gespräche*
  – Wie spricht der Kranke über seine Leidenserfahrung; worüber will oder kann er nicht sprechen? In welcher Reihenfolge erzählt er die Ereignisse und seine Erfahrungen? Bei welchen Themen spricht er laut/leise, schnell/langsam oder wiederholt er sich? Welche Erfahrungen beschreibt er in Bildern oder mittels Parallelgeschichten usw.? Wie stimmen Inhalt und Form des Erzählten überein?

Diese Punkte ergaben sich allmählich aus den Gesprächen mit den Kranken. Sie führten zu einer Art Anamnese, aus der ich abzuleiten versuchte, was für eine Geschichte erzählt wird, wovon sie handelt, welche «Welt» dargestellt wird und was für eine Rolle der Leidende darin spielt. Die Bestimmung der Geschichte kam einer Diagnose des Typos des religiösen Erlebens ihres Erzählers gleich.

Da es um die Identifikation religiöser Erfahrungstypen ging, fragte ich besonders nach der Gottesvorstellung der Kranken und der Rolle, welche Gott und sie selbst im Leiden spielten. Diese Merkmale führten mich zum religiösen Motiv, mit dem ich den Typos der Geschichte, das Muster religiösen Erlebens schließlich bezeichnen konnte. Die erkannten wesensmäßig entscheidenden Merkmale eines Motivs verwendete ich anschließend als «Vorschrift» für die Zuordnung weiterer Geschichten zu einem Motiv. Diese Zuordnung barg das Problem der Mehrdeutigkeit der meisten Geschichten. Sie lag darin begründet, daß die meisten Geschichten nebst den Merkmalen, die ihr eigentliches Wesen ausmachten, auch religiöse Phänomene beinhalteten, die nur peripher zu einem Motiv gehörten. Eine Geschichte, deren Wesen aus einer «Weltuntergangsstimmung» bestand, enthielt auch Phänomene religiöser Verklärung und solche von Prädestination. Auch weil manche Phänomene nur verschwommen oder nur andeutungsweise vorkamen, konnten manchmal multiple Zuordnungen vorgenommen werden.

Die Hypothesen Interpretativer Theorie werden mittels vergleichender Analyse entwickelt. In dieser Untersuchung beinhaltete diese den Vergleich der Lebens- und Leidensgeschichten und deren religiöse Deutungen der Kranken. Dabei ging es mir um *Qualität*, nicht um Quantität. Im Prozeß des Vergleichens entwickelte ich verschiedene Typen von Leidensinterpretationen aus den Geschichten heraus. Zu Beginn dieser Untersuchung hatte ich vermutet, daß jüdische Kranke ihr Krebsleiden anders erleben und verarbeiten als christliche. Um zu erkennen, ob sich diese beiden Gruppen bezüglich ihrer Leidensinterpretationen tatsächlich unterscheiden, stellte ich an alle Erzählungen dieselben Fragen. Ferner beachtete ich die unter Kapitel 2.1–2.3 beschriebenen Prinzipien Interpretativer Forschung. Ich bemühte mich also einerseits, meine Pflege- und Gesprächserfahrungen mit den Kranken zu ignorieren und möglichst unvoreingenommen an die Gesprächsprotokolle heranzugehen, um darin Neues zu erkennen. Andererseits halfen mir gerade meine Vertrautheit mit meinen Gesprächspartnern und meine wissenschaftlichen Kenntnisse über Judentum, Christentum und deren Zusammenhänge, die Leidensdeutungen der Kranken besser zu verstehen und zu typisieren. Es galt also, das delikate Gleichgewicht von Nähe und Distanz zum Erzählten zu finden, um nicht Verzerrungen der Ergebnisse im Sinne einer Nivellierung von Jüdischem und Christlichem oder einer Bevorzugung des einen Vorschub zu leisten.

Damit die entwickelte Theorie inhaltlich möglichst breit abgestützt ist und möglichst umfassend wird, arbeitete ich mit einem bezüglich Leidensdeutungen möglichst breiten Spektrum von Gesprächsinhalten und mit Gesprächen von Kranken, die besonders engagiert und kompetent waren. Dabei mußte ich allerdings beachten, daß mich meine Thesen nicht dazu verleiteten, eine inhaltlich einseitige Auswahl von Kranken zu treffen, oder daß ich solche, die besonders artikuliert waren oder besonders spektakuläre Geschichten erzählten, nicht überbewertete.

Interpretative Theorie gilt als vollständig, wenn keine neuen Informationen gefunden werden. Aus verschiedenen Gründen war es nicht möglich, dieser Idealvorstellung innerhalb dieser Arbeit zu genügen.

III Leidensgeschichten

In diesem Kapitel stelle ich einen Teil des Datenmaterials in «gereinigtem» Zustand dar. Es besteht aus den Leidensgeschichten der Kranken, die ich aus dem «Rohmaterial», d. h. den Gesprächsprotokollen erschloß. In ihnen ist die religiöse Identität der Kranken, soweit sie ihre religiösen Erfahrung und Verarbeitung ihrer Krankheit betreffen, sichtbar. Ich ordne die Leidensgeschichten nach vergleichbaren analytischen Merkmalen. Den hier aufgeführten Geschichten könnten zahlreiche weitere beigefügt werden, die gewisse Deutungsmuster zwar noch vielfältiger illustrieren, ihnen analytisch aber nichts entscheidend Neues beifügen würden. Zuerst schildere ich die Geschichten von Juden und anschließend solche von Christen, weil in meiner ursprünglichen Fragestellung meine primäre Aufmerksamkeit bei den Juden lag und weil diese Reihenfolge der historischen Abfolge der beiden Glaubensgemeinschaften entspricht. Die jeweiligen Fußnoten bezeichnen die Nummern der Gesprächsprotokolle, in denen die unbearbeiteten Interviews nachgelesen werden können. Jedem Gespräch füge ich meine zusammenfassenden Beobachtungen an. Um die Unmittelbarkeit der Berichte zu erhalten, zitiere ich die Kranken ab und zu in ihrer manchmal gebrochenen Sprache oder in ihrem Dialekt.

1. Umkehrgeschichten

«Umkehrgeschichten» nenne ich Erzählungen von Kranken, welche die Krankheit als Zeichen für eine Veränderung ihrer Lebensweise interpretierten.

1.1 «Gottes Zurechtweisung ist eine zünftige Ohrfeige»[178]

Der Erzähler, Herr M., war 72jährig, jüdisch und verheiratet. Am Telefon sagte er: «Meine persönliche Einstellung zu meiner Krankheit ist ziemlich religiös geprägt. Macht's öppis [etwas aus]?» Er war ursprünglich Handwerker gewesen, besaß dann aber bis vor einigen Jahren eine eigene Fabrik. Herr M. war groß und hager und trug einen langen weißen Bart. Er trug eine «Kippa» (jüdische Kopfbedeckung) oder einen Hut und kleidete sich mit einem schwarzen Anzug. Seine Frau war ebenfalls nach

---

[178] Gesprächsprotokoll Nr. 15

orthodox-jüdischer Manier, u.a. mit einer Perücke zurechtgemacht. Wenn das Ehepaar im Foyer des Spitals sein koscheres Picnic aß, umgab sie ein «Hauch von Schtetl». Herr M. hatte sich hobbymäßig schon immer mit religiösen und weltanschaulichen Fragen beschäftigt und jeweils mit Leidenschaft im Militärdienst seine Kollegen über das Judentum informiert. Er würde sich auch weiterhin gerne für solche Aufgaben zur Verfügung stellen. Im Moment mußte Herr M. regelmäßig zur Physiotherapie gehen, da er den Vorderarm gebrochen hatte. Seine Frau begleitete ihn immer.

Zu seiner Diagnose befragt, sagte er: «Also eine bösartige Krankheit macht den Menschen aufmerksam, nicht wahr? Der Mensch ist keine Maschine, er ist ein teures, kompliziertes Gebilde. Er zeichnet sich aus vor anderen Geschöpfen wie Fischen, Bäumen usw. durch seine ausgeprägte Spezialisierung. Er ist geschaffen zu einem großen Zweck, nicht nur zum Vergnügen oder für die Bequemlichkeit. Man muß ihn amortisieren. Es gibt eine höhere Gewalt, von der wir kommen. Das sollten wir nicht vergessen. Der Mensch ist etwas Großartiges, eine Maschine, die man im Sinne des Schöpfers gebrauchen muß, und man soll sich der Gefahr des Mißbrauchs bewußt sein. Wir müssen der Absicht des Schöpfers gerecht werden, obwohl der Zweck der Maschine offen ist. Man kann mit der Maschine nicht machen, was man will, wir sind zu teuer, um verschlissen zu werden. Es ist, wie wenn einer einen Mercedes kauft, um bei der Migros [Supermarkt] einkaufen zu gehen, während er mit dem Velo gehen könnte. Das ist unverhältnismäßig. Man muß sich immer an die Regeln halten; man muß die Gebrauchsanweisung studieren. Aber man bedient sich der Maschine. Gefahr dabei ist, daß sie nicht im Sinne des Schöpfers gebraucht wird. Krankheit, und besonders diese, ist ein Hinweis. Man darf das nicht vergessen. Besonders diese Krankheit sagt das. Es ist typisch, nicht wahr? Es gibt da Wucherzellen, die sich ernähren auf Kosten anderer Zellen. Ein klarer Hinweis, eine scharfe Warnung. Man soll nicht auf Kosten anderer Menschen leben. Das muß man dann eben verbessern, die Zeit, die noch bleibt, positiv nutzen. Gott zeigt Fehler im Lebensweg. Er gibt eine Zurechtweisung und diese Zurechtweisung ist eine zünftige Ohrfeige. Wenn du nicht reagierst, bist du selber schuld. Ich habe zu sehr auf Kosten anderer gelebt. Ich muß jetzt den anderen hilfreicher sein: finanziell oder geistig oder persönlich. Der Schöpfer verlangt persönlichen Einsatz im Sinne von dem, was ich am Anfang gesagt habe. Wir sind zu teuer, um verschlissen zu werden. Der Mensch muß dies positiv nehmen, froh sein für die Warnung. Der Schöpfer hat eine bestimmte Maschine an einen bestimmten Platz gestellt. Es gibt PCs für ein Lebensmittelgeschäft und die sind nicht für ein Metallwarengeschäft zu gebrauchen. Man muß sich immer an die Regeln halten, beim PC und beim Auto auch. Man muß die Gebrauchsanweisung studieren. Ich habe etwas übernommen. Ich muß meine Verpflichtungen ausführen. Laut meiner Religion ist es so. Der Schöpfer ist derjenige, der mich in die Welt gestellt hat.»

Herr M.s Geschichte setzt sich zusammen aus seinem schonungslosen Schuldbekenntnis, seiner Erklärung der göttlichen Vergeltung und seiner Darlegung seiner Bußbemühungen. Seine Ausführungen gleichen einer überzeugenden Belehrung eines

Geläuterten. Er leitet seine Schuld gegenüber Gott ab von der Großartigkeit des Menschen und dem darin begründeten göttlichen Auftrag. Gemäß seiner Deutung mißachtete er das Gesetz, zu dem ihn sein Schöpfer verpflichtet hat, indem er als «Wucherer» lebte. Seine Schuld sieht er in unethischem Verhalten gegenüber seinen Mitmenschen. Dafür gibt Gott ihm eine Ohrfeige. Herr M. ist dankbar dafür, denn diese Strafe bewahrt ihn vor Schlimmerem. Sie gibt ihm Gelegenheit zur Umkehr. Für diese muß er selbst sorgen: «Gott gibt nicht die Kraft dazu, sondern ich muß die Kraft dazu selbst suchen. *Er* zeigt die Fehler im Lebensweg.» Das jüdische Gesetz, die Halacha, ist gleichzeitig kollektive und individuelle Bestimmung. Das Gesetz ist verbindlich, zeit- und raumübergreifend. Es wird Herrn M. nicht situativ in Erinnerung gerufen. Es berücksichtigt auch seine Individualität nicht, sondern besteht als absolute Forderung an ihn. Herr M. läßt keinen Zweifel an der Richtigkeit dieses Sachverhaltes aufkommen und akzeptiert seine Verantwortung gegenüber dem Gesetz. Es gibt keinen Verhandlungsspielraum. Im Gegenteil: er gesteht einen früheren Irrtum ein. Als er jung war, hatte er gemeint, die Welt müsse ihm etwas geben, dann erkannte er, daß er der Welt etwas geben mußte.

1.2 «The cancer saved my life»[179]

Die Erzählerin, Frau N., war eine 40jährige geschiedene und in Israel wohnhafte säkulare Jüdin. Sie hatte zwei kleine Mädchen. Sie arbeitete als Englischlehrerin. Sie nannte sich einen Führer-Typ und hatte eine Selbstwahrnehmung eines «troublemaker»: Als zweieinhalbjähriges Kind erlitt sie Kinderlähmung in beiden Beinen. Seither «schlenkerte» sie sich schwerfällig mit Schienen und Krücken durchs Leben. Vor einigen Jahren ließ sie sich scheiden, kurz darauf starb ihr Ex-Ehemann an einem Herzinfarkt. Zwischen ihrem 37. Lebensjahr und heute suchte sie «der Brustkrebs» dreimal heim. Frau N. erzählte, daß sie wegen all dieser Probleme immer den Liebesverlust ihrer Freunde befürchtet und deshalb auch niemandem gesagt hatte, daß sie Krebs habe. Erst als sie wegen der Kinder gezwungen war, informierte sie ihre Schwester. Darum, d. h. aus ihrem Bedürfnis, stark zu sein und alles allein tun zu können, erkannte sie auch eine Erklärung für ihre Krankheit. Sie habe ein großes Bedürfnis, alles und alle zu dominieren, zu kontrollieren und zu dirigieren. Sie sei eine Kämpferin, und selbst mit ihrer Behinderung sei ihr dies immer gelungen. «I always take care of others. All my life. I don't take help myself. When I got the cancer I needed help. And I took it not very gladly and I had to learn, to learn, to learn.» Sie habe deshalb Krebs, weil man diesen nicht kontrollieren könne. Mit ihrem Persönlichkeitstyp brachte sie auch in Verbindung, daß sie eine einseitig rationale und überkritische Person sei, «a person of words». Die Krankheit bedeutete für sie auch, daß «the word broke and my language did not fit anymore. I could not help myself with the same

---

[179] Gesprächsprotokoll Nr. 84

words. I had to learn a new language. So far I always fought with words. Sometimes I still use the old language but suddenly I realise that I feel badly with it.» Frau N. erkannte im Ungenügen ihrer ehemalig «kopflastigen» Sprache eine Metapher, d. h., sie stand für Vernunft und Rationalität im Gegensatz zur «Sprache des Herzens». Eine neue Sprache erlernen zu müssen bedeutete, eine neue Seite ihrer Persönlichkeit, welche nicht mehr krebsfördernd war, zu entwickeln. Sie erinnerte sich, daß sie in der Schule einen Aufsatz geschrieben hatte zum Thema «Athen und Jerusalem» (Kopf und Herz). «Why did I choose it? I was 20 years old. I did not know the heart of it then...» Sie implizierte, daß eine «Versöhnung» von Kopf und Herz ihr Lebensthema sei. Frau N. stellte fest, daß ihre familiäre Veranlagung zu Krebs nicht genüge für dessen Ausbruch. Sie habe ihm den Weg bereitet. Sie habe nie auf Körpersignale geachtet. Sie liebte ihren (gelähmten und unförmigen) Körper nicht, obwohl er die ganze Zeit schrie. Da sie emotional so schlecht ansprechbar sei, reagiere ihr Körper. «He does the work for me.» Sie habe den Krebs gebraucht, um zu verstehen, daß sie gewisse Dinge ändern müsse im Leben. Es war ein Signal. «I was aware, I was aware, I was aware, I had a difficult year but could not possibly do anything about it. I had to have cancer in order to understand that I really had to push hard and change things.» Das wiederholte Auftreten der Tumore erklärte sie, indem sie sagte: «Something within me loved the cancer and so I adopted it.» Nach der dritten «Heimsuchung» beschloß sie, sich von ihm zu verabschieden, er hatte ihr genug gedient. «But I had to look into the monster's eye before I could get away from it. I had to go through the whole tunnel in order to be able to get out – no half way for me. To be really strong, you have to learn to be really weak. I learned to cry, to call my friends, to say please come round, I can't take it, please help me.» Nun müsse sie noch lernen, daß sie auch nicht wegen ihren Kindern weiterleben müsse. «You have to learn to let go.» Der Krebs hatte sie vor ihrer Selbstzerstörung gerettet und sie weicher gemacht. In diesem Krankheitsgeschehen erkannte sie eine mystische Dimension. «There is not only body, there is not only physical suffering. There is something more. You can do a lot of things against cancer but suddenly it is there again. The uncontrollable might be the elemental powers. It is like to feel God in nature. This overwhelming breath-taking feeling when you arrive at the top of a mountain...» Diese andere Dimension des Numinosen tröstete sie. An einen persönlichen Gott glaubte sie aber nicht.

Frau N. schildert ihren verzweifelten Kampf gegen ihre selbstzerstörerischen Persönlichkeitszüge. Das Paradoxe dabei ist, daß sie sehr hart kämpfen muß, um ihre Kämpfernatur zu überwinden. Nachdem ihre ersten zwei Anstrengungen gescheitert sind, glaubt sie jetzt, daß sie die Krankheit nicht mehr braucht. Die wiederholte Berührung mit dem Numinosen, diesem irrationalen Teil der Krebskrankheit, veranlaßt sie zum Nachdenken über gewisse Zusammenhänge und über Begegnungen in ihrem Leben. Die numinosen Erfahrungen waren jedesmal vernichtende Erlebnisse, die erst im nachhinein zur Einsicht führten, daß sie rettend gewesen sind. Sie warfen sie in der gleichen Weise auf sich zurück wie gewisse «Urerlebnisse» in der Natur. Sie führten zu einer Art Erwachen, ohne daß sich das Numinose je in einer Gottesgestalt konkretisierte. Nicht wegen einer solchen, sondern bedingt durch ihre Anerkennung einer Größe, die die empirische Welt transzendiert, nimmt sie das Signal ernst. Es eröffnet ihr den Sinn der Krankheit. Es bewirkt eine Art verändertes Verantwortungsbewußtsein, sich selbst und anderen gegenüber. Diese Bewußtseinserweiterung durch die Berührung mit dem Numinosen stimmt sie milder und wohlwollender. Sie drückt sich «symbolisch» dadurch aus, daß sie versucht, die Dinge nicht mehr in eindimensionalen Sätzen, sondern in Geschichten auszudrücken. Obwohl Frau N. die transzendente Dimension des Lebens nur als Ahnung erlebt, ist sie real genug, um vieles zu bewegen.

1.3 «Jetzt ist das wie eine Wiedergeburt durch diese Krankheit»[180]

Die Erzählerin, Frau Z., war mittleren Alters, verheiratet und hatte zwei schulpflichtige Knaben. Sie war reformierte Christin und wohnte auf dem Land. Frau Z. war mittelgroß, etwas fest, praktisch und bunt gekleidet. Sie hatte kurze Haare und eine sehr spontane Wesensart. Sie arbeitete teilzeitig als Buchhalterin, worauf sie auch ihre wohlstrukturierte schriftliche Vorbereitung (auf violettem Briefpapier) für unser Gespräch zurückführte. In ihrer Kindheit litt sie darunter, daß sie von ihren Eltern keine Liebe erhalten hatte, außer via Leistungen. Und schulische Leistungen konnte sie nicht bieten. So fand sie Zuflucht bei der Religion. Daß sie sich immer allen anpasse, bezeichnete sie als ihr größtes Versagen. «Immer leiste ich, damit ich Liebe sicherstelle. Mein Mann liebt mich, wenn ich den Haushalt tipptopp instand halte, die Kinder, wenn ich ihnen bei den Aufgaben helfe. Ich werde in diese Rolle gezwängt. Mein ganzes bisheriges Leben wurde mir aufgezwungen, aber es war am einfachsten so. Jetzt muß ich lernen, mein eigenes Leben zu leben.» Sie charakterisierte sich und ihre Familie als «sehr gefühlsbetont». Dies äußerte sich beispielsweise darin, daß sie im Anschluß an die Mammographie heulend durch die ganze Stadt gerannt war, schon bevor sie die Diagnose kannte. An jenem Abend, als sie die Diagnose erwartete, saßen alle um einen Tisch, auf dem eine Kerze brannte, und «es hat das Haus fast ‹verjagt› [gesprengt] vor Spannung. Als der Bericht kam, lagen wir uns alle weinend in den Armen.» Sie bezeichnete sich als äußerst verantwortungsbewußt, aber auch versehen mit Kraftquellen wie dem Gebet. «Und ich habe Kraft.» Sie meldete sich selbst zum Gespräch, weil sie ihre Geschichte unbedingt erzählen wollte. Allerdings nicht bei ihr zu Hause, denn dort wolle sie «dieses ganze Krankheitszeugs» nicht haben. Ihre Motivation für das Gespräch bestand in ihrer Hoffnung, daß diese Auseinandersetzung sie weiterbringen würde. Frau Z. wurde von ihrem Mann zu einer Abklärung gezwungen, nachdem sich Symptome eines möglichen Brustkrebs gezeigt hatten. Sie mußte sich

---
[180] Gesprächsprotokoll Nr. 6

einer Tumorentfernung unterziehen, anschließend behandelte man sie chemotherapeutisch, einige Monate danach erforderte ein neuer Tumor in derselben Brust eine Amputation derselben, und nach wenigen weiteren Monaten erschien ein Tumor im Bereich der Narbe, der bestrahlt wurde. Zu dieser Bestrahlung ließ sich Frau Z. überreden, obwohl sie eigentlich aus religiösen Gründen dagegen war. «In diesem Moment hat mir die Kraft gefehlt, um nein zu sagen.» Als sich vom Spitalbetrieb her eine Terminverschiebung ergab, deutete sie dies zwar als Fügung, fragte Gott aber, warum sie immer von solchen Hinweisen abhängig sei. Daraufhin lehnte sie schriftlich ab, weil sie eine Gefährdung der Lunge befürchtete. «Ich habe diese von Gott erhalten und konnte sie deshalb nicht einfach hinlegen.» Erst als sich dann aber tatsächlich ein neuer Tumor entwickelte und ihr ein Arzt die «verlotterten» Krebszellen unter dem Mikroskop vor Augen führte, um sie zu überzeugen, beschloß sie, daß jetzt die Zeit zur Bestrahlung gekommen sei. Es war ihr schwergefallen, religiöse Überlegungen gegen medizinische abzuwägen. «Ich habe gebetet, mehrmals am Tag. Wenn die Narbe schlimmer wird, ist die Bestrahlung Gottes Entscheid, sonst ist es meine eigene. Jetzt hatte Gott entschieden.»

Zum Zeitpunkt des Gesprächs war Frau Z. daran, sich nach ihrem diagnosebedingten Zusammenbruch aufzurappeln. Sie kämpfte gegen die Krankheit, die einseitig schulmedizinische Behandlung und sie rang mit sich selbst und ihrem sozialen Umfeld. Die Krankheit hatte ihr ihren bisherigen Lebensverlauf bewußt gemacht. «Ich bin wie ein Mosaikbild. Im Laufe meines Lebens sind viele Steine verlorengegangen. Dann kam die Krankheit.» In einem Bild, das sie von sich malte, fand sie sich in einem Rahmen. Sie hatte sich nur von hinten gesehen, in Hetze ihrem Ziel nachrennend und mit wehendem Haar. Sie illustrierte das lebensfeindliche Verhältnis zwischen ihr und ihrer Umgebung, indem sie glaubte, sie sei wie eine zarte Birke in einem stacheligen Kastanienwald. Sie stehe am falschen Ort und sei deshalb fast kaputtgegangen. Vorerst konnte sie ihre Krankheit nicht mit ihrer aufopfernden und altruistischen Art vereinbaren. Sie war immer nur für andere dagewesen. Nun machte sie sich die Konsequenz dieses Verhaltens zum Vorwurf. Sie hatte sich selbst vernachlässigt, für ihr von Gott geschenktes Leben nichts getan. So kam sie zum Schluß, daß die Krankheit sie lehre, mit ihrem eigenen Leben etwas anzufangen. Die Krankheit als Lektion zeigte ihr den Weg dazu. Anfänglich war Überleben ihr einziges Ziel. Nun fragte sie sich, ob es wohl so vorgesehen sei, daß ihr Leben mit 40 ende. Sie erwarte ein Zeichen Gottes im Gebet. Sie war unschlüssig, ob Gott wirklich wolle, daß sie lebe. Ihren Psychotherapeuten bezeichnete sie als «Sprachrohr Gottes». Er helfe ihr, seine Zeichen zu verstehen. Die Krankheit bewog sie dazu, eine Bilanz zu ziehen und ihre Aufgaben zu bedenken. Diese erkannte sie darin, ihr Leben zu pflegen und ihre Kinder zu begleiten. «Man muß leben und dankbar sein für die Ideen und Möglichkeiten, die man hat. Nicht nur für das Dasein allein.» Früher war es so gewesen, daß, «wenn es für die Umgebung stimmte, es auch für mich stimmte. Jetzt ist das anders. Jetzt muß ich auch aus meinem Leben etwas machen, mein eigenes Leben erhalten. Ich muß mich nicht ausschließlich aufopfern für andere. Ich habe auch ein Leben und bin kein Märtyrer.»

«Jetzt ist das wie eine Wiedergeburt durch diese Krankheit.» Durch sie hatte sie ein neues Leben entwickelt. Zu Hause, vor ihrem Fenster, pflanzte sie nun eine Birke und daneben eine Krückenbirke, «um zu sehen, daß auch diese mit ihrem ‹Knick› leben kann. Jetzt warten wir darauf, daß die ersten Knospen aufgehen.» Mit verschiedensten komplementärmedizinischen Mitteln, mit Psychotherapie, Teilnahme in Selbsthilfegruppen und mit der Unterstützung ihrer Familie versuchte sie nun, gesund zu werden, ihr Muster umzukehren. «Der Kern muß gesund werden, nicht nur die Fassade. Ich bin keine leere Schachtel, die ein kaputtes Papier hat, das man einfach auswechseln kann. Von Gott habe ich Gefühle und Verstand, damit ich sie brauchen und anwenden kann.» Frau Z. war überzeugt, daß Gott «unter uns ist, allgegenwärtig und allmächtig, denn nur so bringt er etwas.» Sie war permanent im Gespräch mit ihm. Sie war überzeugt, daß er ihr nur so viel Last auferlegt, wie sie tragen kann, und daß er ihr helfen wird beim Restaurieren des Mosaikbildes. Als Gegenleistung für seine Größe mußte sie ihm und seinen Gaben gerecht werden.

Frau Z.s Geschichte gleicht der Darstellung einer Vergewaltigung. Die Erzählerin erlebt die Krankheit als Wiedergeburt, ihre Umkehr als Befreiungsprozeß. Die Geschichte schildert das Drama einer Frau, die eher gelebt wurde als selbst zu leben und das darin gipfelte, daß sie sich selbst verlor. Sie hat die Form einer bitteren Klage. Nach ihrer Wiedergeburt ist sie nun dabei, sich selbst mit Hilfe von Gottes kontinuierlicher Hilfe und Anleitung zu finden. Ihr Dialog mit Gott bei der Restaurierung ihres Bildes ist eine Wiederholung einer bewährten Bewältigungspraxis von Frau Z. Gott war zuvor ihr Bündnispartner und Retter gewesen. Diese Rolle bietet sich auch an, weil das Mosaikbild Gottes «blueprint» für ihr Leben darstellt. Frau Z. hat eine individuell und situativ geprägte Wahrnehmung ihrer göttlichen Bestimmung. Diese erfordert das von ihr geäußerte Gottesverständnis. «Gott ist unter uns, überall, sonst bringt er ja nichts.» Nur als allgegenwärtige Gestalt kann er ihr Dialogpartner sein. Die Entdeckung ihrer bisherigen Opferrolle entsetzte Frau Z. im Moment, in dem sie sich deren transzendenter Bedeutung bewußt wurde. Sie hatte zugelassen, daß ihr von Gott geschenktes Leben zerstört wurde. Nun macht sie sich Vorwürfe, weil sie es versäumt hatte, dies im Gegenzug zu bewahren und zu kultivieren. Aber sie hat auch eine Wut auf alle, die durch Mißbrauch und Vergewaltigung ihr Leben verfälschten. Ihr Selbstbefreiungsprozeß besteht darin, daß sie versucht, in ihrem praktischen Alltag durch Verhaltensänderung, aber auch durch symbolische Gestaltung ihrer Umgebung ihre Opferrolle zu überwinden.

1.4 Beobachtungen zu den Umkehrgeschichten

In diesem Abschnitt vergleiche ich die «Umkehrgeschichten» miteinander, um dadurch Unterschiede und Gemeinsamkeiten, die sich aus den verschiedenen Biographien, Lebenswelten und -situationen der Kranken ergeben, herauszufiltern. In allen Umkehrgeschichten führen die Kranken ihre Krankheit auf die Verfehlung ihrer

Lebensbestimmung zurück. Sie erklärt das Auftreten der Krankheit bei allen Kranken, auch wenn Faktoren wie erbliche Belastung, psychologische Disposition und Ernährung ebenfalls Erwähnung finden. Alle Kranken gehen von einer Bestimmung «zum Guten» aus, woraus man auf Vorstellungen von einem wohlwollenden und barmherzigen Gott, Schöpfer und Erlöser schließen kann, auch wenn er im beschriebenen Geschehen als strafender und erziehender Gott handelt. Alle Kranken instrumentalisieren das Leiden, indem sie ihm eine pädagogische oder disziplinarische Funktion beimessen. «Bestimmung» konzipieren sie entweder vom Ursprung, von der Schöpfung oder vom Ende, dem Eschaton her, d. h., alle richten sich auf einen Bezugspunkt, auf eines der religiösen Mysterien des Lebens aus. Die Bestimmung schlägt einen Bogen zwischen beiden. Keiner der Kranken ist religiös entspannt, da sie alle angestrengt damit beschäftigt sind, ihrem religiösen Anforderungsprofil näherzukommen. Der Grad des Gelingens im Erfüllen ihres Lebensauftrages ist offen bei allen. Alle Kranken bemühen sich auf eine «logische» Art um Besserung. Die Geschichten stimmen demnach überein in bezug auf religiöse Phänomene von eher übergeordneter, allgemeiner Art. Dazu gehört, daß sich die Kranken als Teil der Schöpfung erkennen und sich als solchen deren Ordnung und Kräften und Gesetzmäßigkeiten bzw. einer höheren Macht ausgesetzt sehen. Eine Störung des Gleichgewichts erleben sie als existentielle Bedrohung. Zu diesen Zügen geschöpflicher Religiosität tritt die religiöse Reflexion, welche die Kranken veranlaßt, ihren Erfahrungen Bedeutung und Funktion beizumessen. Diese Herstellung eines transzendenten Bezuges der Krankheit macht die Leidenserfahrung spezifischer und konkreter als die primäre Erschütterung. Sie ermöglicht den Kranken im vorliegenden Fall, etwas dagegen zu tun. In allen Geschichten fällt die reiche Verwendung äußerst prägnanter Naturphänomene und Metaphern auf.

Die vier Geschichten *unterscheiden* sich durch verschiedene Deutungen ihres Versagens und der Krankheit, durch das Wiedergutmachungsverhalten und durch den religiösen Rahmen, innerhalb dessen die Kranken die Leidenserfahrung interpretieren. Diese Aspekte könnten der Ebene der konfessions- bzw. ethnisch-bedingten Religiosität zugeordnet werden. Die Leidenserfahrung wird jedoch nicht nur aufgrund der religiösen Sozialisierung und des Lebenskontextes der Kranken, sondern auch von Faktoren wie dem Persönlichkeitstyp und dem Beruf geprägt. Besonders hier wird die Verknüpfung von Lebenswelt, Kontext und Sinngebung deutlich. Es sind denn auch diese Faktoren, welche die Logik der Geschichten bestimmen. Aus Herrn M.s Annahme eines absolut gültigen, überpersönlichen, strengen religiösen Gesetzes folgt seine Selbstwahrnehmung als Täter gegenüber anderen. Seine Schuld bestehe in seinem Wucherverhalten, das nun bestraft würde und mit guten Taten gesühnt werden müsse. Seine Geschichte ist insofern konsequent, als er sie gänzlich in einem schöpferbezogenen, religionsgesetzlichen (juristischen) Rahmen deutet: Das Mißachten des Gesetzes erfordert eine Strafe durch eine richterliche Instanz sowie eine Bußleistung seinerseits. Aus seiner Wahrnehmung Gottes als Richter folgt natürlich, daß dieser ihm nicht hilft beim Aufarbeiten seiner Schuld. Es geht um eine rein rationale Angelegenheit. Die Prägung seiner mechanischen Sprache durch seinen Beruf ist unverkennbar. Frau N.s Vergehen besteht in ihrem selbstverachtenden und selbstzerstörerischen Verhalten. Dies macht sie zur Täterin gegenüber sich selbst. Dieser Sinn ihrer widerspenstigen Krankheit ergibt sich aus ihrer Sensibilität gegenüber dem und ihren Erfahrungen des Numinosen. Frau N. hat zwar eine starke jüdische Identifikation, doch schon die Idee eines nur abstrakten Gottes beengt sie. So dient und genügt ihr das Numinose als abstrakte Größe auch bei der Krankheitsverarbeitung als Rahmen. Eine Konsequenz davon ist, daß sie bei keiner personalen Gottheit Hilfe holen kann. Diese Art geschöpflicher Religiosität entspricht auch ihrem intellektuell-rationalen Persönlichkeitszug. Und dieser wiederum scheint sich in ihrer bisher gänzlich bildlosen Sprache niederzuschlagen. Als «Täterin gegen sich selbst» ist sie auch nur mit sich beschäftigt, wenn es um die Verbesserung geht. Frau Z. erlebt sich als Opfer anderer Menschen, was heißt, daß sie von Gott eher Zuwendung und pädagogische Führung als Strafe benötigt. Ihr personaler und partnerschaftlicher Gott steht ihr denn auch jederzeit bei, wenn sie ihn darum bittet. Sein Handeln ist auf ihre Schwächen (nicht Fehler) ausgerichtet. Als emotional erlebende Person läßt sie keine Gelegenheit aus, ihre Worte mit organischen Bildern zu illustrieren. Dieser kurze Vergleich der Geschichten zeigt, daß sich die Identitäten der Kranken, die das Motiv der «Umkehr» zur Deutung ihrer Krankheit beizogen, auf der beschreibenden, bildlich-gestaltenden Ebene bzw. durch ihr Erscheinungsbild zwar unterscheiden, daß sie jedoch auf der erklärenden Ebene wesentlich identisch sind.

1.5 Vergleiche und Typisierung

Im jüdisch-christlichen Vergleich unternehme ich eine Gegenüberstellung davon, wie das Motiv «Umkehr» in der Leidenserfahrung heutiger Juden und Christen zum Tragen kommt. Es gibt jüdische und christliche «Umkehrer». Juden und Christen orientieren sich an der Schöpfungsordnung, wenn sie ihre Irrwege und den Rückweg bedenken. Die Betroffenheit vom Leiden der Juden unterscheidet sich von derjenigen der Christen nur dadurch, daß sie sich *subjektiv* «jüdisch fühlen», sich ihrer Erwählung («I am a Jew», «for me as a Jew», «meine Religion sagt es so») und den damit verknüpften sittlichen Verpflichtungen und der Verbundenheit mit ihrem Volk bewußt waren. Objektiv unterschieden sie sich nicht von den Christen.

Die Juden tendieren dazu, ihr Leiden traditionsbewußter zu interpretieren und Elemente ihrer religiösen Tradition geistig gegenwärtiger zu haben als die Christen. Dies gilt auch für Frau N., der diese Phänomene nichts bedeuten. Im Gegensatz zu dieser «Präsenz» religiöser Phänomene verwendet Frau Z. ihren Psychologen als Mittlerfigur, er ist «Sprachrohr Gottes» für sie. Im Vergleich erscheint die Gottesgestalt der Juden entfernter, ernster und unpersönlicher als die «Vater- oder Lehrerfigur» der Christen, die sie persönlich zu kennen scheinen und ihnen situativ hilft. Gottes Rolle im Vergeltungsgeschehen wird von den Juden strenger interpretiert. Eine hier nicht vorgestellte Kranke bezog die Überprüfung ihrer Lebensweise explizit auf die Tradition «die Juden müssen dies», während alle Kranken eine Art Lebensbilanz zogen als unmittelbare Reaktion auf ihre Krankheit. Eine andere Kranke, welche die Sünden ihrer Eltern mit ihrem Leiden sühnen mußte, zeugt auch davon, daß Juden andere Themen zur Verfügung haben, um ihre Krankheit zu deuten. Herr M., der orthodoxreligiöse Jude, war sich bewußt, daß er durch gute Taten seine Vergehen sühnen mußte, und tat dies zwar im eigenen Interesse, aber auch bezogen auf seine Erwählungsgemeinschaft. Die Umkehr der Juden und der Christen besteht auf einer Veränderung ihres Umganges mit sich selbst und mit den Mitmenschen.

Das wichtigste Merkmal der Umkehrgeschichten besteht darin, daß die Kranken überzeugt sind, daß sie von ihrer transzendenten Lebensbestimmung abgewichen sind und zu dieser zurückkehren müssen. Sie deuten die Krankheit als göttliches oder numinoses Zeichen, das sie auf ihre Verfehlungen aufmerksam macht. Ihre Umkehr beruht also auf ihrer Wahrnehmung eines Tun-Ergehen-Zusammenhanges bzw. darauf, daß Krankheit göttliche Vergeltung für ihr Verhalten sei. Ihre Umkehr findet innerhalb dieser Vergeltungskonzeption des Verhältnisses zwischen Gott und Mensch statt.

Weitere Merkmale, die das Wesen des Vergeltungsmotives prägen und sich von anderen Motiven unterscheiden, können wie folgt zusammengefaßt werden: Die Krankheit erscheint den Betroffenen aus dem obigen Grund nicht nur gerechtfertigt, sondern sinnvoll. Gott hat sie «zurückgepfiffen», und wenn er diese Krankheit nicht geschickt oder zugelassen hätte, hätten sie sich zugrunde gerichtet. Sie empfanden Gott deshalb als gerecht und das Krankheitsereignis als nötig und nützlich. Es veranlaßt sie dazu, ihren Irrweg zu verlassen und zu ihrer vermeintlichen Bestimmung zurückzukehren. Die Geschichten berichten von Verirrungen, von Vergewaltigungen, von Mißbrauchen und Mißbraucht-Werden, von Verfehlungen und damit verbundener Schuld. Die Erzähler erleben die Krankheit als Strafe, Züchtigung, Belehrung oder Warnung. Nun kehren sie schuldbewußt und reumütig um: die einen als Büßer, nachdem sie sich als Missetäter entlarvt fanden, die anderen als Suchende und Lernende oder Genesende, wenn sie sich als «Opfer» ihrer Mitmenschen oder von Irrlehren fühlen. Sie strengten sich an, sich zu bessern. Als verantwortungsbewußte Gläubige nutzen sie die Gelegenheit zur Tilgung ihrer Schuld durch Sühnehandlungen, zur Korrektur, Reparatur und Perfektion, zur Befreiung aus lebenszerstörenden Zwängen und schließlich zur Erlösung der eigenen Person und der Welt. Die Wiedergutmachung dient dem Sich-Annähern an die persönliche Bestimmung, der Wiederherstellung der ursprünglichen (Schöpfungs-)Ordnung, der «gesetzmäßigen» Zustände und des persönlichen Verhältnisses zu Gott. Das Gleichgewicht zwischen göttlichen Gaben und menschlichen Verpflichtungen Gott gegenüber als Gegengabe sollte wiederhergestellt werden.

2. Haderergeschichten

Es gibt Kranke, die mit Gott unzufrieden sind. Sie können als Haderer bezeichnet werden. Ihre Ausdrucksweise hat einen vorwurfsvollen Ton.

2.1 «Ich tue Gott nichts mehr zuliebe»[181]

Die Erzählerin, Frau O,. ist eine 54jährige, verheiratete und nicht berufstätige jüdische Frau. Ihr Sohn war vor einigen Jahren, knapp 30jährig, an einer chronischen Krankheit gestorben. Ihre Tochter lebte mit ihrer Familie in Israel. Frau O. beschrieb sich als «wahnsinnig aktive» Frau, die jeden Tag ihr komplexes Fitneßprogramm absolvierte; die allmorgendliche Turnstunde am Radio war ihre «heilige Zeit». Sie verwendete viel Zeit damit, sich attraktiv zurechtzumachen, und erntete dadurch auch auf der Privatstation des Spitals Beifall. Etwas vom Schlimmsten war für sie deshalb, als ihre Haare der Chemotherapie zum Opfer fielen. Nun umgab ein rotgefärbter «Bürstenschnitt» ihr vom Cortison aufgedunsenes Gesicht. Sie war nicht religiös aufgewachsen, bis ihre Eltern sich scheiden ließen, als sie zwölf war. Darauf wurde ihr Vater sehr religiös. Sehr jung heiratete sie dann selbst einen religiösen traditionsbewußten Mann. Von da an «machte sie freiwillig alles mit, koscheres Essen, Shabbat» usw. Den Kindern ließen sie es frei.

Frau O. litt an einem Lungentumor. Bevor dieser diagnostiziert worden war, schickte man sie von Arzt zu Arzt und zum Psychiater, da sie bereits zuvor psychiatrisch hospitalisiert gewesen war. Ihre Depression, Medikamenten- und Alkoholabhängigkeit, die seit dem Auftreten ihres Tumors vor zwei Jahren verschwunden waren, schrieb sie der Belastung mit ihrem Sohn zu. Er zerfiel langsam: zuerst ging er am Stock, dann mit einer Krücke, dann mit zwei Krücken, dann im Rollstuhl... Sie hatte sieben Psychiater «durchgelassen», bevor einer sie verstand. Der Tumor war seit acht Monaten mit «Chemotherapiestößen» behandelt worden. Die linke Lunge sei angegriffen, in der rechten und in den Lymphdrüsen der Umgebung befänden sich Metastasen, erzählte sie. Jedes Kopfweh brachte sie mit dem Fortschreiten ihrer Krankheit in Verbindung. Von Anfang an litt sie unter den Nebenwirkungen der Chemotherapie: Übelkeit und Magenbrennen waren zum Dauerzustand geworden. In ihren Armen und Beinen hatte sich Gefühllosigkeit ausgebreitet: «Ich spüre alles, aber ich kann nichts halten, ich verfehle die Tritte, ich habe keine gute Haltung mehr, weil ich immer nach unten schauen muß, ich gehe im Shoppingcenter einkaufen, da kann ich mich aufs Wägeli stützen. Und dann habe ich das Gefühl, die Luft gehe nur noch bis hierhin (knapp unter das Schlüsselbein).» Dies waren traumatische Erfahrungen für eine Frau, die alles investiert hatte, um ihr höchstes Ideal, ihren sportlich-elastischen Körper, zu erhalten,

---

[181] Gesprächsprotokoll Nr. 76

und deren Ehemann mit Sportbekleidung handelte. Ihre jetzige Prognose hätte sie auch gewußt, ohne daß ihr der Arzt gesagt hätte, sie solle sich auf etwas zwischen zwei Monaten und zwei Jahren einstellen. Nun «genießt» sie das Leben und schränkt sich mit nichts wie Diät oder Nichtrauchen ein, da sie sonst immer an die Krankheit denken müßte.

Zum Zeitpunkt unseres Gesprächs war sie so schwach und behindert, daß sie ihre Morgentoilette nur noch fragmentiert durchführen konnte und etwa vier Stunden dazu benötigte. Sie ließ ihre kosmetischen Ambitionen fallen und war «bescheiden geworden. Ich habe mich damit abgefunden, ich kann es ja nicht ändern.» Sie schlief viel, und «so gehen die Tage vorbei». Dies stimmte sie traurig, denn es hieß, daß sie auch keine Besucher mehr empfangen konnte. Das Gesprächsthema des Ehepaares war seit einiger Zeit ihr Sterben. «Nicht am Mittagessen, aber jeden Morgen, Samstag, Sonntag» oder wenn ihr Ehemann sonst zu Hause war. «Es kommt immer wieder. Also da kommen einem 1000 Gedanken, wenn man so eine Diagnose erhält... und wenn sie eine Besserung sehen... und dann bei kleinen körperlichen Veränderungen... man darf nicht so ängstlich sein. Wenn man mich nur durchleuchtet, schafft es da im Hinterkopf...» Sie hatte sich trotzdem soweit mit der Krankheit abgefunden. Doch nun sah sie in jeder ihrer unbeholfenen Bewegungen ihren Sohn. Sie hört ihn sagen: «Mami, machsch mer d'Chnöpfli zue, Mami, tuesch mehr verschniide [mach mir den Knopf zu, schneid das Essen in Stücke].» Ihm wie ihr sah man diese Abhängigkeit nicht an. Sie machte sich Vorwürfe, weil sie aufgrund dessen oft dachte, er könnte es selbst tun. Ihr jetziger Zustand veranlaßte sie, die Pflege ihres Sohnes zu verarbeiten. Auch er hatte Gleichgewichtsprobleme, auch er zog etwas ohne Knöpfe an, wenn es ihm nicht gelang, sie zu schließen. Dazu kam, daß in einer Familie, die sie jahrelang betreute, die Frau Multiple Sklerose und der Mann Lungenkrebs hatte. Diese Parallele empfand sie «irgendwie schicksalhaft». Trotzdem war das, was sie mit ihrem Sohn durchgemacht hatte, unvergleichlich schwieriger gewesen als ihre jetzige Situation: «Wenn Sie elf Jahre lang mitgemacht haben, was ich mitgemacht habe, ist nichts mehr schlimm.» Als sie ihre Diagnose erfuhr, dachte sie zuerst an ihren Sohn. «Du brauchst mich, ich komme zu dir, ich spüre es, du willst mich, ich weiß nicht, wann ich komme, aber ich komme zu dir.» Sie glaube dies zwar nicht wirklich, aber sie rede es sich ein, weil es sie tröste. Andererseits denke sie auch an ein «Tablettli», wenn sie sehe, daß es fertig sei.

Frau O. äußerte sich nicht direkt zu ihrem Gottesbild, doch implizierte sie, daß sich dies gewandelt habe. Früher hatte sie Gott als würdig erachtet, ihm zu dienen, jetzt wollte sie ihm nichts mehr zuliebe tun. Sie war wütend auf ihn, empört und enttäuscht. Gleichzeitig war sie verunsichert, da er sich rächen könnte für ihr trotziges Benehmen. «Ich habe nicht gesagt, ich habe abgeschlossen mit dem lieben Gott, aber ich habe ihm zuliebe nichts mehr gemacht. Die unfrömmste Frau zündet ihm zwei Kerzen an am Freitagabend – ich nicht. Ich wollte nicht mehr koscher essen, außer Schweinefleisch.» Ihr Mann leide sehr darunter und ermuntere sie, doch wieder Kerzen anzuzünden. Da sagte sie: «Nein, ich will ihm nicht danken. Das ist meine Sache.» Manchmal habe sie geschimpft mit Gott. «Warum wir? Obwohl ich nicht religiös aufgewachsen bin, habe ich als verheiratete Frau immer alles Religiöse gemacht, ihm quasi gedient. Und ich habe all diese verschiedenen ‹Kicks› erhalten. Schon das mit meinem Sohn allein genügte, abgesehen von all dem anderen Leid, das ich ertragen mußte.» Sie empörte sich, weil nun ihr Krebs für ihren Mann noch die größere Strafe sei als für sie. Dabei habe er noch seine kranke Mutter, und wenn dann beide gestorben seien, stehe er ganz allein da. Sie regte sich auf: «So daß ich also... nein! Ich weiß zwar nicht, was ich damit erreiche für später, daß ich das jetzt gemacht habe, aber jetzt mache ich es nicht mehr. Man hat ja keine Ahnung, ob man etwas furchtbar Schönes oder Böses sehen wird.» Ihr Mann beachtete die religiösen Gesetze weiterhin. Frau O. sagte, sie sei durch den Krebs egoistischer geworden, nachdem seit ihrer Kindheit immer alles auf ihr gelastet hatte. «Wenn ich jetzt Freude habe an etwas, dann komme ich dran, dann lange niemand mehr und dann komme wieder ich dran. Verstehen Sie, ich kann nicht mehr für jemanden etwas tun.» Obwohl Frau O. wußte, daß sie bald sterben wird, hatte sie vor dem Fenster Tomatensamen gepflanzt und hoffte, deren Früchte noch zu erleben. Gleichzeitig befürchtete sie, daß sie ein Konzert, das sie gerne hören würde im Herbst, nicht mehr erleben wird.

In Frau O.s Geschichte geht es um die Darlegung einer langen und schweren Leidensgeschichte, eines Lebens, das durch aufopfernden und mit persönlichen Einschränkungen verbundenen Einsatz für andere gekennzeichnet ist. Die Erzählerin prangert Gott nicht nur wegen sich selbst, sondern auch wegen des Leides, das er ihrem Mann ungerechtfertigterweise zufügt, an. Gott scheint sich keine Rechenschaft zu geben über das, was er ihnen antut. Sie betrachtet seinen Entscheid, daß sie nun sterben müsse, als definitiv und spekuliert nicht einmal mehr mit einem möglichen Sinn in der Krankheit. Auch bittet sie Gott um nichts mehr. Obwohl Frau O. Gott noch anerkennt, hat sie genug von ihm und stellt ihren Gottesdienst ein. Dies nicht ganz ohne schlechtes Gewissen im Hinblick auf das Jenseits. Bis vor der Erkrankung hatten ihr Vater, ihr Ehemann und die Gemeinde als «soziale Kontrolle» ihr religiöses Leben bestimmt. Die Häufung und das Maß ihres Leids wirken nun aber stärker auf die primär nicht religiös sozialisierte Frau. Da sie als Sterbende im Diesseits bzw. bei den Mitmenschen nichts mehr verlieren kann, läßt sie alle religiösen Schranken fallen.

2.2 «Ich bin schon genug gestraft worden»[182]

Frau G., die Erzählerin, war Ende 50, jüdisch, verheiratet und arbeitete teilzeitig. Sie wohnte im «Ghetto», wie sie sagte. Sie stellte sich als tapfere, kämpferische Frau dar, die all ihre Gesundheitsprobleme «sauber» zu lösen versuchte. Sie hatte in jungen Jahren eine Fehlgeburt erlitten, zehn Jahre gynäkologische Probleme, eine Serie von

---

[182] Gesprächsprotokoll Nr. 75

Bauchoperationen und eine Augenoperation und schließlich noch eine bilaterale Brustamputation hinter sich. Sie dankte dem lieben Gott jeden Tag, daß man den Krebs so früh erkannt hatte. Beziehungsprobleme, die in ihrer Kindheit begannen, setzten sich in ihrer eigenen Familie fort. Bei allem, was sie hinter sich habe, sei sie immer mit einem blauen Auge davongekommen.

Als sie erfuhr, daß sie Brustkrebs hat, habe sie gedacht: «Gopf, jetzt noch Krebs dazu; ich bin schon genug gestraft worden mit allem zusammen; jetzt muß es noch Krebs sein. Strafe ist vielleicht ein wenig ein zu hartes Wort, aber ich habe schon genug gehabt, darum habe ich gedacht, also... darum, als ich dies durchmachte, dachte ich, also... ich kann Ihnen sagen...» Sie arbeitete sich darüber hinweg und verzichtete auf einen Erholungsurlaub, weil man nur auf «blöde» Gedanken (was noch alles hätte geschehen können) komme, wenn man zu lange pausiert. Sie gestand, daß sie ein wenig egoistisch geworden sei als Resultat der Krankheit, aber es gehe auch auf ihre Kindheit zurück. Sie wurde ihren Geschwistern gegenüber immer benachteiligt. Damit habe sie sich zwar abgefunden, aber jetzt müsse sie für sich und ihren Mann schauen. Sie müsse den eigenen Weg finden. «In Gottes Namen. Gerade wir Juden, wir sind ja... wir schauen ja den älteren Leuten und meine Mutter und meine Tante...» Sie befürchtete, hart zu erscheinen, bekräftigte aber wiederholt, daß dies von ihrer Jugend her komme. Sie war voller Ressentiments.

Bezüglich eines Zusammenhangs ihrer Biographie mit der Religion sagte sie: «Ich bin etwas weggekommen vom Judentum durch das viele Zeugs, das ich mitgemacht habe. Es ist schon noch... aber sagen wir, nicht mehr so wie in der Jugend. Ich war viel religiöser, viel religiöser.» Ihr Mann ist religiöser als sie. «Dadurch habe ich gedacht, also ich war jetzt immer so religiös gewesen, ich habe immer... wissen Sie... gerade mit Kindern, wir nehmen doch Tauchbäder nach vier Wochen. Dann habe ich nicht mehr daran geglaubt. Ich sage es Ihnen ganz ehrlich. Seither nehmen wir alles etwas leger. Ich bin enttäuscht.» Sie zündet noch Shabbatkerzlein an, aber «ich muß Ihnen sagen, das ist... also das ist einfach für mich persönlich herausgekommen... ich habe gedacht, wofür eigentlich? Wofür eigentlich?» Sie dürfe es religiösen Leuten nicht sagen. «Gut, wir sind schon noch religiös. Wir halten schon noch den Shabbat, verkehren mit sehr religiösen Leuten. Aber was ich in meinen vier Wänden mache, sage ich niemand anderem. Ich will die Leute nicht vor den Kopf stoßen, weil wir hier im Ghetto wohnen.» Sie begann sich zu fragen, als das anfing mit den Kindern (nach ihrem Sohn konnte sie keine Kinder mehr haben), warum eigentlich und wieso, «...und da begann ich dann zu zweifeln an der Religion. Da habe ich also ein bißchen... verstehen Sie... gerade so Kleinigkeiten... gut, wir würden nie anderes Fleisch essen, aber wir sind irgendwie...» Im Ausland mußten sie zwei Tage Feiertage halten, da habe sie gedacht: «Herrgott nocheinmal, was ist eigentlich los! Das machen wir nicht mehr, jetz isch fertig!» Sie telefonieren am Shabbat und schauen TV. «Wir müssen uns auch einmal entspannen können.» Sie findet die orthodoxe Lebensweise absurd, das Wertsystem frauenfeindlich. Sie ist empört über das «schwarze Judentum, das immer schwärzer wird... aber durch meine Krankheiten bin ich ein wenig weggekommen.» Sie ist weit davon entfernt, bei der Religion Zuflucht zu nehmen, wenn es ihr schlecht geht. Bezüglich ihrer Vorstellungen von der Zeit nach dem Tode entfernt sie sich auch vom traditionellen Judentum. Sie glaubt, es seien alle gleich.

In Frau G.s Geschichte ist das Maß des erträglichen bzw. des ihr zugemuteten Leides überlaufen. Ihre letzte Krankheitsepisode läßt die «Sündenbockexistenz», die sie in ihrer Kindheit innegehabt hatte, und alle ihre Krankheiten in ihr aufsteigen. Sie vergegenwärtigt sich auch alle Einschränkungen, die sie religionsbedingt auf sich genommen hat, und angesichts all dessen ist sie definitiv enttäuscht von Gott. Ihr Wohnort mitten in der orthodox-jüdischen Gemeinde bzw. die Kontrolle ihrer Bekannten zwingt sie jedoch, ein Minimum an religiösen Vorschriften einzuhalten, obwohl sie «fertig» ist mit formaler Religion. Wie Frau O. hat sie abgeschlossen mit *Kultischem*, aber nicht mit Gott selbst.

2.3 «Es nützt nichts, wenn ich einfach tot bin»[183]

Der Erzähler, Herr D., war Ende 50, gläubiger Protestant, verheiratet und hatte mehrere erwachsene Kinder. Er war Inhaber eines Transportunternehmens. Er charakterisierte sich selbst als «übernormal», «übermenschlich» und auch außerordentlich bezüglich seiner Liebe zum Leben. «Jeder Mensch will leben, aber ich lebe lieber als die anderen», sagte er. Deshalb und weil es ihm materiell so gut gehe und er eine so glückliche Familie habe, habe er all die Operationen und Behandlungen seines mehrmals wiederkehrenden Hirntumors auf sich genommen. Dieser hatte ihn völlig überrascht, denn seine Eltern, die über 80 waren, waren nie krank gewesen. Aus diesem Grund hatte er angenommen, auch er würde nie krank. Nach der ersten Operation war er vier Wochen bewußtlos gewesen, danach hatte er über lange Zeit «Strom im Kopf». Nach der zweiten Operation war er wieder zweieinhalb Tage lang bewußtlos gewesen. Die dritte Operation hinterließ als Komplikation eine Halbseitenlähmung, die besonders seine Gesichtsmuskulatur, Zunge, Gehör und Sehvermögen betraf. Er litt an einem permanenten Geräusch im Ohr, hatte Mühe mit Sprechen, Kauen und Schlucken. «Ein normaler Mensch würde verrückt. Das Leben ist wichtiger als das Ohr.» Seit vier Wochen wurde er nun bestrahlt, weil man «auch jetzt nicht alles erwischt hatte». Danach werde er Ruhe haben. Herr D. war außerordentlich beflissen, alles zu tun, um wieder gesund zu werden. Anläßlich unseres Gesprächs während seiner Bestrahlungsphase plante er bereits, wie er nach Abschluß seiner Rehabilitation weiterarbeiten und weiterhelfen werde. Vor der Krankheit hatte er (als Inhaber eines Ambulanzunternehmens) Rollstühle und Betten verschenkt. «Das war schon immer so. Aus einer (reformiert) christlichen Haltung heraus. Aber die christliche Haltung hat offenbar nichts genützt. Ich habe auch Dankbriefe erhalten und habe viele Freunde.» Er lebe davon, daß er Menschen an sich binde, er sei für sie auch nötig.

---
[183] Gesprächsprotokoll Nr. 68

Angesichts seiner Rückfälle und Komplikationen konnte er einfach nicht verstehen, warum es diese Krankheit gab. «Sie isch gfürchig, sie isch wahnsinnig, sie chömmd kein Millimeter fürschi [sie macht angst, sie ist wahnsinnig, man kommt keinen Millimeter vorwärts]; es gibt Probleme noch und noch.» Er konnte einfach nicht verstehen, warum er diese Krankheit hatte. Er hatte sich angesichts all seiner Wohltätigkeit oft gefragt, warum er dies habe, «aber man findet es nicht heraus. Es gibt keine Antwort». Auch die Leute, die ihn besuchten, verstanden nicht, weshalb ausgerechnet er diese Krankheit hatte. Diese Solidarität gegenüber dem Unrecht, das ihm widerfuhr, half ihm moralisch viel. Nun betrachtete er die Krankheit als Prüfung, durch die er beweisen müsse, ob er dies tragen könne. Er müsse kämpfen. Er müsse Gott beweisen, daß er stark sei und siegen werde. Er habe meist einen starken Willen. Herr D. fand keinerlei Bejahung, keinerlei Möglichkeit zur Bejahung dieser Krankheit, nichts als Rückfälle und Komplikationen. Wieso er zum Tumor hinzu noch lahm und entstellt sein müsse! Aber er könnte tot sein. «Wer meinen großen Lebenswunsch nicht hat, kann den Kampf gar nicht aufnehmen», sagte er. Wiederholt führte er die Gründe auf, weshalb seine Krankheit ungerechtfertigt war. «Ich bete zu Gott um Gesundheit und erkläre ihm, daß ich armen Leuten helfe und helfen werde. Nur wie, weiß ich noch nicht wegen der Folgen der Krankheit.» Sein Leben würde an Wert gewinnen, wenn er weiterhin anderen helfen könnte. Deshalb versuchte er bereits im Spital, Leidensgenossen aufzurichten, Momente zu nutzen, in denen er Gutes tun konnte. Man werfe ihm einen «Helfertick» vor, aber Helfen gebe ihm Kraft. Er habe selbst etwas davon. «Es nützt nichts, wenn ich einfach tot bin. Wer gibt dann den Armen etwas her?»

Zu seinem Verhältnis zu Gott sagte er stolz: «Ich muß Gott nicht suchen. Ich bete, gehe aber nicht in die Kirche.» Seit seiner Krankheit beschäftigte Herrn D. vor allem die Frage nach Gottes Gerechtigkeit, des «Schicksals». Dazu assoziierte er Parallelen: «Was kann ein dreijähriges Kind in Jugoslawien dafür, wenn seine Beine abgeschossen werden? Ich weiß nicht, ob dies eine Strafe ist.» Die Leute rieten ihm, zur Kirche zu gehen und dort zu beten, aber ob dies wirklich helfe, wisse man nicht. Trotzdem bete er und sei auch dankbar für die Fürbitte anderer. Aber vielleicht bringe sie wirklich nichts. Er änderte seine Annahme, daß Gott alles daran setzen müsse, ihm zu helfen, wenn er ein christlich-altruistisches Leben führte, nicht. «Zu Gott sage ich, ich mache ja alles, aber ich bin noch schwach. Das wird sich ändern, und sonst kann ich auch nichts dafür.» Der wirklich «Größte» in seiner Situation war der Neurochirurg.

Herr D. geht von einem guten barmherzigen Gott aus. Er erzählt die Geschichte eines durch und durch gläubigen Christen. Sein Leben ist geprägt von karitativer Tätigkeit, welche in seiner Frömmigkeit tief verwurzelt ist. Ihm selbst tut seine Hilfe ebensogut wie den von ihm Begünstigten. Wegen seiner Gütigkeit und auch wegen der Gesundheit seiner Eltern fühlt er sich gefeit vor Krankheit. Aber um so schlimmer trifft ihn sein Schicksal. Sein Vergleich mit dem unschuldig kriegsversehrten Kleinkind verdeutlicht, in welchem Maß er schuldlos getroffen und verstümmelt wurde. Nebst der Darlegung seiner unverständlichen Leidenserfahrung erzählt er, wie er sich immer wieder vehement gegen Gott aufbäumt, aber nicht daran denkt, ihm den Rücken zu kehren, auch wenn er mit ihm hadert. In der Geschichte von Herrn D. ist seine Interpretation des Un-Sinnes der Krankheit kompromittiert durch deren Deutung als Prüfung. Diese Zweideutigkeit bzw. die letztere davon würde die Intensivierung seiner Glaubens- und karitativen Praxis erklären, da diese für «Haderer» atypisch ist. Sein trotziger Eifer wird ihm möglicherweise zum Bestehen der Prüfung verhelfen.

2.4 «Gott ist nicht gut, sonst würde er etwas unternehmen»[184]

Frau T. war eine 75jährige, mit einem 15 Jahre jüngeren Mann verheiratete, katholische, hagere Frau. Sie war Fabrikarbeiterin. Sie litt an einem metastasierenden Lungenkarzinom, welches um ihre Speiseröhre herum wuchs und einen Verschluß derselben verursachte. Sie war eine auf geschöpflich-religiöse Art empfindende Frau. Sie hatte kürzlich Geschichten im Alten Testament gelesen und davon vor allem Bilder apokalyptischer Art behalten. Aufgrund der heutigen Weltsituation, der politischen Situation in Europa und ihrer persönlich-gesundheitlichen bezeichnete sie die Gegenwart als Chaos, das offensichtlich vorausgesagt worden war. Als Ursache dieser Katastrophe betrachtete sie die menschliche Freiheit, die Verantwortungslosigkeit der Menschen. «Alle flüchten, niemand will durchhalten.» Dieses Verhaltensmuster stand in krassem Gegensatz zu ihr selbst; ihr ganzes Leben war ein Kampf gewesen, und sie hatte nur überlebt, weil sie gelernt hatte, Unangenehmes durchzustehen und Unabänderliches auszuhalten. Sie bezeichnete sich als Krampferin und Kämpferin. Sie hatte eine eigentliche Leidensbiographie. Im Gegensatz zu Frau O. und Frau W. war sie durch das Leiden nicht egoistischer geworden. In ihrem präterminalen Gesundheitszustand tröstete sie sich mit diesem Chaos über ihr Sterben hinweg.

Frau T. war außerehelich geboren, und als höchst unerwünschtes Kind hatte sie dies auch durch ihre ganze Kindheit hindurch zu spüren bekommen, sowohl in der Familie als auch auf der Straße. Sie selbst hatte früh geheiratet, hatte zahllose Vergewaltigungen durch ihren Mann erlitten und daraus fünf ungewollte Kinder geboren. Ihre Mutter solidarisierte sich mit ihrem Mann bezüglich der Vergewaltigungen. Ihre fünf Mädchen wurden in der von Nonnen geführten Schule benachteiligt, «drangsaliert und gefoltert» (sie schilderte die Methoden). Sie ließ ihren Mädchen aber nichts geschehen, achtete darauf, daß sie gegenüber anderen Kindern nie benachteiligt waren, weil sie ja nichts dafür konnten. Mit 27 ließ sie sich unterbinden, weil sie befürchtete, daß, wenn sie von einem zweiten Mann Kinder haben würde, sie diese bevorzugen könnte. (Sie befürchtete die Wiederholung ihres eigenen Schicksals.) Mit 40 ließ sie sich unter großen Demütigungen scheiden. Sie war bitter bezüglich ihres Zustandes, weil sie auch als Fabrikarbeiterin immer für die Jungen da war und dadurch dem «Qualm der Fabrikhalle» länger ausgesetzt war. Dafür habe sie jetzt Krebs. Sie sei in

---

[184] Gesprächsprotokoll Nr. 22

der Innerschweiz sehr streng katholisch aufgewachsen, kritisierte nun aber den Katholizismus aufs schärfste. Sie kritisierte auch die Religion im allgemeinen. «Warum muß man lügen? Mit Adam und Eva? Es hat zu viele Widersprüche in der Religion. Immer sagt man, Gott sei gut, aber warum läßt er denn diese ganzen Katastrophen zu? Er ist nicht gut, sonst würde er etwas unternehmen. Alles Chaos, alles Durcheinander. Aber er macht nichts. Ich glaube schon, daß es da oben etwas gibt, etwas Mächtiges, aber Gott ist es nicht, nicht so, das glaube ich nicht. Jeden Tag spreche ich mit Gott oder eben mit etwas wie Gott, wenn ich allein zu Hause bin und mein Mann ist am Schaffen. Dann frage ich: Hörst du mich? Also sag etwas zu mir, rede auch mit mir. Aber ich höre nichts!» Das Mächtige, das es im Himmel gibt, ist nicht Gott. Nach einer religiösen «Belehrung» durch eine junge Krankenschwester sagte Frau T.: «Selig sind die, die glauben, ja ja, selig... vielleicht werde ich auch noch einmal selig.» Sie nannte diese Krankenschwester später «eine halbe Heilige».

Frau T.s Gott hat schon lange aufgehört, gut zu sein. Ihre Biographie ist die einer immer und immer wieder gedemütigten und trotzdem unermüdlich für ihr Recht und das Recht anderer kämpfenden Frau. Ihre Ressentiments der Katholischen Kirche und Gott gegenüber liegen darin begründet, daß ihr alles Leid im Rahmen ihrer Konfession zugestoßen war (Ehe, Kinder haben, Schulzeit bei Nonnen, Gerichtsbehörden eines katholischen Kantons). Schon lange vor ihrer Krankheit hat sie sich von der Idee eines personalen Gottes verabschiedet und sich endgültig dem «Heiligen» zugewandt.

2.5 Beobachtungen zu den Haderergeschichten

Die «Welt der Haderer» ist vielgestaltig, obgleich einheitlich durchzogen vom düsteren Vorwurf von Juden und Christen gegen Gott. Die geschilderten Geschichten stehen exemplarisch für diejenigen anderer Erzähler, deren Leidensgeschichten religiös anders geartet, aber trotzdem von Episoden des Haderns durchzogen wurden oder die auch in dieser religiösen Gemütsverfassung resignierten. Die Enttäuschung aller Erzähler beruht darauf, daß sie ursprünglich an einen personalen und gerechten, die Leidenden behütenden Gott glaubten, dann aber im Zusammenhang mit ihrem Leiden ernüchternd feststellen mußten, daß sie sich getäuscht hatten. Ihre Vorwürfe implizieren, daß sie von Gott eine Reaktion erwarteten. Sie gingen von der Vorstellung einer Beziehung der Gegenseitigkeit aus. Die andauernde Abwesenheit Gottes unterminiert ihr Vertrauen in seine Sorge um sie. Zweifel, Ärger und Trotz kommen auf. Warum nimmt er seine Verantwortung nicht wahr? Sie ziehen ihn zur Rechenschaft heran. Es geht also nicht um einen Dialog mit ihm, nicht um ein Bemühen, ihn zu verstehen, sondern um eine Anrufung und Herausforderung. So auch Frau U., wenn sie sich erinnerte: «Da habe ich gedacht, Härrgott stärneföifi, jetzt habe ich drei Kinder gehabt, eines verloren, zwei geboren, das git's ja nöd [das gibt's ja nicht], immer chrampfed [geschuftet]. Ich war zehn Jahre lang Briefträgerin: Rämistraße – Pfauen – Niederdorf

– zweimal im Tag gelaufen. Kinder selbst durchgebracht, war immer nur für andere da, warum jetzt ausgerechnet ich? Wänn's da obe, wänn's würklich an Härrgott gitt, dänn ghörsch mich [wenn es da oben wirklich einen Herrgott gibt, dann hört er mich]. Laß mich wenigschtens no es paar Jahr läbe. Bis 70 oder 75, aber es söll usecho, wie's will. Ich muess jetz eifach.»[185]

Die Geschichten enthalten Berichte von langandauernden physischen und psychischen Leiden, wenn sie nicht eigentliche Leidensbiographien darstellen. Mehr noch, es sind Geschichten von Menschen, die sich ein Leben lang bemühten, «gut», «fromm» oder «christlich» und mit den Normen ihrer Glaubenssysteme in Einklang zu leben. Ihr Selbstbild ist deshalb gut und stark im Gegensatz zu demjenigen der «Umkehrer». Ihre Klagen muten an wie «Anthropodizeen». Ihre Gotteserfahrung im Leiden beraubt die Kranken ihrer bisherigen religiösen Orientierung und ihres Deutungsrahmens. Was sollte nun gelten, wenn nicht der vorausgesetzte Tun-Ergehen-Zusammenhang gültig, wenn Gott nicht gerecht war? Im Gegensatz zu den «Umkehrern» deuten die «Haderer» ihr Leiden nicht um, indem sie ihm eine Funktion zuschreiben oder es im positiven Sinne in eine Bestimmung überführen. Sie transzendieren es auch nicht im Sinne einer Verlagerung ihrer Rechtfertigung in die Zukunft dies- oder jenseits des Todes. Im Gegenteil, sie sind retrospektiv und gegenwartsorientiert und verharren in der Ablehnung ihres Loses. Dies verschlimmert ihr Leiden, indem sie ständig religiös irritiert sind.

Diejenigen «Haderer», die ihre Situation als definitiv betrachteten, begannen sich von religiösen Zwängen zu befreien, Gott durch «Liebesentzug» zu strafen und «egoistischer» für sich selbst zu sorgen. Interessanterweise waren alle Persönlichkeiten, die aus verschiedenen Gründen durch ihre ganze Biographie hindurch gezwungen waren, selbstbestimmt und selbständig ihr praktisches Leben zu führen. Dies im Gegensatz zu den «Umkehrern», die von ihrer Persönlichkeitsstruktur her dazu tendierten, sich oder anderen zum Opfer zu fallen. Im *Unterschied* zu Frau O., Frau G. und Frau T. ist der «Prozeß mit Gott» bei Herrn D. noch nicht abgeschlossen. Er hat noch zu keinem Entschluß gefunden. Mit dem «Geprüften» baut er eine Parallelidentität auf, in der er sich krampfhaft darum bemüht, vor Gott bestehen zu können. Während die drei Frauen Gott gegenüber autonomer wurden, wurde Herr D. abhängiger von ihm. In der Geschichte von Frau T. tritt der Aspekt Gegenseitigkeit der Beziehung in den Hintergrund zugunsten der Kritik daran, daß er soviel Unordnung und Leid zuläßt. Auch leidet diese Frau schon lange nicht mehr unter ihrer Abkehr von Gott. Sie hat ihn gewissermaßen durch «das Heilige» kompensiert. Die zwei jüdischen Frauen G. und O. sagen, sie können nichts dafür, daß sie geboren wurden, was eine Rechtfertigung ihrer unvollkommenen Existenz vermuten läßt. Aus der Analyse der jüdischen und christlichen Haderergeschichten sind keine religionsspezifischen Unterschiede ersichtlich. Im Gegensatz zur Tradition ist das Haderproblem heute überkonfessionell.

---

[185] Gesprächsprotokoll Nr. 59

2.6 Vergleiche und Typisierung

Bei diesem Motiv geht es um die Unzufriedenheit der Kranken mit einem ungerechten Gott, um Vorwürfe gegen ihn und um Zweifel an ihm, weil er sich nicht an seine Versprechen hält. Es handelt sich um eine Art umgekehrter Vergeltungssituation: die Kranken vermissen die Belohnung für ihre guten Taten und verlangen von Gott eine Verhaltensänderung. Weil sie Gott als allmächtig wahrnehmen, ist er in jedem Fall verantwortlich für die Leiden. Weitere wesensmäßig entscheidende Merkmale dieses Motivs bestehen darin, daß die Erzähler der Geschichten ihre Krankheit als unerklärlich, ungerechtfertigt und unverdient erleben. Die Erzähler können in ihrem Leiden keine positive Wirkung und keinen Sinn erkennen; sie verändern sich nicht, da sie infolge mangelnder Einsicht ins Leiden keinen Handlungsbedarf davon ableiten können. In der Folge sind die Kranken enttäuscht von Gott. Sie fühlen sich von ihm im Stich gelassen. Obwohl sie ihm bisher auf verschiedene Arten gedient und gehorcht hatten, verschone er sie nicht vor dem Leid. Die Beziehung zwischen den Erzählern und Gott befindet sich in einer Krise. Die angenommene Gegenseitigkeit hat sich nicht bewahrheitet, die erhoffte Fürsorgepflicht und Loyalität Gottes ist nicht verwirklicht. Sie gingen davon aus, daß er auch nicht machen kann, was er will, bzw. daß er tätig würde angesichts ihrer Situation. Nun ist ihre Vorstellung von Gott dabei, sich zu verändern von einem guten, gerechten und glaubwürdigen Gott zu einem fragwürdigen. Dieses Motiv lebt innerhalb einer bestimmten Gerechtigkeitskonzeption, welche die Kranken von Gott haben.

3. Ergebenheitsgeschichten

Mehrere meiner krebskranken Gesprächspartner zeigten eine erstaunliche Bereitschaft, sich unter das unabänderliche Joch Gottes zu beugen und sich durch ihre Krankheit hindurch Gott hinzugeben.

3.1 «It is not about fighting»[186]

Frau I. war eine im Norden Israels lebende, etwa 50jährige, mit einem tunesischen Juden verheiratete Jüdin. Sie arbeitete als Ergotherapeutin (Beschäftigungstherapeutin). Sie litt an einem Brusttumor, und als man ihr die Diagnose eröffnete, war dies ein Schock für sie. Sie erzählte, daß der Arzt gesagt hatte: «I am sorry but you have to decide whether you want a mastectomy or having taken out just the lump. I tried to cry and said how can I have a choice between this and this? And the doctor said, you have to ask your husband. And I said, just a minute, tell me what my husband knows about

---

[186] Gesprächsprotokoll Nr. 88

it. How can he advise me?» Sie ließ sich verschiedentlich beraten, und die einen drängten sie zur Operation, andere ließen ihr Zeit. Schließlich stand Pessach, das jüdische Osterfest, vor der Tür, und sie beschloß, ihrer Familie ein wunderbares Fest zu bereiten und erst danach wieder daran zu denken. Sie hatte aus diesem Grund außer ihrem Mann niemanden über den Tumor informiert. Nach den Feiertagen entfernte man den Knoten und bestrahlte sie. Ungefähr ein Jahr danach fand man ihre Leber voller Metastasen und behandelte sie, soweit bisher feststellbar, erfolgreich mit Chemotherapie. Seither (seit ca. zwei Jahren) verabreichte sie sich selbst ein homöopathisches Mittel, sagte jedoch: «I do it myself and I feel that I am doing something and I feel that this is the point.» Die Schwierigkeit war, etwas zu tun gegen etwas, das sie gar nicht fühlte, denn sie fühlte sich immer gesund und stark. Auch in Perioden, als die Krankheit sehr akut und bedrohlich war, fühlte Frau I. intuitiv, daß sie nicht sterben würde. Die Familie sagte ihr, sie dürfe nicht sterben, weil sie ohne Mutter gar nicht leben könnten. Aber sie sagte ihnen immer: «I am not going to die, I feel that I am not going to die. I do not know what will be but I am not going to die. But everyone is going to die one day. Many times I think about it but I cannot do anything about it.» Ein Freund der Familie starb vor kurzem bei einem Flugzeugabsturz in Marokko. Dies veranlaßte sie nachzudenken: «I am a sick woman and he was a healthy man with plans for the sky but he is killed and I am to live.» Sie beschäftigte sich deswegen jedoch nicht mit der Frage nach der Gerechtigkeit Gottes, sondern schloß daraus, daß es hier und jetzt etwas zu tun gab für sie: «I have to do something now and here». Seither veränderte sich ihr Alltag. Sie beschloß, etwas beschaulicher zu leben. Zögernd «gesteht» sie, daß sie religiöser geworden sei. «I think I have become... I don't know... I am not very religious, I am, I became religious of different things and I think that, no... I am doing a little more things in the way of eh, eh... thinking and belonging to the religion. It is funny but I do the ‹anthroposophic rhythmia›. And when I do the movements in the morning I start to think what strange movements I am doing. I think it is more meaningful. So I am going to the prayers, the morning prayers. I never did this before in my life. I read something I read, the routine, not free prayer. But I never did this routine. And when, a year ago, Rosh HaShana, the Jewish New Year approached and they did all the medical check-ups again I knew that something very bad was going on so it was the first time that I really felt that I wanted to live the next year. It was about ‹Tshuva› (Sündenbekennen), I felt more... I had never felt like that. And in this year (das Gespräch fand unmittelbar nach dem jüdischen Neujahr statt)... because in the last year I did not know whether I will go through this year, because it was possible that I will not be here, so I really thanked and felt that I came to this year. It was not self-evident. God has a book where it is written who will live and who will die.» Frau I. war ambivalent bezüglich der Bedeutung dieses «Buches des Lebens»; dies ändert jedoch nichts am Realitätsgehalt der Idee: «I think it is a metaphor, no I think maybe it is a metaphor, no I think maybe it is real. If there is a book, the book is a metaphor but I think that something or someone is keeping us and he decides what is going on with each one of us. That I believe.»

Zur Frage eines Gottes als Person zögerte sie: «I don't know about person, I don't know, I can't, it is a very, it is abstract, there is some... but not a person. It is very personal. It comes so because we did not grow up in religious families and we decided to be religious 15 years ago. So it is different when people grew up with all these things.» Sie hatte sich immer wieder gefragt, warum sie Krebs hatte, aber sie fand keine Antwort. «I cannot relate it to God, why he gave it to me or so. I never felt like this. I asked him why, but I never thought he gave it to me. I wondered why it came to me.» Im Gegensatz zu einer Kollegin von Frau I., die ihren Tumor mit aller Kraft bekämpfte, aber dann trotzdem gestorben war, gefiel ihr diese Idee nicht. «Fighting is about winning and losing. I don't like this idea.» Ihr Ehemann bestärkte sie und begründete ihren Standpunkt: «I do not believe in this way of dealing with the illness. It is deeper. It is not fight and the other gives up. It is too serious, it is too deep. It is like a war. I don't like this. I don't want my wife to have to be a hero. She does not have to be brave. It is how you feel about life. When you pray every day – in the book of prayer, when you open your eyes you say words of thanks to God for being, that you woke up, that you get up. You have to be grateful for life and not to ask for it. We cannot really understand what is the meaning of water until we don't have any. Then you really appreciate it. So the feeling for life becomes stronger. I appreciate life more.»

Frau I. interpretiert ihr Leiden im Rahmen ihrer Erwählung als in Israel lebende Jüdin. Aus diesem Grund ist Suizid keine Möglichkeit für sie. «There are people in Israel who think EXIT (die Sterbehilforganisation) should be possible in Israel. Many people here want to be like the other people. One of the things of being like other people is the choice to live or to die. There are Israelis who want Israel to be like other nations. I think it is impossible. This nation is not about being like the others.» Frau I., als seit einiger Zeit der Religion zugewandte Frau, wurde durch die Leidenserfahrung religiöser. Die Krankheit macht ihr bewußt, daß Gott aufgrund seines «Buches des Lebens» entscheiden würde, ob sie leben oder sterben wird. Gott schreibt die guten und die schlechten Taten auf und zieht am Ende des Jahres Bilanz. Diese Tradition kam besonders zum Tragen, da ihre Lebermetastasen ums Neujahr herum, d. h. zur Zeit, in der der Jude Bilanz bezüglich seines Lebenswandels führt, diagnostiziert wurde. Frau I. differenziert zwischen der Idee, daß Gott über ihr Leben entscheidet, und jener, daß Gott sie krank machen würde. Er schickt nicht die Krankheit, aber wenn es sein Wille wäre, würde sie an der Krankheit sterben. Die Unterordnung des Ehepaares unter Gottes Willen geht auch aus der Feststellung hervor, daß man statt die Krankheit (Gottes Entscheid) zu bekämpfen, dankbar und demütig annehmen sollte, was man hat. Dies heißt andererseits aber auch, daß man dem Leben mittels verschiedener Praktiken Sorge tragen soll. Erstaunlicherweise erwähnen weder Frau noch Herr I. die Mizwot als Grundlagen für Gottes Buchhaltung.

3.2 «Zufall war es bestimmt nicht»[187]

Herr W. war ein fast 60jähriger religiöser jüdischer Mann. Er war nicht verheiratet und arbeitete «etwas sozial, etwas religiös, etwas kulturell» in einer jüdischen Gemeinde in der Schweiz. Er war ein kleiner, sehr stiller und scheuer Mann. Er litt vor einigen Jahren an einem Hirntumor, welcher operiert und anschließend bestrahlt worden war. Seither gab es keine Anzeichen mehr von neuem Tumorwachstum. Herrn W. kam die einige Jahre zurückliegende Krankheitsepisode nun vor wie ein Traum. Trotzdem erinnerte er sich, daß seine Angst vor der Operation größer war als der Eingriff und die Folgen. Nachträglich habe man auch festgestellt, daß er nicht einen sehr bösartigen Tumor gehabt habe, was ihn erleichterte. Nie habe er sich je gefragt, warum er an einem Tumor leide, er habe nie gehadert deswegen, und «wenn man religiös ist, weiß man, daß es keinen Zufall gibt. Zufall war es bestimmt nicht». Als Strafe habe er es auch nie betrachtet, aber vielleicht als ein Hinweis darauf, daß man das Leben ernst nehmen muß. «Es ist nicht nur Essen und Trinken. Es ist nicht einfach so oberflächlich. Man muß es ernst nehmen, nicht nur genießen.» Herr W. erzählte, daß ihn die Krankheit ernster und nachdenklich machte. Er sei sowieso schon immer zum Gottesdienst gegangen, aber er sei aufmerksamer geworden auf das Leben und die Gesundheit. Und er versuche einfach, ein besserer Mensch zu sein. Er war überzeugt, daß dem irdischen Leben ein geistiges folgen würde, und hatte deshalb nie Angst gehabt vor dem Sterben. Er glaube an eine Auferstehung, obwohl dies «geistigem Leben» zu widersprechen schiene, aber um dies zu verstehen, müsse man Philosoph sein, er könnte dies nicht.

Herr W. erwähnt den Willen Gottes nicht explizit. Aber auf dem Hintergrund seiner traditionell-religiösen Erziehung und Lebensweise kann man von den Sinngebungen, die er ausschloß, ableiten, daß er glaubte, sein Leben liege in Gottes Händen. Seine Assoziation an einen Hinweis erinnert an die Erklärungen der Kranken, die ihr Leiden innerhalb des Vergeltungsmusters interpretieren. Herr W.s Geschichte enthält jedoch keinen Hinweis auf einen Grund für einen Vergeltungsakt Gottes.

3.3 «Dein Wille geschehe»[188]

Frau E. war eine 60jährige Nonne, die in einem Kloster lebte. Sie war als eines von acht Kindern aufgewachsen in einer Familie, deren Vater 20 Jahre lang bettlägerig war und von ihrer Mutter gepflegt wurde. Sie vermutete, daß sie dadurch ein besonderes Verhältnis zum Leiden hatte. «Es war einfach immer dagewesen», sagte sie. Frau E. war Handarbeitslehrerin gewesen. Während ihrer ganzen Krankheitszeit hatte sie versucht, tapfer zu sein und z. B. keine Unterrichtsstunden ausfallen zu lassen während

---

[187] Gesprächsprotokoll Nr. 64
[188] Gesprächsprotokoll Nr. 17

der ambulanten Behandlungsphase. Auf dem Weg zu den Behandlungen nutzte sie die Bahnbillette als Tagebuch, indem sie jeden Tag ihre wichtigsten Gedanken auf die Rückseite des Billettes schrieb. Bezüglich ihres Krankheitsverlaufs war bemerkenswert, wie lange es dauerte, bis sie schließlich, nach ihrer ersten eigenen Beobachtung einer Hautveränderung an der Brust, diagnostiziert und operiert war. Dies war zwei Jahre davor gewesen. Man war zuerst unsicher gewesen, ob es sich nicht um eine Pneumonie handelte. Nach langwierigen diagnostischen Maßnahmen und wochenlangem zermürbendem Warten erhielt sie schließlich den definitiven Bescheid. Dieser Verlauf hatte sich sehr prägend auf das gesamte anschließende Geschehen ausgewirkt. Wie unsagbar schlimm die Diagnose Krebs für sie war, ging aus der Beschreibung ihrer Reaktion darauf und aus ihrer Ausdrucksweise hervor. So sagte sie bereits bei unserem Telefongespräch: «Ich hatte eine Sauwut auf den verdammten Saukrebs und ich habe geflucht.» Jetzt habe ihre Brust so lange mit ihr gelebt und jetzt sollte sie sie hergeben. In ihrem Spitaltagebuch stand: «Weg, einfach so, einfach weg. So freiwillig geht das nicht, obwohl ich weiß, ich muß ja sagen. Meine Brust einfach so weggeben, nein, sie gehört zu mir, hat mir das ganze Leben lang keine Sorgen gemacht. Ja, ich habe sie liebgewonnen. Wegschneiden, nein. Ich bin wütend. Der verdammte Krebs hat mich eingeholt.» Als eine Verunsicherung im diagnostischen Verlauf auftrat und man ihr empfahl, die Operation zu verschieben, schrieb sie: «Ja, ich bin einverstanden mit Zuwarten mit der Operation. Ich klammere mich an diesen Hoffnungsstrahl. Ich bin hin- und hergerissen. Ich habe Angst, der Krebs habe mich nicht nur an der Brust erreicht.» Wie sehr sie versuchte, Maß und Bedeutung ihres Leides abzuschätzen und einzuordnen, ging aus ihren Vergleichen mit anderen Personen hervor. Sie las «Eleni», eine erschütternde Geschichte aus dem griechischen Bürgerkrieg. Ein beinamputierter Patient war ebenfalls schlimmer dran als sie und dadurch ein Trost; dagegen beneidete sie die Frau, die die Wäsche aufhängen «durfte» im Garten neben dem Spital.

Später stand im Tagebuch: «Ein Gewitter naht. Die Sturmwarnung (am See) läuft auf Hochtouren. Orkanartige Winde. Die Fahnen wehen quer. Dunkel wird's. Ein Bild meiner Seele. Ich bin unruhig und habe Angst, viel Angst.» Dreiviertel Stunden später: «Das Gewitter ist vorbei... in mir stürmt es noch weiter. Krebs – Krebs – Krebs. Es ist ein böses Wort, ein belastendes Wort. Das kann doch nicht wahr sein. Ich und Krebs. Ich weine. Ich lebe doch gesund – ist doch unmöglich...» In größter Not und Verzweiflung vergleicht sie das Unglaubliche mit einem Orkan, ihre Seele mit der furchterregenden Naturgewalt. Darauf entnahm sie dem Gespräch am Nachbarbett, daß jemand an Brustkrebs gestorben war.

Am Tag darauf ging sie im Spital spazieren. Sie schrieb dazu: «Eigenartig, ohne körperliche Schmerzen im Spital. Doch hinter mir läuft immer der Krebs. Ich bin ungeduldig, böse, wütend.» Nach dem Besuch eines Paters schrieb sie: «Langweilig. Ich war kurz angebunden, niemand spricht das verdammte Wort ‹Krebs› mehr an.» Der Operationstag, nach der zermürbenden Wartezeit, war von großer Angst geprägt. Um 11.50 Uhr schrieb sie: «Ich telefoniere mit einem lieben Menschen, weil es mich fast zerreißt.» Auch wie sie mit dieser tagelangen Zerreißprobe umging, ging aus ihrem

Tagebuch hervor; am Eintrittstag schrieb sie: «Ich will nicht nur den Ärzten ausgeliefert sein. Ich übergebe mich Gott.» Ihren Infusionsständer, den sie immer mit sich führen mußte, bezeichnete sie als Freund, aber sie schrieb: «...und Gott ist mein sicherster Begleiter, ich vertraue ihm.» Bei der Bekanntgabe des Operationstermins schrieb sie: «Ich überlasse mich ganz Gott.» Am Vormittag der Operation betete sie:» «Heiliger Geist, führe die Gedanken der Ärzte, damit sie richtig entscheiden. Führe die Hände der Ärzte, daß sie gut und richtig schneiden. Gott segne und leite das Team. Gott, sei Du mit mir. Gott, ich vertraue Dir und den Ärzten. Es wird gut gehen, und ich bin nachher immer noch ein ganzer Mensch. Ich denke an die vielen Frauen, die mit einer Brust leben und voll arbeiten. Ich denke an die Gemeinschaft und an meine Geschwister. Ich denke an das Bistum Chur. Ich denke an die vielen Kranken im Spital usw. usw.» Einige Zeit später schrieb sie: «Ich habe Angst. Gott, in Deine Hände lege ich mein Leben...» und «in Gottes Namen». Und auch während des postoperativen Wartens auf den Befund der Biopsie schrieb sie: «Ich vertraue und ich hoffe.» Später in unserem Gespräch kommentierte sie, daß sie einfach gebetet habe, was ihr einfiel. Dies hatte sie auch getan während der kurzen Minuten, während derer sie später täglich auf dem Bestrahlungstisch lag. Das Sich-Gott-ganz-Übergeben im Moment, in dem sie jegliche Kontrolle über das Geschehen abgeben mußte, stellte eine Art Höhepunkt ihres religiösen Verhaltens dar. Gott war der einzige, der die entscheidenden Personen und Ereignisse lenken konnte.

Auf welche Art die Ordensgemeinschaft sie in dieser belastenden Lebensphase trug, schilderte sie folgendermaßen: Sie wußte die ganze Zeit, daß ihre Mitschwestern in Gedanken bei ihr waren und für sie beteten. Während der akuten Krankheitsphase habe sie sich auch oft auf den Schwesternfriedhof begeben, um zu weinen. Sie habe sich sehr verbunden gefühlt mit den lieben verstorbenen Mitschwestern. In ihrer Gemeinschaft fühlte sie sich wohl. Sie habe Zwiesprache gehalten mit ihnen. Sie habe zu ihnen gesagt: «Ihr chönd jetz da obenabe luege, wies mir gaht [ihr könnt jetzt von oben herabsehen, wie es mir geht].» Sie gehe jedoch auch sonst gerne auf Friedhöfe und fühle sich sehr verbunden mit den Toten. Die Intensität des gemeinschaftlichen Durchstehens ihrer Krise erlebte sie auch im gemeinsamen Gebet anläßlich ihres Namenstages, der zugleich ihr erster Bestrahlungstermin war. Gemäß der Sitte durfte sie sich ein Lied oder Gebet wünschen. Sie wünschte, daß man das Vaterunser bete und «Dein Wille geschehe» besonders betone. Sie habe sich diese Stelle gewünscht, um ihre diesbezügliche Einstellung zu vertiefen. Sie habe schon immer daran geglaubt, aber sie wollte sich noch besser daran halten können; sie wollte den Sinn davon nicht verlieren. Sie wollte auch nicht mehr böse sein wegen des Krebses. Die Passage «Dein Wille geschehe» schien ihrer Meinung nach schicksalhaft zu sein für sie, indem sie sie als Kind, als sie zu Hause im Dialekt beteten, lange mißverstanden hatte und an ihrer Stelle «wie im Himmel die Wilde tüend [tun]» gesagt hatte. Während des gemeinsamen Betens an ihrem Namenstag brach sie in Tränen aus. Sie habe nur noch geheult. Es schien, daß ihr einerseits wiederum ihr ganzes Elend aufstieg und daß sie andererseits erschüttert war durch die Liebe ihrer Mitschwestern, die sie trug. Die uneingeschränkte Wirklichkeit und Wucht dieses Willens des Vaters hatte sie bis ins Innerste erschüttert. Er hatte ihre körperliche Integrität verletzt und sie verstümmelt. Ihr Vergleich mit dem Orkan zeigte, mit welcher Gewalt die Natur (sein Wille) über sie hereingebrochen war. Sie erlebte jedoch gleichzeitig auch, daß derselbe «Vater» für sie sorgte. Sie erlebte jetzt im Gebet und im Kollektiv «heiliger Personen», wie das Heilige sie stärkte. Sie schien in diesem Moment von diesem Mysterium überwältigt zu sein. Es war ja so schlimm, aber auch so wohltuend. Es schien auch, daß sie vom eigenen Wunsch «Dein Wille geschehe» überwältigt worden war. Ihr Wunsch, sich damit noch gänzlicher und auch in schlechten Zeiten zu versöhnen oder zu identifizieren, gelang ihr vorerst beschränkt. «Es kommt schon noch ab und zu vor», sagte sie, und manchmal könnte sie mitten am Tag heulen. Doch die Religion gebe ihr Kraft, und sie betrachte religiös zu sein als Bereicherung. Bei ihrem Spitaleintritt hatte sie im Wartezimmer gelesen: «Weil Gott weiß, was morgen ist, brauche ich heute keine Angst zu haben.» Dieser Satz erschien dreimal in ihrem Tagebuch. Ihr Pater brachte ihr während der Wartezeit die heilige Kommunion und die Krankensalbung. Sie betete und schrieb, daß sie froh sei um die feste vorgegebene Form des Rosenkranzbetens. Vorgegebene Formen helfen. Perle für Perle. Schritt für Schritt. Es war eine Form der Meditation.

Vor ihrer Operation erinnerte sie sich, daß irgendwo stehe: «... für etwas Größeres offen werden, für das Kreuz, für Leid, für Tod, für Friede, für Liebe, für Gott», und sie fügte bei: «Und für mich, für Krebs offen werden.» Sie sagte auch, daß sie keinerlei Zweifel habe, daß ihre verstorbenen Mitschwestern im Himmel seien und daß es eine Erlösung gebe. «Es geht nachher weiter, sonst könnte ich ja jetzt schon aufhören.» Viele könnten dies zwar nicht glauben, aber für sie bestehe kein Zweifel. Man sollte auch nicht so kleinlich über Gott denken, z. B. daß es Strafen gebe oder daß man in die Hölle komme. «Jeder hat doch einmal etwas Gutes getan in seinem Leben.» Sie erzählt allerdings auch, daß sie sich plötzlich bewußt geworden sei, daß sie ihre Krankheit nie als Strafe betrachtet habe, sich diesbezüglich nicht einmal gefragt habe. Da fragte sie sich doch, ob sie so arrogant sei zu glauben, sie sei perfekt. Andererseits wüßte sie nicht, womit sie diese Strafe verdient hätte, «es muß nicht immer eine Strafe sein». Es gebe zwar auch unter den Schwestern solche Skrupulanten, das sei furchtbar. Sie erwähnte auch, daß ihr die Lektüre von den Wunderheilungen und der Text des Liedes «Was Gott tut, das ist wohlgetan» von S. Rodigast (1649–1708) sehr geholfen haben. Gott tritt auch in diesem Lied als Vater und Arzt auf. Er schien eine zentrale Figur zu sein für Frau E. Sein Wille soll geschehen.

Frau E. hatte bereits als Kind «Dein Wille geschehe» kennengelernt. Auch wenn dieser Teil des «Vaterunser» vorerst nur einige mißverständliche Wörter für das Mädchen gewesen waren, bedeutete es doch, daß es eine wichtige Komponente in ihrer primären religiösen Sozialisation darstellte. Inwiefern sich dies ausgewirkt hatte auf die von ihr selbst festgestellte «besondere Beziehung zum Leiden», bleibt offen. Sie sagt auch nicht, ob das Besondere in dieser Beziehung eben gerade im Annehmen ihres Schicksales besteht. Mit ihrem Eintritt ins Kloster hatte sie dann ihre Unterordnung unter den Willen Gottes formal vollzogen. Anläßlich ihrer Hospitalisation war die Unterwerfung unter den Willen Gottes erneut ein bewußter religiöser Akt. Er schien sie davor zu schützen, sich den Ärzten ausgeliefert zu fühlen. An einem Tiefpunkt ihres Lebens wurde er gewissermaßen zum Gegenpol. Und ein weiteres Mal aktivierte sie ihre Bereitschaft zum Gehorsam in der Gemeinschaft ihrer Mitschwestern, als ob die Fürbitte des Kollektivs ihre Kraft dazu stärken würde. Frau E. gelingt es, aus der suggestiven Kraft von Gebetstexten und Liedern sowie von Texten zu Wunderheilungen im Neuen Testament Trost und Hoffnung zu schöpfen. Ungefähr zweieinhalb Jahre nach ihrer Operation schreibt sie: «Übrigens, das Wort Krebs ist nicht mehr schwierig für mich. Ich habe mich mit dem Krebs versöhnt und ich kann gut leben mit der Prothese.»

3.4 «Was man nicht selbst in die Hand nehmen kann, wird schon geregelt»[189]

Herr U., ein etwa 70jähriger verheirateter Mann, Protestant, der an einem Prostatatumor gelitten hatte, drückte seine Bereitschaft, sich Gottes Willen zu unterziehen, folgendermaßen aus: «...und das Andere (was man nicht selbst in die Hand nehmen kann) wird schon geregelt. Es war bisher immer so. Immer zur rechten Zeit kam die Lösung. Ich gehe oft ins Bett und da ist kein Gebet da. Aber während des Tages x-mal. Bei jeder Entscheidung gibt es einfach schnell ein Stillhalten und sagen, was soll man. Dadurch kann ich auch sagen, nicht ich mache es so oder so. Ich muß nicht meinen Kopf durchsetzen. Es muß nicht nach meinem ‹Grind› [Kopf] gehen.»

3.5 Beobachtungen zu den Ergebenheitsgeschichten

Ein Vergleich der Geschichten verdeutlicht, auf welche Weise «der Wille Gottes» im Leben der Erzähler wirken kann, wenn auch nur wenige von ihnen Gottes Wirken explizit auf «Gottes Wille» zentrierten. Die Biographien der meisten Kranken zeigen, daß es sich um «regelmäßige» Menschen handelt. Meistens heißt dies, daß sie einen regelmäßigen Tagesablauf und eine geordnete Tagesstruktur haben. Alle sind pflichtbewußt und arbeitsam, was oft mit «früh aufstehen» kombiniert war. Bei den Ergebenen handelt es sich tendenzmäßig um ruhige bis scheue, bescheidene Menschen. Im Bereich ihrer Religiosität drückt sich dies dadurch aus, daß sie im Gebet lieber danken als fordern.

Das Beten sowie vor allem auch die Fürbitte wurden von all diesen Erzählern angesprochen und erschienen als zentrale Elemente in ihrer Leidenserfahrung. So ver-

---
[189] Gesprächsprotokoll Nr. 70

sammelte sich die Familie eines Jungen gemeinsam mit dem Rabbiner, um die Stunden, während derer sein Hirntumor operiert wurde, betend zu verbringen.[190] Auch bezüglich ihres Glaubens an eine Auferstehung oder an ein Weiterleben nach dem Tod haben sie keine Zweifel. Den Tod fürchten sie nicht, nur das Leiden. Alle hatten sich schon einige Zeit vor der Erkrankung der Religion zugewandt, doch alle rückten durch sie noch näher zu Gott.

Bei keinem Ergebenen kann man diese Haltung als resignativ oder fatalistisch bezeichnen; alle erleben durch sie eine Entlastung oder sonst einen Gewinn. Alle Ergebenen haben viel über ihre Krankheit nachgedacht. Es handelt sich um eine Sinngebung, die vom Menschen verlangt, daß er Macht abgibt bezüglich seines eigenen Lebens. Herr R. verwendete ein Bild von Edith Stein: «Man muß sich wie ein Kind in Gottes Arme werfen und wissen, daß man gehalten wird. Das ist auch meine Überzeugung, daß ich nur sage, Herrgott, du wirst schon wissen, was du mit mir anstellst. Ich bin total entspannt. ‹Face the facts and trust in God›, wie es auf dem Schriftband unter der amerikanischen Flagge heißt.»[191] Bezüglich der Gottesvorstellung bedingt Beten eine personale Beziehung zu Gott.

In den Geschichten der Ergebenen gibt es mehr Gemeinsamkeiten als *Unterschiede*. Trotzdem ist festzustellen, daß die Ergebenen sich unterschiedlich konsistent dem Willen Gottes unterziehen. Bei manchen ist es eine Art formal bestätigte Geisteshaltung, wie bei der Nonne und bei den Juden, die sich auf ihre Erwählung berufen. Andere sind durch Phasen des Haderns und Verhandelns in diese Auffassung hineingewachsen, wieder andere haben sie sich angewöhnt. Nur der religiös gebildeten Nonne standen Texte zur Verfügung, auf die sie sich abstützen konnte. Bei den anderen Ergebenen war die Wirklichkeit und die Wirksamkeit des göttlichen Willens unspezifischer Glaubensinhalt. Unter ihnen gab es jedoch solche, die sich in komplizierten Glaubenskonstruktionen zurechtlegten, wie Gott sich ihnen gegenüber verhielt (Frau I.).

3.6 Vergleiche und Typisierung

Auch die Ergebenen unterscheiden sich nur insofern, als sie konfessionell tradierte Metaphern verwenden, wie z. B. die Jüdin aus Israel «das Buch des Lebens», das bei Christen als «Sündenregister» höchstens noch ironischen Wert hat, obwohl es auch in Offb 21,27 überliefert wird. Die Nonne dagegen stützt sich auf Jesu Passion und Auferstehung. Die Zwiesprache mit den Toten und der Friedhofsbesuch der Nonne finden sich innerhalb des Motivs «Verklärung» bei mehreren Jüdinnen, so daß nicht von absoluten Unterschieden zwischen den Vertretern beider Religionen gesprochen werden kann. Am Beispiel von Frau I. sieht man, wie der jüdisch-religiöse Jahreszyklus, kon-

---
[190] Gesprächsprotokoll Nr. 85
[191] Gesprächsprotokoll Nr. 100

kret die Zeit der Buße, in die ihre Überlebensangst fällt, ihr religiöses Bewußtsein aktiviert.

Die Determinante dieses Motivs besteht im bedingungslosen Vertrauen in Gott und in ihrer demütigen Unterordnung ihres Lebens und Leidens unter Gottes Willen. Ein weiteres charakteristisches Merkmal dieses Motivs ist, daß für die Erzähler der Geschichten die Krankheit dem unergründlichen Willen Gottes entspricht. Sie ist deshalb unerklärlich. Sie suchen darin keine gezielte göttliche Absicht und bewerten sein Handeln nicht. Sie betrachten das Leiden als Teil ihres individuellen Weges und nehmen an, daß es einen Sinn hat, wenn es Gottes Wille ist, sie leiden zu lassen. Das Motiv des Gehorsams ist Ausdruck einer Wahrnehmung eines barmherzigen Gottes. Aus diesem Glauben heraus sehen diese Kranken keinen Grund zu einer Verhaltensänderung. Auch nach der Erkrankung führen die Erzähler ihr Leben gläubig, getrost und demütig weiter.

Die Ergebenen betrachten ihr Leben als Geschenk von Gott, für das sie dankbar sind. Sie gehen nicht davon aus, daß sie dafür eine Gegenleistung erbringen oder daß sie es sich dauernd neu verdienen müssen. Sie bemühen sich aber, ihr Leben mit Gottes Wille in Einklang zu bringen und ihren Weg in Würde zu Ende gehen zu können. «Dein Wille geschehe» als Teil des «Vaterunser» ist ihre wirkliche Bitte an Gott, die auf Erfüllung wartet. Der personale Gott der Ergebenen ist ein liebender Gott, wie aus Ps 103, einem Loblied auf den gütigen und verzeihenden Gott, hervorgeht. Schon ursprünglich hatte er die Welt nach seiner Weisheit und seinem Willen erschaffen.

4. Eine messianische Geschichte

Wenn sich äußere Katastrophen zur krankheitsbedingten Not gesellen, kann es vorkommen, daß ein Kranker sein Leid nicht nur persönlich, sondern auch «heilsgeschichtlich» deutet. Es kann zu apokalyptischen (auf das bevorstehende Endheil bezogene) oder zu messianischen Deutungen des eigenen und fremden Leides kommen. Von einer derartigen Überlagerung berichtet die israelische Frau, deren Geschichte ich im folgenden darstelle. Unmittelbar vor unserem Gespräch explodierte eine Bombe in einem Bus in Tel Aviv, welche über 20 Todesopfer forderte.

4.1 «When the work is done the Mashiach will come»[192]

Die Erzählerin, Frau H., war eine orthodoxe jüdische Frau Mitte 40. Sie lebte in Israel. Sie war in Rumänien geboren worden und Ende der fünfziger Jahre nach Israel ausgewandert. Ihre Mutter hatte sich scheiden lassen, als sie ein Kind war; als sie 13 Jahre

---

[192] Gesprächsprotokoll Nr. 85

alt war, erkrankte ihre Mutter an Krebs und sie, Frau H., lebte in permanenter Angst, daß sie alleine auf der Welt sein werde, wenn ihre Mutter sterben würde.

In Israel lebte sie lange Zeit im Kibbutz. Sie heiratete einen Iraker Juden, ließ sich aber nach kurzer Zeit wieder von ihm scheiden. Sie hatte keine Kinder, was ihr zu schaffen machte. Wegen ihrer vielen Probleme begann sie an einer sehr religiösen Universität in Israel Psychologie zu studieren. Seit einiger Zeit wohnt sie allein in einem chassidischen Dorf in Israel.

Frau H. war nicht religiös gewesen, bevor sie krank geworden war. Aber die Krankheit machte sie darauf aufmerksam, daß es nicht selbstverständlich war, daß sie überlebte. Aber es war auch kein Zufall. Schließlich kam sie zum Schluß, daß Gott sie nicht nur durch die Krankheit, sondern auch durch alle vorherigen Probleme erziehen wollte. Seither fragte sie nicht mehr dauernd, warum ihr all diese Schicksalsschläge geschehen sind, sondern sie dankte für alles. «There is a logic in your life and it is a logical way of education. Like God wanted to educate me (durch die Krankheit). Accidents and illnesses are lessons from God. I needed sickness maybe to understand that God exists, it was a helping and teaching. When something happens it is from God. I think ok, I understand it, thank you. I understand it well. If you help me accept it.» Auch die von einem Selbstmordkommando verursachte Bombenexplosion in einem Bus in Tel Aviv bezeichnete sie als sehr harte Lektion von Gott: «It is time for us to know that we are not lost like lost children in the big world. It is a plan from God and it is the history from the beginning of Adam and Eve until the coming of the Mashiach.» Sie zitierte den Chabad Rabbi, der am Radio zu diesem Unglück gesagt hatte, die Situation werde für Israel und die Juden zunehmend härter, weil sie sich dem Kommen des Messias näherten. «It is like the birth of a child, it is the birth of the Mashiach.» Sie glaubte, er sei schon am Leben, und sobald er reif sei, werde er kommen. Es sei wie eine Geburt in bezug auf das spirituelle Leben. Mit dem Messias komme eine neue Ära und eine neue Zukunft. «And I learned that I have nothing to be afraid of. If I do believe in God, he wants only my best. It is all planned. I wanted to change the plan. I did not want my mother's sickness, my sickness, my divorce and I have no children. So I can see everything is planned according to what I have. We call it in Hebrew ‹to correct my personality›, yes. Every lesson I learned from God, it is not just to do something, it is this time which means life. It is a lesson I must learn. Sure. Also the time of our death is planned. Every body has…, it is like a film, a movie; you have a start. It is not… Zufall, it is not that. Everything is planned and you may begin the film when you get born. What you do in your film, which is your life, and when you finish your work in this world… then we go there and we continue there something. We do not know what. We do not come to this life to have a picnic. It is a time you have to work. The body is only like an instrument for your soul. We get problems with this body. It is to learn and to correct our soul. It is the principle in Jewish religion. We do not know what we have to correct but we have to try and be ok with God. When we finish our corrections we never come back here again.» Sie führte aus, daß die Verbesserungen durch Seelenwanderung erfolgen. «At the time of your death, if you are lucky and finish your correction, the soul may never come back. If you don't finish you may get a new body but the same soul and a new story, and new corrections. It continues. We believe that we have the right to come two or three or maybe four times in this world if you don't do properly your corrections.» Aber es gibt noch den Weg der «teschuva», der Umkehr. Statt daß Gott den Menschen Lektionen erteilt, kann er ihnen vergeben, und sie haben ein Recht, ihn darum zu bitten, und wir machen «cheschbon nefesch» (Abrechnung der Seele). Jeden Moment, aber speziell zwischen Neujahr und Versöhnungstag. Am Yom Kippur, den sie auch Gerichtstag nennt, beschließt man, wer weiterleben wird und wer nicht und wer gesund oder krank sein wird. «Correction is not only a private process but for all humanity. When humanity finishes to correct, then the work is done and a new era will come the Maschiach.» Wie man Lektionen Gottes vermeiden kann, teilt Gott den Juden in der Tora mit. Aus ihr geht auch hervor, daß alle Lektionen letztlich zum Guten, nämlich zur messianischen Zeit führen werden. Aber nur Gott weiß, wer der Messias ist und wann er kommen wird. «We don't have the right to ask. But we believe that when the Mashiach will come, people (the dead) will come back to life. We don't know exactly what will be their future when they awake. But I am sure that in Jewish religion people don't make mistakes. It is true, it comes from God and it is written in the Bible. If you pray, do good deeds and want always to be near to him according to what he teaches us in Tora and every other book after the Tora you may never fail.»

4.2 Beobachtungen und Typisierung

Frau H.s Geschichte berichtet vom ereignisreichen Leben einer jungen Frau aus einer zionistischen Familie. Seit langem hat sie sich über die Gründe all ihrer Schicksalsschläge gefragt, doch ihre Fragen blieben unbeantwortet. Nun, anläßlich dieser Krankheit, ist ihr alles klar geworden. Sie hat plötzlich einen Bezug ihres Leidens zur allgemeinen Weltsituation erkannt; ihr Leiden hat endzeitliche Bedeutung. Ursprünglich ist sich Frau H. ihres religiösen Auftrages nicht bewußt gewesen und sie hat die kollektive Dimension ihres jüdischen Daseins nicht realisiert. Anfänglich hat sie sich einem willkürlichen Schicksal ausgeliefert gefühlt. Sie ist sich erst im Laufe der Zeit bewußt geworden, daß ihr Leben gelenkt wurde. Seit sie ihren Erwählungsauftrag jedoch erkannt hat und sich z. B. auch entsprechend kleidet, läßt sie keine Minute ungenutzt verstreichen, ihr Leben zu perfektionieren, zur Verbesserung der Welt beizutragen und sich dadurch aktiv an der Verkürzung der messianischen Notzeit bzw. am Herbeiführen des Messias zu beteiligen. Durch ihren Beitrag an der Erfüllung des Schöpfungsplanes wird sie zur Miterlöserin der Welt. Sie glaubt, ihre Seele würde so oft wieder in einem neuen Körper geboren werden, bis sie alles zu Sühnende erledigt hat. Die Lehre von der Seelenwanderung verwandelt Frau H.s Körper lediglich zu einem Instrument für die Perfektion ihrer Seele. Ihre Freude an ihrer Teilhabe am kollektiven Erlösungsprozeß ist sichtbar in ihrer ekstatisch-eschatologisch orientierten Leidensbewertung und -verarbeitung. Frau H. erklärt sich ihr Schicksal und ihr gegenwärtiges Leben innerhalb eines klar definierten religiösen Rahmens. Sie hat keine Zweifel darüber, daß «am Ende der Zeit» alles gut sein werde. Im Unterschied zu den «Umkehrern» geschieht die Anstrengung Frau H.s zur Verbesserung der Welt nicht ausschließlich aus Schuldbewußtsein wegen begangener Fehler, sondern sie betrachtet es als Gnade, ihre Beziehung zu Gott harmonisieren zu dürfen.

Die Geschichte von Frau H. ist insofern «typisch» jüdisch, als sie die Praxis einer kabbalistisch-messianischen Lehre darstellt. Eine solche existiert im Christentum so nicht. Als weiteres jüdisches Merkmal der Geschichte von Frau H. kann ihr Erwählungsbewußtsein gedeutet werden. Als gläubige Jüdin ist ihr Auftrag zur Vervollkommnung der Welt und zur Verkürzung der messianischen Endzeit gezwungenermaßen sowohl individuell als auch kollektiv.

Die Tatsache, daß hier nur eine Apokalyptikergeschichte aufgeführt ist, soll nicht zur Annahme verleiten, diese seien typisch jüdisch oder typisch für Frauen. Es gab innerhalb des Datenmaterials einfach keine weitere Apokalyptikergeschichte, die eindeutig genug gewesen wäre, um hier eingeordnet zu werden.

Das Hauptmerkmal der Situation der Apokalyptiker ist, daß sie sich in einer «Weltuntergangsstimmung» befinden und vom nahen «Ende der Welt», d. h. ihres Lebens und allem, was dazugehört, vorerst bedroht fühlen. Apokalyptische Geschichten berichten von einem Prozeß zunehmenden Ordnungsverlustes. Im Rahmen ihrer Leiden erleben die Kranken, daß körperliche, seelisch-geistige, soziale und strukturelle Zerfallserscheinungen in ihrem Leben jeglicher menschlichen oder göttlichen Kontrolle entglitten sind. Trotz intensiver Auseinandersetzung damit erkennen sie vorerst weder Ursachen noch Sinn dieser Entwicklungen. Dies bewirkt, daß sie sich ihrer Zukunft zuwenden. Sie gelangen zur Einsicht, daß nicht die Vergangenheit, sondern das Bevorstehende wichtig ist, und konzentrieren sich auf die bis zur Wende noch verbleibende Zeit. Diese nutzen sie als Bewährungszeit. Der apokalyptisch gestimmte Kranke hofft, daß er den letzten Akt der Krisenzeit heil überstehen wird.

5. Verklärungsgeschichten

Die ersten vier der folgenden Geschichten zeugen von mystischer Verklärung, die restlichen zwei enthalten zusätzlich dazu bedeutende Anteile magischen Krankheitserlebens.

5.1 «It's going to be for joy, for his glory»[193]

Herr X., 68, verheiratet, pietistisch-neuapostolischen Glaubensbekenntnisses, litt an einem Prostatatumor. Bevor er pensioniert worden war, handelte er mit Naturheilmit-

---

[193] Gesprächsprotokoll Nr. 47

teln. Der Krebs war ein Schock gewesen für Herrn X. Trotzdem verweigerte er sowohl Chemotherapie als auch eine Operation seines Prostatatumors zugunsten von «homöopatischen» Mitteln. Er vertraute auf die Kraft natürlicher Produkte. Kurze Zeit, nachdem er solche eingenommen hatte, fühlte er sich gestärkt, besser als je zuvor. Es war vor allem ein Enzymprodukt, das ihm Lebenskraft verlieh. Der Körper sei ein wunderbarer Organismus, fand Herr X. Er sah vorerst keinen Zusammenhang zwischen der Ursache seiner Krankheit und Religiösem. Es ist ein «very factual thing». Es war auch keine Konfrontation mit dem Tod. Er hatte von Anfang an Zuversicht gehabt im Glauben und deshalb die Operation verweigert. Er war erfahren in seinem Glauben seit einer «unusual experience» nach dem Zweiten Weltkrieg. Im Anschluß an diesen Krieg, den er als US-Kampfpilot in Europa erlebt hatte, hörte er eine innere Stimme, die ihn davor warnte, den christlichen Glauben anderen Religionen gleichzustellen, da das Christentum mehr war (als z. B. das Judentum). Er interpretierte diese Stimme als die Stimme Gottes. So wurde ihm plötzlich bewußt, daß er dabei war, sein Leben zu zerstören. Dieses Ereignis deutete er als Wendepunkt in seiner Biographie. Er hatte eine Vorstellung von seinem Leben als Kristallbild, als klares Wasser, ein erfrischendes Bild einer Quelle. «Und ich hatte es zerschlagen (Spiegel zerschlagen), und nichts blieb übrig. Ich erlaubte Gott, die Stücke zusammenzufügen, damit zu machen, was er wollte, aber beschloß, daß from now on I want to be yours (Gott). And that was the beginning of the change. So since then with ups and downs and testings, trials and tribulations of all kinds in the end I have never been disappointed. In what I am going through now my strength comes from Him, his promises. And every part in there (in the bible) is true.» Über seine krankheitsbezogenen Sorgen half er sich mit Psalm 103 hinweg (vom Anfang bis «was er dir Gutes getan hat»). Er fand auch den Teil von der Sündenvergebung und der Heilung großartig. Er interpretierte vor allem die englische Version wörtlich und wendete diesen Psalm auf seine Diät und Medikation an: «Who satisfies thy mouth with good things. So that thy youth is renewed like the eagle.» Er zog eine direkte Parallele zwischen den Enzymen für den Körper und Gottes Wort für seinen Geist. Gott hatte dies gesagt. Wenn du ihm vertraust, wirkt es. «I call upon him in my time of need and he can answer.» So überwand er seine Depressionen. Er zitierte wissenschaftliche Beweise, die sagten, daß die Bibel nicht von Menschenhand konstruiert werden konnte, denn das, was sich aus den numerischen Werten der einzelnen hebräischen Buchstaben der Bibel ergibt, war zu komplex. Herr X. identifizierte sich mit der Interpretation eines kabbalistisch arbeitenden Wissenschaftlers. Es steht auch in der Bibel, daß am Anfang Gott die Himmel und die Erde erschaffen hatte. Was sichtbar war, ist ein Wort. Er bezog sich auf die kabbalistische Interpretationen der Heiligen Schrift und übertrug diese auf das Neue Testament. «So to me God is taking special care of this word that we can trust in it. Das heißt, die Bibel war Offenbarung von Gott und nicht von Menschen geschrieben worden und Gott ist noch immer besorgt um sein Wort (bzw. um das, was dahinter liegt). Dies ist der Grund, weshalb wir in dieses Wort vertrauen können.» Darin lag der Kern seiner Frömmigkeit. Aus diesem Grund hatte er auch begonnen,

Hebräisch zu lernen, damit er den Urtext lesen konnte. Er übertrug die Auffassung, daß das Alte Testament göttlichen Ursprungs war, auch auf das Neue Testament. Weil Gott seinem Wort noch heute besondere Sorge trug, konnte er sich vollumfänglich darauf verlassen und auf die Schulmedizin verzichten. Er betrachtete seinen Gott aufgrund seines Wortes als seinen besten Freund, nicht aufgrund einer Hierarchie. Er empfahl auch den Jungen, auf Gott zu hören, nicht auf Leute. Er berief sich auf Röm 3,21 ff., vor allem Röm 2,21–25, und las aus einer weiteren Stelle vor: «...and God gave it and you take it and rejoice in it and you belong». Ein Trost für ihn war auch, daß Christen nie sterben werden. Er zitierte: «He that liveth and believeth in me shall never die. Believest though this.» Auch Joh 3,18: «Wer an ihn glaubt, wird nicht gerichtet werden.» «Leute, die dies glauben, sterben nicht», sagte er. «Es geht um geistige Wiedergeburt. Johannes schreibt es im dritten Kapitel (Joh 3,3): ‹Jesus antwortete ihm: Amen, amen, ich sage dir, wenn jemand nicht von neuem geboren wird, kann er das Reich Gottes nicht sehen.› Paulus schreibt, daß wir aus unvergänglichem Samen geboren werden.» Herr X. übernahm die Idee von Paulus bezüglich der Vorstellung, daß die Seele den Körper verläßt und transferiert wird. Es bedeutete für ihn einen Gewinn, in Christus zu sterben. «Es ist etwas Unbeschreibliches, man muß nur vertrauen darauf. Man muß den Glaubenskampf kämpfen. Gott sagte es, ich glaube es, das ist alles.»

Herr X. hatte dies alles schon gewußt, bevor er das kabbalistische Papier gefunden hatte, aber dies bestätigte ihn gänzlich. Dieser Wissenschaftler, ein Agnostiker bis dorthin, wurde dadurch auch bekehrt. Doch dann waren es nicht die Atheisten, die ihn ausschlossen und Gottes Wort (wie dieser Wissenschaftler erklärt hatte) bekämpften, es waren die Theologen, polemisierte Herr X. «Wie konnten sie das Fundament, auf dem sie stehen, so verleugnen?» Er kritisierte auch die Rabbiner, die die aktualisierte Tora ernster nehmen als die ursprüngliche. Die Juden sollten endlich einsehen, daß sie sich zum Christentum bekehren sollten, daß Christus wirklich der Messias war. Ein Priester bewunderte, wie inspiriert Herr X. die Bibel zitieren konnte, und dadurch fühlte er sich in seiner Auffassung gestärkt. «In fact, that's happening when it comes from a God of love: he loves me so much he gave it (die Krankheit) to me. No ‹Rache›. It's part of the schooling. It's going to be for joy, for his glory and it is going to be for me, for our joy. I think this sort of confidence makes departure easier. So I look forward.» Er glaubte auch an Engel, obwohl «the general public» sie nicht sieht. «Gott hat sie gemacht, und sie beschützen uns. Darüber besteht kein Zweifel.» Er berichtete von zwei Erscheinungen, die er nicht bezweifelte. Die eine betraf einen jüdischen Mann, dem Gott via Engelerscheinung mitgeteilt hatte, daß Jesus der Messias ist. «It is amazing what happens to Jewish people, how God calls them.» Das Ehepaar erledigte täglich das «daily reading» und leitete zweimal wöchentlich Bibelgruppen. Herr X. hatte genaue Vorstellungen über das Aussehen des auferstandenen Körpers Jesu. «Das Schlimmste für Jesus war die Trennung, das Verlassen-Sein vom Vater bei der Kreuzigung. Für den Menschen gilt auch, solange er sich nicht von Christus trennt, ist er nicht verloren.» Ps 23: «Der Herr ist mein Hirte» war der Leitspruch seit der

Hochzeit, auch Röm 3,23–26: «Trust and obey» war ein bewußter Entschluß sowie Heb 4,12 die Antwort auf alle Schwierigkeiten im Leben (1Petr 4,10).

Herr X.s Geschichte berichtet von einem Mann, dessen Leben seit seiner Bekehrung gänzlich von Gottes Wort und dessen Wirkung durchdrungen ist. So ist er auch überzeugt, daß seine Krankheit ein Geschenk Gottes ist und daß er ihm damit dient. Darin besteht auch dessen Verklärung. Er sagt: «I am going through this for God's glory.» Zwischen Herrn X. und Gott/Jesus fließt innige Liebe. Da er zu seinem Ruhme leidet, wird das Leiden zur Freude, und auch den Tod scheut er nicht. Er identifiziert sich vollumfänglich mit dem auferstandenen Leib Jesu (Röm 3,21–25). Verlorensein setzte Herr X. nicht gleich mit dem Tod, sondern mit der Trennung von Gott. Darin erkennt er auch den einzigen wirklichen Schmerz Jesu. Der Beweis dafür ist, daß Jesus am Kreuz als einziges gesagt hatte: «Warum hast du mich verlassen?» Herr X. versucht, dieser Trennung durch seine Glaubenspraxis vorzubeugen, unter anderem auch, indem er auf die Schulmedizin verzichtet. Erfüllt vom Geist der Bibel ist er bestrebt, sein im Glauben empfundenes Glück zu verkünden. Seine gegenüber den Juden geäußerte punktuelle religiöse Intoleranz scheint ein Teil seiner fundamentalistischen Begeisterung zu sein, dank der er sich als Retter der noch nicht Bekehrten fühlt.

5.2 «I know of things you don't know»[194]

Herr L. war 67, verheiratet mit einer Amerikanerin und lebte seit Jahren in Amerika. Er war emeritierter Theologieprofessor und ordinierter Pfarrer der lutheranischen Kirche; seine Frau war ebenfalls ordinierte Pfarrerin einer kleinen Kirche. Sie praktizierte als spirituelle Heilerin. Die internationale und interkonfessionelle Heirat war ein Merkmal für Herrn L.s spirituelle Offenheit. Er war groß und stattlich. Herr L. bezeichnete sich als «post modern man who is interested in the whole, more apprehensive, more integrated and more holistic (holographic) i. e. three- oder four-dimensional». Von «modern man», soweit dieser identisch ist mit «scientific man», wollte er sich distanzieren. Er hatte beschlossen, die Erfahrungen, welche die «exceptional patients» von Bernie Siegel[195] machten, nachzuvollziehen, und er tat dies mit dem Ziel, nicht zum dritten Mal Krebspatient zu werden. Keiner der ihn bis dahin behandelnden Ärzte wußte, was sie ihm empfehlen sollten, damit nicht ein neuer Tumor auftreten würde. «Everyone of them said, I don't know, we just have to wait and see, if you have new symptoms come back and then we get you...» Er belächelte diese Ärzte.

Im Moment des Gesprächs befand sich das Ehepaar auf einer Europareise, die Teil seines «Sabbatical» war. Er hatte dies beantragt, um sich über seine Lebenssituation klarzuwerden.

---

[194] Gesprächsprotokoll Nr. 99
[195] Siegel B.S., Love, medicine and miracles, lessons learned from a surgeon's experiences with exceptional patients, New York, 1986

Herr L. litt an einem Prostatatumor, der erstmals acht Jahre davor aufgetreten war. Im Anschluß an die Operation wurde er während zehn Wochen täglich bestrahlt und litt nun an Verbrennungen der Haut und an der Schädigung der Darmschleimhaut. Er wirkte müde.

Im Zusammenhang mit dem Auftreten des zweiten Tumors sprach er von «Urteil» und wußte, daß er sterben würde, wenn die jetzige Behandlung nicht erfolgreich war. Herr L. schilderte seine leidensbezogene Gesamterfahrung als religiöse «catachysmos». Dieser bestand in einer Sinnkrise sowohl bezüglich seiner traditionellen Theologie und Kirche als auch bezüglich der Schuldmedizin als Institution. Schulmedizin unter dem Motto «Trust me and we will fix you up» nützte nichts. Durch den Zusammenbruch seiner bisher sinngebenden und identitätsbildenden Kirche erkannte er, daß Katharsis nötig war. Den Reinigungsbedarf verglich er mit der Notwendigkeit, im Garten den «Debris» wegzuschaffen, damit seine Rosen nicht ersticken. Er war auch der Meinung, daß die Kraft zur Selbstheilung und Erneuerung aus der Schöpfung komme, aber seine Rückkehr zur Schöpfung bedinge.

Seine Erklärungen dafür lauteten wie folgt:

- Der Patient ist passiver Empfänger von Leistungen.
- Er hat keine Verantwortung.
- Sein Heilungspotential, seine Heilkräfte bleiben unbeachtet, ungenutzt und werden nicht kultiviert.
- Die psychischen, geistigen und religiös-spirituellen Kräfte des Patienten liegen brach, statt dessen ist die Behandlung organ-, technologie- und arzt/schwesternbezogen.
- Die Behandlung ist symptomatisch medikamentös, statt daß sie eine Haltungsänderung beim Patienten bewirkt (Tabletten, um über die nächste Runde zu kommen). Dabei ging es um den Menschen.

Er nannte dies das «modern man paradigm». Er forderte einen Paradigmenwechsel in folgender Richtung:

- Der Kranke muß aktiv sein.
- Der Kranke muß selbst Verantwortung für seine Gesundheit und Krankheit tragen.
- Eine ganzheitliche Sicht ist nötig; das Energiepotential, die Spiritualität, Geist und Haltung des Kranken müssen berücksichtigt werden.
- Alternative Dimensionen des Heilens müssen angewendet werden.
- Es geht um den Patienten, nicht um den Arzt und die Mittel.

Er nannte dies «post modern man paradigm» und hatte sich entschlossen, dieses «post modern man paradigm» selbst zu praktizieren. Er verweigerte jegliche Diagnostik, weil er glaubte, seine eigenen heilenden Kräfte seien gut genug, und weil er selbst wußte, was er tun mußte und was gut für ihn war. Er hatte gelernt, selbst auf seinen Körper zu hören und sich nicht vergewaltigen zu lassen. Er wurde aggressiver und initiativer gegenüber den Ärzten. Er übernahm Verantwortung für seine Entscheidungen, auch wenn der Arzt dagegen war. Er wollte dem Arzt beweisen, daß er recht hatte. Er beanspruchte Autonomie. Er experimentierte mit alternativen (chinesischen) Heilmethoden. Er wollte mehr Kontrolle über Heilungsmaßnahmen (verglich sich mit einer schwangeren Frau, die auch selbst bestimme, was sie für ihr Kind tue).

Was er von der Medizin sagte, galt auch für die Kirche bzw. für die Theologie. Das heißt, Herr L. hatte erkannt, daß in ihm ein Selbstheilungspotential schlummerte und daß seine Spiritualität zu seiner Heilung im Sinne der Selbstheilung beitragen konnte, wenn man dies erlaubte.

Durch seine Krankheit hatte er erkannt, daß die Schultheologie eine schwere Enttäuschung für ihn war, daß sie nichts nützte, nichts brachte. Er begründete dies damit, daß

– die Kirche die Gläubigen zu passiven Empfängern von Gnade macht,
– der Gläubige einer ist, der die Sünden bekennt, nicht einer, der auch Opfer ist,
– die Kirche Vergebung offeriert,
– die Geistlichen hilflos und sprachlos gegenüber seinem Leiden waren, wie Erfahrungen mit Kollegen zeigten.

Derselbe Paradigmenwechsel wie in der Medizin sei auch in der Theologie nötig. Ein Teil der Tradition könne erhalten werden (einige Bibelverse, Lieder, die Kirchenväter, Gebete, z. B. «God bless the hands of doctors and nurses», sind zu naiv), müßte aber ergänzt werden mit Ganzheitlichem, Integrierterem, Mehrdimensionalem. Unter die alten Bausteine müsse die neue Dimension wie Schlagrahm gezogen werden. Die Braut solle an der Hochzeit etwas Neues und etwas Altes tragen (Tradition und Aktualisierung). Erneuerung. «Gläubige sind nicht nur Sünder, sondern sie haben auch Verletzungen, Unvollkommenheiten, Defizite, Schwächen, Weh, die sie vortragen können müssen. Sie sind auch Opfer. Es geht um Sinnzusammenhänge, nicht nur um Taten.»

Er hatte beschlossen, das kirchenbezogene «post modern man paradigm» selbst zu leben durch seine «dissociation from the parish». Er erwartete Heilung, nicht nur Vergebung wegen des Punktes mit dem Opfer: «Cast off from your body what Jesus means by ‹come up to me all you... I give you rest›.» Er sagte, man müsse die Heilung wirklich wollen, nicht nur symptomatisch. Er konnte sich nicht mehr mit der offiziellen Kirche, der er angehörte und als deren Vertreter er amtiert hatte, identifizieren. Sie war zu eindimensional, zu fragmentiert, zu simplifizierend, zu flach. Er wollte Heilung/Ganzheit/volles Potential entfalten können im Sinne von «shalom». Er ging auch davon aus, daß er selbst einen Beitrag dazu leisten mußte/konnte, daß er selbst Verantwortung übernehmen mußte. Er wollte nicht nur Sündenvergebung/Defizitauffüllung, sondern er wollte mehr werden.

Der Auftrag, den Herrn L. für sich erkannte hatte, bestand im Beginnen eines Wandlungsprozesses. Er suchte einen neuen konzeptionellen Rahmen, in welchem die jetzt als «Wunder» erscheinenden Heilungen von Patienten einfach als normaler integrativer Bestandteil betrachtet werden. «I know of things you don't know of and you must leave me now going my own way and I will be glad to inform you about my progress», sagte er zu seinem Arzt. Im Gespräch sagte er dies wie eine Formel. Er wurde zum stolzen Geheimnisträger, zu einem Weisen. «The recovery I have made is due to some mysteries you don't know of», sagte er lächelnd. «Post modern man knows of the secrets of all the powers that modern medicine does not know.»

Bereits auf dem Weg zum «post modern man» begegnete ihm zufällig oder gottgefügt eine Geistheilerin. Traditionellerweise hätte er sie ignoriert, jetzt schaute er sich eine Heilungssitzung an. Er ließ sich von der Frau befunden und im Unterbauch behandeln. Die Wirkung beschrieb er folgendermaßen: Er fühlte sich wie nach drei Tassen Kaffee und hätte von Luzern nach Basel wandern können. Wie auf dem Stanserhorn im Anschluß an den schlechten Druckausgleich im Flugzeug. Wie wenn man das Fenster öffnet, man hat wieder Luft und Licht. Schließlich machte er einen «request for a healing service (long distance)»; die Geistheilerin sprach auch zu den Seelen und zum Geist der behandelnden Ärzte. Er verstand nicht alles, was sie tat, von dieser Zauberei, Magie und Beschwörung, aber er vertraute ihr voll. «Alles wird gut werden», hatte die Geistheilerin ihm vorausgesagt. Er selbst sei ein großer Heiler, was sein Vertrauen in seine eigenen Kräfte enorm stärkte. «Gott sei Dank verändert jemand die Einbildung der Ärzte», sagte er. Er hatte weniger Ressentiments und Widerstände gegenüber den Ärzten, die ihm so Schreckliches antaten, wie das «ordeal of treatment», d. h. die Bestrahlung, die ihn innen und außen verbrannte. Er hatte jetzt Mitleid mit ihnen. Er fühlte sich behütet und beschützt («padded») während der Bestrahlungen durch die Fernbehandlung; es war unbeschreiblich und ein Gegengewicht gegen die aggressive Behandlung.

Herr L. stellte fest, daß innerhalb seines neuen «konzeptionellen Rahmens» verschiedene Maßnahmen der Reinigung nötig waren: Diät, Ausscheidung durch Miktion und Defäktion, aber auch geistiges Loslassen. «Die Radiotherapie verbrennt Gewebe, es gibt Abfall; wie man den Kaffeefilter reinigen muß, muß man auch diese Schlacken wegschaffen (dies machte die Geistheilerin). Damit soll das Gleichgewicht im Körper erhalten bleiben.» Bei der Gartenarbeit entdeckte er eine Parallele zum Reinigungsprozeß. «If I did not remove the debris that comes with the cycle of the year, the garden simply suffocates in its own debris. And I realised that many of us, we get suffocated, we get infected like my roses. If I don't remove the sick parts and the debris stuff, basically like an avalanche, basically it gets worse and worse and worse and it was out of that that I began to think and say: if we do not know how to thank our body for eliminating... the thing that is useless living, it would be damaging to our health. If we could not eliminate it. We must learn to thank for it. I have since then come to appreciate our needs for elimination including the traumatising signs of a radiated colon...» Er hatte gelernt, wie wichtig es ist, Platz zu schaffen für das neue Wachstum. «And this has physical, emotional and religious dimensions.»

Herr L.s Verhältnis zum Göttlichen war illustriert durch sein Verhältnis zu einem Baum in seinem Garten. Er begann, sich damit zu identifizieren: Er wollte werden wie sein Baum. Bis anhin hatte er den Baum in seinem Garten aus Distanz und als Sache betrachtet, «like a pretty woman». Plötzlich erkannte er den Baum als Mitgeschöpf, das ihm etwas offerieren konnte. Plötzlich umarmte er den Baum und empfand dabei große Ehrfurcht. «Trees are connected with the earth, they are receiving the powers and the grace of the sun and the air. Lebenselemente. They are resources much like the herbs that make our teas and medications. I could benefit from the energy (Heilkraft) represented in such a living organism. It was offered so I ought to take and eat.» Der Baum war Quelle der Heilung, für Energie und Leben. «And the tree seemed to be saying to me: ok, why not?» Plötzlich erkannte er, daß er lernen mußte, Hilfe anzunehmen, nicht nur zu geben, wie in seinem Beruf. Er erzählte auch von seinem großen Bedürfnis, im Garten und mit Erde zu arbeiten.

Herr L.s Geschichte schildert den wuchtigen inneren Zusammenbruch, der seine Krankheit bei ihm auslöste. Sie bestand in einer Sinnkrise, da sie sein zentrales geistiges Bezugssystem – die lutherische Theologie und deren Institution – betraf. Dieser Zusammenbruch weckte ein tiefes und dringendes Bedürfnis nach Klärung. Da Herr L. spürte, daß Erneuerung nur von innen kommen kann, zog er sich ins «äußere und innere Exil» zurück. Herr L.s Analyse der Schulmedizin, soweit er sie erfahren hatte, ist eine Parallele zu seiner Anlayse der Theologie. Zum Schluß, daß die Schulmedizin gleichermaßen unfähig ist wie die Theologie, kam er, als die erlittene «zerstörerische» Erstbehandlung einen weiteren Tumor nicht verhindern konnte. Die Entdeckung seines eigenen Heilungspotentials machte ihm bewußt, daß er mehr ist als nur ein Organismus im naturwissenschaftlichen Sinn, und daß er ein transzendentes Potential in sich hat. Seine Körpererfahrung ist zur Schöpfungs- und Gotteserfahrung geworden und bildet die Verbindung zwischen seiner neuen Spiritualität und der Medizin. Er verlangt, daß die Medizin spiritueller werden und die Entfaltung der geschöpflichen Kraft in seinem Körper fördern soll. Als Mann der Grenzüberschreitungen löst er sich aus dem patriarchalen medizinischen System heraus und verzieht sich auch diesbezüglich ins Exil. Um ein Bild des Mysteriums der Neuwerdung von Leben zu verwenden, vergleicht er sich mit einer schwangeren Frau, die selbst für ihr Kind sorgt. Er versteht sich punkto seines neuen «Selbstheilungsweges» als Vorbild für den ihn behandelnden Arzt. Seine Kirche vernachlässigt seine subjektive Religiosität, so wie die Medizin das Heilige in seinem Körper ignoriert. Die gegenwärtige Kirche erlaubt ihn nur als Täter, im Sinne von Sünder, nicht aber auch als Opfer, im Sinne einer spirituellen verletzlichen und verletzten Person zu sein. Die Kirche vermittelt nur Sündenvergebung, nicht aber Heilung im ganzheitlichen Sinn.

Im Anschluß an seinen Zusammenbruch beginnt Herr L.s Wandlung mit seiner Suche nach einem Deutungsrahmen, der seiner mystischen Spiritualität und seinem Bedürfnis nach Sinnzusammenhängen und nicht nur nach Taten Raum gibt. Seine Konzeption skizziert er mit einer Metapher, die sich auf das Mysterium der Hochzeit bezieht: Die Braut muß an diesem Tag etwas Altes und etwas Neues tragen. Tradition muß aktualisiert werden. Die Geistheilerin fungiert als eine Art «facilitator» im Prozeß seiner Wandlung, indem sie ihm während der Bestrahlungssitzungen ein Gefühl von Geborgenheit bei sich selbst vermittelt. So faßt er Vertrauen in seine Selbstheilungskräfte.

Herrn L. ist klar, daß seine Erneuerung physische, geistige und religiöse Katharsis erforderte. Sein großes Bedürfnis nach Ausscheiden und Raum-Schaffen kann auf verschiedenen Ebenen interpretiert werden:

a) Existentiell:

Der Prostatatumor sowie dessen Operation und Bestrahlung bewirken eine Behinderung der Ausscheidung von Urin und eine Beeinträchtigung seiner Defäktion. Auf dieser Ebene besteht ein direkter Zusammenhang zwischen der wahrgenommenen großen symbolischen Bedeutung dieser momentanen Behinderung und der realen. Er ist seinem Körper dankbar für Irritationen und Probleme, die ihm zeigen, was er zu tun hatte («that there is as yet an unfinished agenda»). Die Probleme zeigen ihm, daß er noch lebt. Seine symbolisch-metaphorische Sinngebung der Elimination zeigt, daß durch diese Funktionen eine transzendente Kraft durchschimmert und daß Elimination nicht nur Elimination, sondern eine Art Läuterungsprozeß und Teil eines Prozesses von Werden und Vergehen, das letztlich zum Ganzen führt, gehört. Was im «modern man»-Verständnis schmutzig und minderwertig ist, erhält dadurch einen lebenserhaltenden Wert.

b) Metaphorisch-symbolisch:

Seine Körperfunktionen erkennt er als Prinzipien und Prozesse der Schöpfung bzw. des Lebens mit physischen, seelischen und geistigen Dimensionen. Auch die Folgen ausbleibender Katharsis illustriert er mit dem Ersticken seiner Rosen, dem Zugrundegehen des Baumes in seinem Garten. Das Ausmaß dieser Gefahr vergleicht er mit einer Lawine, welche alles unter sich begräbt. Die Folgen sind tödlich. Auch zu diesem Vergleich dient ihm ein Naturphänomen.

c) Berufsbezogen:

Berufsbezogen bedeutet die Katharsis, daß sowohl in den Gärten der Theologie wie in denen der Medizin umgestochen werden muß, damit Postmodernes wachsen kann.

Herr L. hat zum Zeitpunkt des Gesprächs das Stadium der Katharsis überwunden und spricht von Wachstum und Neuwerdung. Auch diesbezüglich folgt er dem Vorbild der Natur, dem Baum in seinem Garten. Er will werden wie er, d. h. lebendig, gesund, dynamisch, stark, verwurzelt, ausgefaltet und fruchtbar. Der Baum erscheint als Quelle von Hoffnung, Energie und Leben. Ihm gegenüber sieht er sich mit seinem Zustand konfrontiert. Im Baum erkennt er, was ihm alles fehlt. Er empfindet möglicherweise seine Heilungsbedürftigkeit angesichts dieses kraftstrotzenden Stückes Natur. Er sehnt sich zutiefst nach dem, was ihm fehlt und endgültig verlorenzugehen und zerstört zu werden droht: sein Leben. Der Baum übt eine derartige Faszination und Anziehungskraft aus, daß Herr L. in einer Art animistischer Seelenverfassung eine personale Beziehung zu ihm herstellt und sich einbildet, er lade ihn ein zum Konsumieren. Dies drückt auch aus, wie innig sein Wunsch und seine Hoffnung zur Genesung sind. Von den Bäumen sagt er: «They are receiving the powers and the grace of the sun and the air. The trees are connected with the earth.» Im Zusammenhang mit dem Baum schildert er dieselben Lebenskräfte wie auf dem Stanserhorn: Licht, Luft, Wärme. Diese Kräfte sollen ihm die Schulmedizin ersetzen. Auch sieht er Parallelen zu den Heilkräutern. Schließlich umarmt er den Baum in Ehrfurcht vor seiner Vollkommenheit und erschüttert vom Cataclysmos. Diese Umarmung mutet an wie eine «unio mystica». Der Baum wird zur wirksamen Theophanie, was möglicherweise erklärt, weshalb Herr L. im ganzen Gespräch Gott nie erwähnt.

Herr L.s Geschichte ist letztlich eine Dekompositions-Rekompositionsgeschichte. «It was a paradigm change of immense proportions», sagt er selbst. Die Wandlung beinhaltet diejenige seiner persönlichen Religiosität, die Wandlung seiner Selbstwahrnehmung als «bekennendem Sünder zum Verletzten», vom Täter zum Opfer, vom Hilfegebenden zum Hilfesuchenden, von der Autorität zur Demut und Dankbarkeit, von dem, der Vergebung, zu dem, der Heilung erwartet, eine Wandlung vom Fremd- bzw. Lehrorientierten zum An-sich-selbst-orientiert-Lernenden. Der Intellektuelle wird zum Geschöpflichen. Für Herrn L. ist die vorläufige Heilung eine spirituelle Erfahrung, nicht ein Zustand. Er überschreitet in seiner Wandlung nicht nur wissenschaftliche Traditionen, sondern auch Epochen im «modern» zum «post modern man». Die Verklärung der Krankheit besteht darin, daß Herr L. in dieser selbst die göttliche Immanenz erkennt.

5.3 «Ich erinnere mich, daß ich schwebte»[196]

Für Frau Y., eine 63jährige, gläubige Katholikin und regelmäßige Kirchgängerin, die auch aktiv in einer kirchlichen Frauengruppe mitarbeitete, war der Krebs «en Chlapf an Chopf» [eine Ohrfeige]. Es befremdete sie, Krebs zu haben, da «ich doch anderen Menschen helfe; ich quäle doch niemanden». Sie fühlte sich ungerecht behandelt, insbesondere wegen ihrer Religionspraxis, «aber es hilft natürlich nichts zu fragen, warum».

Sie erachtete ihre Situation als «nicht unbedingt vergleichbar mit derjenigen anderer Leute. Meine Bekannten sagten mir alle, ich sei ein Übermensch. Ich jammere nie.»

---

[196] Gesprächsprotokoll Nr. 1

Durch die Brustamputation und mehrere nachfolgende Operationen infolge Rückfällen oder zur Rekonstruktion und Remobilisation des Armes fühlte sie sich total verstümmelt. Sie brauchte sehr lange Zeit, um ihren Ekel vor sich selbst zu überwinden. Noch immer widerten sie ihre Verstümmelungen an.

Nach der letzten Operation schwebte sie auf der Intensivstation während dreier Wochen in Lebensgefahr. «Näher dem Tod als dem Leben. Meine Tochter verließ mich keinen Moment, auch die Pflegenden nicht und auch die Ärzte waren immer bei mir.» Jene dramatische Zeit war ihr noch sehr nahe. «Wie sich diese Ärzte und Schwestern um mich gekümmert haben! Ich bin doch nur ein gewöhnlicher Mensch, nicht eine Prinzessin. Ich dachte, ich sei vergoldet, so hat man mich behandelt.» Sie erinnerte sich an Halluzinationen, unter denen sie während der akuten Krankheitsphase litt. Sie unterschied diese klar von wunderbaren Erlebnissen, die sie auch hatte während dieser Zeit. Im Spital kam der Geistliche nach der Operation, «aber ich habe ihn gleich wieder weggeschickt. Warum, hat er mich gefragt. Aber der Herrgott war ganz weit weg in dieser Situation, ich sah ihn nicht. Wissen Sie, ich bin katholisch und gehe in die Kirche, aber den Geistlichen konnte ich nicht brauchen. Mein Vater hat mir Kraft gegeben. Er hat mir den Glauben zurückgegeben. Mein Vater war ein wunderbarer Mensch. Er war schon gestorben, aber er war immer ganz nah bei mir. Wenn er da war, war nie etwas passiert. Er war so kräftig, so vertrauenserweckend, bei ihm mußte man nie Angst haben, er gab Sicherheit. Wir wuchsen auf in einem Gebiet, in dem es Steinrüfen gab (im Muotatal). Er hat immer gesagt, das wird schon gut gehen.» Sie schwärmte für ihn, als ob ihr leiblicher Vater den Vater im Himmel ersetzen würde.

«Ich erinnere mich an etwas Wunderbares. Ich bin nicht abergläubisch, aber ich erinnere mich, daß ich geschwebt bin, 30 cm über dem Boden. Ich kann Ihnen nicht beschreiben, wie gut, wie wohl ich mich da gefühlt habe. Die Gedanken der anderen Personen, meiner lieben Bekannten, haben mich getragen, wirklich. Ich bin in der kirchlichen Frauengruppe und ich habe alles liebe Leute um mich. Die haben mich getragen. Ich bin richtig geschwebt. Und meine Tochter hat mir auch viel Kraft gegeben. Mein Vater war jetzt nicht mehr bei mir. Er hat die Kraft der Tochter gegeben. Ich bin nicht abergläubisch, aber dieses Schweben, schöner kann man gar nicht sterben, wenn es so sein wird, ist es gut. Alle Leute waren bei mir.»

Frau Y. ist eine religiöse Frau. Das zentrale mystische Erlebnis von Frau Y. bestand in der unmittelbaren und wirksamen Präsenz ihres verstorbenen Vaters, als sie postoperativ in Lebensgefahr schwebte. Sie war umsorgter und umschwärmter Mittelpunkt, und gerade ihre Aussage «... ich bin doch nur ein gewöhnlicher Mensch» läßt durchschimmern, daß sie sich damals nicht als solchen fühlte. Ihre Selbstwahrnehmung als «Übermensch», die ihr auch von ihrer Umgebung suggeriert und von ihr bewundert wurde, verstärkt den Eindruck, es hafte ihr etwas Zusätzliches, etwas Heldenhaftes, Mystisches an. Ihre Schilderung von sich entspricht der Darstellung einer Mischung von ungerecht behandeltem Opfer und einer tapferen Heldin. Sie nimmt Züge einer Märtyrerin oder einer auf wunderbare Weise Geretteten (Heiligen) an sich wahr. Sie ist stolz auf dieses Stück Biographie und schildert es fast ekstatisch. Sie präsentiert sich als mystische Gestalt. Trotzdem pendelt sie ambivalent zwischen sich als Heldin und als auf unästhetische Art Verstümmelte. Schließlich stellt sie fest, sie sei wie ihr Vater, und scheint sich damit als «Heilige» zu bestätigen. Und auch ihre Tochter hat die Nachfolge bereits angetreten. Frau Y. schwärmt von ihrem Vater wie von einem Heiligen, der ihr in ihrer Notzeit beistand, wie früher bei Naturkatastrophen. Ihm verdankt sie letztlich ihr Leben. Er scheint «den Herrgott», der ganz weit weg ist, zu ersetzen. Sie lehnt sich an ihn, er ist ihr Fels. Frau Y. überhöht nicht nur ihre Beziehung zu ihrem Vater, sondern sie überträgt ihr mystisch überschwengliches Erleben auf all ihre Bekannten. «Ein sehr lieber, guter Arzt», «Angela ist ein Schatz», «Helene ist ein Schätzeli», zu ihr hat sie eine besondere Beziehung, Moni, ihre liebe, besorgte, sie umsorgende Cousine, viele liebe Menschen um sie herum. Nur ihren Mann, dem es nicht gelingt, über ihr Schicksal hinwegzukommen, bezeichnet sie als schwach.

5.4 «Plötzlich war alles irgendwie geistig»[197]

Frau M., 75jährig, war ein kleines Persönchen, Nonne, mit einem fast stetig lächelnden, gütigen Gesicht. Sie wirkte verklärt, vergeistigt und ab und zu wie ein glückliches Kind. Sie war religiös katholisch aufgewachsen. Sie war beeindruckt von den Visionen, die ihr krebskranker Bruder während seiner terminalen Lebensphase hatte. Auch sie selbst erlebte sich außerhalb ihres Körpers anläßlich ihrer letzten Krankheitsphase. Sie sah sich im Bett liegen, und es fiel ihr schwer, dem Befehl, wieder in diese Hülle zurückzukehren, zu folgen. Seither identifizierte sie «Erlösung» mit diesem Vorgang des Aus-sich-Herausgleitens. Früher hätte sie sich auch gefragt, ob es nach dem Tod so sei, wie man meine. Jetzt aber waren ihre Zweifel behoben. Sie wagte nicht, dies ihren Mitschwestern zu erzählen, weil diese glauben könnten, sie sei verrückt. Die letzten zehn Jahre von Frau M. waren von schweren Krankheiten und von Schmerzen geprägt. Aber in bezug auf die Krebserkrankung gestand sie flüsternd: «Eigentlich war es gar nicht so schlimm», gedanklich hatte sie diese Möglichkeit schon lange antizipiert (sie war familiär belastet). Sie erklärte diese Reaktion dadurch, daß sie im Gebet und in der Bibel Kraft gefunden hatte, alles durchzustehen. Früher hatte sie auch gehadert, aber dann sei es anders geworden «geistig, ein anderes Leben». Jetzt nehme sie einfach an, was Gott ihr schicke, was komme, sei gut. «Man braucht viel Vertrauen, und dann geht es jeweils wieder. Man spürt Gott in der Nähe, man spürt ihn», beteuerte sie. Sie beschrieb eine Art Wandlung, die sie nicht zuletzt dank ihrer Lektüre vollzogen hatte. Diese bestand vor allem in Auferstehungstexten von Paulus und in Texten über die Apostel, mit deren Situation sie die ihrige identifizierte (1 Kor 15,1–5; 15,20–28; 35; 58; 2 Kor 12 f.; 4,7–18; 5,1–10; 5,14–19; Röm 3,23–26; Off 21,4). Nebst diesen Texten bedeutete ihr das Vaterunser sehr viel. Exemplarisch zitiere ich die für die Rettung der Christen wichtigsten: 1 Kor 15,1: «Ich erinnere euch, Brüder, an das

---

[197] Gesprächsprotokoll Nr. 10

Evangelium, das ich euch verkündet habe. Ihr habt es angenommen; es ist der Grund, auf dem ihr steht. (2) Durch dieses Evangelium werdet ihr gerettet, wenn ihr an dem Wortlaut festhaltet, den ich euch verkündet habe. Oder habt ihr vielleicht den Glauben unüberlegt angenommen? (3) Denn vor allem habe ich euch überliefert, was auch ich empfangen habe. Christus ist für unsere Sünden gestorben, gemäß den Schriften (4) und ist begraben worden. Er ist am dritten Tag auferweckt worden, gemäß der Schrift, (5) und erschien dem Kephas, dann den Zwölf. 1Kor 15,20: Nun aber *ist* Christus von den Toten auferweckt worden als der Erste der Entschlafenen. (21) Da nämlich durch *einen* Menschen der Tod gekommen ist, kommt durch einen Menschen auch die Auferstehung der Toten... (23) Es gibt aber eine bestimmte Reihenfolge: Erster ist Christus; dann folgen, wenn Christus kommt, alle, die zu ihm gehören.» Als man ihr nicht glaubte, daß sie unter unerträglichen Schmerzen litt, wandte sie sich innerlich von ihrer Umgebung ab und Gott zu. Mittels einem Bewußtseinsakt überzeugte und tröstete sie sich damit, daß Gott um ihre Schmerzen wußte und daß ausschließlich dies Gültigkeit hatte. Ihre Hinwendung zu Gott als einzig relevantem Bezugspunkt milderte damals ihr Leiden. Sie dachte: «Äs isch glich, wie's gaht... alles isch wie's vor Gott isch [Egal, wie es geht, vor Gott ist alles, wie es ist].» Seit jenem Erlebnis nahm sie Zuflucht zu dieser Haltung, wenn neues Leiden auftrat. Sie beschloß, alles anzunehmen und durchzustehen, weil sie annahm, sie brauche es wohl für etwas und «es ist ja auch für andere gut». Sie habe sich einfach an Gott geklammert. Sie ging davon aus, daß sie anderen ein Vorbild im Leiden sein könnte bezüglich Annehmen von Leid und daß dies anderen Kraft geben könne. Wie Jesus litt sie für andere und schien von einer Sühnewirkung auszugehen. Gewißheit, dies zu glauben, brauchte sie nicht. «Die Erlösung müssen wir einfach annehmen», sagte sie mit einem Blick zum Kruzifix an der Wand, das für sie die Erlösung darstellte. Sie stellte fest, daß man viel erhält, wenn man dankt.

Frau M.s mystische Erfahrung besteht in der Transformation ihres körperlichen Leidens in etwas Geistiges. Sie scheint das Kreuz überwunden zu haben. Plötzlich wurde alles anders, als es ihr gelang, ihren weltlichen Deutungsrahmen gegen einen religiösen auszuwechseln. Gottes wirksame Gegenwart lindert ihre Schmerzen. Er wurde ihr einziger Bezugspunkt in ihrem Leiden. Durch die Erweiterung ihrer Wahrnehmung von Krankheit und Schmerzen erlöst sie sich weitgehend vom Leid. Durch ihre Identifikation mit Jesus am Kreuz und mit seiner Auferstehung erwirkt sie sich eine Art präsentische Eschatologie, nimmt sie die Erlösung vorweg. Es geht in dieser Geschichte um die Leidensverzücktheit einer Nonne, bei der auch die Aufopferung für andere eine Rolle spielt. Diese ist an die Sühnewirkung des Leidens geknüpft. Sie fühlt sich als Vorbild für andere und folgt auch diesbezüglich Jesus. Schließlich überhöht sie auch die ärztliche Tätigkeit, indem sie deren Ursprung Gott zuschreibt (Sir 38,1–5).

5.5 «Irgend etwas läuft»[198]

Frau P. war 48 Jahre alt, jüdisch, verheiratet und hatte drei Kinder, zwei Töchter über 20 und einen 15jährigen Sohn. Ihr Mann war Angestellter bei einer nationalen Gesellschaft. Die Familie bewohnte eine wohlhabend eingerichtete Wohnung im Norden Israels. Seit 20 Jahren litt Frau P. an einer Schilddrüsenüberfunktion und einer Hypokalzämie sowie einer Spondylose. Seit dem Tod ihrer Mutter quälten sie Depressionen. Vor fünf Jahren trat ihr Brustkrebs auf. Seither war sie vollinvalid und hatte weder Lust noch Kraft für irgend etwas. Sie focht einen enormen Kampf gegen die kafkaesken Mechanismen des staatlichen Gesundheitswesens, um schließlich zu ihrer Diagnose und Behandlung zu kommen. Ihr Krebs wurde mittels einer Mammaamputation und anschließender Chemotherapie behandelt. Frau P.s Vater hatte seine Frau und sein Kind im Konzentrationslager Buchenwald verloren. Sie ist das Kind seiner zweiten Frau. Ihre Eltern waren 1948 nach Israel gekommen; die Mutter war schwanger gewesen und brachte sie kurz nach der Landung zur Welt. Dann war gleich wieder Krieg, gleich wieder Angst. Sie hatte einen Bruder aus dieser Ehe. Ihre Mutter starb mit 42, am ersten Jahrestag ihrer (Frau P.s) Hochzeit, bei einem Autounfall. Danach heiratete ihr Vater zum dritten Mal, und zwar seine damalige Nachbarin. Diese Frau hatte den Krieg in Polen überlebt. Frau P. und ihre jetzige Stiefmutter hatten sich sehr gern. Obwohl sie das Lieblingskind ihres Vater gewesen war, hatte er sie nach ihren Angaben mit dem Testament betrogen und alles dem Sohn vermacht, der ihm immer vorgejammert hatte. Mit diesem verkrachte sie sich deswegen, versöhnte sich jedoch mit ihm im Zusammenhang mit dem Auftreten des Krebses. Sie ging zweimal wöchentlich aufs Grab ihres Vaters im Gegensatz zu ihrem Bruder, der gleich nebenan wohnte, aber nie auf den Friedhof ging. Ihr Großvater mütterlicherseits war mit 42 Jahren gestorben wie ihre Mutter, die immer gesagt hatte, sie würde an einem Krebs sterben; sie starb dann aber an einem Autounfall. Frau P. war sicher, daß sie auch mit 42 sterben würde. Sie verbot ihrem Vater, ihr am Geburtstag zu gratulieren; er mußte warten bis danach, damit sie sicher war, daß sie ihn überlebt hatte. Dafür trat ihr Krebs in ihrem 42. Lebensjahr auf. «Irgend etwas läuft», sagte sie und meinte damit unerklärliche Zusammenhänge. Andererseits brachte sie ihre Krebskrankheit auch in Zusammenhang mit ihrer Enttäuschung über ihren Vater. «Es nagt», sagte sie. Ihr Sohn war ihr Liebling und Lebenszweck. Es bestand eine symbiotische Beziehung zwischen den beiden. So litt er wie seine Mutter unter pathologischen Angstzuständen und Depressionen.

«Wo immer ein Platz ist, der helfen kann, gehe ich auch hin, auch wenn alle lachen und sagen, ich sei nicht normal. Ich gehe trotzdem, und mein Psychologe sagt: ‹Mach' alles, was dir gut tut›. Ich mach' alles, um am Leben zu bleiben, aber ich hab' Angst, Angst, Angst, und ich denke immer ans Sterben. Wegen nachher und wegen den Kindern. Und vor allem, daß ich begraben werde, bevor ich tot bin. Bei den Katholiken findet die Beerdigung erst nach drei Tagen statt, bei Jidden nach drei

---
[198] Gesprächsprotokoll Nr. 86

Stunden.» Frau P. ging regelmäßig wöchentlich in die Selbsthilfegruppe, die von einem Psychologen geleitet wurde. Sie sagte, sie habe «keine Kraft für gar nichts». Trotzdem wollte sie jetzt nach Buchenwald, um die Geschichte der Familie herauszufinden. Sie fühlte sich isoliert, da die «abergläubischen Marokkaner» (ihre sephardischen Nachbarn) glaubten, sie sei ansteckend, und sie aus ihrer Kartenspielgruppe verstoßen hatten. Sie fühlte sich wie aussätzig seither. Frau P.s Erleben war geprägt vom Schrecken, von der Willkür und Unkontrollierbarkeit des Krebses, von den sozialen Folgeerscheinungen wie der Stigmatisierung durch die Krankheit und vor dem Lebendig-Begrabenwerden. Das gesamte Familienleben wurde von der Angst beherrscht. Heilung war keine Möglichkeit in der Wahrnehmung von Frau P. Sie war aber auch erschöpft vom Leiden und Kämpfen. So fragte sie: «Wann habe ich genug gelitten, wieviel kann ich noch?» Als erste Reaktion auf den Krebs hatte sie Suizidgedanken: «Komm, nimm Leben», hatte sie sich gesagt, obwohl sie sich monate-, wenn nicht jahrelang mit der Vermutung trug, daß sie Krebs hatte. Die wahrscheinlichste Erklärung für ihren Krebs war für Frau P., daß es sich um eine Konstellation handelte. Frau P. erkannte gleichzeitig religiöse, seelische und magische Zusammenhänge um die Entstehung ihrer Krankheit. «Etwas mußte sein», sagte sie und spekulierte mit Zahlenmystik, mystisch-magischen Traditionen und ihrer seelischen Verletzung. Im Grunde genommen waren Frau P. aber sowohl Ursache wie Sinn der Krankheit unverständlich und blieben offen. Und sie fragte Gott die ganze Zeit, warum. Aber sie erhielt keine Antwort. Dies veranlaßte sie zu denken, sie sei verrückt: «Ich mein', im Kopf ist etwas.» Nebst den beschriebenen Spekulationen bezüglich der Entstehung der Krankheit erkannte Frau P. ein Element «Wunder» in ihrem Krankheitsverlauf. Trotz massivster Vernachlässigung über lange Zeit durch die Ärzte hatte sie keine Infiltrationen und keine Metastasen. Trotzdem, statt daß sie mit 42 starb, wie sie immer angenommen hatte, «starb» sie nun, seit sie 42 war. Die dunklen unbekannten Mächte und Zusammenhänge, die sie befürchtet hatte, waren am Werk. Aber Gott wirkte auch. Ihr Fazit bestand in großer Enttäuschung. «Ich hab' kein Glück, schweres Leben, ich nicht erwartet, all mein Leben ich nur kämpfen. Warum? Ich weiß nicht, ich weiß nicht, ich frag' allezeit. Ob es mit Gott zu tun hat, mit Tod von Vater, mit Geburtstag?» Sie erwog auch die Holocaust-Hypothese. Danach hätten Nachkommen von Holocaust-Überlebenden häufiger Krebs als andere Juden. «Es gibt Sachen, die man nicht versteht», sagte sie.

Frau P. sagte, sie wisse nicht, ob es Gott gebe oder nicht, aber wenn es ihr schlecht ging, bat sie Gott, ihr zu helfen. Sie sprach mit Gott, weil sie gesund werden wollte. Sie hatte Geburtstag und hatte zu Gott gebetet. «Ich habe gesagt, Gott, ich will ein Geschenk zum Geburtstag: soll alles gut sein, wenn ich an Geburtstag zur Kontrolle gehen muß. Und es war alles gut, was vorher nicht gut war. Jetzt ich weiß nicht, was glauben. Ich bete, daß ich meine Kinder erziehen darf.» Zwei Kinder sind krank wegen ihr, sagte sie. Sie haben Angst, die Mutter sterbe. Sie betete immer zu Gott und sagte: «Es ist jetzt genug. Ich hab' genug gelitten bis heute.» Sie umgab sich mit magischen und religiös wirksamen Gegenständen (Amuletten) und Personen (Rabbi, Priester) und suchte Wallfahrtsorte auf, um ihr Schicksal zu beeinflussen und um Böses abzuwenden. Sie wandte diese verschiedenen Schutz- und Kraftquellen ungezielt und unspezifisch an, aber als flächendeckende Absicherung gegen noch mehr Unheil. Dies trotz Widerstand, Spott und Kritik ihrer Familie. In die Synagoge ging sie nicht. Aber sie zündete am Shabbat und für die Toten Kerzen an. Sie erzog auch ihre Kinder so, daß sie für die Toten beteten, damit diese am Leben blieben (und den Lebenden helfen könnten). Sie unternahm Wallfahrten, so etwa zu der Höhle von «Eliahu ha Navi», einem Wallfahrtsort des Propheten Elias, einem Ort, wo Heilungen stattfanden. Zuerst wollte sie nicht gehen, aber die Marokkaner hatten sie hingeschleppt und gesagt, sie müsse das machen. Dort hatte sie einen roten Faden um ihr Handgelenk erhalten mit einem Segensspruch. «Es macht gut bei denen, die daran glauben», sagte sie. Selbst im Operationssaal hatte sie sich geweigert, diesen Faden entfernen zu lassen. «Er schützt mich.» Sie ging auch zu einem Wunderrabbi, den sie bezahlte. Er hatte einen Spruch geschrieben und in ein Stoffamulett eingenäht. Dies trug sie in ihrem Büstenhalter. Den Vers konnte sie selbst wünschen. Das Gesicht eines Wunderrabbi zierte auch eine der Chamsot, die sie mit sich herumtrug. Sie wallfahrte auch zu einem katholischen Kloster: Der Priester dort hatte ihr Gutes gewünscht, sie gesegnet. «God bless you», hatte er gesagt, und es war gratis. Die Familie war dagegen, weil es katholisch und nicht jüdisch war. Sie aber war der Meinung, daß es keinen Unterschied gebe zwischen katholisch und jüdisch. Der Priester hatte ihr heiliges Wasser gegeben von Bethlehem. Und er hatte gesagt: «Jedesmal, wenn dein Kopf schmerzt, leg es darauf. Und es half. Ich bin ein paarmal gegangen», sagte sie. «Ich weiß nicht, ich weiß nicht. Ich gehe dort Kerzen anzünden. Ich denk', ich bin im Grab nicht tot. Es hatte geregnet bei der Beerdigung ihres Vaters. Er sah den Regen, als er im Grab lag. Meine Tochter sagte, er ist tot, er spürt es nicht. Ich denk', er spürt es, er hat kalt, der Nebel, der Regen, er fühlt es, er fühlt es. Bin ich normal?» Ihre Mutter starb in einer Unfallkatastrophe. Frau P. hatte auf ihrem Grab Würmer gesehen. «So viele Würmer essen meine Mutter!» Seither hatte sie Panik. «Ich krank mit Nerven», sagte sie.

Am Schlüsselbund in ihrer Handtasche führte sie ein kleines Psalmenbüchlein mit sich, seit sie krank war. Eine kleine Bibel hatte sie schon jahrelang in ihrer Tasche dabei gehabt. Sie brachte im Verlauf des Gesprächs eine ganze Handvoll Amulette inklusive das blaue Auge, das verhinderte, daß man von schlechten Sachen und insbesondere vom bösen Blick getroffen wird. Die Art und Weise, wie sie diese aufbewahrte und auf den Tisch leerte, vermittelte den Eindruck, daß sie sie nicht als etwas Kostbares oder Heiliges empfand. Trotzdem schienen sie eine Funktion und Wirkung zu haben. Alles, was möglicherweise helfen könnte, verwendete sie auch. Darunter eine mit Fischen verzierte «Chamsa» (Hand der Fatima). Sie trug auch ein katholisches Kreuz. Dies jedoch versteckte sie vor ihrer Familie. Auch zu ihrem Heil gab sie Geld an wohltätige Organisationen, als Liebestaten. Sie ging regelmäßig auf den Friedhof, pflanzte Blumen für den Vater, spritzte sie, wusch auch den Grabstein. Sie ging, weil es ihr Vater war. Der Vater hörte, was der Friedhofsgärtner ihr erzählte über den Bruder, der nie kam. Das war gut. Er sollte wissen, was sie für ihn tat und er nicht. Ihre

Stiefmutter sagte, sie verdanke ihrem Vater, daß während eines Jahres vom unbehandelten Krebs und von der Gangrän nichts in den Körper gelangt sei. Seine Kraft sei auf ihr. «Dein Vater paßt auf dich auf, damit du gesund bleibst.» Während des Jahres nach dem Tod des Vaters hatte sie mit ihrem Bruder gebrochen. Aber als dieser hörte, daß sie krank war, versöhnten sie sich. Und er und alle Nachbarn in der Stadt zündeten Kerzen an am Shabbat und an den Feiertagen. Alle gingen in die Synagoge und beteten für sie. Sie sagte, der Bruder sei in einem Tag fromm geworden. Sie glaubte, daß ihr das helfen würde.

Frau P.s Geschichte ist das Drama einer Verzweifelnden. Ihre magisch-mystische Interpretation ihrer Krankheit erfolgt nicht im Sinne einer romantischen Leidensverzückung, sondern darin, daß sie sie in einen magisch-mystisch Zusammenhang stellte («irgend etwas läuft»). Diese Schicksalskonstellation gleicht einem Bann, dessen Kräften sie nicht entkommen kann. Durch diese Art Transzendierung wird das Leiden vorerst unerträglich («wieviel kann ich noch?»); erfahrene Wunder hingegen geben Hoffnung. Frau P. kann sich ihre Krankheit nicht schlüssig erklären. Sie hatte lange Vorahnungen, daß sie Krebs in sich herumtragen würde, und erwartete die Katastrophe auf einen scheinbar magischen Termin: ihren 42. Geburtstag, den sie mit Gegenzauber (ihn aus dem Leben ausklammern) bezwingen wollte. Als eine von religiösem Volksbrauchtum durchdrungene Frau unterscheidet sie nicht zwischen rabbinisch geprägter halachischer Lehre, traditionell-konventionellen und magischen Glaubenspraktiken. In ihrer religiösen Naivität gibt sie sich allem hin, was sie möglicherweise retten kann, so auch den Ritualen der «abergläubischen Marokkaner». Für Frau P. ist Gott unmittelbar real und personal, so daß sie problemlos mit ihm sprechen und Dinge von ihm fordern kann. Sie lobt ihn, obwohl er ihr soviel Leid zu tragen aufgibt. Gleichzeitig verwirren sie Bemerkungen von Holocaustüberlebenden, die Gottes Existenz in Abrede stellen. Zusätzlich zu Gott nimmt sie Zuflucht bei religiös oder mystisch-magisch wirksamen Personen (wie Rabbis, Priester), bei wirkkräftigen Amuletten (dem Davidstern, Chamsot [schützende Hand der Fatima], roter Faden, blaues Auge, Psalmenbüchlein, Jerusalemanhänger, der Heil und Erlösung symbolisiert, Chai-Zeichen, das für «Leben» steht), mystischen Orten (katholisches Kloster, Friedhof, Wallfahrtsorte) und zu Praktiken, wie Kerzen anzünden, Liebestaten und beten. Ihr Glaube an diese Dinge ist so stark, daß er die Grenzen zwischen Realem und Irrealem verwischt; so auch die Tatsache des Todes ihres Vaters. Ihre von Todesangst angetriebene Glaubenspraxis bewirkt, daß sie sowohl soziale als auch konfessionelle Grenzen überschreitet. Sie nimmt dafür Spott und Stigmatisierung auf sich. Sie macht scheinbar flächendeckenden Gebrauch von allen möglichen Schutz-, Kraft- und Heilquellen. Den geheimnisvollen bösen Kräften stellt sie positiv wirksame entgegen. Ihre religiösen Praktiken haben Erlösungsfunktion. Frau P. bemüht sich jedoch nicht primär, sich Gott zu nähern im Sinne der Debekuth (Anlehnung), sondern um den Erwerb der Heilung und des Heils. Sie versucht, sich dadurch mit einer Art schützender Aura zu umgeben.

5.6 «Jemand hat ein böses Auge auf mich geworfen»[199]

Frau S. war eine 41jährige, aus Jerusalem stammende, seit etwa 15 Jahren in der Schweiz lebende Frau mit einem eigenen Unternehmen. Bis sie 30 war, war sie mit einem Schweizer verheiratet gewesen, nun mit einem Israeli. Als man ihren Krebs diagnostizierte, brach ihre Welt zusammen. Es war ein Schock. Sie dachte, sie würde nur noch einige Monate leben und wollte deshalb ihr Leben anders gestalten. Die Krankheit fiel in eine Trauerperiode, da sie ein paar Monate zuvor ihre Zwillinge im sechsten Schwangerschaftsmonat verloren hatte. Einen Teil der Ursache ihres Krebses schrieb sie deshalb den hormonellen Stoffwechselveränderungen zu. Sie sagte, sie sei ein neugieriger und feinfühliger Mensch und registriere auch Spirituelles bei anderen Menschen. Deshalb sei sie auch so früh aufmerksam geworden auf den Krebs. Der Verlust der Kinder hatte den Schock des Krebses überdeckt. Sie fürchtete, nach der drei Jahre dauernden Karenz anschließend an die Bestrahlung zu alt zu sein, um überhaupt je Kinder zu haben. Dies bedrückte sie am meisten. Nach dem Auftreten des Krebses hatte sie noch einen schweren Unfall. Dadurch hatte sie überhaupt keine Zeit gehabt, «die Sache zu verdauen. Wenn Sie keine Zeit haben, können Sie die Sache gar nicht abschließen. Heute, wenn ich daran denke, dann kann ich nur heulen. Das ist noch gar nicht abgeschlossen.» Obwohl ihr ihre Schwangerschaftshypothese bezüglich der Krebsgenese logisch schien, hatte sie sich gefragt, ob es nicht auch ein Fluch sein könnte, der über ihr lastete. Dies, weil «das ist scho verruckt, oder, in zwei Jahren die Zwillinge, der Brustkrebs, die Bestrahlung, der Autounfall... fast zuviel, oder? Das isch soviel Operation und Zeug und Sachen, und man muß so viel verkraften die ganze Zeit. Da habe ich mich schon gefragt, das schon, aber nicht mit dem Glauben; also ich habe das nicht mit dem Glauben in Verbindung gesetzt, sondern ich habe es mich wirklich gefragt, aber erst nach dem dritten Unglück.»

In Israel suchten sie einen Rabbi auf, um ihm alles zu erzählen. «Drei riesige Sachen, das ist doch nicht etwas Kleines, um einfach drüber hinwegzukommen. Ich habe ihm nicht gesagt, ich habe das Gefühl, ich habe Fluch über mich. Er hat mir das gesagt. Jemand hat ein böses Auge auf mich geworfen. Er hat sogar gesagt, da ist eine Frau und so und so und so, und wir haben gedacht, wir kennen die Frau. Ich hatte einmal eine Kollegin, die sehr eifersüchtig war, weil sie selbst eine unzufriedene Person war und ich eine glückliche Natur. Ich war für sie wie Licht oder Sonne. Aber ich weiß nicht, ob man kann das glauben. Der Rabbi hat mir gefragt, wie alt ich bin, mein Namen und von Mann, die er hat gemußt wissen Name, Geburtsdatum, Geburtsstunde und dann hat er da seine da gerechnet und gemacht. Astrologie. Das ist schon alles zusammengebunden, das ist sicher alles zusammen und er hat das gleich gesagt. Jemand hat ein böses Auge auf mich geworfen. Einen Bann und dieser muß wieder herauskommen. Er mischte dann etwas, bis das magische Ding (etwas Geistiges) mich aus dem Unglücksbann herausholte. Man darf nicht sagen, was genau, das ist irgendeine

---

[199] Gesprächsprotokoll Nr. 77

Art, daß ich muß selber mit mir fertig werden. Also alles nur seelisch, es gibt keine physischen Dinge da. Auf jeden Fall nach dem Besuch bei der Rabbiner habe ich mich besser gefühlt, und ich bin sehr froh, daß seither (15 Monate) nichts mehr passiert ist. Gott sei Dank. Ich muß nicht mehr zurück zu ihm. Das ist sehr mit Mystik verbunden, mit Kabbala.» Da all das Unglück nach ihrer Heirat begonnen hatte, befürchtete sie, nicht mit ihrem Mann zusammenleben zu können. «Dies hat der Rabbi auch gerechnet, aber uns nachher gratuliert. Ein so gut zusammenpassendes Paar habe er schon lange nicht mehr gesehen.» Frau S. beteuerte, daß sie nicht religiös sei, aber sehr traditionell, und ihre Mutter hatte die Idee mit dem Rabbi gehabt. Sie kenne ihn gut, weil sie noch traditioneller sei als sie. «Aber das ist automatisch, wenn man in Israel ist. Hier wäre ich wahrscheinlich nicht gegangen», sagte sie. Zum Tod hatte sie erst durch den kürzlichen Tod ihrer Großmutter eine Beziehung gewonnen. Erst jetzt begann sie sich zu fragen, was mit der Seele nach dem Tod im Paradies, in der Hölle passiert. Sie wollte, daß die Großmutter ihren Frieden hatte und vielleicht den Großvater im Himmel findet. Vorher hatte ihr das Wort Sterben nur bedeutet, zu leben aufzuhören. Sie glaubte nicht wirklich, sterben zu müssen wegen des Krebes. Sie erinnerte sich nur an ein komisches Gefühl: «Es passiert öppis, ich kann das nicht genau definieren, aber ich mußte das irgendwie beschreiben, und dann habe ich einfach Worte benutzt wie Sterben oder so.» Sie glaubte, ihre Großmutter wiederzusehen. «Sie war eine heilige Person, eine schöne, eine wirkliche Lady. Das war wirklich wunderbar.» So etwas kann nur Lebenserfahrung bringen, Weisheit. Ihr Großvater war Opfer eines Massakers geworden. Die Großmutter durfte nicht wieder heiraten, weil man seine Leiche nicht gefunden hatte. Sie wohnte ihr ganzes Leben in Altjerusalem. Ab 35 hatte sie mit ihren fünf Kindern auf den Großvater gewartet. Alle Enkelkinder hatten immer geglaubt, der Großvater lebe. «Das ist immer da gewesen. Obwohl ich ihn nur auf Fotos gesehen hatte, habe ich das Gefühl, ich kenne ihn gut. Er war immer mit uns. Das was schön. Deshalb glaube und hoffe ich, daß sie ihn gefunden hat. Also wahrscheinlich tief in mir bin ich schon ein wenig religiös, aber nicht in dem Sinne, daß ich ‹gehe gogen beten, oder› [beten gehen]. Ich bin echli [ein bißchen] universal, ich finde Gott ist überall, ich glaube an das und das und das, ich kann auch hier beten. Wir haben unsere kleinen Zeremonien, manchmal zünden wir unsere Kerzen an, also da bin ich schon traditionell. Aber wir feiern auch mit unseren christlichen Freunden die Festtage, also wir sitzen unter dem Weihnachtsbaum, kriegen und machen Geschenke, feiern unser Neujahr mit ihnen. Ich bin ein spiritueller Typ.»

Frau S. berichtet von drei existentiellen Erschütterungen, die ihr innert kurzer Zeit widerfuhren. Jede einzelne davon hätte genügt, um sich Sinnfragen zu stellen. So war es denn auch die Häufung des Unglücks, das Frau S. in so jungen Jahren traf und sie dazu verleitete, an einen Fluch zu denken. Aufgrund ihrer sehr nahen Beziehung zu ihrer Mutter, die in Jerusalem einen regelmäßigen Kontakt zu einem Wunderrabbi pflegt, lag es für sie nahe, daß sie sich diesem anvertraute für eine Diagnose ihrer Situation. Es schien ihm auch gelungen zu sein, sie aus diesem Bann zu lösen. Bedingt durch ihr

Leid wurde Frau S.' vorerst eher «leichtherzige» magisch-mystische Spiritualität zu einer wirksamen therapeutischen Basis. Züge ihrer magisch-mystischen Spiritualität gehen auch aus ihren Vorstellungen zum jenseitigen Leben ihrer verstorbenen Großmutter hervor. Dieser Großmutter war es offenbar gelungen, eine Gedankenwelt aufrechtzuerhalten, in der die Toten (der ermordete Großvater) nicht tot, sondern im Leben der Lebenden anwesend sind. Frau S. scheint nun an diese Art Vorstellung anzuknüpfen. Die magisch-mystischen Züge in der religiösen Verarbeitung ihres Leides erscheinen bei Frau S. eher zufällig. Sie beschreibt keinen gezielten und methodisch konsistenten Weg. Statt dessen nutzt sie diese spirituelle Möglichkeit als Ergänzung zur Schulmedizin. Sie kann sich denn beim Erzählen auch nicht auf begriffliche Kategorien stützen oder ihr religiöses Leben in solche einordnen. Wenn sie sich als «universal» bezeichnet, heißt dies, daß sie sowohl konfessionelle Grenzen als auch solche religiöser Strömungen überschreitet.

5.7 Beobachtungen zu den Verklärungsgeschichten

Die Welt der Verklärten mutet phantasievoll-phantastisch und bisweilen unheimlich an. Es ist eine Gedankenwelt, in der nichts unmöglich zu sein scheint. Die Geschichten der Verklärten sind auch eher länger und «aufwendiger» als etwa diejenigen der Ergebenen und durch reichere Individualität geprägt.

Das religiöse Gedankengut aller Verklärten kreist um traditionelle religiöse Gestalten (Gott, Jesus, Engel), um symbolische religiöse Figuren und Gegenstände wie das Kreuz oder Kruzifix, Texte, den Lebensbaum, einen Rabbi oder um Ideelles, wie die Verbesserung der Welt oder die Buchstaben- und Textmystik. Diese Figuren und Gegenstände spielen sowohl in den Erklärungen für die Krankheit als auch in deren Verarbeitung eine wichtige Rolle. Die Verklärten haben eine große Begabung, diese Dinge zu beleben, sich ihnen zu verschreiben, sich ihnen in verschiedener Art unterzuordnen und ihrer Wirkkraft zu vertrauen, letzteres zum Teil in so hohem Maße, daß sie auf konventionelle medizinische Behandlung verzichten. Das positive Ausgerichtetsein auf wirkmächtige Gestalten und Gegenstände ersetzt die tätigen Wiedergutmachungsbemühungen der Umkehrer. Es gleicht der Zentrierung der Ergebenen auf Gott, unterscheidet sich aber von jenem durch die Übertragung des Göttlichen auf andere Gestalten und Gegenstände.

Das Erleben der Verklärten ist geprägt von höchster Intensität und Überschwenglichkeit. Ihre Stimmung wechselt von «himmelhochjauchzend» zu «zu Tode betrübt». Sie finden sich zum Zeitpunkt der Diagnosestellung unter den Trümmern eines Erdbebens begraben und orientieren sich an Bildern sonnendurchfluteter Bergluft, kristallklarer Quellen und üppiger und von Wachstum strotzender Natur. Sie machen außergewöhnliche Erfahrungen, haben Visionen, Auditionen und schweben in der Luft. Sie sind erfüllt von großer religiöser Gewißheit und von einem Drang, über ihre Welt zu erzählen, der sie bisweilen bekehrerisch oder überheblich erscheinen läßt.

Innerhalb der Verklärten heben sich diejenigen, deren Erleben stark magische Züge hat, von anderen ab. Das Magische besteht einerseits in bedrohlichen Konstellationen, die den Erfahrungen der nicht magisch Erlebenden fehlen. Diesen Bedrohungen begegnen die Opfer mit «Gegenzauber», der sich bei den anderen Verklärten denn auch erübrigt. Dieser durch das Element Magie bedingte Unterschied zwischen verschiedenen Verklärten ist gleichzeitig ein Unterschied zwischen jüdischen und christlichen Kranken. Die christlichen Verklärten fühlen sich durchwegs frei.

5.8 Vergleiche und Typisierung

Sowohl jüdische als auch christliche Kranke überhöhen ihre Leidenserfahrung mystisch. Juden und Christen übertragen ihr Leiden auf Mittlergestalten oder -gegenstände und lehnen sich nicht ausschließlich an ihren durch die Religion vorgegebenen Gott (den Ewigen oder Jesus) an. Wenn dieser eine Funktion hat im Geschehen, dann als personifizierter Gesprächspartner. Diese Heilsgestalten helfen den Kranken, ihrem Leiden geistig zu entfliehen. Die geistige «Schaffung» einer eigenen «Messiasgestalt» erklärt vielleicht, warum verschiedene Verklärte, mehr als alle anderen, auf Arzt und Schulmedizin verzichten zugunsten solcher Quellen der «Erneuerung» und Rettung. In der Messiasgestalt scheinen sich Juden und Christen zu treffen. Beide assoziieren Naturkatastrophen mit ihrem Leiden (Frau A. ein Erdbeben, Herr L. einen «Catachlysm»). Juden und Christen finden Zuflucht bei und Zwiesprache mit geliebten Toten. Nicht nur Herr X., der Buchstabenmystik betreibt, sondern auch Frau A. und Frau M. schöpfen Heilsgewißheit aus biblischen Texten. Eine große Vielfalt synkretischer Frömmigkeit entsteht, indem die Kranken sorglos praktizieren, was ihnen erfolgversprechend erscheint. Jüdischerseits und christlicherseits entwickeln sich die individuellen «Glaubenssyndrome» einerseits aus der je eigenen Tradition heraus. Diese wird aber auch überschritten, wie z. B. von Frau P., die in ihrer Verzweiflung katholische Priester konsultiert, oder wie alle Juden, die eine anthropomorphe Gottesgestalt ins Geschehen involvieren.

Der markanteste Unterschied zwischen Juden und Christen bei den Verklärten besteht in der Verwendung magischer Praktiken und im Vorhandensein eines hohen Grades magischen Glaubens bei orientalisch ausgerichteten Juden. Frau S. ist orientalischer Abstammung, Frau P. ist zwar russischer Abstammung, übernimmt aber diese Praktiken von den «abergläubischen» Marokkaner Juden. Frau B., die ebenfalls Wunderrabbis und Pendler konsultiert, stammt aus einer polnischen Familie, die chassidische Traditionen pflegt. Der jüdisch-christliche Unterschied tritt vermutlich in diesem Motiv am deutlichsten hervor, weil die jüdische Kabbala mit ihren esoterischen Anteilen und die islamische «Kontamination» sich stärker unterscheiden vom rabbinischen und halachischen Judentum, als sich christliche Mystik vom nicht mystischen Christentum unterscheidet.

Ein weiterer Unterschied wird sichtbar in der Neigung mystisch beseelter Christen, andere zu bekehren und Vorbild im Glauben zu sein, während die verklärten Juden ausschließlich um ihr eigenes Heil besorgt sind. Juden werden in diesem Verklärungsprozeß nicht in dem Maße selbst Mystiker oder kommen nicht in die Nähe einer mystischen Verschmelzung mit dem Göttlichen wie Christen. Juden wenden lediglich mystische Praktiken an. Inwiefern sich die Konsultation von Geistheilern christlicherseits tatsächlich unterscheidet von derjenigen der Wunderrabbis jüdischerseits, ist schwer zu sagen.

Bei den Juden zeigen sich keine Tendenzen zum Martyrium, kein Wunsch, vorbildlich zu leiden, wie bei den Christen. Andererseits nimmt die Verklärung bei keinem der Christen so bedrohliche Züge an wie Frau P.s Glaube an die fatalen kosmischen Konstellationen oder Frau S.' Glaube an einen Fluch, in dem Mystik ins Dämonische umzukippen droht. Die Individualität im mystischen Erleben ist bei Juden und Christen an ihre biographischen und kontextuellen Gegebenheiten gebunden. Trotzdem wird sichtbar, daß die beiden Traditionen je unterschiedliche Angebote von Vorstellungen und Praktiken zur Verfügung stellen. Das Erscheinungsbild der Verklärung und nicht die Tatsache des Verklärens unterscheidet deshalb Juden und Christen in diesem Motiv.

Das wichtigste Merkmal der Verklärung besteht darin, daß Kranke, die ihr Leiden verklären, in ihrer Krankheitserfahrung nicht nur wie die anderen ein numinoses Element feststellen. Sie erleben die Berührung mit dem Heiligen vielmehr in gesteigerter Form als visionär-ekstatisches und zum Teil erotisches Einssein mit dem Göttlichen, oder aber das Heilige erscheint ihnen als Magisches. Das «äußere Wissen» von etwas Göttlichem, von Gott als Glaubensobjekt wird den Kranken zur inneren Erfahrung. Das Leidensgeschehen der Verklärten spielt sich in einer magisch-mystischen Konzeption ab. Zusätzlich wird das Wesen der Verklärten von folgenden Merkmalen geprägt: Die Krankheitserfahrung macht ihnen ihre Trennung vom Göttlichen bewußt. Der anschließende Leidensweg, der einem mystischen gleicht, dient der Überwindung dieser Distanz und Dissonanz mit dem Ziel der Wiedervereinigung. Im Unterschied zu den Umkehrern verbinden die Verklärten ihren Weg zum Göttlichen aber nicht mit Schuld, Strafe und Buße. Die Erzähler der folgenden Geschichten verklären ihre Krankheit zu einer Chance oder Gnade, weil sie ihnen Gelegenheit gibt, Ablenkungen vom «Wesentlichen» im Leben, von der Natur und von Gott zu überwinden. Nicht alle haben ein bestimmtes Gottesbild vor Augen, aber allen offenbart sich Göttliches in der Schöpfung. Die Krebserfahrung stellt für sie das Schlüsselerlebnis dar, welches die neue Beziehung zu Gott auslöst. Diesem Erlebnis geben sie die Bedeutung einer Bekehrungssituation, des Anfanges eines Erkenntnisprozesses. Obwohl das initiale Ereignis oft mit Angst und Schrecken verbunden ist, erlebten sie den nachfolgenden «Heilungsprozeß» durchwegs als positiv. Inhaltlich scheint es unwichtig zu sein, worauf die Kranken sich geistig ausrichteten (ob auf Jesus, einen Wunderrabbi, einen Baum oder einen Psychologen). Es geht aber immer um ein Symbol befreiender göttlicher Lebenskraft. Aufgrund des «choc inaugural» werden die Erzähler spirituell introvertierter. Sie beginnen gleichzeitig, den Alltag als zunehmend irritierend und belastend wahrzunehmen. Sie bemühen sich deshalb, seiner Geschäftigkeit und seinen Verstrickungen zu entkommen. Die neue Beziehung zu ihren Erlösungsfiguren erfüllt die Verklärten mit Heilsgewißheit. Sie identifizieren sich in hohem Maße mit ihnen und werden eine Art Nachfolger. Im «mystischen Prozeß» überschreiten die Verklärten konfessionelle Grenzen. Das Muster des Weges besteht nicht in einer Umkehr, sondern in einem kontinuierlichen Entwicklungsprozeß hin zum «Heil».

6. Weitere Geschichten

Es gab Geschichten, welche Leidensinterpretationen enthielten, die sich nicht an den fünf besprochenen und nicht notwendigerweise an religiösen Motiven orientierten. Diese zusätzlich detailliert zu analysieren, hätte den Rahmen dieser Arbeit gesprengt. Ich führe diese nicht definitiv benannten Motive hier trotzdem auf, damit ein Gesamtbild aller Motive entsteht, welche die befragten 100 Kranken zur Verarbeitung ihres Leidens beizogen.

Es gibt Geschichten, deren Erzähler als *Fatalisten* erscheinen. Statt daß sie wie die Ergebenen sagen, «es liegt in Gottes Hand», sagte z.B. ein Fatalist: «…das kommt einfach, Pech, jetzt hat es mich erwischt.» Der Fatalist, ob Jude oder Christ, ergibt sich dem Schicksal, dem er sich ohnmächtig ausgeliefert fühlt.

Manche Kranke standen ihrem Leiden einfach *verständnislos* gegenüber. Sie konnten einfach nicht fassen, daß ihnen so eine Krankheit «passieren konnte». Sie zeigen einen Zug von Resignation, der die eher trotzigen Haderer nicht aufweisen.[200]

Die *Naturverbundenen* sind kreatürlich religiös. Sie schöpfen Kraft und Hoffnung aus den Mysterien der Natur. Alle Naturverbundenen zeichnen sich aus durch außerordentliche Lebenslust und -kraft und sagen übereinstimmend, daß sie aus der Freude am Leben leben. «Alle Kraft ist in mir, man muß sie nur mobilisieren. Ich lebe wahnsinnig gerne und will noch mit meiner Familie sein», sagte eine Kranke.[201] In der Regel sind die Naturverbundenen nicht konfessionell gebunden oder sie sind gegen die Kirche. Dieses Motiv wird von Juden und Christen als Deutungsrahmen verwendet.

Es gab religiöse jüdische und christliche Kranke, die Gott aus der Leidenserfahrung ausklammern. So sagte eine jüdische Frau: «Gott hat anderes zu tun. Seine Wege sind unbekannt. Ich will ihn nicht darum bemühen.»[202] *Gott wird geschützt oder verteidigt.* Dann gibt es jene Kranken, die «immer im Clinch» waren mit der Religion und dem «lieben Gott» und deshalb nicht über dieses Thema sprechen wollen.[203] Eine Kranke

---

[200] Gesprächsprotokoll Nr. 4
[201] Gesprächsprotokoll Nr. 12
[202] Gesprächsprotokoll Nr. 56
[203] Gesprächsprotokoll Nr. 24

sagte: «Ich kann nicht für meine Heilung beten, wenn meine Bettnachbarin an Krebs stirbt, wenn er nicht alle gleich behandelt.»[204] Eine Anzahl Kranke verneint zwar Gott nicht, sie erzählen jedoch, daß sie *nie etwas mit ihm zu tun gehabt* hätten, daß sie es auch nie mit ihm versuchen würden, daß sie nie geglaubt hätten und auch nie beten, daß sie das Beten und die Fürbitte der Frommen (in Israel) befremden, oder sie machen *abschätzige Bemerkungen über Religiosität*. In den Leidensgeschichten mancher Kranker *kommt Gott nicht vor*, weil sie ihre Krankheit nie mit etwas Numinosem in Verbindung gebracht haben. Schließlich gibt es jene, die *nicht über Religiöses sprechen wollen oder denen die Worte dazu fehlten*.

In verschiedenen Geschichten kommen religiöse Phänomene, die zu verschiedenen Motiven gehören, zum Tragen. Zur Illustration füge ich je eine solche Geschichte einer Jüdin und einer Christin an.

6.1 «Der liebe Gott versteht alle, die in ernster Andacht zu ihm sprechen»[205]

Frau Q. war eine etwa 70jährige, orthodox-jüdische Frau (polnischer Abstammung), die seit etwa 20 Jahren verwitwet war. Sie litt seit einiger Zeit an einem Brusttumor, der operiert worden war und nun bestrahlt wurde. Nebst ihren Vermutungen zu religiösen Zusammenhängen um die Krankheit erwog sie eine familiäre Belastung und psychologische Ursachen. «Kummer schädigt die Immunabwehr», sagte sie. Sie fürchtete sich außerordentlich vor einem so qualvollen Sterben, wie sie es mit ihrem Mann durchgestanden hatte. Frau Q. ging von einem einzigen unendlichen Gott aus, welchen man mit dem menschlichen Verstand gar nicht erfassen kann. «Es ist unmöglich, aber es ist auch verboten. Man darf sich das nicht vorstellen; das ist zu hoch, zu heilig. Aber nicht immer gelingt mir das. Ich bin ja doch nur ein Mensch. Ich stelle mir den lieben Gott manchmal als gütigen Großvater vor.» Bei Frau Q. kommt die Verinnerlichung der Vergeltungslehre im Zusammenhang mit dem Tod zum Ausdruck: «Wir lernen in der Religion, daß der Mensch nix mit ins Jenseits mitnimmt außer seinen guten Werken. Ich hab' versucht, gute Werke zu tun, deshalb hab' ich versucht. Ob's mir gelungen war? Ob ich immer ein braver Mensch war, das weiß ich nicht, was weiß man schon? Das, was der liebe Gott sieht, ist anders als was wir sehen. Also bemüht hab' ich mich, anständig zu sein. Ich hab' nie jemandem bewußt was Böses getan.» Die Katholiken haben die Beichte, die zwischendurch entlastet. Aber «wie kann ein Mensch einem anderen verzeihen? Natürlich sollte man dem Sündigen vorbeugen. Aber wie kann man das? Ma is doch kei Engel. Versuchen, die zehn Gebote zu halten, die auf jeden Fall, aber neben denen muß man noch viel anderes Gute tun, um akzeptiert zu werden. Sehr schwer. Hölle gibt es auch bei uns, schrecklich! Ohne

---
[204] Gesprächsprotokoll Nr. 48
[205] Gesprächsprotokoll Nr. 79

Teufel, aber man brennt. Es ist ein ewiger Brand, schrecklich, wissen Sie. Und jeder wird gerichtet... der liebe Gott wird alle aufrufen, alle, es kommt eine Erweckung der Toten und dann wird jeder gerichtet. Was hast du angestellt, was du, was du? So stell ich mir das vor, wie ein Kind. Man muß sich ja etwas vorstellen.»

Frau B. verbindet den Vergeltungsaspekt mit demjenigen der Vorbestimmung. «Bei uns ist es vorbestimmt, wie alt man wird. 40 Tage, bevor ein Kind auf die Welt kommt, wird es bestimmt. Der liebe Gott hat ein Buch, da steht also die X und die Y wird dann und dann sterben. Das ist bestimmt.» Aber wenn man am Versöhnungstag sehr viel betet und seine Sünden bereut, kann der liebe Gott die Situation verbessern, dann wird man älter.

Frau Q. erwog, ob ihre Krankheit eine Prüfung sei. Ihre fromme Tochter sagte auch, daß, wer auf Erden viel leiden müsse, dem gehe es oben besser. «Da ist so ein Zusammenhang.» Sie glaubte an die Wirkung der Fürbitte ihrer Tochter und Enkel, welche jeweils an die Klagemauer in Jerusalem beten gingen, wenn ihr eine Untersuchung oder eine Therapie bevorstand. Als ich mich von Frau Q. verabschiedete und ihr noch möglichst viele gute Tage wünschte, sagte sie: «Ja, solange der liebe Gott will.» Von ihrer «sehr frommen Tochter» hatte Frau Q. gelernt, daß im Himmel eine unvorstellbare Glückseligkeit herrsche.

Parallel zu ihrem Bild vom personalen Gott hatte sie eine pantheistische Wahrnehmung von ihm. Diese kam ihr zu Hilfe, wenn es ihr schlecht ging. Dann fuhr sie jeweils in die Natur hinaus, an einen See oder auf einen Berg, um dort mit dem lieben Gott zu reden. «Ich mein', der liebe Gott hört alle an. Das ist nicht gebunden an einen Ort, keine Sprache, keine Religion. Der liebe Gott versteht alle, die in ernster Andacht zu ihm sprechen.»

«Es gibt auch noch das böse Auge. Ist etwas Unglaubliches, was schwer zu begreifen ist. Es gibt Leute, die haben einen gefährlichen Blick; das kommt vom Neid oder unbewußt. Die schaden ihren Mitmenschen. Man kann's nicht beweisen. Um sich davor zu schützen, trägt man etwas Rotes, ein rotes Banderl an der Unterwäsche, das ist gegen den bösen Blick. Es gibt auch Christen, die daran glauben. Besonders die polnischen Juden halten viel davon, aber es ist auch orientalisch. Es ist auch ein bißchen Aberglaube dabei, aber es nützt, komisch, es nützt.» Frau Q. hatte dies erlebt im Zusammenhang mit ihrer Tochter, die nach der Heirat schwer krank wurde. «Ein Wunderrabbi hatte dann etwas dagegen gesagt, und so wurde sie wieder gesund. Das stört den Toraglauben nicht, denn es ist übersinnlich und die größten Rabbiner sind nicht dagegen. Es hat sich schon so oft bewahrheitet, ganz komisch, ganz komisch.»

Innerhalb ihrer mystischen Konzeption des Krankheitsgeschehens nutzte Frau Q. auch die Esoterik. Sie besuchte regelmäßig einen Geistheiler, der ihr Kräfte gab. «Die Frommen würden dies nicht akzeptieren und sagen, entweder vertraust du dem lieben Gott oder nicht. Das ist etwas wo ned grad religiös ist, oder?» Der Geistheiler pendelt und denkt jeden Abend an sie. «Wenn ich von dort rauskomm', fühl ich mich besser. Das ist etwas Übersinnliches, was ich ned versteh.»

6.2 «Der Glaube hat nur bedingt zu tun mit Kirche»[206]

Frau V. war eine etwa 35jährige geschiedene Krankenschwester mit zwei kleinen Kindern. Sie war eine sehr gläubige Katholikin, bejahte aber eher das katholische Volksbrauchtum als die Dogmen der Kirche. «Der Glaube hat nur bedingt zu tun mit Kirche. Der Papst und die katholische Kirche stellen nicht den Glauben dar. Das haben nur wir gemacht. Diese Dogmen bringen nichts.» Es war ihr berufliches Ziel, die christliche Liebe in der Pflege kranker Menschen wirksam werden zu lassen. «Glaube ist die praktische Liebe.» Sie praktizierte sie in der Pflege, indem sie Behinderten half in öffentlichen Toiletten oder indem sie Sterbende begleitete. Mit zunehmender Krankheit wurde sie religiöser und verantwortungsbewußter gegenüber Leidenden. Frau V. bezeichnete sich als stark intuitive und sehr energische Person. Das letztere führte sie darauf zurück, daß sie ein «Steinbock» sei und niemanden an sich heranlasse. Sie ging von einem personalen Gott aus und von einer Zweckbestimmung des menschlichen Lebens aus. Sie erklärte ihre Krankheit mit ihrer angestauten Liebe. Ihr Mann habe sie so krank gemacht, indem er sie so vernachlässigte. Nun lernte sie «für sich zu schauen». Sie lebte intensiver und duldete keinen Zeitverschleiß mehr in bezug auf die Vollendung ihrer «Schlußaufgabe». Sie plante ein Doktorat in Krankenpflege, um ihrem Helferbedürfnis durch einen Titel Form und Autorität zu geben. Darin erkannte sie ihre Bestimmung und den Sinn der Krankheit. «Der Krebs hat einen Sinn gehabt, vielleicht mußte er sein, und wenn es nur ist, daß die Kinder selbständig wurden.» Dieser Schluß stimmt mit ihrer Auffassung von einer Zweckbestimmung des Menschen überein.

Frau V. war erschüttert und empört über ihre Diagnose und über die permanente Verschlechterung ihres Zustandes trotz der Therapie. Vorerst erschien die Krankheit wie ein Irrtum Gottes, er hatte ihr das falsche Schicksal zugeteilt und sie verweigerte es. Sie hatte sich getäuscht in Gott. Er war nicht so gut, wie sie gedacht hatte. Warum belohnte er ihren Einsatz nicht?

Obwohl Frau V. von einem allmächtigen Gott ausging, konnte sie sich nicht vorstellen, daß er sie mit ihren Kindern von ihrem Mann weggehen ließ, um den Kindern danach die Mutter wegzunehmen. Gott war nicht absurd. Und er war allwissend. Sie ging davon aus, daß er ihre Situation kannte und darauf Rücksicht nehmen und seiner Fürsorgepflicht nachkommen würde. «Verständnislos» wirkte Frau V. auch, als sie noch zehn Jahre von Gott forderte. «Ich will jetzt einfach noch nicht sterben. Es ist zu früh.» Gottes Wille geschehe zwar, aber noch nicht jetzt. Sie bat um eine Gnadenfrist und erwartete Gottes Entgegenkommen. «Ich habe dafür gebetet, daß er mir Kraft gibt», sagte Frau V. Sie hatte schon früher erfahren, daß ihr Gebet wirksam gewesen war, und griff auf diese Erfahrung zurück. «Wenn man glaubt, ist auch das Unmögliche möglich. Man kann den Tod verschieben. Man erhält eine Wahnsinnskraft in diesem Moment.» Frau V.s Gottvertrauen schien trotz allem unerschütterlich.

---

[206] Gesprächsprotokoll Nr. 57

Als «Mystikerin» erschien Frau V., als sie über ihre Begleitung einer sterbenden Frau berichtete. Ihr hatte sie versprochen: «Ich bleibe bei Ihnen, bis der Herrgott Sie holt. Ich begleite Sie durch einen dunklen Tunnel. Wir wissen nicht, wie es innen aussieht und was es darin gibt. Aber wenn wir draußen sind, sehen wir die Blumen mit anderen Augen.» Frau V. erkannte in dieser Frau eine Vorgängerin. Im Bild, welches Frau V. ihr skizzierte, erschien das Jenseits als Paradies. Die Vorstellung mutet wie eine Erlösungssituation an. Ihr verklärender Zug trat auch in ihrer Beschreibung vom Tod ihrer Mutter zutage, deren Seele jetzt immer in ihrer Nähe war. Auch die geheimnisvolle Komplementarität zwischen der helfenden Christin und den Hilfsbedürftigen erschien als mystische Konstellation beinahe «heiliger» Figuren. Sie schien sich zu dieser Aufgabe berufen zu fühlen.

Eine zusätzliche diachrone Analyse der Geschichte von Frau V. zeigt, daß nicht nur verschiedene religiöse Motive gleichzeitig aktuell sein können, sondern daß sie im Verlauf der Leidenserfahrung unterschiedliches Gewicht haben oder sich gänzlich ablösen können. Dies kann bei Frau V. an der Veränderung ihres Gottesbildes im Verlauf der Leidensgeschichte festgestellt werden. Ihr Gott wandelte sich

- von einem, der sie mit einem Schlag auf ihre Bestimmung verweist,
- zu einem unberechenbaren und verborgenen Gott, dem sie Vorwürfe macht,
- zu einem, der ihr Lebenszeit schuldet,
- zu einem Lenker,
- zu einem Retter und Erlöser, der im Paradies auf sie warten wird.

Es ist anzunehmen, daß sich nicht nur Frau V. zu verschiedenen Zeiten an unterschiedlichen Motiven orientierte, um mit ihrem schweren Los zurechtzukommen. Die Gleichzeitigkeit verschiedener Motive in Kombination mit einer Veränderung im Verlauf der Leidenserfahrung einer Person erklären vermutlich die «logischen» Unstimmigkeiten, welche eine «saubere» oder im positivistischen Sinne «scharfe» Trennung und sich gegenseitig ausschließende Zuordnung der Geschichten zu einem einzigen Motiv in der Regel unmöglich machen, oder, um auf P. Ricœur[207] zurückzukommen, warum die meisten «narrativen Identitäten» verborgen waren.

Die synchrone Analyse der Geschichten von Frau Q. und Frau V. wie auch von vielen anderen zeigt, daß es Kranke gibt, welche ihr Leiden gleichzeitig mit Hilfe verschiedener Motive bzw. innerhalb verschiedener Deutungsrahmen interpretieren, ohne unter kognitiven Dissonanzen zu leiden. Sie könnten als eine Art Grenzgänger bezeichnet werden.

---

[207] Ricœur P., 1988, in Ganzevoort, op. cit. (Anm. 38), 227

IV Jüdische und christliche Leidenstraditionen

Die religiösen Motive und Phänomene, die in den Leidensgeschichten der Kranken vorkommen, können aus der jüdischen und aus der christlichen Tradition begründet werden. In diesem Teil der Arbeit versuche ich eine motivgeschichtliche Analyse. Ich stütze mich dabei auf Texte aus dem Alten und dem Neuen Testament, auf Quellen der zwischentestamentlichen Zeit, auf rabbinische Literatur sowie punktuell auf die jüdische Mystik. Die Traditionsgeschichte geht davon aus, daß ein Text der Bibel (oder einer anderen religiösen Schrift) nicht ausschließlich Produkt ihres Verfassers ist, sondern daß jedes Schriftstück inhaltlich und formal auch Ausdruck seiner geschichtlichen, geistigen und sprachlichen Welt darstellt. «Traditionsgeschichte» bezeichnet das Feststellen und Vergleichen so geprägter Sachgehalte (Bilder und Themen) in Texten.[208] Neben der Traditionsgeschichte ist im Falle der erzählenden Kranken auch die Wirkungsgeschichte biblischer und tradierter religiöser Texte zu beachten. Alte autoritative Texte können in vielgestaltiger Form bei ihnen ankommen und von ihnen interpretiert werden. Gestützt auf die Sekundärliteratur gebe ich hier jeweils zuerst einen Überblick über das zur Diskussion stehende religiöse Motiv und illustriere es anschließend mit Stellen aus den Primärtexten. Wo angebracht, ergänze ich diese mit Beispielen aus der modernen Literatur. Soweit möglich und sinnvoll, ordne ich die Zitate chronologisch oder gemäß ihrer literarischen Gattung (z. B. Weisheitsliteratur) an. Wenn es die Sache erfordert, mache ich auch auf den Transformationsprozeß aufmerksam, welchen die Texte auf ihrem Weg zu den Kranken durchlaufen. Anschließend an die Darstellung von Motiven aus den Traditionen versuche ich jeweils diese mit den entsprechenden religiösen Motiven, die den Kranken bei der Deutung ihrer Leiden halfen, zusammenzuführen.

1. Lohn und Strafe

1.1 Umschreibung des Vergeltungsglaubens

Mit Vergeltung ist gemeint, daß sich menschliches Tun von Gott her rückwirkend auf das menschliche Ergehen auswirkt. Die Leiden des Menschen werden als Folge und

---
[208] Steck, op. cit. (Anm. 8), 124–127

als Form göttlicher Strafe für ein Vergehen gedeutet. Die Vergeltung wird zurückgeführt auf Gottes Funktion als Richter und ist verbunden mit Vorstellungen von Gottes Zorn und Gericht und mit seiner Eigenschaft der Gerechtigkeit. Die Schuld des Menschen besteht darin, daß der Schuldige von dem durch die Religion vorgegebenen Pfad abgewichen ist und verschiedene religiöse Bestimmungen, Gesetze und Gebote nicht erfüllt oder Verbote übertreten hat. Die Schuld kann durch Buße- und Umkehrhandlungen gesühnt, die Strafe behoben und der Leidende dadurch geheilt werden. Diese Möglichkeit der Wiedergutmachung basiert auf Gottes Funktion als Retter, auf seiner Gnade und Barmherzigkeit. Obwohl Gott also straft, vernichtet er nicht gänzlich, sondern erlöst und rettet den reumütigen Sünder. Der Vergeltungsglaube beruht auf der Annahme, daß der Mensch sein Geschick zwar durch sein Handeln selbst gestaltet, dabei jedoch Bedingungen einer vorgegebenen Ordnung berücksichtigen muß. Lohn und Strafe sind also nicht Ausdruck eines Automatismus, sondern einer göttlichen Zusage. Sie entspricht der Hoffnung, daß gute Menschen den Lohn ihres Einsatzes genießen und Übeltäter die Folgen ihres Tuns erleiden sollen. In diesem Sinne geht es also nicht um eine Doktrin, sondern um eine Erwartung, deren Verwirklichung an die Gerechtigkeit Gottes und an seine Liebe gebunden ist. So verstanden, kann der biblische Vergeltungsglaube nicht so vereinfacht werden, daß vom Geschick eines Menschen auf seine schuldhafte Lebensführung oder auf ein statisch-dogmatisches oder totalitäres Gottesbild rückgeschlossen werden könnte. Bereits das Hiobbuch lehrt, daß eine solche Verengung der Lehre scheitern muß.[209]

1.2 Traditionen von Lohn und Strafe

Das alttestamentliche Denken wird stark vom Vergeltungsglauben beherrscht. In den fünf Büchern Mose (Tora) wird das Vergeltungsdenken von Bund und Erwählung her begründet. In Dtn 28,1 heißt es: «Wenn du auf die Stimme des Herrn, deines Gottes, hörst, indem du auf alle seine Gebote, auf die ich dich heute verpflichte, achtest und sie hältst, wird dich der Herr, dein Gott, über alle Völker der Erde erheben.» In Dtn 28,47 f. schlägt das Pendel in die gegenteilige Richtung aus: «Weil du dem Herrn, deinem Gott nicht gedient hast aus Freude und Dankbarkeit dafür, daß alles in Fülle da war, mußt du deinen Feinden dienen, die der Herr gegen dich ausgesandt hat. Hunger und Durst wirst du leiden, nackt sein und nichts mehr haben. Er legt dir ein eisernes Joch auf den Nacken, bis er dich vernichtet hat.» Das Volk Israel soll sich auf die Normen von Gottes Führung besinnen: «Du sollst an den ganzen Weg denken, den der Herr, dein Gott, dich während dieser 40 Jahre in der Wüste geführt hat, um dich gefügig zu machen und dich zu prüfen.» Während der Zeit der Landnahme (ca. 1200 v. Chr.) heißt es in 1Sam 2,9 f.: «Er behütet die Schritte seiner Frommen, doch die Frevler verstummen in der Finsternis; denn der Mensch ist nicht stark aus eigener

---

[209] Ebach, J. ‹Hiob›, *TRE*, 15 (1986), 360–380

Kraft. Wer gegen den Himmel streitet, wird zerbrechen, der Höchste läßt es donnern aus dem Himmel. Der Herr hält Gericht bis an die Grenzen der Erde...»

In den Büchern der Propheten unterscheidet sich die Anwendung der Vergeltung je nach der prophetischen Epoche. Die vorexilische Droh- oder Gerichtsprophetie kündigt das von Gott verhängte Unheil an, das über Israel und die Völker hereinbrechen wird (Jes 5,8–30; 9,7–10,34; Jer 25; Ez 7–11). Die alten Propheten berufen sich bei ihrer Strafandrohung sowohl auf den von Israel begangenen Bundesbruch, d.h. den Bruch des Grundverhältnisses zwischen Israeliten und dem Ewigen, als auch auf den Zerfall der sittlichen Ordnung. Demgegenüber hat der göttliche Richter keinen Anlaß zum Strafen, wenn sich der Israelit verdienstvoll verhält, d.h. anderen gibt, was ihnen zusteht und Gott gegenüber seine Pflicht erfüllt (Jer 51,10). Die vorexilische Prophetie unterscheidet zwischen Gerichtsankündigung gegen einzelne oder Gruppen und Unheilsprophetie gegen ganz Israel.[210] Die Exilsprophetie Ezechiels erläutert den pädagogischen Zweck theokratischer Herrschaft. Er liegt darin, daß Gott dem Menschen den Weg und die Werke, die er zu tun aufgefordert ist, aufzeigen muß. Die nachexilische Heilsprophetie verkündet das Ende des Gotteszornes, nachdem Israel im Exil den «Kelch des Zornes» geleert (Jes 51,17.22; Ez 36) und als Strafmaß ein Zweifaches seiner Sünden empfangen hat.

Die alttestamentliche Weisheitsliteratur empfiehlt religiöse Tugend statt Ungehorsam und illustriert selektiv die Folgen des jeweiligen Verhaltens mit Lebenserfahrungen, in denen sich der Tun-Ergehen-Zusammenhang bewahrheitete oder in Aussicht gestellt wird. Zum Wohlverhalten gehört, daß der Israelit Gott nacheifere, gegenüber Gott und Menschen Wohltätigkeit übe und so Glück erfahre (Hi 8,6; Sir 4,9; 35,15–17; Prov 17,26; Weish 1,1).

Die frühjüdische biblische und nachbiblische Apokalyptik zeichnet einen Vergeltungsglauben mit einem endzeitlichen (eschatologischen) letzten Gericht, welches einen universalen und einen kosmischen Aspekt beinhaltet. Es wird auf der Erde und im Himmel stattfinden (Jesaja-Apokalypse 24–27). An diesem Gericht werden Gerechte, Frevler, Tote sowie auch mystische Wesen wie Gog und Magog (vgl. Ez 38–39) teilnehmen. Auch der Autor des Danielbuches (168–164 v. Chr.) schildert Gottes strafende und rettende Gerechtigkeit (Dan 2,44; 7,9–14; 9,24–27). Für die Märtyrer und die Verfolgten der frühjüdischen hellenistischen Unterdrückung bedeutet die Vergeltung Trost. Sie gehen davon aus, daß sie, die zur Heiligung des Namens («le Qiddusch ha-Schem») leiden und sterben, gerechtfertigt, ihre Peiniger jedoch vom gerechten Gott bestraft würden. Die Wahrnehmung vom Gott, der sich während der sich neigenden Endzeit zurückgezogen habe, gefährdete die etablierte Vergeltungslehre, denn in ihr wurden Weltgericht und Vernichtung am Ende der Zeit wichtiger als die strafbedingt auferlegten Leiden zu Lebzeiten. Eine Ausnahme bildete das Martyrium. Das frühjüdische vierte Esrabuch (90 n. Chr.) konzipiert ein Gericht, das bereits vor der Erschaffung der Welt vorbereitet war.

---

[210] Seybold K., ‹Gericht Gottes›, TRE, 12 (1984), 460–466

Auch in Qumran (2./1. Jh. v. Chr.) hatte der Vergeltungsglaube endzeitliche Bedeutung. Er war jedoch mystisch überhöht. Nachdem die «Söhne des Lichtes» mit der Jerusalemer Priesterschaft (den «Söhnen der Finsternis») gebrochen hatten, glaubten sie an ihre eschatologische Rechtfertigung am Tage der Rache, d. h. der Heimsuchung Gottes, an dem die Söhne der Finsternis durch das Gericht des Messias vernichtet würden.[211] Obwohl in dieser kollektiven Bewegung der einzelne wenig galt, versuchten die Qumraner, durch extreme Forderungen an die Gesetzestreue der immanenten individuellen Vergeltung zuvorzukommen.[212]

Im rabbinischen Judentum wurde die Auffassung eines Wirkungszusammenhanges zwischen Toraerfüllung und Heilsverlauf und auch die Doktrin, daß die Ehre Gottes in allem Leid und trotz ihm aufrechterhalten werden muß, beibehalten. Das rabbinische Judentum sieht in Gott zwei «Pole»: seine Gerechtigkeit («middat ha-dîn») und seine Gnade («middat ha-rachamim») (ShemR zu Ex 3,14). Die Eigenschaft der Gerechtigkeit postuliert die Lehre von Lohn und Strafe (bBer 58a; bAZ 18a) als Akt, in welchen man vollkommenes Vertrauen haben kann. Die Eigenschaft der Barmherzigkeit bezieht sich auf Gen 15,6; 18,19 und fordert nacheifernde Entsprechung vom Menschen in der Praxis der «Chesed» (Güte) (Dtn10,12). Konkret beinhaltet diese geforderte Glaubenshaltung vom Menschen Gerechtigkeit im Bereich des sozialen Lebens, Harmonie und Frieden im zwischenmenschlichen Leben, Liebeswerke über das Gesetz hinaus, wie Krankenbesuche und Armenfürsorge (mAv 1,2; bSan 32b; bSan 6b) sowie fromme Werke der Buße und des Gebetes. Sie sind Bedingung für die Erlangung des ewigen Lebens und universaler Erlösung in messianischer Zeit. Die rabbinische Lehre von den Verdiensten des Menschen verlangt hingebungsvollen Dienst an Gott (bSan 110b; bBer 54b; bSot 49a), Güte (bBer 61b) und Widerstand gegenüber dem bösen Trieb (bSuk 52a). Bei den Rabbinen sind die Vorstellungen von Lohn und Strafe klar. In mAv 4,2 heißt es: «Eine gute Tat erzeugt eine weitere gute Tat und eine Verfehlung erzeugt eine weitere Verfehlung.»

In der neutestamentlichen Jesusüberlieferung entspricht die vom Menschen geforderte Gerechtigkeit dem, was in der Bergpredigt steht (Mt 5,6.10; 6,33), d. h. dem Tun des Willens des Vaters (Mt 7,21.24.26) gemäß Jesu Vorbild. Norm dieses Verhaltens ist das Gesetz (die Tora) in der Auslegung Jesu: das doppelte Liebesgebot (Lk 10,29–37) und die goldene Regel (Mt 7,12). Jesus verstand Lohn eschatologisch und auf das göttliche Endgericht bezogen. Der Lohn besteht im Eingehen ins Leben, in das Königreich Gottes, in der Teilhabe an der Herrschaft Gottes. Der Lohn steht nicht in einem Äquivalenzverhältnis zur Leistung, ist also nicht kalkulierbar, sondern unverdiente Gabe Gottes (Mt 25,21.23; Lk 6,38). Der Mensch hat keinen Anspruch darauf,

---

[211] Lohse E. (Hg.), Die Texte aus Qumran, ‹Die Kriegsrolle› 1QM, 4. Aufl., Darmstadt, 1986, 177–226

[212] Maier J., Leiden und Weisheit in der jüdischen Mystik, In Jaspert B., Leiden und Weisheit in der Mystik, Paderborn, 1992, 59; Thoma C., Das Messiasprojekt, Theologie jüdisch-christlicher Begegnung, 1993, 94; Lohse E. CD I,I–VII, 21 Damaskusschrift, op. cit. (Anm. 211), 63–108; Scharbert J., ‹Gerechtigkeit›, TRE, 12 (1984), 404–411

da der Lohn in christlicher wie in jüdischer Auffassung der Gnade Gottes entspringt (Mt 20,1–16).

Die *frühen Christen* knüpften an die jüdischen apokalyptisch-eschatologischen Leidensauffassungen an. Ihre Leidenserfahrungen deuteten sie daher als Bestandteil endzeitlicher Drangsal. Die Hoffnung auf die bevorstehende Erlösung half ihnen, die Leiden durchzustehen. Sie relativierte die momentane Unterdrückung und Bedrücktheit. In diesem Zusammenhang wird schließlich auch das Motiv der Freude im Leiden aktuell.[213] Auch der neutestamentliche Mensch ist vor Gott verantwortlich für sein Handeln. Jesus selbst übernahm die Anschauung der göttlichen Vergeltung des menschlichen Tuns mit Lohn und Strafe aus der alttestamentlich jüdischen Tradition (Lohn: Mt 6,19–21; Mk 9,41; Lk 6,35; Strafe Mt 5,22; Mk 9,43–47). Ausgangspunkt des neutestamentlichen Gerechtigkeitsbegriffes ist die im Alten Testament entwickelte Ausrichtung am Gesetz vom Sinai als dem formulierten Willen Gottes und an dessen neuer Interpretation durch Jesu Kreuzigung und Auferstehung. Gott handelt nach dem Gesetz, aber sein Gesetz ist auch Abbild seiner Gerechtigkeit. Sie verwirklicht sich in Jesus am Kreuz und in der dadurch bedingten Versöhnung.[214] Für den Christen bedeutet Gerechtsein nicht so sehr die Befolgung eines Verhaltenskodexes, sondern es beinhaltet die «wesentliche Gerechtigkeit des Menschen». Diese besteht in der Gerechterklärung des Menschen durch Gott, indem er bestraft und vergibt.

Nach Paulus (Röm 3,25 f) liegt der Erweis von Gottes Gerechtigkeit im Christusereignis. Gottes Gerechtigkeit wird als Gottes Gnadenhandeln, das die Vergebung der Sünden zur Folge hat, aufgefaßt. Der Christ erlangt Gerechtigkeit auch im Zusammenhang mit der Taufe (1Kor 6,11; Röm 6). Bei Paulus hängt das sündenvergebende Gnadenhandeln Gottes mit dem Bezug zwischen Glauben und Gerechtigkeit und nicht mit Gesetz und Gerechtigkeit zusammen (Röm 3,26). Vergeltung ist also vorweggenommen. Das Gesetz bleibt im Hintergrund (Röm 1,7). Die Rechtfertigung des Menschen beruht auf dem menschlichen Tun im Glauben. Lohn und Strafe Gottes zeigen, daß Gott das Handeln des Menschen ernst nimmt. 1Kor 3,8–15 gibt den Gedanken an verschiedene Lohnstufen wieder, die aber trotz den Werken Gottes Gnadenwirken zur Voraussetzung haben (vgl. auch den ntl. Jakobusbrief).[215]

1.3 Sinn und Rechtfertigung göttlicher Vergeltung

Die alttestamentliche Erzählliteratur deutet ab dem 9. Jahrhundert v.Chr. Leiden als Folge der Sünden der Familiengründer (Gen 3,14–19; 12,17), der Vergehen der

---

[213] Wolter, op. cit. (Anm. 30), 677–688
[214] Lührmann D., ‹Gerechtigkeit›, *TRE*, 12 (1984), 414–420
[215] Schweizer E., ‹Jesus Christus›, *TRE*, 16 (1987), 671–726; Winter M., ‹Lohn›, *TRE*, 21 (1991), 447–449

Stammväter (Gen 9,25), der Könige (1Kg 14) oder des ganzen Volkes (Lev 26,14–35). Die Propheten deuteten Leiden als Folge der Untreue und des Ungehorsams des Volkes gegenüber Gott (Jes 3,16–26; Ez 7,14–27). Die Vergeltung äußerte sich in Kriegen, Verfolgung, Exil, Unterdrückung, Naturkatastrophen, Epidemien oder im exemplarischen Schicksal besonderer Persönlichkeiten. Die Vergeltung betraf dementsprechend die ganze Schöpfung (Veränderung des Schöpfungsplanes, Leiden als universale Verfügung Gottes), wie nach dem Sündenfall oder der Sintflut, das ganze Volk, wie nach nationalen (kriegerischen) Katastrophen (Exil), Teile des Volkes, wie bei Hungersnöten, oder den Untergang des Nordreiches (722 v. Chr.) oder einzelne Exponenten. Absicht der Vergeltung war, die Umkehr der Betroffenen zu bewirken. Ihr konkretes Leid erscheint je nach der verhängten Strafe in unterschiedlicher Form.

In der rabbinischen Literatur ist die Vergeltungslehre nur eine Sinngebung für Leiden unter anderen. Die Rabbinen vertreten keine bestimmte Leidensideologie mit Ausschließlichkeit und keine extremen Auffassungen, wie sie etwa die apokalyptische Martyriumstheologie des 2./1. Jahrhunderts v. Chr. darstellt. Zu ihrer Zeit vermischte sich das von der Tradition her begründete Vergeltungsdenken mit dem eschatologisch orientierten und auch mit Deutungen aus der jüdischen Mystik. Das Dasein nach dem Tode wurde in die Vergeltung einbezogen und damit der Tun-Ergehen-Zusammenhang im Innerweltlichen um das Jenseitige erweitert. In der jüdischen Mystik (ab dem 12. Jh. n. Chr.) kannte man den Tun-Ergehen-Zusammenhang, deutete die Leiden aber eher zukunftsorientiert im Hinblick auf die Vervollkommnung der Seele des Individuums und der Welt («Tiqqun haOlam»).

Im Alten Testament, in der nach- und nebenbiblischen Literatur werden konkrete Auffassungen von Sühne- oder Läuterungsleiden dargestellt, welche den Menschen zur Umkehr anregen sollen. Sie werden von der Schöpfung, von Bund und Erwählung oder vom Gesetz her begründet.

Der *alttestamentliche Vergeltungsglaube* ist auf die Schöpfung und zu deren Erhaltung, auf die zur Erfüllung der Erwählungsverpflichtungen bzw. auf die Erhaltung der Heiligkeit der Gemeinde sowie die Gesunderhaltung des Volkes angelegt. Diese Absichten enthalten einen transzendenten und einen gegenständlichen Aspekt des Heils, die nicht getrennt betrachtet werden können, da sie in der Beziehung des Menschen zu Gott begründet sind. Die Tatsache, daß Gott diejenigen straft, die die Schöpfungsordnung und das Wohl der Gemeinschaft gefährden, gibt der Strafe einen positiven Sinn und Endzweck und impliziert, daß die Bestraften für die Strafen dankbar sein sollten. Der Midrasch, die rabbinische Toradeutung und -ausgestaltung, fragt an mehreren Stellen, ob denn die Leiden gut seien, und es wird bestätigt, daß dem so ist, da der Mensch durch sie zum ewigen Leben kommt: «Denn eine Leuchte ist das Gebot und die Lehre ein Licht, ein Weg zum Leben sind Mahnung und Zucht» (Prov 6,23). Es geht um ein pädagogisch-belehrendes oder disziplinarisches Grundschema. Der Zweck heiligte im wahrsten Sinn des Wortes die Mittel, legitimierte also die Vergeltung, weil die Vergeltungslehre in einem vorgegebenen Rahmen des Handelns für einander und für Gott spielte.²¹⁶ Leiden sind als gut («Lieb sind die Züchtigungen», mAv 3,14; bSan 101a) zu betrachten, ob sie als Strafe oder im Hinblick auf etwas Kommendes verhängt werden. Die Rechtfertigung des Vergeltungsprinzips durch die Schöpfung und durch Bund und Gesetz macht es zu einem Mittel, das zum Heil führt, selbst wenn der Weg vorerst durchs Leiden geht. Daß die Vergeltung letztlich dem Wohl des Menschen dient, ließ Gott auch Ezechiel, den Exilspropheten, im 6. Jahrhundert v. Chr. bestätigen: «Sag zu ihnen: So wahr ich lebe – Spruch Gottes, des Herrn –, ich habe keinen Gefallen am Tod des Schuldigen, sondern daran, daß er auf seinem Weg umkehrt und am Leben bleibt. Kehrt um, kehrt um auf euren bösen Wegen. Warum wollt ihr sterben, ihr vom Haus Israel?» (Ez 33,11). Doch das Heil ist an Bedingungen geknüpft.

Auch das Neue Testament versteht die Bestimmung des Menschen zum Heil als Bestimmung zur Erlösung im Sinne des Durchbruchs der göttlichen Herrlichkeit. 2Kor 5,1–8 v. a. 5,2: «Im gegenwärtigen Zustand seufzen wir und sehnen uns danach, mit dem himmlischen Haus überkleidet zu werden.» Das Endgericht schilderte Matthäus im Kapitel 25. Die zentrale Aussage des Neuen Testaments liegt im gekreuzigten Christus. Sein Leiden wird als Heilsquelle für alle menschlichen Leiden gedeutet.

Leiden können über jemanden hereinbrechen, damit er seine Taten überprüft. Dies liegt darin begründet, daß das Alte Testament davon ausgeht, daß kein Mensch frei ist von Sünde. Diese Leiden als frühe Warnung finden Anwendung vor allem bei Gerechten, die minimal gesündigt haben oder deren Sünden mit guten Taten ausgeglichen sind.²¹⁷ Diese Leiden sind nicht eigentlich als Vergeltung gedacht, sondern dazu, den potentiell Schuldigen zur Reue zu motivieren. Es sind Ermahnungen. «Raba, nach anderen R. Hisda, sagte: ‹Sieht jemand, daß Züchtigungen über ihn kommen, so untersuche er seine Handlungen, denn es heißt: Thr 3,40: ‹Prüfen wir unsere Wege, erforschen wir sie und kehren wir um zum Herrn. Und wenn er nichts findet, soll er das Leid dem Vernachlässigen des Torastudiums zuschreiben›» (bBer 5a).

Das Wohl kann zwar primär durch Gesetzestreue, nach Verfehlungen aber durch Buße und Sühne wiedererlangt werden. Im Babylonischen Talmud diskutieren die Rabbinen alle erdenklichen Facetten von Gottes Vergeltungspraxis. Gott ließ Mose, der um seine eigene Tilgung aus dem Buch bat, leben, weil er bereute. So sagte R. Jehosua ben Levi: «Wer aber seinen Geist demütigt, dem rechnet es die Schrift an, als hätte er sämtliche Opfer dargebracht, denn es heißt: ‹Das Opfer, das Gott gefällt, ist ein zerknirschter Geist, ein zerbrochenes und zerschlagenes Herz wirst du, Gott, nicht verschmähen›» (Ps 51,19) (bSan 43b). Dem Kranken wird, «selbst wenn er alle nabatäischen Widder der Welt dargebracht hat, nicht eher verziehen, als bis er ihm Abbitte geleistet hat» (bBQ 92a). Laut Rabbi Eleazar vergibt Gott denen, die Buße tun, und er vergibt denen nicht, die keine Buße tun (bYom 86a).

---

[216] Luzzato M. C. Derech ha Shem, The way of God and an essay on fundamentals, transl. and annot. by Aryel Kaplan, 4. ed., Jerusalem, 1988–5748, 342 (1988), 165
[217] Luzzato, op.cit. (Anm. 216), 117

Daß jemand mit Leiden bestraft wird, ist nur vorgesehen für den Fall, daß ein Sünder seine Tat nicht bereut. «Der Kranke steht nicht eher von seiner Krankheit auf, als bis man ihm all seine Sünden vergeben hat, denn es heißt: Ps 103,3 ‹...der dir all deine Schuld vergibt und all deine Gebrechen heilt...›» (bNed 41a). Die Ausrottung als härteste Strafe gilt nur dem, der seine Straftat nicht bereut. Die Ausrottung ist das totale Vergessen. Erinnern ist zukunftspendend, Vergessen bedeutet Vernichtung (Dtn 25,17–19).

Gott kann den einzelnen nicht nur wegen ihm selbst, sondern auch wegen seiner Vorfahren oder im Hinblick auf seine Zeitgenossen und Nachkommen richten, denn alle Israeliten bürgen für einander (bShevu 39a–b). Die Verbundenheit der Juden in ihrer Erwählungsgemeinschaft wirkt sich auch im Vergeltungsglauben aus. Aufgrund von Ex 34,6f. hat dies auch Folgen für spätere Generationen: «Er bewahrt Tausenden Huld, nimmt Schuld, Frevel und Sünde weg, läßt aber (den Sünder) nicht ungestraft; er verfolgt die Schuld der Väter an den Söhnen und Enkeln, an der dritten und vierten Generation.» Der Ewige ist also auch ein Gott der Rache. Laut Ez 18,1–4 gab es ein Sprichwort, daß die Väter saure Trauben essen und den Söhnen die Zähne stumpf werden. Das heißt, was frühere Generationen falsch gemacht haben, dafür müssen spätere büßen. Der Talmud tradiert diese generationenübergreifende Auffassung: «Wehe den Gottlosen, nicht genug, daß sie sich selbst verschulden, vielmehr verschulden sie auch ihre Kinder und Kindeskinder bis zum Ende aller Geschlechter» (bYom 87a).

Der Gedanke an eine generationenübergreifende Vergeltung wird im Neuen Testament in der Geschichte der Heilung eines Blinden fortgesetzt. In Joh 9,1–3 heißt es: «Unterwegs sah Jesus einen Mann, der seit seiner Geburt blind war. Da fragten ihn seine Jünger: ‹Rabbi, wer hat gesündigt? Er selbst? Oder haben seine Eltern gesündigt, daß er blind geboren wurde?› Jesus antwortete: ‹Weder er noch seine Eltern haben gesündigt, sondern das Wirken Gottes soll an ihm offenbar werden.›» Auch Paulus bestätigt diese Auffassung in Röm 9,14–16: «Heißt das nun, daß Gott ungerecht handelt? Keineswegs. Denn zu Mose sagt er: ‹Ich schenke Erbarmen, wem ich will, und erweise Gnade, wem ich will.›»

Aus verschiedenen Beispielen der Tradition geht hervor, daß die theologische Absicht des Vergeltungsglaubens, bedingt durch die «Zurückhaltung» Gottes bzw. durch seine freiwillige Beschränkung seiner Allmacht durch den Willen des Menschen, sehr komplex ist. Der Vergeltungsglaube wird fälschlicherweise durch Juden und Christen als Automatismus oder Ideologie aufgefaßt.

1.4 Umkehr statt Strafe

Die Möglichkeit des Menschen zur Umkehr beruht auf der Barmherzigkeit Gottes. Das hellenistische Weisheitsbuch (ca. 50 v. Chr.) drückt diesen Gedanken so aus: Weish 11,23: «Du hast mit allen Erbarmen, weil du alles vermagst, und siehst über die Sünden der Menschen hinweg, damit sie sich bekehren.» Weish 12,2 ff.: «Darum bestrafst du die Sünder nur nach und nach; du mahnst sie und erinnerst sie an ihre Sünden, damit sie sich von der Schlechtigkeit abwenden und an dich glauben, Herr.» Weish 12,18–19: «Weil du über Stärke verfügst, richtest du in Milde und behandelst uns mit großer Nachsicht... und hast deinen Söhnen die Hoffnung geschenkt, daß du den Sündern die Umkehr gewährst.» Weish 12,26: «Wer sich aber durch eine Strafe, die ihn zum Gespött macht, nicht warnen läßt, der wird eine Strafe erleiden, die der Macht Gottes entspricht.»

Die Umkehr setzt voraus, daß sich der Fehlbare seiner Verfehlung bewußt ist bzw. daß er weiß, welches die «richtige» Lebensweise wäre. Umkehr besteht in kultischen und anderen Handlungen, zu denen Fasten, Opferungen (Sündopfer, Bußopfer), Reinigungsmaßnahmen wie Bäder, Leiden (z. T. aufgrund selbst zugefügter Leiden durch Kasteiungen und Askese), magische Übertragungen auf den Sündenbock (Lev 16), Bekenntnisse und Bußgebete gehören, und in guten Taten. Mit der Zerstörung des Zweiten Tempels fiel für die Juden die Möglichkeit ritueller Sühne wie die Darbringung von Opfern dahin; an ihrer Stelle gewann individuelles Leiden an Bedeutung für die Sühnung von Vergehen.[218] Diesen Handlungen wird eine Wirkkraft zugeschrieben, welche die Schuld sühnen, den Sünder von seinem Leiden heilen und den göttlichen Wohlgefallen wiederherstellen kann.

Dieses Umkehrschema ist bereits in der Tora angelegt. In Lev 26,43–45 heißt es: «Sie sollen ihre Schuld sühnen, weil sie immer wieder meine Vorschriften mißachtet und meine Satzungen verabscheut haben. Aber selbst, wenn sie im Land ihrer Feinde sind, werde ich sie nicht mißachten und sie nicht verabscheuen, um ihnen etwa ein Ende zu machen und meinen Bund mit ihnen zu widerrufen; denn ich bin der Herr, ihr Gott. Ich werde zu ihren Gunsten des Bundes mit den früheren Generationen gedenken, die ich vor den Augen der Völker aus Ägypten herausgeführt habe, um ihr Gott zu sein, ich, der Herr» (ähnlich auch Hosea 5 und 6; 2Chon 7,13; Tob 13,6).

Angesichts des allmählichen Abfalles des Nordreiches Israels von Gott in der zweiten Hälfte des 8. Jahrhundert v.Chr. mahnte der Prophet Hosea: «Kehr um, Israel, zum Herrn, deinem Gott. Denn du bist zu Fall gekommen durch deine Schuld. Kehrt um zum Herrn, nehmt Worte (der Reue) mit euch, und sagt zu ihm: Nimm alle Schuld von uns und laß uns Gutes erfahren. Wir danken es dir mit der Frucht unserer Lippen» (Hos 14,2f). Jeremias wurde (vorexilisch) von Gott aufgefordert, die Drohworte Gottes auf eine Buchrolle zu schreiben. «Vielleicht werden die Leute vom Haus Juda, wenn sie hören, wieviel Unheil ich ihnen antun will, umkehren von ihrem bösen Weg, und ich kann ihnen Schuld und Sünde verzeihen» (Jer 36,3). «Vielleicht flehen sie vor dem Herrn um Erbarmen und kehren um, jeder von seinem bösen Weg; denn groß ist der Zorn und Grimm, den der Herr diesem Volk angedroht hat» (Jer 36,7) (vgl. auch Jer 3,19–4.4). Seit der Zeit Jesajas (8./7. Jh. v. Chr.) sind Fast- und Bußtage bekannt: «An jenem Tag befahl Gott, der Herr der Heere, zu weinen und zu klagen, sich eine Glatze zu scheren und Trauergewänder zu tragen» (Jes 22,12). Sacharia berichtet von Fasten-

---

[218] Wissmann H., ‹Buße›, *TRE*, 7 (1981),430–433; Welten P, ‹Buße›, *TRE*, 7 (1981), 433–439

riten im 6. Jahrhundert v. Chr. (Sach 7) und Nehemia berichtet aus dem 4. Jahrhundert v. Chr. von einem kollektiven Bußgottesdienst und Bußgebet (Neh 9). Aus Dtn 32,36 geht hervor, daß Gott sein Erbarmen über das ganze Volk Israel ausbreiten wird. Das stellvertretende Sühneleiden oder der stellvertretende Sühnetod gewann in frühjüdischer Zeit Bedeutung. Diese Art Stellvertretung meint, daß Leiden und Tod eines Menschen – besonders eines Märtyrers – nicht nur für seine eigenen, sondern auch für die Sünden des Volkes Vergebung Gottes bewirken wird (vgl. Dan 3,35 Die drei Männer im Feuerofen; 4Makk 6,28f. und 17,22 [ca. 150 n. Chr.]; AssMos 9,7–10,1 [1. Jh. n. Chr.] Taxos Vorbereitung seiner Söhne auf das Martyrium).

Laut dem rabbinischen Judentum ist die Buße ein Angebot für alle, nicht nur für Sünder. Der Moment für Bußehandlungen ist jederzeit und überall gegeben. Zum Umkehren ist es gemäß Talmud nie zu spät: «Selbst wer vor der Steinigung ein Bekenntnis ablegt, hat einen Anteil an der zukünftigen Welt. An diesem Tage sollst du im Unglück sein, nicht aber in der zukünftigen Welt» (bSan 43b). «Buße und gute Werke» tun besteht seit dem 2. Jahrhundert n. Chr. als Formel (mAv 4,17). Ein bußfertiger Sünder ist ein «baal teschuva». Er steht in Kontrast zum «Zaddik gamur», dem vollkommenen Gerechten (bBer 34; bSan 99a). Im 3. Jahrhundert n. Chr. überliefert der Babylonische Talmud, daß Bußehandlungen aus Liebe zu Gott dem Büßer zum Verdienst werden, Buße aus Furcht hingegen dient nur der Wiedergutmachung (bYom 86b). Rabbi Akiba sagte, daß Umkehr eines der Dinge war, die vor der Welt bestanden. Dies, damit diejenigen, die gesündigt haben, Zeit haben umzukehren (bPes 54a). Da es auf der Erde keinen Menschen gibt, der lebt, ohne einen Fehler zu begehen (Koh 7,20), müßte die Welt ohne «teschuva» ausradiert werden. Wenn alle umkehren hingegen, kann der Messias kommen (b Pes 54a).

Der Talmudtraktat bYom 86a–b listet die Wichtigkeit der Buße auf: «Bedeutend ist die Buße, denn sie bringt Heilung über die Welt... bedeutend ist die Buße, denn sie verdrängt ein Verbot der Tora... bedeutend ist die Buße, denn sie führt die Erlösung herbei... bedeutend ist die Buße, denn durch sie werden die vorsätzlichen Sünden in fahrlässige verwandelt; bedeutend ist die Buße, denn sie verlängert die Jahre des Menschen; bedeutend ist die Buße, daß man, wenn einer Buße tut, der ganzen Welt die Sünden vergibt.»

Seit dem 13. Jahrhundert n. Chr. befaßte sich die jüdische Mystik («Kabbala») mit der Umkehr («Tikkun») der Sünder. Gemäß der Kabbala behindern Sünden den Strom der Gnade, der von Gott her zum Menschen fließt. Buße dagegen dient der Wiederherstellung der harmonischen Beziehung zwischen Gott und Mensch und aktiviert den Gnadenstrom. Gemäß der Kabbala (Zohar) ist der bußfertige Sünder besser als der Gerechte, weil der Sünder durch seine Buße sofort zur Einsicht gelangt und der Gerechte erst durch ein langes Leben. Innerhalb der jüdischen Mystik wird die Seelenwanderung als Mittel der Sühne verstanden. Dies entspricht einem Akt der göttlichen Barmherzigkeit, indem er der sündigen Seele die Hölle erspart und sie nur auf eine leidvolle Wanderung, die mit dem Fegefeuer verglichen werden kann, schickt. Gemäß bestimmter Vorstellungen finden die Seelen böser Sünder Verbesserung durch ihre Reintegration in den Körper eines Frommen. Dies erklärt dann andererseits in der mystischen Lehre, weshalb auch Fromme leiden. Den Abschluß dieses Läuterungsprozesses stellt die Erlösung dar.[219]

Auch die christliche Buße richtet sich an Gott und stellt den ersten Schritt zum Christentum dar. Bei Johannes dem Täufer ist Buße als Mittel, dem Zorn Gottes zu entrinnen, konzipiert: «Das Volk zog in Scharen zu ihm hinaus, um sich von ihm taufen zu lassen. Er sagte zu ihnen: Ihr Schlangenbrut, wer hat euch denn gelehrt, daß ihr dem kommenden Gericht entrinnen könnt? Bringt Früchte hervor, die eure Umkehr zeigen, und fangt nicht an zu sagen: ‹Wir haben ja Abraham zum Vater.› Denn ich sage euch: Gott kann aus diesen Steinen Kinder Abrahams machen» (Lk 3,7f). Der Akt der Taufe und die Umkehr sind für die Christen die von Gott gegebenen Möglichkeiten der Rettung: «Ich sage euch: Ebenso wird auch im Himmel mehr Freude herrschen über einen einzigen Sünder, der umkehrt, als über neunundneunzig Gerechte, die es nicht nötig haben, umzukehren» (Lk 15,7). Jesus orientierte sich zwar am Bußruf Johannes des Täufers, aber bei ihm war die Heilsansage und nicht mehr der Zorn Gottes das zentrale Verkündigungsmotiv: «Und wenn sich dein Bruder siebenmal am Tag gegen dich versündigt und siebenmal wieder zu dir kommt und sagt, ich will mich ändern!, so sollst du ihm vergeben» (Lk 17,4). Der Aufruf zur Umkehr wird mit der Gottesherrschaft in Zusammenhang gebracht. Sie befreit vor dem göttlichen Strafgericht. Jesus forderte auf, sich der Botschaft zu öffnen und von jetzt an aufgrund der Fürsorge Gottes und nicht mehr aufgrund seines Gerichtes zu leben (Mk 1,15).

1.5 Vergeltungserfahrungen

Hier geht es um eine Gegenüberstellung der Vergeltungstraditionen und der Art und Weise, wie kranke Juden und Christen Vergeltung in ihrem Leiden erleben (Kap. III, 1.5). Die Geschichten der Umkehrer (Kap. III, 1.1–1.3) spiegeln die ganze Komplexität wider, die in der Tradition des Vergeltungsglaubens zum Ausdruck kommt. Die kranken Umkehrer deuten ihr Leiden allerdings mehrheitlich aus einem archetypisch-religiösen Empfinden heraus. Aufgrund der kritischen Rückschau über ihr Leben erwägen sie düstere Kapitel, die ihnen möglicherweise den Krebs als Strafe eingebrockt haben. Aus diesen leiten die meisten Umkehrer diffuse religiös-moralisch-psychologische Erklärungen für ihr Leiden ab. Frau F.[220], eine ältere protestantische Kranke, bezeichnete ihren Krebs als Strafe. Sie wisse zwar nicht wofür, aber sie erlebe ihn so. Es könne keinen anderen Grund geben dafür. Sie habe sich zwar immer bemüht, anständig zu leben, keine Tiere gequält, niemandem mit einer anderen Hautfarbe etwas zuleid getan, sei nicht kriminell, also weshalb sollte sie Krebs haben? Die Frau Pfarrer habe gesagt, es genüge halt nicht, recht zu leben. Man könne nicht einfach so rech-

---
[219] Ben Chorin S., Jüdischer Glaube, Tübingen, 1979, 254–276
[220] Gesprächsprotokoll Nr. 36

nen. Auch Herr P.[221], ein älterer Katholike, fragte sich, nachdem er seine Diagnose vernommen hatte, sogleich: «Herrgott, wie hast du gelebt? Ich war schon nicht immer der Brävste.» Eine säkulare israelische Jüdin[222] mittleren Alters sagte: «Ich brachte meinen Tumor von Südafrika zurück. Es ist mein schlechtes Gewissen. Ich hatte vier Jahre lang eine wunderbare Zeit mit meinem Mann.» Sie hatte es «unverschämt genossen», keine familiären Verpflichtungen zu haben. In Israel wohnt sie neben ihrer Tochter und deren Familie, die sie «aussaugt». Ihr Problem sei, daß sie nicht nein sagen könne. Der Krebs strafe sie nun für diese Charakterschwäche, aber er bringe ihr auch viele Vorteile. Vor allem schütze er sie vor ihrer Tochter, denn er gebe ihr einen Grund, nein zu sagen. Auch Frau R.[223], eine Israeli zwischen 40 und 50, sagte: «I think that my illness is a legitimate way of God telling me that I must take care of myself. That it is all right to pamper myself and do things I enjoy doing. That it is all right to put my needs first if the circumstances permit. That I deserve what everyone else deserves even though I am just a housewife. I think this is what God was telling me and he made me listen through my illness. I believe that there is God and that he is running the world and that things that happen don't happen without a plan and meaning.» Nur wenige Kranke haben theologische Kenntnisse und wissen um die biblische Vergeltungslehre oder können gar traditionelle Texte dazu zitieren. Der orthodox-jüdische Herr M.[224] (Kap. III, 1.1) beruft sich «als Jude» auf den alttestamentlich angesagten bzw. von den Propheten angedrohten (Kap. 1.2) Wirkungszusammenhang zwischen menschlichem Handeln und Geschick. Sein von ihm so benanntes Wucherdasein lief dem halachisch (religionsgesetzlich) vorgeschriebenen menschen- und gottgefälligen Leben entgegen. Er ist auch der einzige, der Gott als strengen Richter und Bestrafer beschreibt: «Gott zeigt ausschließlich Fehler auf; wie man sie korrigiert, muß man selber herausfinden.» Neben Herrn M. ist allerdings Frau A.[225] (Kap. I, 4.3) auch vertraut mit Teilen der Überlieferung. Sie zitiert die in der jüdischen Tradition geltende Auffassung der generationenübergreifenden Vergeltung. Die anderen kranken Juden und Christen erkennen intuitiv, daß sie durch ihre Krankheit die Folgen ihres Tuns erleiden. Frau Z.[226] (Kap. III, 1.3), die liberale Protestantin, schreibt die Strafe Gott zu, dessen Gabe – ihr Leben – sie mißachtet hat. Frau N.[227] (Kap. III, 1.2), die säkulare Israeli, hingegen kommt mit keiner Art Gottheit zurecht. Sie erklärt sich ihren immer wiederkehrenden Krebs von numinosen Kräften her. Diese lenken als unpersönliche und einer personalen Gottheit übergeordnete Macht die Natur. Laut Frau N. rächen sie sich nun an ihr für den Raubbau, den sie mit ihrem Körper getrieben hat. Die Umkehrer haben ihre Kontrahenten in den Kranken, die Gott nicht explizit als Disziplinarinstanz be-

---

[221] Gesprächsprotokoll Nr. 7
[222] Gesprächsprotokoll Nr. 89
[223] Gesprächsprotokoll Nr. 97
[224] Gesprächsprotokoll Nr. 15
[225] Gesprächsprotokoll Nr. 82
[226] Gesprächsprotokoll Nr. 6
[227] Gesprächsprotokoll Nr. 84

trachten. So sagte eine katholische Nonne[228]: «Jeder Mensch hat einmal etwas Gutes getan, und Gott ist nicht so kleinlich.» Und Herr S.[229], ein älterer katholischer Mann, verwarf den Gedanken der Strafe gänzlich: «Ich bin religiös. Aber daß ich jetzt da Vorwürfe machen würde und sagen, warum hast du mich jetzt gestraft! Nein, das nicht.» Auch der 46jährige liberale Jude[230] sagte kurz vor seinem Tod: «Man kann sich den Himmel nicht erkaufen, sonst wären ja alle im Spital böse und zur Strafe dort. Es kann nicht sein. Mit Lebensweise hat es nichts zu tun.» Diese drei Kranken distanzieren sich von einer mechanistischen Leidensbetrachtung, die vom Schicksal eines Menschen auf seinen Lebenswandel oder auf die Wirkungsweise Gottes schließt. Ungeachtet dessen, ob die Kranken sich vorstellen, Gott halte sein prüfendes Auge auf sie gerichtet, oder ob sie sich in eine Schöpfungsordnung eingebettet fühlen, merken sie, daß es zwischen ihnen und «etwas Größerem» eine konkrete Verbindung gibt und daß sie diesem gegenüber verantwortlich sind. Für Herrn M. ist es das Gesetz und für Frau Z. Gott. Für Frau N. geht es nicht darum, daß sie aus religiös-ethischer Verpflichtung heraus einen bestimmten Umgang mit ihrem Körper pflegt, sondern einfach weil es offenbar nicht anders geht. Alle haben gelernt, daß sie nicht ungestraft von ihrem geheimnisvoll vorgegebenen Lebensplan abweichen können. Je nach ihrer Glaubensrichtung bezeichnen sie ihre Verfehlungen als Schuld oder Fehler, sich selbst als Täter oder Opfer. In jedem Fall sind sie selber schuld an «ihrem Krebs».

Zum Zeitpunkt unseres Gesprächs befanden sich die Umkehrer bereits auf dem Rückweg. Es schien, als nehmen sich alle reumütig und ungeachtet ihrer Konfession Ben Siras Ermahnungen zu Herzen, obwohl dieses Buch nur in der katholischen Bibel steht. In Sir 37,27–31 heißt es: «Mein Sohn, prüfe dich in deiner Lebensweise, beobachte, was dir schlecht bekommt, und meide es! Denn nicht alles ist für alle gut, nicht jeder kann jedes wählen. Giere nicht nach jedem Genuß, stürz dich nicht auf jeden Leckerbissen. Denn im Übermaß des Essens steckt die Krankheit, der Unmäßige verfällt heftigem Erbrechen. Schon viele sind durch Unmäßigkeit gestorben. Wer sich aber beherrscht, verlängert sein Leben.»

In der Hoffnung, daß ihre Wiedergutmachungshandlungen Gott mild und barmherzig stimmen und er ihnen noch etwas Leben gewähren würde, strengen sie sich an, ihre Defizite aufzuarbeiten. Sie haben Gottes Fingerzeig, seine Ohrfeige oder seinen «Chlapf» bzw. seine Lehre als gerechtfertigt anerkannt. Christen und Juden nehmen ihr Leiden als letztlich lebensrettende Offenbarung Gottes an (als «liebe Züchtigung»), auch wenn es paradox anmutet, daß eine bösartige Krankheit so bezeichnet wird. Gefügig machten sie sich die in der Vorstellung des barmherzigen Erlösergottes angelegte Möglichkeit der Umkehr zunutze. So klingt aus den Umkehrgeschichten zwar nicht gerade Glück über die Krankheit, aber doch Erleichterung und Dankbar-

---

[228] Gesprächsprotokoll Nr. 17
[229] Gesprächsprotokoll Nr. 69
[230] Gesprächsprotokoll Nr. 49

keit über die Möglichkeit zur Umkehr, eifriges Bemühen, Rückfälle zu vermeiden und Anzeichen von Versöhnung mit ihrem Los an. Das in Dtn 30,16 ff. angesagte Gnadenhandeln Gottes gibt ihnen die Kraft dazu. Dort heißt es: «Wenn du auf die Gebote des Herrn, deines Gottes, auf die ich dich heute verpflichte, hörst, indem du... auf Gottes Wegen gehst und auf seine Gebote, Gesetze und Rechtsvorschriften achtest, dann wirst du leben.» Daß sich die Kranken zum Zeitpunkt des Gesprächs ihrer vermeintlichen Bestimmung fügten, darf nicht darüber hinwegtäuschen, daß sie vorher monate-, wenn nicht jahrelang mit ihrem Leiden rangen. Sich durch viele Stadien der Leidensverarbeitung zu kämpfen ist mehr als nur ein chronologischer Prozeß. Für diese gläubigen Juden und Christen bedeutet «der Krebs» nicht nur eine gesundheitliche, sondern auch eine selbst verschuldete religiöse Krise. Ihre Beziehung zu Gott schien gestört zu sein, die Weltordnung war für sie zum willkürlichen Schicksal geworden. Das Auftreten der Krankheit und auch spätere Rückfälle erschütterten die Zuversicht der Kranken in Gottes Heilszusage. Andererseits implizierte ihre Umdeutung der bösartigen in eine (lebens-)rettende Krankheit, daß sie diese im Glauben an einen heilschaffenden Gott transzendierten und daß sie intuitiv wußten, daß die «Ordnung» sinnvoll ist für sie. Besonders Frau Z., die eine panentheistische Auffassung von Gott hat und «er ist immer und überall unter uns» sagte, bat Gott mehrmals am Tage darum, daß er sie auf den richtigen Pfad leiten möge. Die Umdeutung des Leidens zu etwas Heilsamem ist nicht als Selbsttäuschung oder Resignation der Umkehrer zu verstehen. Sie ist Ergebnis einer aktiven geistigen Auseinandersetzung mit ihrer Situation.

Der Vergleich von Vergeltungserfahrungen heutiger Kranker mit der Vergeltungstradition zeigt, daß sowohl das disziplinarisch-pädagogische Grundschema der Vergeltungslehre als eine Möglichkeit der Sinngebung als teilweise auch Einzelheiten aus diesem Motiv aus alttestamentlicher Zeit bis heute erhalten geblieben sind. In den Leidensgeschichten der Kranken sind aber auch Abweichungen davon zu sehen. So liegt der Fokus der Umkehr im Profanen. Die Kranken wollen primär von ihrem Krebs geheilt werden und ein Leben führen, das mit ihren Vorstellungen im Einklang steht. Die damit einhergehende Entspannung ihrer Beziehung mit Gott ist für sie sekundär. Die Buße- und Wiedergutmachungsbemühungen der Kranken bestehen mehrheitlich aus praktischen, gesundheitsbezogenen und weniger aus kultischen Handlungen. Sie erfolgen mehrheitlich außerhalb und ohne religiöse Institutionen. Nur bei den religiös gebildeten Kranken ist die Sinngebung durch die Vergeltungslehre Ergebnis einer bewußten religiösen Reflexion. Die anderen legen sich kaum sichtbar Rechenschaft ab, etwa über damit verbundene Gottesvorstellungen oder den Ursprung des Bösen.

Meine Fragestellung war ausgerichtet auf transzendente Aspekte des Tun-Ergehen-Zusammenhangs. Solche sind eindeutig erkennbar in den besprochenen Leidensgeschichten. Trotzdem ist nicht zu übersehen, daß der Vergeltungsglaube im Sinne der Tradition bei vielen Kranken durchmischt ist mit einem eher psychologisch-psychosomatisch begründeten «Vergeltungsgefühl». Schließlich bleibt festzustellen, daß Juden und Christen analog diese Sinngebung so modifizieren, daß sie in einen hoffnungsvollen Ausblick mündet. In den Leidensgeschichten der kranken Umkehrer kommen also weder typisch alttestamentlich-jüdische noch typisch christliche Merkmale des Vergeltungsglaubens, wie etwa die Überwindung des strengen Richtergottes durch Jesus Christus, zum Ausdruck. Das Leiden führt bei allen zur Feststellung einer Schuld in ihrer Beziehung zu Gott.

2. Vorwürfe gegen Gott

Im folgenden beschreibe ich das Phänomen des als ungerecht empfundenen Leidens und des dadurch bedingten Vorwurfs gegen Gott. Der Jude oder Christ war normalerweise erst dann versucht, Gott Vorwürfe zu machen, wenn das Leid, das ihn traf, besonders vernichtend und unerklärlich war. Da diese Charakteristik auch auf die Vernichtung der Juden durch den Holocaust im 20. Jahrhundert zutrifft, schließe ich Leidensdeutungen, die sich darauf beziehen, als Aktualisierungen der biblischen und der rabbinischen Tradition in meinen Überblick ein.[231]

2.1 Gott verhält sich falsch

Aus den Vorwürfen gegen Gott geht ein Konflikt zwischen den Leidenden und Gott hervor. Dieser beruht darauf, daß Gott ihre Erwartungen nicht erfüllt, obwohl sie sich bemühten, seinen Geboten zu folgen. In ihren Vorwürfen thematisieren sie das «Fehlverhalten» Gottes und die eigene Rechtfertigung. Die Unzufriedenheit der Leidenden beruht auf der Annahme einer Gegenseitigkeit in der Beziehung zwischen ihnen und Gott. Diese beinhaltet, daß Gott seine in Schöpfung, Bund und Erwählung begründeten Zusagen erfüllen wird, wenn sich der Mensch an seine religiösen und ethischen Verpflichtungen hält. Die vom Leid Betroffenen sehen diese Verheißung Gottes in ihrem Leben nicht verwirklicht und finden keine Erklärung dafür. Besonders für religiöse Juden, aber auch für andere Gläubige, löst das Nicht-in-Erfüllung-Gehen der Tora eine Krise aus. Es macht die Verwirklichung ihres Erwählungsauftrages schwierig. Es veranlaßt manche dazu, mit Gott zu hadern und sich schließlich von ihm abzuwenden, nachdem sie sich eine Zeitlang mit ihm auseinandergesetzt haben.

2.2 Gott gibt keine Antwort

Im alttestamentlichen Buch der Richter, das etwa aus dem 12. Jahrhundert v. Chr. stammt, illustriert Gideon, der mit den Israeliten wegen den Midianitern in Bedräng-

---

[231] Vgl. Görg M. Langer M. (Hg.), Als Gott weinte – Theologie nach Auschwitz, Regensburg, 1997; Fackenheim E. L., To mend the world, foundations of post-holocaust Jewish thought, Bloomington, 1994

nis war, die Situation: «Ach, mein Herr, ist der Herr wirklich mit uns? Warum hat uns all das getroffen? Wo sind alle seine wunderbaren Taten, von denen uns unsere Väter erzählt haben? Sie sagten doch: Wirklich, der Herr hat uns aus Ägypten herausgeführt. Jetzt aber hat uns der Herr verstoßen und uns der Faust Midians preisgegeben» (Ri 6,13).

Auch für Hiob ist das Schwierigste, seine Leiden zu ertragen, ohne eine Erklärung oder einen Sinn darin zu finden: «Ich sagte zu Gott: sprich mich nicht schuldig, laß mich wissen, warum du mich befehdest» (Hi 10,2). Wenn Gott den fragenden Leidenden seine Antwort vorenthält, rechten sie mit ihm. Hiob sagt: «Doch ich will zum Allmächtigen reden, mit Gott rechten, ist mein Wunsch» (Hi 13,3). In Hiob 13,22 f. heißt es: «Dann rufe, und ich will Rede stehen, oder ich rede, und du antworte mir! Wieviel habe ich an Sünden und Vergehen? Meine Schuld und mein Vergehen sag mir an!» Selbst wenn die Leidenden sich bewußt sind, daß sie nicht perfekt sind, erwarten sie besseres. Klagen von ungerecht Leidenden finden sich auch in den Klageliedern und in den Klagepsalmen: «Wenn ich auch schrie und flehte, er blieb stumm» (Thr 3,8). An einer anderen Stelle heißt es: «Du hast dich in Wolken gehüllt, kein Gebet kann sie durchstoßen» (Thr 3,44).

Im Neuen Testament illustriert Jesus am Kreuz die Situation. Vor seinem Tod rief auch er laut: «Eli, Eli, lama sabachtani», das heißt: Mein Gott, mein Gott, warum hast du mich verlassen? (Mt 27,46). An Jesus selbst wird hier das Unverständliche thematisiert. Die Verspottung Jesu durch seine Zeitgenossen anläßlich seiner Kreuzigung gibt auch Hinweise auf die in der Vergeltungsdoktrin Verhafteten. In Mt 27,39 heißt es: «Die Leute, die vorbeikamen, verhöhnten ihn, schüttelten den Kopf...» Und Mt 27,43 lautet: «Er hat auf Gott vertraut: der soll ihn jetzt retten, wenn er an ihm Gefallen hat...»

2.3 Gott ist ungerecht

Zu allen Zeiten verglichen ungerecht Leidende ihren eigenen Lebenswandel und ihr Schicksal mit demjenigen glücklicher Frevler und Übeltäter und stellten dabei Ungereimtheiten bezüglich der göttlichen Gerechtigkeit fest. Aber gerade auch der Fremdvergleich gibt Anlaß zu Vorwürfen und Forderungen. So heißt es in Ps 10,12–15: «Herr, steh auf, Gott erheb deine Hand, vergiß die Gebeugten nicht! Warum darf der Frevler Gott verachten und in seinem Herzen sagen: ‹Du strafst nicht?› Du siehst es ja selbst; denn du schaust auf Unheil und Kummer. Der Schwache vertraut sich dir an; du bist dem Verwaisten ein Helfer. Zerbrich den Arm des Frevlers und des Bösen, bestraf seine Frevel, so daß man von ihm nichts mehr findet.» In Psalm 94,2–5 wendet sich der Bedrängte an den Anwalt der Gerechten: «Erhebe dich, Richter der Erde, vergilt den Stolzen ihr Tun! Wie lange noch dürfen die Frevler... frohlocken? Sie führen freche Reden; alle, die Unrecht tun, brüsten sich. Herr, sie zertreten dein Volk, sie unterdrücken dein Erbteil...» Auch Jeremia rechtete mit Gott, als er in Not war: «Du bleibst im Recht, Herr, wenn ich mit dir streite; dennoch muß ich mit dir rechten. Warum haben die Frevler Erfolg, weshalb können die Abtrünnigen sorglos sein?» (Jer 12,1).

Wegen vieler Ungereimtheiten im Schicksal guter und schlechter Menschen debattieren die Rabbinen des 2. Jahrhunderts n. Chr. Rabbi Meir sagte: «Wenn zwei infolge gleicher Krankheit in das Bett steigen, oder wenn zwei wegen der gleichen Anklage auf den Richtplatz geführt werden, so kommt es vor, daß einer das Bett verläßt und der andere nicht, daß der eine gerettet wird und der andere nicht... Rabbi Eleazar erklärte: Der eine flehte vor der Besiegelung des Urteils und der andere nach der Besiegelung des Urteils» (bRHSh 18a). Im Midrasch Kohelet 9,1 heißt es: «Der Tod hätte nur über die Frevler, nicht aber über die Gerechten verhängt werden sollen. Er wurde aber darum über die Frevler verhängt, damit sie nicht eine trügerische Buße tun und etwa sprechen möchten: ‹Die Gerechten leben nur, weil sie sich mit der Gesetzesausübung und mit guten Werken schmücken. Wohlan, wir wollen uns auch mit der Gesetzesausübung und mit guten Werken schmücken!› Auf diese Weise würde ihre Absicht nicht lauter sein.»

2.4 Gott beherrscht sich

Es gibt bemerkenswerte rabbinische Erzählungen, wonach Gott sich in vollkommener Selbstbeherrschung besonders ruchlosen Menschen gegenüber zeigt. Laut bGit 56b betrat der römische Kaiser Titus kurz vor seiner geplanten Zerstörung des Jerusalemer Tempels das Allerheiligste des Tempels. Er führte eine Dirne mit sich, breitete eine Torarolle aus und verging sich darauf mit ihr. Bei seiner Unzuchtshandlung im heiligsten Raum der Welt ergriff er, Gott lästernd, ein Schwert und durchstach den Vorhang zum Allerheiligsten. Da strömte Blut aus dem Vorhang hervor. Titus glaubte nun, er habe den Ewigen endlich getötet. In der talmudischen Erzählung kommentiert Rabbi Chanan diese schauerliche Begebenheit. Er zitiert zunächst Ex 15,11: «Wer ist wie du, unter den Göttlichen? Wer ist wie du, gewaltig und heilig!» Dann wandelte er den zweiten Teil des Bibelverses ab und fragt Gott rhetorisch: «Wer ist wie du gewaltig und hart? Du hörest die Beschimpfung und die Lästerung jenes Frevlers und schweigst!» Dies ist ein eindrückliches Beispiel dafür, wie die Rabbinen Gott als den Beherrschten, dem zügellosen Zorn nicht Unterworfenen feierten.[232]

2.5 Gott verbirgt sich

Der sich verbergende Gott («El mistatter»), der sein Antlitz besonders bei Verhängnissen, die über unschuldige Israeliten hereinbrechen, abwendet («hester panîm»), ist

---

[232] Vgl. Thoma C., zitiert in Görg/Langer, op. cit. (Anm. 231), 30–41

eine wichtige Denkfigur der Rabbinen. Sie hilft, so zu Leidensdeutungen vorzudringen. In Ps 94,1 heißt es: «Gott der Rache, Ewiger, Gott der Rache: erscheine!» Gott wird also zum Handeln gegen die Bösen und zum Schutz Israels aufgefordert. Im Anschluß an Jes 45,15 («Wahrlich, du bist ein verborgener Gott») sagt der Midrasch zu Ps 94,1 (MTeh 94,1): «Wahrlich, du bist ein Gott, der sich verbirgt! Wahrlich, in dir ist Kraft, und du verbirgst dich? Erscheine in deiner Kraft. Rabbi sagt: ‹Fleisch und Blut wird vom Zorn bezwungen, aber der Heilige, gelobt sei er, bezwingt den Zorn...› Rabbi Natan sagt: ‹Fleisch und Blut wird vom Eifer bezwungen, aber der Heilige, gelobt sei er, bezwingt den Eifer.›»

Die Vorstellung vom sich verbergenden Gott bzw. von der «Verborgenheit des Antlitzes» wurde von den modernen jüdischen Theologen des Holocaustes aufgegriffen und in den Dienst der Sinngebung gestellt: Was ist von einem Gott der Geschichte zu sagen, der «Auschwitz» zuließ? Der Holocaust-Theologe Eliezer Berkovits rekurrierte in diesem Zusammenhang sowohl auf biblische als auch auf talmudische Vorstellungen vom verborgenen Gott. In seiner Deutung von bHag 5a–b sagt er, daß Gott ein Risiko auf sich nahm, als er den Menschen schuf. Gott könne sich aber der Verantwortung für den Menschen nicht entziehen, andernfalls würde der Mensch durch Menschenhand vernichtet werden. «Er ist gegenwärtig, ohne daß er unzweifelhaft als Daseinender erkannt würde. Er ist abwesend, ohne hoffnungslos unzugänglich zu sein. Viele finden ihn auch in seiner Abwesenheit, andere vermissen ihn sogar in seiner Anwesenheit. Wegen der Notwendigkeit seiner Abwesenheit verhüllt Gott sein Antlitz, und so entsteht das Leiden der Unschuldigen. Wegen der Notwendigkeit seiner Anwesenheit gibt es keinen letztlichen Triumph des Bösen und gibt es Hoffnung für die Menschen.»[233]

2.6 Gott handelt willkürlich

In BerR 49,8 wird Gen 18,23 interpretiert. Der Bibelvers lautet: «Abraham trat näher zum Ewigen und sprach: ‹Willst du etwa den Gerechten zusammen mit den Ruchlosen wegschaffen?›» Rabbi Jehoschua bar Nechemja redete im Zusammenhang mit diesem Bibelvers Gott so an: «Wenn du den Zorn in deine Welt bringst, dann vernichtest du damit die Gerechten und die Frevler. Und es genügt dir in diesem Falle nicht, daß du die Frevler um der Gerechten willen mit dem Tode bestrafst! Willst du etwa die Gerechten mit den Frevlern zusammen vertilgen?» Rabbi Levi sagte: «Dies ist mit einer Bärin zu vergleichen, die andern Tieren ihre Jungen rauben wollte. Da sie aber keine fand, raubte sie ihre eigenen. Das heißt, sie fraß ihre eigene Brut auf.» Rabbi Simon sagte: «Gleich einer Sichel, die, wenn sie Dornen und Disteln abschneidet, sich nicht

---

[233] Berkovits E., The Hiding God of History, in Gutman I., Rothkirchen L., The catastrophe of European Jewry, Jerusalem, 1976, 604–704, zitiert von Thoma C., Jüdische Versuche, Auschwitz zu deuten, Communio, 1995

damit begnügt und die, wenn sie nur auf Lilien mäht, sich auch noch nicht damit begnügt.» Hier wird Gott eine übertriebene und unnötige autokratische Willkür untergeschoben.

Die jüdische Tradition suggeriert noch andere Fragen an Gott: Ist er schwach? Schläft er? Ist er rachsüchtig? Stets aber wird mit Hilfe von Bibelversen bewiesen, daß diese Suggestionen falsch sind. Ähnliche Fragen stellen auch die heutigen Kranken.

2.7 Abkehr von Gott

Schwergeprüfte kranke Menschen ringen mit Fragen und Antworten zu ihrem Schicksal und zum Lauf der Welt so, wie ihre Vorgänger in biblischer Zeit damit gerungen haben (oben 2.1–2.6). Das Quantum ihres Leides ist so groß, daß sie sich nicht erklären können, womit sie es möglicherweise verdient hätten. Sie fragen nur noch: «Wann ist es endlich genug?»[234] Im Vergeltungsglauben verstrickt, wägen sie immer wieder ihre guten gegen ihre schlechten Taten ab und vergleichen ihre Lebensführung mit derjenigen von Menschen, denen es besser geht als ihnen. Ihre Bilanz fällt immer so aus, daß ihr Lebenswandel das Ausmaß ihres Leides nicht rechtfertigt, auch wenn er Schwachstellen aufweist. Die Kranken stellen sich nicht als vollkommene Gerechte dar, aber ihre Selbsteinschätzung ist doch besser als diejenige, die sie vermeintlich von Gott erfahren. Ihre diesbezüglichen Rechtfertigungen unterscheiden sich kaum von traditionellen. Wie beispielsweise Kohelet (7,20) gehen sie davon aus, daß es auf der Erde keinen Menschen gibt, der so gesetzestreu wäre, daß er stets richtig handelt und keinen Fehler begeht. Die mit ihrem Schicksal und mit Gott hadernden Juden und Christen sind Menschen, die mit dem Vergeltungsdogma nicht zurechtkommen, im Netz religiöser Widersprüche hängenbleiben und darin enden. Dies, obwohl ihnen wie dem traditionellen Menschen klar ist, daß letztlich der allmächtige Gott im Recht bleibt. In Ex 33,19 heißt es: «Ich (Gott) gewähre Gnade, wem ich will, und ich schenke Erbarmen, wem ich will.» Es gelingt den Haderern nicht, alternative Deutungen auszuleuchten. Sie spekulieren nicht mit alternativen Deutungsmöglichkeiten, sondern wundern sich nur über die Verteilung von Leid unter den Menschen. Das von ihnen erlebte «Fehlverhalten» Gottes angesichts ihres Leidens und ihre Vorwürfe gegen ihn basieren auf ihrer Enttäuschung. Sie glaubten ursprünglich an eine Art Partnerschaft mit Gott, welche ihnen gemäß der Verheißung Schutz und Rettung gewähren würde, wenn sie Gott im tätigen Alltag und im Kult dienten (Kap. 1.2). Nun erleben sie, daß dies offenbar nicht stimmt, obwohl besonders die einst orthodox-jüdischen Frauen[235] (Kap. III, 2.1 und 2.2) ihm große Opfer gebracht haben. In den Texten der Tradition werden Klagen und Anklagen der Leidenden betreffend Gottes Nichteinhaltung des «Vertrages» abgelehnt oder erklärt. Damit sind jene Konflikte behoben. Die Kranken

---

[234] Gesprächsprotokoll Nr. 42
[235] Gesprächsprotokolle Nr. 75, 76

jedoch können sich ihre Leidenssituation weder selbst erklären, noch erhalten sie von Gott eine Antwort. Sie schweben in einem religiösen Vakuum. Gott scheint entfremdet, und sie fühlen sich als Opfer dieser Entfremdung. Eine Zeitlang fordern sie, daß er aktiv wird; danach bezweifeln sie seinen Anspruch auf Anerkennung und Verehrung. Sie kündigen ihr Bekenntnis zu ihm.[236] An seine Stelle tritt bei Frau O. und Frau G.[237] die aus der Tradition bekannte Verfluchung des Tages der Geburt (Jer 20,14ff.; Hi 3). Es ist ihnen unmöglich, einen Gott, der an keine Regel gebunden ist, zu ertragen. Nur Herr D.[238] (Kap. III, 2.3) weist Gott in seinen Verhandlungen darauf hin, daß Gott sich selbst und seiner Schöpfung schade, wenn er ihn sterben läßt. Die Kranken sind auch nicht bereit, bis ins Jenseits auf ihren Lohn zu warten. Sie wollen keine Märtyrer sein.

Solche Reaktionen sind aus der «Babylonischen Theodizee» (800 v. Chr.) überliefert: «In einem Dienst ohne Gewinn ziehe ich das Joch vor.»[239] «Wenn ich mich vor den Göttern demütige, was gewinne ich dabei?»[240] Auch Frau T.[241] (Kap. III, 2.4) hat sich von Gott verabschiedet. Ihre Lösung steht einer Toterklärung Gottes[242] nahe, die an R. Rubensteins Folgerungen aus dem Problem mit Gott in «Auschwitz» erinnert. Manche Kranke, wie beispielsweise Frau O.[243], befürchten, für ihre Herausforderungen gegenüber Gott bestraft zu werden. Auch dieses Motiv ist in der Tradition begründet. In 1Sam 2,10 heißt es: «Wer gegen den Herrn streitet, wird zerbrechen, der Höchste läßt es donnern am Himmel, der Herr hält Gericht bis an die Grenzen der Erde» (vgl. auch QohR 8,4).

In der Haltung der zitierten Kranken kommt eine aus der Tradition nicht bekannte trotzige und rechthaberische Kompromißlosigkeit und Selbstsicherheit zum Ausdruck. Dies mag darin begründet sein, daß die biblischen Stellen, in denen Gott Vorwürfe gemacht werden, als literarische Belehrungen konzipiert sind. Die Empörung der Kranken dagegen ist unmittelbare Erfahrung. Sie ist ihnen so nahe, daß sie nicht darüber philosophieren mögen. Sie hatten auch keinen Grund, mir während des Gesprächs Schöngeistigkeiten aufzusagen. Statt dessen verharren sie in Groll und Resignation. Darin liegt vielleicht der größte Unterschied zwischen Tradition und der Erfahrung der Kranken von Gottes Unbegreiflichkeit. Die Welt der Haderer erscheint deshalb als Welt der Unerlösten und Unerlösbaren. Im Unterschied zu denjenigen Kranken, die Sinngebungen für ihr Leiden finden (Kap. III, 1.3, 1.4, 1.5, 1.6), bewegen

---

[236] Gesprächsprotokolle Nr. 22, 75, 76
[237] Gesprächsprotokolle Nrn. 75, 76
[238] Gesprächsprotokoll Nr. 21
[239] Babylonische Theodizee Z. 74 nach von Soden, TUAT III, 1990, 150, zitiert von Sitzler D., Vorwurf gegen Gott, ein religiöses Motiv im Alten Orient, Wiesbaden, 1995, 217
[240] Babylonische Theodizee Z. 251f. nach von Soden, TUAT IV, 1, 1990, 155, zitiert von Sitzler, op. cit. (Anm. 239), 217
[241] Gesprächsprotokoll Nr. 22
[242] Rubenstein R., After Auschwitz, Radical theology and contemporary Judaism, Indianapolis, 1966
[243] Gesprächsprotokoll Nr. 76

sich die Haderer nicht auf etwas im religiösen Sinne Heiles hin. Die Leidensgeschichten von drei der vier im Teil III beschriebenen Haderer begannen in ihrer Kindheit. Seither war ihr Leben ein Überlebenskampf. Es stehen ihnen scheinbar keine idealisierenden Bewältigungsstrategien zur Verfügung. Im Motiv der Vorwürfe gegen Gott gelingt weder Juden noch Christen eine Umdeutung oder Transzendierung ihres Leidens in eine Hoffnung etwa auf eschatologische Rechtfertigung im Anschluß an ihr ungerechtfertigtes irdisches Leiden. Eine solche schöpferische Deutung würde ihnen vielleicht – um mit dem modernen Holocausttheologen Dan Cohn-Sherbok[244] zu sprechen – ermöglichen, im Leiden einen Sinn zu finden. Statt dessen erleben sie darin religiöse Leere oder Nacht, wie E. Wiesel sie im Zusammenhang mit den Schrecken des Holocaust beschrieb.[245]

3. Aufopferung

In der jüdischen und in der christlichen Tradition gibt es mehrere Beispiele von Gestalten, welche sich dem Willen Gottes hingeben, ungeachtet der Leiden, die sie deshalb ertragen müssen. Sie sind sogar bereit, sich aus Gehorsam und zur Ehre Gottes aufzuopfern. Im folgenden stelle ich vier solche Gestalten vor. Anschließend zeige ich exemplarisch, wie diese Glaubenshaltung in der jüdischen und christlichen Liturgie zum Ausdruck kommt.

3.1 Abraham und Isaak

In Genesis 22 wird berichtet, daß Abraham von Gott aufgefordert wurde, ihm seinen einzigen und geliebten Sohn zu opfern. Als beide an den Ort kamen, den Gott ihnen gezeigt hatte, baute Abraham einen Altar und schichtete das Holz darauf. Sodann fesselte er seinen Sohn Isaak und legte ihn auf das Holz. Als Abraham seine Hand, in der er das Messer hielt, ausstreckte, um seinen Sohn Isaak zu schlachten, rief ihm der Engel des Herrn vom Himmel her zu: «Abraham, Abraham!» Er antwortete: «Hier bin ich.» Der Engel sprach: «Streck deine Hand nicht gegen den Knaben aus, und tue ihm nichts zuleide. Denn jetzt weiß ich, daß du Gott fürchtest; du hast mir deinen einzigen Sohn nicht vorenthalten.» Die Aqedat Jizhaq (Bindung/Fesselung Isaaks zum Zweck der Opferung) gehört zu den zentralen religiösen Vorstellungskomplexen der jüdischen Religion und des jüdisch-religiösen Lebens. Sie stellt mit Abraham und Isaak die Urbilder des Glaubens dar. Gott nennt Abraham in Jes 41,8 seinen «Freund». Abraham erfüllte den Willen Gottes im unerschütterlichen Vertrauen darauf, daß Gottes Absicht sinnvoll und für ihn zum Besten ist. Die absolute Prüfung bestand darin, daß

---
[244] Cohn-Sherbok D., Holocaust Theology, London, 1989, 128f.
[245] Wiesel E., Night, New York, 1960

dieselbe Person, die ihm zur Sicherung seiner Nachkommenschaft gegeben worden war, geopfert werden sollte. Abraham grübelte nicht darüber nach, murrte nicht über den Widerspruch, sondern tat, was ihm aufgetragen wurde. Darin unterscheidet er sich von Hiob, der die Versuchungssituation gegen seinen Willen auf sich nahm. Abraham wird deshalb als Gerechter rezipiert (vgl. bBB 16–17a). Auch Isaak hat in der jüdischen Tradition exemplarischen Charakter wegen seiner vollkommenen Selbsthingabe. Der Targumtext CN 1 zu Ex 12,42 läßt Isaak im Ereignis der Aqeda 37jährig, also einen vollverantwortlichen, erwachsenen Mann sein, der weiß, was ihm geschieht. In seiner Opfergesinnung ist er bereit, dargebracht zu werden. Die Juden sollten sich, besonders wenn sie in Bedrängnis sind, an Isaaks Hingabegesinnung erinnern und ihn nachahmen.[246]

In Jesaja 41,8–10 werden die niedergeschlagenen Israeliten mit einem Hinweis darauf getröstet, daß sie Nachkommen Abrahams, der Gottes Freund war, sind. In Jesaja 51,1 f. werden sie an Abrahams Standhaftigkeit erinnert. In Nehemia 9,7 f. erinnern die Israeliten ihrerseits Gott an den Bund, den er mit Abraham, ihrem Stammvater, geschlossen hat.

In frühjüdischer Zeit wird die Aqedaspiritualität, also die bedingungslose Bereitschaft, sich für die Heiligung des Namens Gottes («le Qiddusch haSchem») zu opfern, wegweisend für die Märtyrer. Sie wurde während der Zeit der hellenistischen Verfolgung, besonders zur Zeit der Makkabäer (ab ca. 170 v. Chr.), während der Verfolgungen durch die Römer zur Zeit des Bar Kochba-Aufstandes (132–134 n. Chr.) und während der Kreuzzugszeit im 11. und 12. Jahrhundert n. Chr. Leitmotiv für die neugeforderte Martyriumsbereitschaft und als Unterpfand der Auferstehung gedeutet.[247] Im 2. Jahrhundert n. Chr. wird der Sühnecharakter der Aqeda betont. Er wird darauf zurückgeführt, daß die Opferung Isaaks als vollzogen galt, d. h., daß Isaak bei der Aqeda gestorben und auferstanden ist. Aufgrund seiner Rettung wird Isaak zum Idealtyp der auf die Auferstehung Hoffenden. Zeugnisse für die Bereitschaft, für den Glauben zu sterben, sind besonders in Dan 3 (die drei Männer im Feuerofen) und in 2 Makk 7 (die Märtyrermutter mit ihren sieben Söhnen). Was die drei jungen Männer zum grausamen König Nebukadnezzar sagten, bevor sie in den Feuerofen geworfen wurden, klingt wie die nachempfundene Aufopferungsbereitschaft Isaaks, als er auf dem Opferaltar festgebunden war: «Wenn überhaupt jemand, so kann nur unser Gott, den wir verehren, uns erretten; auch aus dem glühenden Feuerofen und aus deiner Hand, König, kann er uns retten. Tut er es aber nicht, so sollst du, König, wissen: Auch dann verehren wir deine Götter nicht und beten das goldene Standbild nicht an, das du errichtet hast» (Dan 3,17 f). Im siebten Kapitel des zweiten Makkabäerbuches, das bald nach dem Danielbuch geschrieben worden ist (ca. 120 v. Chr.), wird die Hingabe- und Opferungsbereitschaft einer Mutter mit ihren sieben Söhnen gefeiert. Als der

---

[246] Thoma C., Christliche Theologie des Judentums, Aschaffenburg, 1978, 148
[247] Schmitz R. P. Aqedat Jizhaq die mittelalterliche jüdische Auslegung von Gen 22 in ihren Hauptlinien, Judaistische Texte und Studien, Maier J. (Hg.), Bd.4, Hildesheim, 1979, 10

zweitälteste Sohn zur Todesfolterung geführt wurde, sagte er zu König Antiochus IV: «Du Unmensch! Du nimmst uns dieses Leben! Der König der Welt aber wird uns zu einem neuen, ewigen Leben erwecken, weil wir für seine Gesetze gestorben sind» (2 Makk 7,9). Auch dieses Bekenntnis des makkabäischen Sohnes steht ganz in der Aqeda- bzw. in der Isaak-Tradition. Die in diesen Texten beschriebenen Märtyrer bezeugen während ihres Martyriums, daß Leiden mit der Auferstehung belohnt wird. Sie gehen, wie Isaak, als Erzmärtyrer und Vorbilder in die jüdische Tradition ein.

In den rabbinischen Schriften kommt die Aqedat Jizhaq häufig vor. Im großen Genesis-Midrasch (BerR) wird die Einigkeit zwischen Abraham und Isaak angesichts der von Gott geforderten Opferung Isaaks breit und tiefsinnig ausgeführt. Auch die Exemplarität des Gehorsams Abrahams und der Hingabebereitschaft Isaaks sowie die menschlich kaum erträgliche Prüfung der Aqeda werden betont.[248] Ich gebe hier einen Auszug aus der Aqeda-Schilderung in den Pirqe de Rabbi Eliezer. Er zeigt die rabbinische Leidens- und Ergebenheitsmentalität. In PRE 31[249] heißt es unter anderem: «Als Abraham und Isaak auf dem Berg des Sehens Gottes (vgl. Gen 22,9.14) ankamen, sahen sie die Herrlichkeit der Schechkhina des Ewigen[250], die auf dem Gipfel des Berges ruhte... Abraham sah eine von der Erde bis zum Himmel reichende Feuersäule. Da verstand er, daß sein Sohn Isaak als vollkommenes Brandopfer von Gott angenommen war... Als das Messer Abrahams den Hals des Isaak berührte, da entwich Isaaks Seele. Und als Isaak Gottes Stimme zwischen den zwei Cheruben hörte, die zu Abraham sagten: ‹Strecke deine Hand nicht gegen den jungen Mann aus...› (Gen 22,12), kehrte Isaaks Seele wieder zu seinem Körper zurück... Da erkannte Isaak... daß in der Endzukunft alle Toten wieder zum Leben erweckt werden.» Aus dieser spätrabbinischen Deutung der Opferung Isaaks mag ein indirekter neutestamentlicher Einfluß herausleuchten. Ähnlich wie Isaak ist Jesus am Marterpfahl die vollkommene Opfergabe für den Vater (vgl. z. B. Hebr 7–10). Es gibt starke Sinnverwandtschaften zwischen Isaak und Jesus im Verhältnis zum «Vater» (Abraham bzw. Gott). Es liegen Analogien im Alter Isaaks und Jesu sowie darin, daß Isaak sein Opferholz und Jesus sein hölzernes Kreuz selbst tragen mußten.[251] Die Aqeda und die Kreuzigung finden ihren Sinn in der Versöhnung Gottes, d. h. in seiner Vergebung der Sünden der Nachkommen Abrahams/Isaaks und Jesu. Abraham ist eine «Heilsgarantie» für alle «Kinder Abrahams», die dank ihm des Beistandes Gottes gewiß sein können (Röm 11,1–12). Abraham ist für die neutestamentliche Soteriologie insofern von Bedeutung, als auch Jesus Same Abrahams war und deshalb dessen Geist den Christen weitergeben kann. Ihnen wird dadurch Zugang zum ewigen Leben verschafft. In Joh 8,56

---

[248] Zur Schwere der Prüfung vgl. Die Zwillingsgleichnisse vom abgewendeten Unglück (BerR 56,11) in Thoma C., Lauer S., Die Gleichnisse der Rabbinen II: Von der Erschaffung der Welt bis zum Tod Abrahams (BerR 1–63), JüdChr 13, Bern, 1991, 308–310
[249] Warschauer Ausgabe, Reprint 1970
[250] Zum Schechkhina-Begriff vgl. Petuchowski J., Thoma C., Lexikon der jüdisch-christlichen Begegnung, Freiburg i. Br., 1989, 352–356
[251] Petuchowski/Thoma, op. cit. (Anm. 250)

sagt Jesus: «Euer Vater Abraham jubelt, weil er meinen Tag sieht», d.h. weil er sieht, daß er die Prüfung der Kreuzigung besteht. Auch neutestamentlich gilt jedoch, daß die Abstammung nur dem nützt, der den Vätern in ihrer gerechten Lebensweise gleicht. In Röm 4,13 heißt es: «Denn Abraham und seine Nachkommen erhielten nicht aufgrund des Gesetzes die Verheißung, Erben der Welt zu sein, sondern aufgrund der Glaubensgerechtigkeit.» Sie wird christlich als imitatio Dei konzipiert. Nach Mt 3,9: «... und meint nicht, ihr könnt sagen, wir haben ja Abraham zum Vater. Denn ich sage euch: Gott kann aus diesen Steinen Kinder Abrahams machen.» In Röm 4 spricht Paulus von der Abrahamskindschaft. Auch Lukas greift die Aqeda auf. In Lk 1,54 f. heißt es: «Er nimmt sich seines Knechtes Israel an und denkt an sein Erbarmen, das er unseren Vätern verheißen hat, Abraham und seinen Nachkommen auf ewig.»

Wirkungsgeschichtlich ist vor allem die «Erinnerung» (zikkaron, anamnêsis, memoria) an die Opferung Isaaks und an die Opferung Jesu bedeutsam geworden. Der Targum Codex Neofiti 1 enthält ein Gebet, das Abraham gesprochen habe, um seinen Nachkommen die Isaaksche Opferbereitschaft zu ermöglichen: «Und nun, wenn meine Söhne in der Bedrängnis sind, sollen sie sich an die Aqeda ihres Vaters Isaak erinnern. Höre dann auf die Stimme ihres Gebetes und rette sie aus ihrer Bedrängnis» (vgl. BerR 56,10 zu Gen 22,14). In ähnlichem Sinn feiert Jesus vor seinem Leiden und Sterben mit seinen Jüngern eine Mahlsgemeinschaft, erklärt ihnen sein Lebensopfer und fordert dann: «Tut dies zu meiner Erinnerung» (Lk 22,19 f). Die archetypischen Ereignisse der Hingabe von Isaak und von Jesus sind seitdem von vielen Märtyrern und Leidenden zur eigenen Stärkung adaptiert worden.

3.2 Der Gottesknecht und Jesus

Das in Jes 52,13–53,12 sich findende vierte Gottesknechtlied wurde kurz vor der Befreiung Israels aus dem babylonischen Exil (539 v.Chr.) verfaßt. Die darin beschriebene Gestalt des Gottesknechtes («eved Adonai») ist mit derjenigen von Abraham und Isaak durch seine demütige Haltung gegenüber seinem Leid verwandt. Der Gottesknecht entspricht einer idealtypischen Zusammenfassung vieler Merkmale des israelitischen Volkes und seines Schicksals im babylonischen Exil. Er ist eine heilsprophetische Gestalt. Als verkrüppelter, verspotteter und verachteter Mann nimmt er für andere Leiden auf sich und wird schließlich gerechtfertigt, um gleichberechtigt «die Beute mit den Mächtigen zu teilen.» Der Gottesknecht leidet unschuldigerweise unter fremden Unterdrückern, aber der Ewige hat ihn dazu erwählt, findet Gefallen an ihm und läßt seinen Geist auf ihm ruhen.[252] Der Gottesknecht leidet stellvertretend für die Leiden, die Israel zum Heil der Völker erdulden muß. Erst wenn alle Völker an den Ewigen glauben, kann der Messias kommen. Der Knecht ist einerseits Israel in der

---

[252] Michel D., ‹Deuterojesaja›, TRE, 8 (1981), 510 f.

selbstverschuldeten Verbannung. Als Befreier ist er andererseits eine zukünftige Gestalt, die sein Volk nicht durch Kriege, sondern religiös-kultisch durch Entsühnung in die Endzeit hineinführt. Dies wird in Jes 52,11 so ausgedrückt: «Doch der Herr fand Gefallen an seinem zerschlagenen (Knecht), er rettete den, der sein Leben als Sühneopfer hingab. Er wird Nachkommen sehen und lange leben. Der Plan des Herrn wird durch ihn gelingen.» Dieser Vers verweist auf eine ideengeschichtliche Verbindung zwischen dem stellvertretend leidenden Gottesknecht und Jesus.

Im neutestamentlichen ersten Petrusbrief werden die wegen ihres Christusglaubens verfolgten und vom Märtyrer-Tod bedrohten Sklaven ermahnt, sie sollten sich am Gottesknecht Jesus ein Beispiel nehmen. Dies gebe eine Kraft, auch das Schwerste zu erdulden: «Denn es ist eine Gnade, wenn jemand Kränkungen erträgt und Unrecht erleidet; denn er richtet sich ja in seinem Gewissen nach Gott» (1Petr 2,19). Dann wird in diesem neutestamentlichen Brief das jesajanische Gottesknechtlied zitiert und auf Jesus und die verfolgten christlichen Sklaven angewendet (1Petr 2,21–25).

Jesus wird in eschatologisch-messianischer Deutung als Erfüller der Aussagen im vierten Gottesknechtlied interpretiert. In Röm 3,23f. heißt es: «Alle haben gesündigt und die Herrlichkeit Gottes verloren. Ohne es verdient zu haben, werden sie gerecht, dank seiner Gnade, durch die Erlösung in Christus Jesus.» Jesus leidet wie der Gottesknecht geduldig und wehrlos, um schließlich Gottes Kraft an sich für die Menschen zur Erscheinung kommen zu lassen. Das Motiv der Aufopferung für Gott steht dem Ringen um den Willen Gottes (Kap. IV, 4.) so nahe, daß ich den Vergleich dieser zwei Traditionen mit den Leidensdeutungen der Ergebenen im Anschluß an Teil IV, Kapitel 4.1 beschreibe.

4. Ringen um den Willen Gottes

Nach zwei biblischen Berichten über Menschen, die auf den Tod hin verfolgt wurden, war das Ringen um den Willen Gottes, «wie im Himmel so auch auf Erden» (vgl. Mt 6,10), die schwerste psychische Hürde für sie. Die Bereitschaft der jungen Männer, denen der Feuertod im Ofen drohte, habe ich schon beschrieben (vgl. oben Kap. 3.1). Auch Jesus hat in seiner Todesangst am Ölberg vor allem um den Willen Gottes gerungen (Mk 14,36). Die zwei Hauptgebete des Judentums zur ungefähren Zeit Jesu, das «Qaddisch» und das «Schemone esre» (Achtzehngebet), kommen ebenso auf den schwer verständlichen und oft kaum akzeptierbaren Willen Gottes zu sprechen wie Jesus im Vaterunser. Bei näherem Zusehen sind alle drei Hauptgebete miteinander verwandt. Das Vaterunser und das Achtzehngebet bilden nur modifizierende Ableitungen des Qaddischs. Das Qaddisch selbst wurde schon in vorchristlicher Zeit gebetet, u.a. als Schlußgebet nach Bibeldiskussionen. Aus dem folgenden Vergleich einzelner Teile der drei Gebete ergeben sich Einsichten in die Parallelitäten.

Qaddisch	**Vaterunser**
geheiligt werde sein	geheiligt werde
machtvoller Name	Dein Name
in der Welt,	
die er schuf	
nach seinem Willen	Dein Wille
Sein Reich	geschehe,
führe er herbei	Dein Reich
Er lasse sprießen	komme,
seine Erlösung:	wie im Himmel,
in eurem Leben	
in euren Tagen	so auf Erden
und im Leben des	
ganzen Hauses Israel	

Achtzehngebet	**Vaterunser**
Unser Vater (4. Berakha)	Unser Vater
Vergib uns, Vater!	Vergib uns
Bringe uns zurück	unsere Schuld,
zu dir,	
und wir werden	
umkehren (5.Berakha)	
	wie auch wir
	vergeben
	unseren Schuldigern.
Segne, Herr	Gib uns heute
unser Gott,	
für uns dieses Jahr	
in allen Erträgen	unser tägliches Brot.
Das Endjahr der	Erlöse uns
Erlösung	von dem Bösen.
bring schnell herbei.[253]	

Vom Vaterunser wird gesagt, daß die verschiedenen Bitten eigentlich Varianten der Bitte um das Reich Gottes seien.[254]

Das Vaterunser ist als Kurzgebet zu verstehen. Die Anerkennung des Willens Gottes stellt eine Art Heldentum des Menschen in Not dar. Dies kommt zum Ausdruck in 1Makk 3,60, dem Abschluß des Bittgottesdienstes in Mizpa vor der Schlacht: «Doch wie der Himmel will, so soll es geschehen.» Von daher kommt auch die Nähe zum Martyrium. Die Rabbinen stellten fest, daß man in höchster Not beten solle: «Tue deinen Willen im Himmel droben und gib ein ruhiges Gemüt denen, die dich fürchten auf Erden und was gut ist in deinen Augen, tue» (bBer 29b).

---

[253] Petuchowski/Thoma, op. cit. (Anm. 250), 440 f.
[254] Heiler F., Erscheinungsformen und Wesen der Religion, 2.Aufl., Stuttgart, 1979, 329

4.1 Hingabe an Gott

Die Welt der sich Gott Ergebenden zeichnet sich durch religiöse Schlichtheit, durch Verinnerlichung und religiöse Einkehr aus. Diesen Kranken fehlten die geschäftigen Wiedergutmachungsbemühungen der Umkehrer, der Stolz und die Vehemenz der Haderer, der Eifer der Apokalyptikerin und die mystisch-esoterische Überhöhung ihres Leidens durch die Verklärten. Statt dessen führen die Ergebenen ihr religiöses und ihr säkulares Leben einfach weiter wie bisher. Es handelt sich bei ihnen durchwegs um seit langer Zeit bewußt gläubige Menschen. Herr E.[255] hatte an einem Kehlkopftumor gelitten. Er war ein frisch pensionierter katholischer Kranker, der vor seiner Krankheit einen sehr verantwortungsvollen Posten versehen hatte. Er sagte: «Vorher habe ich immer einmal am Tag dem Herrgott gedankt, daß es mir so gut geht. Das habe ich auch geschätzt. Jeden Morgen war ich glücklich, daß ich gesund bin und arbeiten gehen mag. Man hat so oft dem Herrgott gedankt dafür. Aber jetzt Vorwürfe machen! Nein! Das liegt bei mir nicht drin. Und ich denke, wenn er ja jetzt will, daß ich wieder gesund werde, dann macht er das auch, ohne daß ich jeden Tag sage: ‹Lieber Herrgott, mach mich gesund.› Ich schaue eine Gottheit nicht so an; wenn er ja will, daß ich gesund werde, dann sieht er schon, daß ich alle Tage da mein Gebet und so... Aber Gott ist doch eigentlich nicht auf dies angewiesen. Ich habe eine größere Vorstellung von ihm. Ich hoffe, daß... ich hoffe, es gebe einen Himmel und daß ich in den Himmel komme, wenn ich einmal sterbe. Aber daß ich jetzt von einem Arzt verlangen würde, daß er mich heilt, unter allen Bedingungen, und daß ich so den Herrgott angehen würde, das nicht. Nein. Wir gehen... wir sind auch gewesen... das sage ich Ihnen jetzt auch noch... Wir feiern ja irgendwann im Februar den Sankt Blasius. Das war ein Heiliger. Dann segnet man den Hals. Da bin ich also auch gewesen. Als ich da in der Ostschweiz war, in diesem Dörfchen, da war das auch. Da segnen sie Ihnen mit geweihten Kerzen den Hals. Da bin ich also auch gegangen. Und ich habe auch gesagt, das habe ich noch überlegt gehabt am Tag der Operation. Also wenn ich die Stimme behalten kann, will ich trotzdem einmal nach Lourdes. Mir hat jemand gesagt, du mußt nicht dorthin und meinen, es geschehe dann ein Wunder danach, aber wenn man diese Leute sieht, wieviel Kranke und Krüppel und einfach... man kommt schon anders nach Hause. Mit anderen Gefühlen. Es gibt schon Sachen, wo man so sucht, irgendwo, eine Gottheit, vielleicht. Und denkt: «Gäll, Herrgott, machsch es gliich, gäll machsch es scho richtig» [nicht wahr, Herrgott, du tust es trotzdem, du machst es schon richtig]. Aber daß ich jetzt jeden Tag da hinknien würde und sagen, Herrgott, du mußt jetzt, sonst tue ich dann nicht mehr und so, das nicht, nein. Und in der katholischen Kirche gibt es noch so etwas Mystisches.» Eine 25jährige Studentin[256] beschrieb mit eindrücklicher Klarheit, worin sie Kraft findet: «Ich habe Mühe, über den Glauben zu reden, was Gott für mich bedeutet. Es ist der Glaube an Gott, ans Leben, an die Liebe,

---
[255] Gesprächsprotokoll Nr. 69
[256] Gesprächsprotokoll Nr. 61

die mich leben und allein sein läßt. Darin fühle ich mich aufgehoben. Ich bin getragen von der göttlichen Gegenwart. Ich meine dies nicht sentimental, sondern ich weiß es irgendwie einfach. Ich fühle jetzt zuinnerst einen Frieden. Ich weiß, am Schluß kann mir nichts passieren. Es ist nicht passives Geschehen-Lassen, nicht fatalistisch... Ich kann es manchmal nicht begreifen, all das Leiden und der Schmerz, aber ich glaube trotzdem, es liegt ein Sinn darin. Unser Wissen ist beschränkt, wir müssen diese Grenzen annehmen. Es ist so, wie es ist, und ich muß schauen, was ich damit mache, nicht fragen, warum es nicht anders ist.» Ohne daß sie sich wirklich gefragt habe, habe sie eine Antwort erhalten: in Form ihrer jetzigen Lebensweise. So schwierige Zeiten durchzustehen schaffe Bereicherung und Befreiung. Jeder Mensch trägt eine Last. Nur äußerlich scheint es so, als ob die einen mehr hätten als andere. Aber die Menschen sind auch verschieden stark. Im größten Leid erfahre sie oft ein Gefühl des Erfüllt-Seins. Eine Hoffnung, wenn alles andere wegfällt. Wenn sie an die Bibel denke, was verheißen sei, dann sei der Tod eine Riesenbefreiung und Erlösung. An diesen Teil des Todes zu denken sei angenehm. Diese Studentin hatte infolge ihrer Krankheit alle Aktivitäten abgebrochen und sich zuerst in ein Kloster und später in ihre Wohnung zurückgezogen. Dort verbrachte sie täglich am Morgen und am Abend je etwa eine Stunde mit Gott, man könne es beten oder meditieren nennen – «einfach dasein mit der göttlichen Gegenwart». Diesen Bekenntnissen schließt sich die Geschichte einer katholischen Nonne an.[257] «Die Krankheit ist ja auch eine Gnade, und ich hatte die Gemeinschaft der (für sie betenden) Schwestern hinter mir. Die Konfrontation mit dem Tod gab es schon und sehr intensiv. Aber es gibt ja noch eine andere Welt. Die Erlösung ist ja für etwas da. Ich habe Vertrauen in die Barmherzigkeit Gottes.» Sie habe schon gefragt, «warum», aber da es retrospektiv sowieso keine Antwort gebe, habe sie vor allem gefragt «wozu». Und zukunftsgerichtet gefragt: «Wie muß ich meine Lebenseinstellung ändern? Man geht auf ein ewiges Ziel hin. Christus hat für uns gelitten, sein Leiden ist Beispiel für unser Leiden. Man erhält keine Antwort darauf, wozu dies alles dienen kann. Die tägliche Betrachtung hat geholfen. Ich habe in der Bibel Stellen gelesen, in denen ich Vertrauen gespürt habe, z. B. der ‹Sturm auf dem See› und von Krankenheilungen. Stellen, wo der Mensch einen Wert hat. Ich muß mich jetzt freuen, an dem, was ich habe. Für das Leben danken. Die Sorgen lasse ich dem Herrgott. Es kommt sowieso, wie es muß – ich meine nicht, leben für den Genuß, sondern für den Dienst am Menschen.» Diese Nonne vollzog eine Art imitatio Dei. Bei ihr – als einziger der Ergebenen – war die Memoria im eigentlichen Sinn des Wortes aktuell. Eine etwa 45jährige, jüdische Israeli[258], der es nicht möglich war, mit mir zu sprechen, schrieb mir: «My faith helps me a lot in coping. I also go to my father's grave everytime before I have to go to see my doctor and waiting to hear the results of my tests. I ask my father to be the mediator between me and God and plead with him on my behalf. I know God surely will listen to my father as he was more saint than a re-

---

[257] Gesprächsprotokoll Nr. 8
[258] Gesprächsprotokoll Nr. 97

gular man when he lived. Another thing is to go to the wailing wall in Jerusalem and pray for myself to get well and put a little note in the cracks of the wall.»

Nicht nur die eigene Andacht, sondern auch die Fürbitte anderer stellte eine wesentliche Stütze und Quelle immer neuen Glaubens dar für die Ergebenen. In ihnen konnten sie einerseits ihrer Bitte Ausdruck verleihen, andererseits auch Vertrauen schöpfen für die Zukunft. Der oben zitierte Kranke[259] sagte: «Vielleicht erwarten Sie jetzt, daß ich sage, ich beginne zu beten. Nein. Meine Schwester kennt weiß ich wie viele Klosterfrauen da in der Umgebung. Also die alle, alle Klöster beten für mich. Das stört mich gar nicht. Ich rede auch alle Tage mit dem Herrgott, ob das jetzt ein Gebet ist oder etwas anderes. Das tue ich auch.» Und ein Leidensgenosse von ihm sagte: «Ich glaube auch an den Herrgott, aber ich vergesse zu beten am Abend.» Seine im Gespräch anwesende Frau ergänzte, ihn entschuldigend: «Er schläft vorher ein; das mach' ich dann für ihn.» Fürbitte ist mit Fürsorge gekoppelt. Es fällt auf, daß Juden und Christen, die ihr Leiden mit dem Motiv der Ergebenheit oder des Glaubensgehorsams deuten, kaum Bilder verwenden zur Verdeutlichung ihres Leidens. Außer der Nonne beziehen sie sich auch nicht explizit auf irgendwelche biblischen Vorbildgestalten oder -ereignisse. Es ist jedoch anzunehmen, daß sie als fromme Menschen, die teilweise regelmäßig Gottesdienste besuchen oder in der Bibel lesen, solche kennen und daß ihre Glaubensgewißheit auf diesem Boden gewachsen ist. Die Leidensgeschichten der Ergebenen wirken im Gegensatz zu den dramatischen und z. T. grausamen literarischen Denkfiguren der Tradition unspektakulär. Durch manche Geschichte dringt ein «Hauch von Erwählungsbewußtsein» im Leiden. So bei der israelischen Frau[260], die sich auf ihr Jüdisch-Sein beruft, und bei Herrn Q.[261], der seine Krankheit als Bewährungsprüfung für seinen Glauben deutet und sagt: «Man muß glauben, daß man nicht verloren ist.» Für diese bedingungslose Hingabe an den Willen Gottes gibt es im Talmud ein Vorbild. «Nachum aus Gamzu», ein Gerechter, war für die Rabbinen eine paradigmatische Gestalt eines Gott ergebenen Menschen. Er war blind, beide Hände und beide Beine waren amputiert, sein ganzer Körper war bedeckt mit Beulen, und er lag in einem miserablen Haus in einem Bett, das in Wasserkübeln stand, damit die Ameisen nicht hinaufklettern konnten. Man nannte ihn Nachum aus Gamzu, weil er zu allem, was ihm passierte, zu sagen pflegte: «Auch dies zum Guten» (hebräisch: gam zu le Tova). Bei der Nonne erhöhte ihre Identifikation mit Christus ihr Leiden. Bei den Ergebenen ist die Auferstehungshoffnung sehr ausgeprägt. Ihr Leiden unterscheidet sich von dem der Märtyrer dadurch, daß sie nicht für den Glauben, aber im Glauben an ihre Weiterexistenz nach dem Tode leiden. Eine Kranke[262] beanstandete deshalb, daß man bei Krebskranken, deren Tod absehbar ist, von «terminalem» Stadium spricht. «Terminal ist falsch, es geht nachher weiter», sagte sie.

---

[259] Gesprächsprotokoll Nr. 69
[260] Gesprächsprotokoll Nr. 88
[261] Gesprächsprotokoll Nr. 2
[262] Gesprächsprotokoll Nr. 55

Alle beschriebenen Kranken geben sich dem Leiden in unerschütterlichem Vertrauen auf Gottes gute Absicht und Größe hin. Dies bedeutet aber nicht, daß sie nicht darüber nachdenken oder daß sie nichts Weltliches unternehmen zu ihrer Heilung. Eine Kranke[263] sagte: «In den langen Nächten hatte ich endlose Kämpfe ausgefochten. Wegen der Warum-Frage und allem. Bei jeder Kontrolle kommt alles wieder rauf. Wie bei Ihrem Brief auch. Wie Kaffeesatz kommt es heraus. Es ist ein Prozeß, der alles verändert, alles. Er wird nie aufhören. Ich will nicht gerade sagen, ich möchte ihn nicht missen, aber eigentlich ist es so. Es war eine unwahrscheinliche Erfahrung. Ich lebe ganz anders als vorher. Mit dem Tod, in religiöser Hinsicht, alles. Einmal im Spital war ich ganz allein. Da hatte ich dieses Zimmer und den Park davor. Die wunderbaren Bäume, wunderbar, so ganz allein, etwas einsam zwar, aber so total allein. Das ist auch mal schön. Ich war allein mit mir. Mit Dingen, die nichts mit den Menschen zu tun haben. Es ist schwierig, diese Erfahrung zu schildern. Es war eine religiöse Erfahrung. Wie Jesus in Gethsemane, alle haben mich verlassen; auch er hat dies festgestellt. Es war so schön. Eine einzigartige Ruhe. Ich muß jetzt doch auf die Bibel zurückkommen. Wie das doch wiederkommen kann!» Nachdem sie sie eine Zeitlang beiseite gestellt hatte, wurde sie nun wieder wichtig. Im Unterschied zu den Geschichten der Vorbilder der Tradition enthält keines der Gespräche einen Gedanken an eine Heilsbedeutung ihres Leidens über die sie selbst Betreffende hinaus. Es gibt keinen leidenden Gottesknecht und keine Gottesmagd im Sinne von Jes 52,13–53,12. Die Ergebenen zeigen sehr ausgeprägte Auferstehungshoffnungen. Manchen Christen ist dabei bewußt, daß Jesus für sie gelitten hat und gestorben ist. Sonst aber unterscheiden sie sich im Leiden von den frühjüdischen Märtyrern (vgl. Dan 3,35; 2 Makk 7; 4 Makk 6,28; 17,22). Sie leiden nicht für ihren Glauben, als Beispiel für andere, oder damit ihr Kollektiv dereinst gerettet wird. Sie leiden «selbstbezogen». Nur Frau A. (Kap. I, 4.3.) fühlte, daß sie für ihre Eltern zu leiden habe. Es ist möglich, daß dieses Fehlen stellvertretenden Leidens Ausdruck des in unserer Gesellschaft verbreiteten Individualismus ist, in dem sich die Aufopferung für ein Kollektiv zu erübrigen scheint. Der Unterschied kann aber auch in den verschiedenen Ursachen für das Leiden liegen.

«Dein Wille geschehe im Himmel also auch auf Erden», ist eine echte Bitte der Kranken an Gott. Sie enthält auch die Hoffnung, daß Gottes Wille dem Bedürfnis des Beters entspreche und seine Not lindere. Die in dieser Bitte mitschwingende gelassene Haltung zielt eher darauf ab, daß Gott präsent sein möge in ihrem Leben, als daß er auf bestimmte Art aktiv sei. Gleichzeitig ist allen Ergebenen klar, daß sich in jedem Fall der Wille Gottes und nicht ihr eigener durchsetzen wird. Aus diesem Bewußtsein erwächst auch ihre Demut. Andererseits betrachten sie ihr Leben als Geschenk, was sie ganz primär zur Dankbarkeit und Zuversicht und nicht zu Forderungen veranlaßt. Dies geht auch aus der Erzählung des sich gerade über das Vaterunser ärgernden Herrn B.[264] hervor (Kap. I, 4.4). Das Gottesbild der sich Gott Hingebenden entsprach dem

---

[263] Gesprächsprotokoll Nr. 18
[264] Gesprächsprotokoll Nr. 67

des Vaters oder Hirten bzw. dem einer festen Burg. Aus diesem heraus bot sich ihnen eine Versöhnung mit ihrem Schicksal an.

5. Annäherungen an die Endzeit

Die israelische Kranke Frau H.[265] deutet in der Erzählung ihres Leidens weder die Vergangenheit noch die Gegenwart. Sie richtet ihren Blick vielmehr auf die Zukunft. Es geht ihr dabei weniger um die eigene Zukunft, etwa um ihre postmortale Existenz, sondern um jene der Menschheit (Kap. III, 4). Sie gehört damit zum Typus der Apokalyptiker oder Messianisten. Einzelne andere Kranke tendierten en passant in dieser Richtung. Es ist daher notwendig, dem Selbstverständnis der jüdischen und der christlichen Apokalyptiker und auch den messianischen Tendenzen in beiden Religionen kurz nachzugehen.[266]

5.1 Apokalyptische Strömungen

Die Apokalyptik war eine von Lebensenttäuschung und endzeitlicher Naherwartung geprägte Weltanschauung. Ihre «klassische» Blütezeit waren die vier Jahrhunderte um die Zeitenwende herum (200 v.–200 n. Chr.). Apokalyptische, d. h. enthüllende Tendenzen gab es danach in allen Jahrhunderten bis heute.

Der apokalyptisch gestimmte Mensch lebt einerseits in einer von Zorn und Trauer gezeichneten tiefen Betroffenheit über den aktuellen politisch-gesellschaftlichen und religiösen Zustand. Er lehnt sich einerseits auf gegen die hellenistischen und römischen Unterdrücker und gegen ihre Sympathisanten. Seine Empörung richtet sich besonders gegen den Abfall vom Göttlichen und gegen die damit einhergehende religiöse Verwahrlosung des Volkes. Andererseits richtet sich der Apokalyptiker in ekstatisch-erregter Hoffnung auf das bald nahende Ende der geschichtlichen und auf die daran anschließende messianische Zeit aus. «Der apokalyptisch gestimmte Mensch lebt in einer Nebellandschaft, die noch als letzte Strecke zu durchwandern ist, bevor das strahlende Sonnenlicht auf den Gipfeln der Geschichte erreicht wird.»[267] Er nimmt den Sinn seiner gegenwärtigen Existenz und die bis dahin noch verbleibende Zeit von diesem Standpunkt her wahr. Es geht dem Apokalyptiker aber nicht nur um die Eschatologisierung seines Daseins, sondern um die Transzendierung seines Erwählungsbewußtseins. Er weiß sich vom «endzeitlichen Zerfall der Welt» erlöst und mit der überweltlichen Erwählungsgemeinschaft verbunden. Er ist in seinem Innern vom Einwirken des Himmels auf die verdorbene Welt überzeugt. Dank diesem Wis-

---
[265] Gesprächsprotokoll Nr. 85
[266] Meine Ausführungen stützen sich v. a. auf Thoma, op. cit. (Anm. 212), 208–224
[267] Thoma, op. cit. (Anm. 212), 219

sen kann er die Gegenwart aushalten, für eine bessere Zukunft kämpfen und Gottes Gebote erfüllen. Die apokalyptische Zeit wird symbolisiert in Bildern von Geburtswehen, Schiffbruch und damit einhergehender persönlicher Bedrängnis sowie von Leiden und Untergang. Andererseits kommen darin auch messianische Hoffnungen und Erwartungen von wunderbaren Rettungen zum Ausdruck, etwa in Texten der Qumranapokalyptiker. Die Verse 12–14 (QH 3,7–18) illustrieren diese Wahrnehmung: «Und auch die mit Wahn Schwangere gerät in bittern Schmerz, und Krampfwellen der Grube führen zu allerlei Wehen des Bebens. Und es zerbrechen Mauerfundamente, wie ein Schiff auf dem Wasser, und Wolken brausen mit lautem Schall. Und die im Staube Wohnenden sind wie Seefahrer, die vor dem Tosen des Wassers erschrecken...»[268] Das Bild der schwangeren Frau wird in 1Thess 5,1 ff. nachvollzogen: «Während die Menschen sagen: Friede und Sicherheit!, kommt plötzlich Verderben über sie wie die Wehen über eine schwangere Frau, und es gibt kein Entrinnen.»

Bei einer historischen Aufarbeitung der Apokalyptik ist zu beachten, daß es stets unterschiedliche Arten und Möglichkeiten gab, auf den erwarteten Untergang der gottlosen Welt und auf die endzeitliche Neugestaltung der Welt existentiell zu reagieren.

Die Henoch-Apokalyptik entstand als älteste apokalyptische Strömung im 4./3. Jahrhundert v. Chr. als Parallelbewegung zum Jerusalemer Tempelestablishment. Das große Vorbild der Henoch-Apokalyptik war der vorsintflutliche Held Henoch, der laut Gen 5,24 plötzlich und unerwartet aus der bösen Welt weggenommen wurde. Diese Urgestalt wurde als wahrer Offenbarer des Willens Gottes von der Entscheidungszeit des Endes her betrachtet (aethHen 1). Die Henochapokalyptiker berufen sich auf himmlische Tafeln, auf welchen aufgezeichnet war, daß die Zeiten am Entscheidungspunkt angelangt sind und daß die endzeitliche Sammlung der Glaubenstreuen unmittelbar bevorsteht. Im aethHen 81,1 f. heißt es: «Gott sprach zu mir: Betrachte, Henoch, diese himmlischen Tafeln! Lies, was darauf geschrieben steht, und merke alles einzelne!» (aethHen 106,19). In der «Zehnwochen-Apokalypse» aus dem äthiopischen Henochbuch (10WoAp 91,11–17; 93,1–10) wird die ganze Weltgeschichte von Hadrian bis zum Kommen des Menschensohnes und bis zur Neuschöpfung der Welt periodisiert. Entscheidend ist dabei die erregte Ausschau nach der letzten Phase der Welt. «Danach wird in der neunten Woche das gerechte Gericht der ganzen Welt geoffenbart werden, und alle Werke der Gottlosen schwinden von der ganzen Erde; die Welt wird für den Untergang aufgeschrieben, und alle Menschen schauen nach dem Weg der Rechtschaffenheit. Danach findet in der zehnten Woche, im siebten Teil, das große ewige Gericht statt, wobei er die Strafe an den Engeln vollzieht. Der erste Himmel wird verschwinden und vergehen; dann erscheint ein neuer Himmel, und alle Kräfte des Himmels leuchten dann siebenfach immerdar. Danach wird es viele zahllose Wochen bis in Ewigkeit in Güte und Gerechtigkeit geben, und die Sünde wird von da an bis in Ewigkeit nicht mehr erwähnt werden» (aethHen 91,14–17).

---

[268] Thoma op.cit. (Anm. 212), 220

Die Daniel-Apokalyptiker lehnten sich gegen Antiochus IV Epiphanes, den Tempelschänder auf (Dan 11,16–39). Im Schlußkapitel des Danielbuches, Dan 12,4, heißt es bezüglich der Endzeit und ihrer Verbindung zur Jetztzeit: «Du Daniel, halte diese Worte geheim, und versiegle das Buch bis zur Zeit des Endes. Viele werden nachforschen, und die Erkenntnis wird groß sein.» In dieser Zeit noch nie dagewesener Not ist Rettung für die Glaubenstreuen angesagt. Es ist eine Zeit der Prüfung und Läuterung. Wie lange sie noch dauern wird, ist jedoch Gegenstand von Spekulationen. Die Daniel-Apokalyptiker glaubten, daß die von Antiochus IV und seinen Gefolgsleuten vollzogenen Tempelfrevel Teil eines Entscheidungskampfes seien, der schließlich dazu führe, daß die Unterdrückten beim Anbruch der messianischen Zeit aufstehen und daß die Frevler gerichtet werden (vgl. Dan 11,40–12,13 «Die Zeit des Endes»).

Die Qumran-Apokalyptik wurde von einer radikal-endzeitlich ausgerichteten und separatistischen Priestergruppe vertreten, die im Gegensatz zu den Daniel-Apokalyptikern mit dem Jerusalemer Tempel und seinen hasmonäischen Hohepriestern gebrochen hatte. Die Qumraner rühmten sich, auch die Verzögerungen der endzeitlichen Bereinigungen zu kennen. Im Pescher zum Propheten Habakuk heißt es in einer Deutung von Hab 2,3: («Denn noch gibt es Schau für den Termin, er stößt es hervor zur Zeit und trügt nicht.») «Seine Deutung ist, daß die letzte Zeit sich in die Länge zieht, und zwar mehr als alles, was die Propheten gesagt haben, weil die Mysterien Gottes wundersam sind» (1QpHab 7,5–8). Die Stimmung der Qumran-Apokalyptiker war mystisch-esoterisch überhöht. Sie glaubten, geheimnisvoll bereits im Himmel zu sein (vgl. 1QH 2,20–22).

Um etwa 50 n. Chr. entstand die Apokalypse «Himmelfahrt des Mose» (AssMos). Sie beschreibt die damalige Drangsalperiode unter dem Zepter der Römer als unerträglich harte Zeit der messianischen Wehen. Die Not müsse aber durchgestanden werden. Nur dann könne das Licht Gottes über dem geläuterten Israel vor den Augen der Völker aufleuchten. Die Erzählung berichtet über schreckliche Szenarien, die von grausamen, die Juden vernichtenden Herrschern diktiert werden. Sie schildert diese Not als fürchterlicher als alle bisherigen Notzeiten, die das Volk Israel je durchgestanden hat (AssMos 8,1). Mitten in der Verfolgungszeit sagt der Priester Taxo voraus, daß der Satan anläßlich der bevorstehenden Wende der Zeit sein Ende haben werde und daß mit ihm alle Traurigkeit von den Juden weggenommen werde: «Dann wird der Himmlische von seinem Herrschersitz aufstehen und hervortreten in Empörung und Zorn wegen seiner verfolgten und getöteten Kinder. Dann wird die Erde erbeben, die hohen Berge werden erniedrigt und erschüttert werden, und die Täler werden einsinken... Der höchste Gott, der einzige Ewige, wird sich öffentlich erheben, um die Völker zu bestrafen und ihre Götzenbilder zu vernichten...» (AssMos 9–10). Die Apokalypse hat stark auf die «kleine Apokalypse» (Mk 13) eingewirkt.

Die Hoffnung auf ein baldiges Ende, d. h. auf ein schnelles rettendes Eingreifen Gottes, erreichte zum Zeitpunkt der Zerstörung des Zweiten Jerusalemer Tempels (70 n. Chr.) einen neuen Höhepunkt. Sie wurde besonders von den unterprivilegierten jüdischen Schichten, die sich im Zelotismus politisch, militärisch und religiös organisierten, gehegt. Auch Jesus, seine Jünger und die Verfasser des Neuen Testamentes lebten in der Zeit der drohenden und dann sich ereignenden Tempelzerstörung. Sie waren damit auch vom apokalyptischen Denken geprägt. In Matthäus 24 kündigt Jesus bzw. der Evangelist Kriege, Hungersnöte und Erdbeben, unheilvollen Greuel am Heiligen Ort, wie Daniel prophezeit hatte, an. Erst danach werde die Fülle der Zeiten kommen (vgl. Lk 21,22–24; Apk 6,1–17). Die Botschaft Jesu war von allem Anfang an, nach Mk 1,14f., apokalyptisch gerägt: «Jesus verkündete die Frohbotschaft und sprach: ‹Erfüllt ist die Zeit und nahe gekommen ist die Herrschaft Gottes; ändert den Sinn und glaubt an das Evangelium.›» «Herrschaft Gottes» bedeutet sowohl seine vom Himmel ausgehende und auf die Erde niedersinkende Herrschaft als auch (seit Dan 2,44) die letzte Phase der Weltgeschichte, die als Läuterungs- und Entscheidungszeit hinüberreicht in eine beginnende Neuschöpfung von Himmel und Erde, Israel und der Menschheit. Jesus unterscheidet sich von anderen Apokalyptikern dadurch, daß er nicht nur auf die bald anbrechende, sondern auch auf die in seinem Wirken bereits angebrochene Endherrschaft Gottes hinweist. In Lk 11,20 heißt es: «Wenn ich aber die Dämonen durch den Finger Gottes austreibe, dann ist das Reich Gottes schon zu euch gekommen.» Entgegen den ihm vorausgegangenen Exponenten apokalyptischen Denkens wehrte sich Jesus gegen die Voraussagbarkeit der Zeit: «Doch jenen Tag und jene Stunde kennt niemand, auch nicht die Engel im Himmel, nicht einmal der Sohn, sondern nur der Vater» (Mk 13,32). Auch in der Johannesapokalypse (ca. 96 n. Chr.) bleibt der Zeitpunkt der Wende verborgen. In der Johannesapokalypse sagt der Deute-Engel zu Johannes: «Versiegle dieses Buch mit seinen prophetischen Worten nicht! Denn die Zeit ist nahe. Wer Unrecht tut, tue weiter Unrecht, der Unreine bleibe unrein, der Gerechte handle weiter gerecht, und der Heilige strebe weiter nach Heiligkeit. Siehe, ich komme bald, und mit mir bringe ich den Lohn, und ich werde jedem geben, was seinem Werk entspricht. Ich bin das Alpha und das Omega, der Erste und der Letzte, der Anfang und das Ende. Selig, wer sein Gewand wäscht: Er hat Anteil am Baum des Lebens, und er wird durch die Tore in die Stadt eintreten können» (Offb 22,10–14). Durch diesen Text schimmert die «Danielsche» Deutung der Endzeit. Das Christusereignis, d. h. Leiden, Tod und Auferstehung Christi, wurde von den Evangelisten und von der apokalyptisch gestimmten Urchristengemeinde als das entscheidende Umbruchsereignis gewertet.

Im Zusammenhang mit apokalyptisch-eschatologischen Vorstellungen traten immer wieder Messiaserwartungen auf. Haggai 2,21–23 ist der wohl früheste Text mit apokalyptischen und messianischen Vorstellungen. Er stammt aus der Zeit kurz nach dem babylonischen Exil: «Sag zu Serubbabel, dem Statthalter von Juda: Ich lasse den Himmel und die Erde beben. Ich stürze die Throne der Könige und zerschlage die Macht der Königreiche der Völker. Ich stoße die Kriegswagen samt ihren Fahrern um... An jenem Tag... nehme ich dich, meinen Knecht Serubbabel. Und ich mache dich zu meinem Siegelring. Denn ich habe dich erwählt...» Die Rückkehrergemeinde aus Babylon brauchte Identifikations- und Projektionsfiguren zur eigenen Identitätsfindung. Diese bewirkten eine Neugestaltung Israels in kultischer, religiöser, sozialer und politischer Hinsicht. Hoffnungen, welche die Apokalyptiker mit dem Kommen eines Messias verbanden, waren auch ausgerichtet auf die Aufhebung der Unterdrückung (Dan 2;7;12), auf ein repressionsfreies Endreich, die Bestätigung der Erwählung Israels durch Gott, die Anerkennung des einen und einzigen Gottes Israels durch alle Völker (Sach 14,9) sowie auf die volle Rückkehr aller verbannten Israeliten ins Heilige Land («qibbuz galuyyot») (Ez 36–37; Jes 60–66).

5.2 Apokalyptisches Leidensverständnis

Die Apokalyptiker leiten ihr Selbstverständnis von einem irrationalen, angenommenen baldigen Zeitpunkt in der Zukunft ab, nämlich vom Wendepunkt der Geschichte hin zur vollen Gottesherrschaft. Der bald erwartete «Umschwung der Zeiten» gab ihnen Kraft und Sicherheit zur Bewältigung ihrer jetzigen Leidenszeit. Sie waren überzeugt, daß ihre momentane Not in den endzeitlichen Triumph einmünden wird. Sie betrachteten ihre Leiden als Teil der endzeitlichen Drangsal. Bereits die Apokalyptiker, nicht erst die späteren jüdischen Mystiker, stellten ihre Leiden in den Dienst der Herbeiführung der endgeschichtlichen Wende und des Messias. Die apokalyptische Deutung der geschichtlichen Ereignisse und der dadurch bedingten Leiden gab den Unterdrückten den Mut, auszuharren. Ihre Glaubensgewißheit und die Aussicht auf das dereinstige rettende Eingreifen Gottes und auf die eigene Rechtfertigung in der messianischen Zeit tröstete sie. Sogleich nach dem Tod werde ein Gericht stattfinden, welches die jetzt Leidenden (und die Märtyrer dieser Zeit) auferstehen lassen und rechtfertigen werde (aethHen 1–5). In Daniel 12,2 f. heißt es dazu: «Von denen, die im Land des Staubes schlafen, werden viele erwachen, die einen zum ewigen Leben, die andern zur Schmach, zu ewiger Abscheu. Die Verständigen werden strahlen, wie der Himmel strahlt; und die Männer, die viele zum rechten Tun geführt haben, werden immer und ewig wie die Sterne leuchten.» Durch diese Transzendierung der negativen Geschichtserfahrung wird das Leiden sinnvoll. Die Annahme einer kosmischen Ganzheit ermöglicht den Ausgleich zwischen der erhofften göttlichen Ordnung und der irdischen Unordnung. Für den Apokalyptiker werden am Schluß beide zusammengeführt. Die Geschichte der apokalyptischen Radikalität macht das dezidierte Sprechen vieler Juden über die Zukunft Israels verständlich.

5.3 Endzeitlicher Zerfall

Frau H.s[269] (Kap. III, 4.) Leidensinterpretation stimmt bemerkenswert gut mit dem apokalyptischen Leidensverständnis der Tradition überein. Ihre Geschichte zeigt die

---

[269] Gesprächsprotokoll Nr. 85; Rowland C., The open Heaven, London, 1982, 1, zitiert von Fossum J. E., The image of the invisible God, Essays on the influence of Jewish Mysticism on Early Christology, Freiburg, 1995

Nähe von Apokalyptik und Mystik. Dem Apokalyptiker werden die Geheimnisse der «oberen Welt» eröffnet; sie in sich zu tragen entspricht mystischer Verklärung. Was sich im endzeitlichen Drama der Juden um die Zeitenwende als kollektives Drama abspielte und was sich in der Biographie von Frau H. ereignete, deckt sich fast. Obwohl Frau H. zum Zeitpunkt des Gesprächs nicht ans Sterben dachte, hatte ihre Krankheit bereits eine Art Brücke ins Jenseits vorgezeichnet. Die Diagnose Krebs, zusätzlich zu verschiedenen belastenden Ereignissen davor, bewirkte ihre endzeitliche Stimmung und Leidensinterpretation. Vorerst sah sie sich all diesen Schicksalsschlägen ohnmächtig gegenüber. Sobald sie jedoch erkannt hatte, daß sie auf einer zeitlichen Schwelle stand, blickte sie zurück, überdachte Inhalt und Sinn ihres bisherigen Lebens und begann, sich auf die noch verbleibende Zeit zu konzentrieren. Sie transzendiert also ihre konkrete Lebenssituation und lebt von da an gleichzeitig auf einer weltlichen Ebene und in einer geistigen Sphäre. Gleichzeitig mit ihrem individuellen Leiden erlebt sie einen gesellschaftlichen Zerfall und vor allem zunehmend brutalere Aggression auf den jüdischen Staat und auf die Juden. Dies motiviert ihre aktive Beteiligung an der Behebung von Mißständen aller Art im Sinne des «Tiqqun haOlam». Dazu gehört die Behebung ihrer eigenen religiösen Unwissenheit, eine z. B. an ihrer Kleidung erkennbare fromme Lebensweise und ein aktives Bemühen darum, religiös noch nicht Eingeweihten den rechten Weg zu zeigen. Sie scheint die Bedingungen zu kennen, die erfüllt sein müssen, damit ihre individuelle Rettung und die Messiaserwartung in Erfüllung gehen können. Ihre Religiosität gründet in der apokalyptisch orientierten Mystik des osteuropäischen Chassidismus. Weil sie sich mit diesem gänzlich identifiziert, wohnt sie in «Kfar Chassidim», einem Chassidendorf. Die chassidische Frömmigkeit schließt den Glauben an die läuternde Seelenwanderung ein. Innerhalb dieser Lehre findet sie ihren Platz und ihre Rolle im Prozeß der Vervollkommnung der Welt. Dank diesem Hintergrund und ihrer Ausrichtung auf die Zukunft, wartet Frau H. optimistisch und hoffnungsvoll auf die Wende. Es liegt ihr fern, ihre Leidensbiographie als Vergeltung für persönliches Versagen zu deuten, obwohl sie ihren religiösen Auftrag bis zu ihrer Krankheit hin vernachlässigt hatte. Im Gegensatz zu vielen Umkehrern erlebt sie Gott als barmherzigen persönlichen Berater und als Vater statt als Richter.

Außer Frau H. gab es keine Kranken, bei denen eine derart bewußte religiöse Annäherung an die Endzeit zum Ausdruck kam. Hingegen enthielten zwei andere Geschichten von Katholikinnen Episoden, in denen sie ihrer durch ihr Leiden ausgelösten apokalyptischen Stimmung Ausdruck verleihen. Frau T.[270] (Kap. III, 2.4) erzählte, sie lese ab und zu im Alten Testament. Nicht aus religiösen Gründen, «aber sonst». Wie die Welt entstanden sei und alle diese Tiere. Aber der Mensch sei schon das Dümmste, was man sich vorstellen könne. Der mache alles kaputt. Aber was im Alten Testament stehe! Da stehe, daß «nach 1000 Jahren, und nicht mehr als 1000 Jahren, alles zusammenbrechen wird. Berge werden einstürzen, Fluten wird es geben. Alle

---

[270] Gesprächsprotokoll Nr. 22

werden kaputtgehen, und diejenigen, die dies überleben, werden neu beginnen müssen. Was die alles vorausgesagt haben, und alles ist eingetroffen. Alles. Und die Geschichte der Arche Noah. Es ist alles Chaos. Dank dieser totalen Freiheit. Alle flüchten und kommen zu uns, und niemand will durchhalten und bleiben. Dann verödet das Land. Und bei uns sind zu viele. Und all die Alten. Und man hat kein Geld mehr. Mir ist es ja gleich, ich bin dann nicht mehr da. Alles Chaos, alles Durcheinander und Gott macht nichts.» Sie erinnert sich an die geschilderten Bilder und erkennt sie wieder in der heutigen Zeit. Als «Haderrin» transzendiert sie ihre Wahrnehmung aber nicht, sondern stellt mit Erleichterung fest, daß sie vor dem nahenden Untergang tot sein wird. Das Weltenchaos erleichtert ihr das Sterben.

Auch Frau J.[271] ist in Zorn und Empörung über die gesellschaftliche Verwahrlosung steckengeblieben. Für sie ist es nicht möglich, aus der religiösen Tradition Hoffnung und Trost zu schöpfen. Im Gegenteil, sie betrachtet religiöse Institutionen und ihre Vertreter als wesentlichen Teil der Weltkrise. Als ich sie auf die Religion ansprach, sagte sie wutentbrannt: «Gehen Sie mir weg mit der Kirche! Hören Sie auf damit! Letzthin waren wir in Rom. Diese Villa da draußen gehört einem Kardinal. 60 Brunnen hat er darin aufstellen lassen. Das sind doch alles Gauner und Halunken. Alles nur ums Geld und die reformierte Kirche macht dasselbe.» In ihrer Gemeinde gibt es vier Pfarrer. «Sie tun nichts, als sich selber pflegen und bei diesem Gehalt. Nicht, daß ich nicht glaube, da gebe es noch etwas, aber Kirche und das sind zweierlei. Alles Betrug!» prasselte es über mich herunter im Gespräch. Sie sei kürzlich eigens in die reformierte Kirche gegangen. «50 ‹Männöggeli› [Personen], und der erzählt da vorne seine Geschichte. Für dieses Gehalt! Gerade wie die Primarlehrer. 100% ‹Glump› [Lumpenpack]. Kein Wunder, daß die Kirche leer ist. Und als sie eine alte Frau beerdigen mußten, hatte keiner Zeit.» Frau J. wettert auch über die Jugend: die sind nichts, können nichts, sind verweichlicht, faul, halten nichts aus und lernen nichts. Sie hatte auch eine solche Zimmernachbarin im Spital. Wie ihr selbst mußte man dieser Frau eine Brust amputieren. «Bloß wegen einer Brustamputation machte die so ein Theater! Eine Frau besteht doch nicht nur aus ihren Geschlechtsmerkmalen!» Selbst ging sie gleich wieder und trotz ihrer Amputation FKK-Ferien machen. «Aber eben, heute ist es dort auch nicht mehr so. Damals war eine Kultur und eine Philosophie dahinter. Man pflegte einen besonderen Geist.» Frau J. fühlt sich auch wegen der AHV [staatliche Altersvorsorge] betrogen. «Was man dem Ausländergesindel alles zahlt, und die Jungen geben auch alles aus!» Leute wie sie, die mit der Natur verbunden seien, seien anders, stellte sie im Gespräch abschließend fest. Frau J.s Schimpfen kann zwar stimmungsmäßig in der Nähe apokalyptischer Verzweiflung über den Zerfall der Welt eingeordnet werden. Sonst entbehrt ihre pragmatische Leidensdeutung aber jeglicher Ähnlichkeit damit. Ihre fast alle Lebensbereiche betreffende Bitterkeit zeugt – gerade im Gegenteil zur apokalyptischen Stimmung – von abgrundtiefer Aussichtslosigkeit und Hoffnungslosigkeit.

---

[271] Gesprächsprotokoll Nr. 12

6. Mystische Überhöhung

Mehrere Kranke wollten keine Spannungen zwischen ihrer jetzigen Not und der wie immer aufgefaßten Erlösung daraus gelten lassen. Ihres terminalen Zustandes bewußt, zeigten sie eine innere Inspiration, die sich bald als eine religiöse entpuppte. Weiter oben (Kap. III, 5.1–5.6) habe ich diese Kranken als Verklärte charakterisiert. Man kann sie auch Mystiker nennen. Es handelt sich jedenfalls um eine besonders intensive Form der Frömmigkeit. Sie ist im subjektiven Erleben einer Person begründet und geschieht deshalb oft in einem gewissen Abstand von der institutionellen Religion. Der Mystiker wird sich (meist) durch eine einschneidende Erfahrung, z. B. schwerer Krankheit («choc inaugural»), bewußt, daß er vom Göttlichen getrennt ist. Er erlebt dies als Verlassenheit, Zerrissenheit oder als Uneins-Sein mit sich selbst und mit Gott.[272] Das Ziel all seiner religiösen Bemühungen ist deshalb die Wiederherstellung der mystischen Vereinigung mit Gott in einem religiös-emotionalen Erlebnis. In der rabbinischen und in der kabbalistischen jüdischen Tradition wird diese religiöse Revitalisierung «Anlehnung an Gott» («Debekut») genannt. Die Christen reden in ähnlichem Sinn von der unio mystica, der geheimnisvollen Einheit mit Christus bzw. mit Gott. Der Mystiker erlebt diese wiederhergestellte Bindung als Erlösung, Heilung oder Heiligung. Der Mystiker kann den Abstand zwischen ihm und der Gottheit einerseits überbrücken, indem er durch verschiedene religiöse Praktiken auf dem «mystischen Weg» mit dem Göttlichen in Kontakt tritt. Andererseits kann er alles, was er erfährt, was ihm begegnet und was ihn umgibt, als Offenbarung Gottes betrachten. Eine mystische Erfahrung kommt oft einer den ganzen Menschen überwältigenden religiösen Erschütterung gleich und kann deshalb nicht nachträglich gegenständlich dargestellt werden. Dazu sagte Isaak Luria (1534–1577), der Begründer der Lurianischen Kabbala in Safed/Zfat, in Obergaliläa: «Kaum öffne ich meinen Mund, um die Dinge zu sagen, so ist es mir, als öffneten sich Dämme des Meeres und überfluteten alles. Wie soll ich also das sagen, was meine Seele empfangen hat, und wie soll ich es gar in einem Buch niederschreiben?»[273] Diese «Unsagbarkeit» des mystischen Erlebens führt dazu, daß es eher in Bildern als in Worten ausgedrückt wird. Die mystische Erfahrung kann Identitätsveränderungen in Richtung Introversion und «Allversöhnung» bewirken. Letztere wird dem Bewußtsein einer unverlierbaren Verbundenheit des Menschen mit dem Göttlichen zugeschrieben.[274]

---

[272] Rosenau,H., ‹Mystik›, *TRE*, 23 (1994), 583
[273] Ta'almot chochma, Bd.I 37b; Lukkute Schass (Livorno 1790), Bd. I 33c, zitiert von Scholem G. G., Die jüdische Mystik in ihren Hauptströmungen, 4. Aufl., Frankfurt a. M., 1991, 278
[274] James W., zitiert in Steggink et al., Mystik, ihre Struktur und Dynamik, Bd. 1, Düsseldorf, 1983, 26

6.1 «Gott alles in allem»

Dieser Untertitel ist ein Zitat aus 1Kor 15,28. Nach einer längeren Reflexion über die Durchsetzung der Gottheit in der menschlichen Geschichte sieht Paulus den vollkommenen Endzustand der Menschheit darin, daß Gott in alle Phasen der Geschichte und in alle Facetten des Menschseins voll und ganz eindringt und alles durchdringt. Besonders in der Geschichte der jüdischen Mystik wird diese alles verklärende Vorstellung mit Hilfe des neuplatonischen Denksystems ausgedrückt. Gott als «das Ein und Alles» («hen kai pan») schafft und durchdringt die ganze Wirklichkeit mit seiner ganzen Wesensexistenz.[275] Es geht um Gedankengänge, wonach Gott zwar verborgen bleibt, sich aber trotzdem in allem manifestiert (oben 2.5). Aus der Vorstellung des Hervorgehens des Menschen und aller Dinge aus Gott, anläßlich deren Schöpfung, entwickelte sich die analoge Vorstellung der Rückkehr des Menschen und aller Dinge zum erlösenden Gott. Die Vorstellung vom Hervorgehen aller Dinge aus Gott bildet die Grundannahme der «Kabbala», der jüdischen Mystik. Im Bild des Weltenbaumes wird zum Ausdruck gebracht, daß jedes Ding endlos mit jedem anderen Ding in der Schöpfung zusammenhängt und daß Alles in Allem widergespiegelt wird. Der Weltenbaum, der sich (im 13. Jh.) aus der Vorstellung des Lebensbaumes entwickelt hatte, stellt Gott als Gesamtheit aller ineinander gefügten kosmischen Kräfte/Potenzen dar.[276] Eine andere Form der Allverbundenheit des Menschen mit dem Göttlichen konstituiert die Vorstellung, daß die Struktur des menschlichen Körpers als Mikrokosmos der Struktur des Makrokosmos entspreche (vgl. auch Vorbild-Abbild-Idee bzw. Ebenbildlichkeit). Zwei wichtige Konzepte in Isaak Lurias Lehre, die ebenfalls auf das Vorhandensein des Göttlichen in allem zurückzuführen ist, sind das «Zerbrechen der Gefäße» («Schewirat-haKelim») und die Wiederherstellung der Welt («Tiqqun haOlam»). Das Zerbrechen der Gefäße hatte eine Krise der Schöpfung zur Folge. Die Wiederherstellung der vollkommenen Welt und die gleichzeitige Zusammenfügung von Schöpfer und Geschöpf zur ursprünglichen Einheit geschieht mittels religionsgesetzlich geforderten Liebestaten («mizwot») (Lev 19,18; Dtn 6,5). Wer solche erbringt, dessen Seele gelangt zum Aufstieg und bewirkt, daß der betreffende Mensch Anteil hat an der Erlösung. Moderne chassidische Legenden tradieren die Vorstellung, daß Liebeshandlungen kosmische Bedeutung haben. Sie gipfeln im Kommen des Messias und machen damit den sie erbringenden Juden zum Faktor in der Erlösung der Welt (vgl. Kap. IV, 5.2).[277]

Christlicherseits gehen Hinweise auf die Allverbundenheit der Schöpfung durch das Göttliche vor allem aus dem Neuen Testament hervor. In Röm 12,5 heißt es: «So sind wir die vielen, ein Leib in Christus, als einzelne aber sind wir Glieder, die zuein-

---

[275] Rosenau, op. cit. (Anm. 272), 443; Scholem G. G., Major trends in Jewish Mysticism, New York, 1974, 27
[276] Thoma, op. cit. (Anm. 212), 363
[277] Scholem, op. cit. (Anm. 275), 28 f.

ander gehören.» Und in Joh 15,4 heißt es: «Bleibt in mir, dann bleibe ich in euch. Wie die Rebe aus sich keine Frucht bringen kann, sondern nur, wenn sie am Weinstock bleibt, so könnt auch ihr keine Frucht bringen, wenn ihr nicht in mir bleibt.» In der christlichen Mystik geht es vor allem um die mystische Erfahrung der Vereinigung der Menschen mit Jesus Christus, dem Kreuz, Maria und den Heiligen. Die Jesusmystik ist Leidensmystik, aus der sich Licht- und Liebesmystik entwickelte. Die christlichen Mystiker suchten die unmittelbare Gotteserfahrung und kümmerten sich wenig um die Geschichtlichkeit religiöser Offenbarung (wie z. B. um den historischen Jesus und das Passionsgeschehen). Ursprünglichster Vertreter der christlichen Mystik war der Jude Jesus selbst. Nach seiner Bekehrung ging Paulus mystisch in Christus auf. Er schreibt in Gal 2,19–20: «Ich aber bin durch das Gesetz dem Gesetz gestorben, damit ich für Gott lebe. Ich bin mit Christus gekreuzigt worden; nicht mehr ich lebe, sondern Christus lebt in mir. Soweit ich aber jetzt noch in dieser Welt lebe, lebe ich im Glauben an den Sohn Gottes, der mich geliebt und sich für mich hingegeben hat.» In der Schau wurde Jesus vom Glaubensgehalt zur überschwenglichen Empfindung. Paulus verklärte das Passionsgeschehen von etwas einmalig Geschehenem zu etwas ewig Gegenwärtigem. In tief empfundener Leidensgemeinschaft mit dem Gekreuzigten strömten dessen Leiden auf Paulus über.[278] Im zweiten Brief an die Korinther (2 Kor 12,2–4) beschreibt Paulus seine Visionen und Auditionen mit Sätzen, die höchste Verzückung widerspiegeln: «Ich kenne jemanden, einen Diener Christi (Paulus meint sich selbst), der vor 14 Jahren bis in den dritten Himmel entrückt wurde. Ich weiß allerdings nicht, ob es mit dem Leib oder ohne den Leib geschah, nur Gott weiß es. Und ich weiß, daß dieser Mensch in das Paradies entrückt wurde; ob es mit dem Leib oder ohne den Leib geschah, weiß ich nicht, nur Gott weiß es. Er hörte unsagbare Worte, die ein Mensch nicht aussprechen kann.»

Im Christentum bedeutet mystische Offenbarung Gemeinschaft mit Gott durch die Mittlerschaft Christi oder durch das Wort.[279] Die Vereinigung mit Gott gleicht der Herbeiführung des eschatologischen Heils, des Reiches Gottes bzw. der ewigen Seligkeit bereits im diesseitigen Leben. Präsentische Eschatologie in der mystischen Vereinigung gleicht einer Aufhebung der Zeit, wie sie Jesus in Joh 5,24 angesagt hat: «Amen, amen, ich sage euch: Wer mein Wort hört und dem glaubt, der mich gesandt hat, hat das ewige Leben; er kommt nicht ins Gericht, sondern ist aus dem Tod ins Leben hinübergegangen.» Der mystische Glaube der jüdischen und der christlichen Religion empfindet Gott in seiner Ewigkeit und Transzendenz und zugleich in seiner Zeitlichkeit und Immanenz. Die Annäherung an Gott hat im Christentum wie im Judentum soteriologische Bedeutung. Sie ist Pan-en-theismus («Gott alles in allem») und Soteria (Erlösung, Heil).

---

[278] Deissmann A., Die neutestamentliche Formel ‹In Christo Jesu›, Marburg, 1992, 92 ff. zitiert in Schenk W., in Jaspert, op. cit. (Anm. 212), 95 ff.
[279] Schenk W., Christusleiden-Christusmystik bei Paulus, zitiert in Jaspert op. cit. (Anm. 31)

6.2 Wege zu Gott

Mystiker bezeichnen ihren Weg zur Schau Gottes bzw. ihre Himmelsreisen als Aufstieg oder Abstieg, als Weg der Reinigung, Läuterung oder als Erleuchtung hin zur Vollendung des eigenen Seins. Die mystischen Wege, auf denen das Erleben erfolgt, wurzeln in verschiedenen religiösen Traditionen oder Lehren, welchen ein Mystiker anhängt. Im folgenden möchte ich drei «Weg-Mystiken» kurz hervorheben: die Himmelsreise, das Gebet und die innere Einkehr.

Das Ziel der Himmelsreisen alttestamentlicher Propheten und Apokalyptiker war ein temporärer Aufenthalt vor dem Thron Gottes zum Zweck der Schau und des Offenbarungsempfanges.[280] Der Prophet Ezechiel beschreibt seine Entrückung in den Himmel so: «Da hob mich der Geist empor, und ich hörte hinter mir ein Geräusch, ein gewaltiges Dröhnen, als sich die Herrlichkeit des Herrn von ihrem Ort erhob, das Geräusch von den Flügeln der Lebewesen, die einander berührten, und das Geräusch der Räder neben ihnen, ein lautes, gewaltiges Dröhnen. Der Geist, der mich emporgehoben hatte, trug mich fort» (Ez 3,12–14). In der apokalyptisch geprägten frühjüdischen Zeit bilden Himmelsreisen bzw. Entrückungen die bevorzugte Möglichkeit zur Erschließung des Sinnes aller Geschichte und aller Erwählung Israels (Dan 7; aethHen 1).

In der jüdischen «Hechalotmystik» (Mystik der himmlischen Hallen) des 3. und 4. Jahrhunderts besteht der Weg zum Thron des Ewigen im Durchschreiten der sieben himmlischen Hallen («Hechalot»). Die Dramatik solcher Himmelsreisen wird durch ritualistisch-theurgische Praktiken verstärkt. Der Himmel wird nicht oben, sondern in der Tiefe vorgestellt. Auf der tiefsten erreichbaren Ebene der Reise erfolgte die Schau der göttlichen Gestalt («Schiur Qoma»). Vor dem Gottesthron muß der Mystiker seine Würdigkeit vor den Wächterengeln beweisen und eine Art Substanzverwandlung durchmachen, bis er im 7. Himmel vor dem Gottesthron («Merkaba») überwältigt niederfällt. Es geht letztlich um einen mystischen Auf- und Abstieg mit dem Ziel der Erkenntnis kosmologischer und angelologischer Sachverhalte und um die Offenbarung des göttlichen Heilsplanes oder eschatologischer Geheimnisse.[281] Nach dem Zeugnis des Evangelisten Lukas sagte Jesus kurz vor seinem Leiden zu seinen verschüchterten Jüngern: «Gebt acht auf euch, daß euer Herz nicht schwer wird von Rausch, Trunkenheit und Sorge ums Leben und daß jener Tag nicht plötzlich auf euch herabfällt wie eine Schlinge. Denn es wird über alle hereinbrechen, die den Erdkreis bewohnen. Seid also allezeit wachsam und betet, damit ihr die Kraft bekommt, all dem zu entrinnen, was geschehen wird. So werdet ihr vor den Menschensohn gelangen» (Lk 21,34–36). Der Weg des Menschen zu Gott besteht also nach Jesus kaum in einer antizipierten Himmelsreise. Vielmehr geht es um meditative Überlegungen über die

---

[280] Maier J., Geschichte der jüdischen Religion von der Zeit Alexander des Großen bis zur Aufklärung mit einem Ausblick auf das 19./20. Jh., Berlin, 1972, 209
[281] Thoma C., Christliche Theologie des Judentums, Aschaffenburg, 1978, 204f.

eigene Situation und über den Zustand der Welt. Vor allem aber geht es um das Gebet. Es ebnet zusammen mit der endzeitlichen Barmherzigkeit Gottes den Weg zum Thron Gottes (vgl. auch Mt 7,7–11; Mk 14,35–39). In den Gebeten des christlichen Hoch- und Spätmittelalters wurden Einzelheiten aus dem Leben und Leiden Christi wichtig und führten zu einer neuen, stark meditativ geprägten Leben-Jesu-Frömmigkeit. Es entwickelten sich Andachten zum Herzen Jesu, zu den fünf Wunden, zum Kreuz oder zu einzelnen Stationen seines Leidensweges. Auch die bereits im 2. Jahrhundert n. Chr. nachweisbare Marienverehrung wurde in ähnlicher Art verändert. Zur Marienbitte und -klage trat das Marienlob.

6.3 Leitfiguren

In der jüdischen und in der christlichen Tradition gibt es Figuren, die es den Gläubigen ermöglichen, ihren mystischen Weg nicht allein zu gehen, sondern sich mit ihnen zu vereinen und in vollständiger Identifikation mit ihnen Liebe und Leid zu teilen. Im Judentum steht diesbezüglich die Gestalt des Gerechten (der «Zaddik») in der vordersten Reihe. Im Christentum sind Jesus und Maria die Hauptgestalten mystischer Begleitung und Vereinigung. Auch der Lebensbaum, der oft als personale Figur gesehen wird, begleitet viele Menschen hintergründig, bis sie ihre eigene Identität wahrnehmen und bis sie ihr Lebensziel erreicht haben.

Im mystischen Buch Bahir (1. Hälfte 13. Jh., Südfrankreich) wird der Gerechte, der Zaddik, als kosmische Potenz aufgefaßt, die die Welt oben und unten zusammenhält. Als Säule verbindet der Zaddik Himmel und Erde. Es gab viele Diskussionen darüber, wieviele Zaddikim es auf Erden gebe oder geben müsse, damit Himmel und Erde weiterbestehen können.[282] Abbajje nennt im 4. Jahrhundert 36 Zaddikim (bSan 97b): «Abbajje sagte: ‹Die Welt hat in jedem Zeitalter nicht weniger als 36 Fromme, die täglich das Gesicht der Göttlichkeit empfangen, denn es heißt: ‹Heil allen, die auf ihn harren (Jes 30,18).› Hebräisch ‹lo› (ihn) hat den Zahlenwert 36. Dem ist ja aber nicht so, Raba sagte ja, die Reihe der Frommen vor dem Heiligen, gepriesen sei er, betrage 18 000 Parasangen, denn es heißt: (Ez 48,35) ‹ringsum sind es achzehntausend.›» Der Gerechte als Idealtyp eines moralischen Ideals der alten Kabbala verkörpert die Totalität alles Guten in der Welt, weil er in der Gemeinschaft mit Gott steht.[283]

Für die Mystiker ist Jesus wichtig als Gekreuzigter, als Opfer, als stellvertretend Leidender, als Märtyrer, als Auferweckter und als Heilbringer. Die Leidensmystik beruht besonders auf der Verklärung der Wundmale Christi (Joh 20,20.25–27). Verschiedene Stellen im Neuen Testament heben das Blut Christi (Apg 20,28; Röm 3,25) oder das Bild des Lammes hervor (Joh 1,29). Versöhnung wird im Zusammenhang mit

---

[282] Le Bahir, 90, zitiert von Scholem, op. cit. (Anm. 273), 1
[283] Bachia ben Ascher, kad ha-kemach, Breit Ch. (Hg.), II, 10a zitiert von Scholem, op. cit. (Anm. 273), 112

dem Passionsgeschehen in 2 Kor 5,18 f. angesprochen. In Röm 3,25b und Gal 3,11–13 wird die Übernahme eines Fluches und die dadurch geschaffene Gerechtigkeit thematisiert. Die Stellvertretung des Einen für alle (2 Kor 5,14; 1 Petr 3,18) wird übergeleitet in die dadurch bedingte Christusähnlichkeit aller, die von Christus in den Tod hineingenommen werden (2 Kor 5,15; Röm 15,1–6; Mk 10,38). Nicht nur Jesu Leiden, sondern auch seine Auferstehung und Erhöhung zu Gott hat mystische Bedeutung. Sie bildet den Abschluß des Weges von Jesus Christus und den Übergang in seine Herrlichkeit und leitet 40 Tage später seine Herrschaft (bis zu seiner Wiederkunft) und damit die Zeit der Kirche ein. Die Auferstehung ist damit ein Akt in der heilsgeschichtlichen Entwicklung, die den Völkern das Heil näher bringt.[284] Diese Möglichkeiten veranschaulichen das Projektionspotential Jesu Christi als Verklärungsfigur.

Maria, die Mutter Jesu, die tapfer neben seinem Kreuz stand, wird in der katholischen und in der orthodoxen Kirche zum «Gegenstand» mystischer Verehrung, sowohl als Mutter Jesu als auch als Voll-Erlöste, d. h. von Gott leiblich Vollendete, Verklärte und im Himmel Aufgenommene. In Maria ist die Erlösungshoffnung der Menschheit erfüllt. Sie geht als Erlöste den Leidenden und der Menschheit als Ganzem voran. Sie hat soteriologische Bedeutung, indem sie als Heilige im Himmel für die Menschen auf der Erde Fürbitte leistet. Bernard von Clairvaux soll gesagt haben, Maria verbinde Menschheit und Gottheit wie ein Aquädukt.[285] Die mittelalterliche Marienmystik hatte zwei Schwerpunkte: die Leidensmystik und die Glaubenserotik. Es ging darum, mit oder wie Maria zu lieben und zu leiden und Marias Lieben und Leiden zu erwidern. Viele im Hochmittelalter ausgeübten Gebete, denen eine rhythmische Aneinanderreihung des «Ave Maria» eigen ist, wurden im 15. Jahrhundert zu Rosenkränzen systematisiert. Ab dem 11./12. Jahrhundert gab es Marienwallfahrten. Im 12./14. Jahrhundert gab es Marienklagen und -andachten zu den sieben Schmerzen Mariens.

Vorstellungen vom Lebensbaum finden sich in großer Zahl in der alttestamentlichen Weisheitsliteratur (Ps 1,1–4; 92,13; Prov 3.18; 10,30; 11,30; 13,20), im Neuen Testament (Offb 22,2), in den Apokryphen (aethHen 14,1 f.; 77,3 f.), in der rabbinischen Literatur (BerR 15,9) und in Legenden.[286] Alle diese Texte tradieren in irgendeiner Form das urspüngliche mythologische Bild der Genesis. Dort heißt es: «Dann legte Gott, der Herr, in Eden, im Osten einen Garten an... Gott, der Herr, ließ aus dem Ackerboden allerlei Bäume wachsen, verlockend anzusehen und mit köstlichen Früchten. In der Mitte des Gartens aber den Baum des Lebens und den Baum der Erkenntnis von Gut und Böse» (Gen 2,8 f.). Die für die Leidenden wichtigen Eigenschaften des Lebensbaumes sind seine strotzende Lebenskraft, seine lebensspendende Fruchtbarkeit und sein Standort im Paradies. Laut Jer 17, 5–8 kann der Lebensbaum auch die Form eines Strauches haben und wie der Dornbusch als Baum der

---

[284] Hoffmann P., ‹Auferstehung› *TRE*, 4 (1979), 450–467, 478–513
[285] Frieling R., ‹Maria/Marienfrömmigkeit›, *TRE*, 22 (1992), 140
[286] Ginzberg L., The Legends of the Jews, Bd. III, 5th ed., Philadelphia, 1968, 424–426

Offenbarung gedeutet werden. Der Baum des Lebens stellt die reine ungebrochene Kraft des Heiligen, die Durchdringung der Welt mit dem Göttlichen und die Verbindung aller lebenden Dinge mit ihrer göttlichen Quelle dar (Kap. III, 5.2).

6.4 Geheimnisvolle Wandlungen

Die Welt der Verklärten ist voller Geheimnisse, Wunder und Rettergestalten. Für Frau P.[287] (Kap. III, 5.5), Frau S.[288] (Kap. III, 5.6) und Frau A.[289] (Kap. I, 4.3) enthält sie zusätzlich zu diesen bedrohliche Mächte. Je mehr Leidensgeschichten ich zur Ergründung dieses Motivs beizog, um so belebter wurde es. Punkto Vielfalt mystischer Phänomene stimmte das Erleben der Kranken mit der Tradition überein. Gemäß den von mir studierten Quellen traten mystische Phänomene besonders oft im Zusammenhang mit menschlichen Krisen auf (vgl. Ez 1,4–28: Ezechiels Vision im babylonischen Exil; Dan 7; aethHen 1: Träume und Himmelsreisen in der Apokalyptik; Hervorbringung der Lurianischen Kabbala im Anschluß an die Vertreibung der Juden aus Spanien 1492). Auffallend viele christliche Mystiker litten an Krankheiten. Es kann angenommen werden, daß ihre Leiden Zeichencharakter hatten. Sie waren, wie am Beispiel von Paulus sichtbar wird, Ausdruck von Zugehörigkeit zum gekreuzigten Jesus (2 Kor 4,10). Auf diesem Hintergrund verwundert es nicht, daß auch ein Krebsleiden mystische Veranlagungen individueller Religiosität heutiger Kranker beleben kann. Allerdings haben die befragten Kranken nicht nur ihr Krebsleiden mystisch überhöht, sondern auf der Suche nach einer Deutung dafür entdecken sie neue geheimnisvolle Veränderungen in ihrem gewohnten Lebenskontext. Es hat mich bei meinen Interviews mehrmals überrascht, welche hintergründige und vielleicht beruhigende, vielleicht mystische Rolle Kruzifixe, Rosenkränze, Marienstatuen, Kerzen und Bibeltexte im Wohnraum der Kranken spielen. Offenbar vermitteln diese Symbole den Kranken eine Art heilige Atmosphäre. Diese spendet ihnen Trost und Hoffnung. Etwas wirkkräftig Göttliches scheint plötzlich Natur und vertraute Menschen und Gegenstände zu durchdringen. Bei Frau A.[290] (Kap. I, 4.3) ist es der Psychotherapeut, bei Herrn X.[291] (Kap. III, 5.1) sind es Bibeltexte, bei Herrn L.[292] (Kap. III, 5.2) ist es ein Baum, bei Frau Y.[293] (Kap. III, 5.3) der tote Vater, bei Frau M.[294] (Kap. III, 5.4) ist es das Kruzifix und bei Frau S.[295] (Kap. III, 5.6) ein Wunderrabbi. Sie wurden unvermit-

---

[287] Gesprächsprotokoll Nr. 86
[288] Gesprächsprotokoll Nr. 77
[289] Gesprächsprotokoll Nr. 82
[290] Gesprächsprotokoll Nr. 82
[291] Gesprächsprotokoll Nr. 48
[292] Gesprächsprotokoll Nr. 80
[293] Gesprächsprotokoll Nr. 1
[294] Gesprächsprotokoll Nr. 10
[295] Gesprächsprotokoll Nr. 77

telt zu Heilsgestalten oder -gegenständen, die wie Theophanien anmuten. Mit ihnen teilen die Kranken ihren Kummer und ihre Not. Die Figuren beschützen sie, wie im Fall von Frau C.s[296] afrikanischer Maske. Sie wirken als Mittlerfiguren zwischen den Kranken und ihrer Gottheit, wie Herrn X.s Engel oder Frau A.s Psychotherapeut zeigen. Diese Figuren sind an die Biographie ihrer Bewunderer und Anbeter gebunden und deshalb nicht austauschbar. Ihre Bedeutung und Funktion ist aber gleichwertig. Kranke, deren mystische Religiosität nicht an eine Gestalt gebunden war, fügten sich in ein übergeordnetes Göttliches ein, mit dem sie sich verbunden fühlten. So «tauchte» ein christlicher Kranker[297] ein in die sich ewig ablösenden Wellen am Meeresstrand. Sie waren für ihn Metapher für die ewige Nachfolge von Geschlechtern und Generationen und damit Trost für sein eigenes Vergehen. Nebst den Urerfahrungen, die die Kranken in der Natur machten, hatten sie auch Visionen, hörten Stimmen, fühlten seltsame Berührungen, fuhren aus ihrem eigenen Körper und kommunizierten mit Toten, die sie besuchten auf dem Friedhof oder die sie sich vergegenwärtigten. Solche Erscheinungen vermitteln Juden und Christen selige Augenblicke[298] und ein Gefühl von Raum- und Zeitlosigkeit.[299]

Unter den Verklärten gibt es Kranke, die sich als Esoteriker entpuppten. Ihre geistige Ausrichtung gilt spirituellen Heilstheorien und Heilmethoden. Sie richten ihre Aufmerksamkeit auf Geistheiler, Mesmerismus, Wellenfrequenzen, Potenzen von Flüssigkeiten, Steine und sogar auf Exorzismus.[300] Solche Praktiken eröffnen ihnen z. T. abgrundtiefe, unheimliche und doch erhellende Lebensräume, die gewöhnlichen Leuten nicht zugänglich sind. Herr V.[301] sagte: «Der Glaube daran ist wichtig.» Er zog einen Rauchquarz, den er sorgsam in ein Taschentuch gewickelt hatte, aus dem Hosensack. Dann begann er von Emma zu erzählen: «Sie müssen zu Emma gehen. Ich gehe zu Emma, um mich aufladen zu lassen. Dann kann ich wieder 120% arbeiten. Emma fährt mir in etwa 10 cm Abstand mit ihren Händen über den Körper. Emma ist wahnsinnig! Sie hat mir ihre Steinsammlung gezeigt in ihrem Schlafzimmer. Ich habe hineingereicht, aber rasch wieder meine Hand herausgezogen. Wahnsinnig diese Ladung. Wissen sie, alles geht mit Wellen, Atomen, Elektronen, alles ist Schwingung.» Verschiedene Kranke sind sich bewußt, daß sie religiöse «Grenzerfahrungen» machen. Sie realisieren, daß sie von Kräften durchdrungen werden, und sie entdecken in ihrem Dasein Bedeutungen, die sie nicht rational erfassen können. Dieses Bewußtsein veranlaßt sie dazu, zu beteuern, daß sie nicht abergläubisch sind, oder ihre Erlebnisse niemandem zu erzählen aus Scheu, geistesgestört, einfältig oder frömmlerisch zu wirken. Sie wollen sich nicht Befremden, Argwohn und Mitleid von Außen-

---

[296] Gesprächsprotokoll Nr. 89
[297] Gesprächsprotokoll Nr. 70
[298] Gesprächsprotokoll Nr. 10
[299] Gesprächsprotokoll Nr. 1
[300] Gesprächsprotokolle Nr. 5, 50
[301] Gesprächsprotokoll Nr. 5

stehenden einhandeln. Nur in Israel lebende Jüdinnen und die in der Schweiz lebende Israeli verschrieben sich magischen Praktiken zur Heilung ihres Krebses. Magie ist eine Indienstnahme Gottes mit menschlichen Mitteln und Instrumenten. Die alten Juden gelten neben den Ägyptern als die besten Magier im Zusammenhang mit Kranken- und Wundheilungen.[302] Aus diesem Grund wurde bereits in der Mischna eine Exkommunikationsformel für Juden festgelegt, welche Wunden besprachen. In mSan X,1b heißt es: «Und das sind die, die keinen Anteil haben an der zukünftigen Welt... Rabbi Akiba sagte: ‹Wer über eine Wunde Zauberworte flüstert und spricht: 'All die Krankheit, die ich auf Mizraim gelegt, werde ich nicht auf dich legen.'› (Ex 15,26)» Die jüdischen Kranken, die in magische Praktiken involviert waren, dürfen aus apotropäischen Gründen nicht darüber sprechen. Mit dem Schweigen geht eine gewisse Einsamkeit und Isolation von den Mitmenschen einher. Diese wird jedoch durch den seelisch-geistigen Gewinn des mystischen Erlebens aufgewogen. Andererseits erfüllen und beflügeln die Offenbarungserfahrungen die Kranken dermaßen, daß sie beim Erzählen ins Schwärmen geraten, Fakten übergehen und zum Teil bekehrerisch wirken. Bei ihnen scheint das Sprechen über ihr Erleben die Wirkung zu erneuern. Auch dies ist bekannt aus Berichten über Mystiker des frühen Mittelalters.[303] Zum fließenden Übergang zwischen mystischem Erleben und Geisteskrankheit äußerten sich C.G. Jung und T. Schrire.[304] Die extremste Form mystischer Überhöhung ihres Krebsleidens zeigte sich in den spiritistischen Deutungen und Praktiken einer Kranken, die allerdings als psychisch krank diagnostiziert worden war. Sie glaubte an Satanskult und war überzeugt, daß sie im Banne zweier Personen war. Ein Prediger, welcher Vollmachten von Jesus erhalten hatte, beschwor diese, damit ihr Tumor verschwinde.[305]

Im Gegensatz zu anderen Kranken, die in ihrer Krankheit punktuell numinose Elemente wahrnehmen, verweilen die Verklärten mit ihren Vorstellungen. Das Numinose, in welcher Form auch immer, begann irgendwann eine permanente Komponente ihres Alltags zu werden, oder sie suchen aktiv – im Gebet oder mittels Amuletten –, seine permanente Präsenz zu erhalten. Dies betrifft vor allem aus Israel stammende oder dort lebende Juden.[306] Sie umgeben sich mit allen in der Literatur[307] beschriebenen

---

[302] Blau L., Das altjüdische Zauberwesen, Budapest, 1897, Nachdruck Graz, 1974; Davis E., Frenkel D. A., The Hebrew Amulet biblical-medical-general, Jerusalem, 1986
[303] Louth A., ‹Mystik›, *TRE*, 23 (1994), 547–580
[304] Jung, op. cit. (Anm. 11), 10 ff.; Schrire T., Hebrew amulets their deciphrement and interpretation, London, 1966, 31
[305] Gesprächsprotokoll Nr. 78
[306] Gesprächsprotokolle Nr. 82, 86, 77
[307] Albrecht K., Funk S., Schlögl N. (Hg.), Monumenta Talmudica, 4 Bd. Volksüberlieferungen, II. Teil, Aberglauben, Erstes Heft: Traum und Traumdeutung, bearb. Alexander Kristianpoller, Darmstadt, 1972; Scholem G. G., The messianic idea in Judaism and other essays on Jewish spirituality, New York, 197; The Jewish Encyclopaedia, A descriptive record of the history, religion, literature and customs of the Jewish people from the earliest times to the present day, London, 1916, 483; Trachtenberg J., Jewish Magic and Superstition, New York, 1974

Amuletten. Diese schützen sie vor dem «bösen Blick» oder vor ungünstigen astrologischen Konstellationen und Flüchen. Geheime, von Wunderrabbis in Stoff eingenähte Sprüche und Zahlenkombinationen bewahren sie vor Schlimmerem. Eine auffallend wichtige Stellung nimmt dabei die Unterstützung der Kranken durch die Fürbitte geliebter Verstorbener ein. Alle diese Maßnahmen sind aus dem Alten Testament und besonders aus dem Talmud bekannt (Kap. 6.1 und 6.2).[308]

Ausgehend vom Ergriffenwerden durch das mysterium divinum überschreiten die Verklärten mehr als alle anderen Kranken die Grenzen ihrer angestammten religiösen Traditionen, indem sie sich Esoterik, Magie, Naturreligionen, Ahnen- und Totenkult verschreiben. Panentheismus kennzeichnet ihre Frömmigkeit. Gleichzeitig bleiben sie in ihrer Tradition. Wie Frau A.[309] sagen viele: «Ich mische.» Die unterschiedlichen Frömmigkeitsströmungen wirken innerhalb einer Person synergistisch, ohne einander zu stören. Die mystische Verklärung scheint sich ferner besonders zu eignen für religiöse Synkretismen. Gott und auch Jesus sind bei allen verklärten Juden und Christen etwas oder ganz in den Hintergrund gerückt. Außer bei denjenigen Kranken, die sich ganz in Jesus oder ins Kreuz ergeben, genügen offenbar die «angestammten» bisherigen religiösen Deutungsrahmen nicht mehr, um ihr Leiden einzuordnen. Sie stehen in einem Mißverhältnis zum Erleben der Kranken oder sind zu dogmatisch-eng (z. B. auf logisch einsichtige Aussagen über Gott und die Welt beschränkt) oder zu abstrakt und entsprechen deshalb den psychologischen Bewältigungsmöglichkeiten der Kranken nicht. Wie in der Literatur beschrieben, machen die Kranken ihre mystischen Erfahrungen mehrheitlich außerhalb ihrer angestammten religiösen Institutionen. Das Entflammen der mystischen Frömmigkeit und das Überflutetwerden der Kranken von solchen Erfahrungen bestätigen manchen, was sie insgeheim immer schon gewußt hatten: Sie können überall beten, Gott oder seine Mittler hören sie überall, weil sie in allem anwesend sind. Heilung und Heil sind für sie nicht an Kirchen oder Synagogenbänke oder an Geistliche gebunden. Das Mystische finden sie vor allem in der Natur. «Der Wald ist meine Kirche», sagten mehrere Kranke.[310] Mystisch religiöses Erleben ist auch nicht an eine personale Gottheit gebunden. In bezug auf diese Erscheinungen zeigen die Geschichten der Kranken, wie viele Elemente der jüdischen Kabbala und der christlichen Mystik noch die religiösen Erfahrungen von heutigen Leidenden prägen. Die religiöse Verklärung der Leidenserfahrung hat wie die anderen Motive ein soteriologisches Ziel: die Herbeiführung von Heil und Heilung und von Situationen präsentischer Eschatologie. Alle Geschichten der Verklärten zeugen vom unkompromittierbaren Realitätsgehalt der mystischen Erfahrung. Aufgrund der Geschichten der Kranken bestätigt sich auch die Annahme als Irrtum, mystisches Erleben finde gänzlich getrennt vom restlichen Erleben statt. Die Verklärung der Dinge ge-

---

[308] vgl. bTaan 16a; bSota 34b; bBer 18a
[309] Gesprächsprotokoll Nr. 82
[310] Gesprächsprotokolle Nr. 21, 55

schieht im Alltag und innerhalb der Glaubenswelt der Kranken. Aber sie durchbricht jegliches orthodox-religiöses Schema.

Die Leidensgeschichten bestätigen, daß alle besprochenen Kranken gleichzeitig in zwei Sphären leben. Der Krebs hat ihnen bewußt gemacht, daß sie sterben werden. Gleichzeitig glauben sie, daß ein Teil von ihnen weiterbestehen wird. Eine etwa 60jährige israelische Jüdin[311] sagte dazu: «Es kann gar nicht sein, daß ein Geschöpf, das so herrlich ist wie der Mensch, nur für eine Lebenszeit erschaffen wurde.» Die Kranken fürchten durchweg das Leiden und nicht den Tod. Das heißt, einerseits fühlen sie sich existentiell bedroht, andererseits glauben sie an ihre Rettung. Diese Dialektik zwischen Sterblichkeit und Unsterblichkeit tritt, mit Ausnahme der Geschichten der Haderer, in allen Leidensinterpretationen hervor. Sie zeigt, daß der Leidensverarbeitung der hier besprochenen Juden und Christen neben der immanenten eine transzendente Dimension innewohnt. Alle religiösen Motive, welche die Kranken als Deutungsrahmen beiziehen, wurzeln tief in der jüdischen und in der christlichen Tradition. Es scheint, daß diese Traditionen durch die Krankheit aktualisiert werden bzw. daß die Hinwendung zu ihnen auf der Erinnerung («zikkaron», «memoria», «anamnese») beruhen. Darin liegt auch ihr Erlösungspotential. Einige Motive, wie der empathische Gott, treten jedoch scheinbar in den Hintergrund in der Krankheitssituation. Es ist unmöglich zu sagen, warum jemand ein bestimmtes Motiv zu Hilfe nimmt und warum sich die meisten Kranken ihr Leiden entweder im Rahmen des Vergeltungsglaubens oder der Hingabe an Gott verarbeiten. Warum sie ihre Gottesvorstellungen zwischen dem Richtergott und dem Barmherzigen polarisieren, ist nicht klar. Kein Kranker fragt, wo Gott ist, und niemand denkt daran, daß Gott möglicherweise mit ihm leidet.[312] Diese Untersuchung liefert keine Erklärungen für die Kontinuität oder für die Brüche mit der Tradition, die in den Leidensgeschichten erkennbar sind.

---

[311] Gesprächsprotokoll Nr. 90
[312] Vgl. Thoma C., Biblischer und rabbinischer Glaube an Gott vor und nach der Schoa, in Görg/ Langer, op. cit. (Anm. 231), 30–44

V Blickpunkte

In diesem Teil folgen abschließende Bemerkungen, die Vorausgegangenes aufgreifen und weiterführen. Sie beinhalten Beobachtungen zu den Forschungsfragen und zu den Thesen, soweit diese nicht bereits in vorgängigen Teilen der Arbeit enthalten sind. *Es geht mir dabei vor allem darum, Konsequenzen der Leidensdeutungen kranker Juden und Christen für die Pflegepraxis und für die Judaistik* aufzuzeigen. Entsprechend dem gewählten Forschungsvorgehen stützen sich die Ergebnisse auf die *theoretische* und nicht auf die statistische Relevanz der Daten. Sie sind deshalb als Hypothesen zu verstehen.

1. Religiosität im Leiden

Die Untersuchung zeigt, daß *die Leidenserfahrung der meisten krebskranken Juden und Christen mindestens teilweise religiös ist.* Neben den religiös empfindsamen Kranken gibt es aber solche, die ihre Krankheit eher dem «Schicksal» anlasten oder die Naturgesetze herbeiziehen zu deren Erklärung.

Die hier besprochenen Kranken erleben ihre Krankheit auf mehreren religiösen Ebenen. Vorerst erleben sie sie auf *kreatürliche* Art, indem sie sich durch sie existentiell bedroht fühlen. Reaktionen des Erschreckens, des Verstummens oder der Verwunderung stellen sich meist schon bei der Mitteilung der Diagnose, aber auch zu späteren Zeitpunkten wieder ein. Dieses «Kreaturgefühl» ist etwas «nie mehr Vergeßbares». Ob dies zutrifft oder nicht, hängt hauptsächlich davon ab, ob die Kranken «Krebs» als eine verhängnisvolle Krankheit betrachten und ob sie leiden oder nicht. Diejenigen Kranken, die sich auf religiöse Art mit ihrer Leidenserfahrung auseinandersetzen, stellen in bezug auf Geschlecht, Alter, soziale Schicht, Bildung, Tumorlokalisation, Krankheitsphase, Behandlungsmethode, religiöse Zugehörigkeit und religiöse Sozialisierung eine höchst heterogene Gruppe dar. Dies widerlegt die diskriminierende Annahme, Religion sei nur für Frauen oder «weiche Männer», Ungebildete, Arme, Alte oder für Leute aus ländlichen Gegenden. Diese Beobachtung stellt auch das Klischee der Säkularisierung bzw. Irreligiosität des heutigen Menschen in Frage.[313] *Die Leidenserfahrung wird zum Anlaß für eine Konkretisierung der vorerst meist allgemeinen und diffusen Religiosität der Kranken.* Die religiöse Auseinander-

---

[313] Dubach A., Campiche R. J. (Hg.), Jeder ein Sonderfall? Religion in der Schweiz, 2. Aufl., Zürich, 1993

setzung mit dem Leiden wirkt sich sowohl auf die Wahrnehmung der Krankheit als auch auf die Religiosität der Kranken aus. Es kann angenommen werden, daß auch eine Interdependenz zwischen Leidenserfahrung und Religiosität besteht.

Im Kapitel «Umschreibung des Untersuchungsgegenstandes» (Kap. I, 2.1) stellte ich die Frage nach dem «wahren» Religionsbegriff. Diese Untersuchung zeigt, daß die Religion zwar den wissenschaftlichen Perspektiven verschiedener *Disziplinen* entsprechend nach ihrem Wesen befragt werden kann. *Als menschliche Erfahrung ist Religiosität aber nicht aufteilbar.* Leidende reagieren auf religiöse Anstöße, sie erleben Religion individuell und als gemeinschaftsstiftendes Element, und sie leben sie, indem sie religiöse Traditionen aktualisieren. Es ist deshalb müßig und irreführend, beispielsweise in epidemiologisch orientierten Studien danach zu fragen, wie religiös jemand ist.[314]

2. Motivik

Die religiösen Motive, welche die Kranken zur Deutung ihres Leidens beiziehen, setzen sich aus Komplexen verschiedener religiöser Phänomene zusammen. Infolge der Vielgestaltigkeit, der engen und organischen Verwobenheit religiöser Phänomene und wegen der Dynamik, die einem Motiv innewohnt, ist es jedoch unmöglich, diese Bausteine vom Ganzen zu unterscheiden. Eine scharfe Trennung eines Motives von den es konstituierenden Phänomenen käme einer im positivistischen Sinne künstlichen Fragmentierung gleich. Sie würde dem Sachgehalt schaden, obwohl sie vielleicht einer klareren Gliederung meiner Ausführungen förderlich wäre. Sie würde auch dem gewählten Forschungsansatz widersprechen. Aus diesem Grund halte ich im folgenden diese Einheiten nicht strikte auseinander, sondern spreche von Motivik.

Die Krebserkrankung veranlaßt die hier besprochenen kranken Juden und Christen, sowohl nach dem Sinn des Lebens als auch nach demjenigen des Todes zu fragen. Damit verweist sie sie gleichzeitig auch auf Religiöses und auf Gott. Im Erleben der Kranken und in den Bildern, in denen sie dieses darstellen, zeigt sich denn auch, daß *Irdisches mit Göttlichem verquickt* ist. Die menschliche Leidenserfahrung läßt keine Trennung von einerseits Bio-Psycho-Sozialem und andererseits Religiösem zu. Krankheit und Leiden, Heilung und Erlösung gehören meist zusammen.

Wie aus den Leidensgeschichten (Teil III) hervorgeht, brachte die verwendete Untersuchungsmethode *eine fast unbegrenzte Anzahl und eine enorme Vielfalt religiöser Phänomene* zum Vorschein. Sie bestehen aus *religiösen Figuren* wie Gott oder Schutzengel oder aus weltlichen, deren Auftrag eine transzendente Dimension innewohnt, wie dem Priester und dem Arzt. Die Kranken spüren die funktionelle Nähe

---

[314] Levy S., Levinsohn H., Katz E., Beliefs, observances and social interaction among Israeli Jews, Jerusalem, 1993

dieser beiden bezüglich ihrer Heilung, aber sie entschließen sich eher für den einen *oder* den andern, als daß sie sie komplementär betrachten. Dazu sagte ein Kranker[315]: «Der Pfarrer kam jede Woche einmal, aber ich konnte ja nicht sprechen (wegen Kehlkopfentfernung). Wenn jemand vielleicht nicht wahnsinnig religiös ist, bringt der Pfarrerbesuch vielleicht nicht soviel, ich weiß es nicht. Also wenn mir der Arzt sagt: ‹Herr Z., mit Ihnen steht es so und so›, dann nützt mir dies mehr. Der Arzt gibt mir realeren Trost als der Pfarrer. Ich muß wissen, was geht. An Wunder zu glauben, fällt mir schwer. Daß da Wunder passieren sollten. Wenn man auf dem Röntgenbild einen Tumor sieht, daß der einfach weggehen sollte mit Gottes Hilfe und Gnade, da habe ich jetzt ein wenig Mühe. Ich verlange das eigentlich nicht einmal vom Herrgott.» Jesus wird von den Kranken selten genannt. Außer diesen Figuren haben die Kranken ein Bewußtsein eines *Ordnungsgefüges*, das sie «Weltordnung», «Gottes Wege» oder «Bestimmung des Menschen» nennen. Eine sehr religiöse jüdische Frau[316] sagte: «Bisher ist immer alles gut gegangen, in jeder Beziehung, immer alles glatt gelaufen. Das kann wohl nicht immer alles so gut gehen. Einmal muß vielleicht so etwas kommen. Eben ein Schlag.» Sie sagte, sie sei zwar religiös, aber Gott lasse sie weg von der Sache. Sie wolle ihn nicht darum bemühen, der habe anderes zu tun. Sie kenne Gottes Wege nicht. Obwohl sie gesagt habe, es sei eine Ohrfeige gewesen, habe sie nicht an Strafe gedacht. Es sei in einer über und über glücklichen Phase ihres Lebens passiert. «Vielleicht ist es doch eine Erinnerung», fügte sie an. Die Kranken beschreiben auch, wie diese Figuren und Ordnungsgefüge aufeinander und auf sie selbst *bezogen* sind. Zum Beispiel schützen sie oder sie machen krank oder gesund. Die «Ordnung» beinhaltet gewisse unumgängliche Mechanismen wie ein Prinzip des Austausches bzw. der Vergeltung oder den Gehorsam. Die Kranken haben eine klare Wahrnehmung eines sinnvollen und dynamischen Gleichgewichtes zwischen den genannten Determinanten und sie versuchen, dies wieder ins Lot zu bringen, wenn es gestört ist.

In vielen Leidensgeschichten fällt die *reichhaltige Verwendung von Metaphern und vor allem von Naturphänomenen* auf. Frau Z.[317] (Kap. III, 1.3) stellte sich z. B. als Birke im Kastanienwald dar, um zu illustrieren, daß sie in der falschen Umgebung lebe. Als sie zwar brustamputiert, aber vorläufig genesen war, pflanzte sie vor ihrem Haus eine gewöhnliche und eine «Krückenbirke», um sich vor Augen zu führen, daß beide gedeihen; nach ihrer Operation im Winter ging sie nach Hause und wartete auf das Sprießen der Knospen. Frau O.[318] (Kap. III, 2.1) hatte mangels eines Gartens wenigstens in einem Blumenkistli Tomatensamen gesät und gehofft, die Früchte noch zu erleben. Herr L.[319] (Kap. III, 5.2) stürmte eines Tages in seinen Garten hinaus, um seinen Baum zu umarmen, so daß dessen Lebenskraft in ihn überströmen möge. Er war

---

[315] Gesprächsprotokoll Nr. 69
[316] Gesprächsprotokoll Nr. 56
[317] Gesprächsprotokoll Nr. 6
[318] Gesprächsprotokoll Nr. 76
[319] Gesprächsprotokoll Nr. 80

sich auch plötzlich bewußt geworden, daß seine Rosen nur gedeihen, wenn er den verfaulten Gartenabfall von den Beeten wegschaffte, so daß sie atmen konnten. In ihrem Tagebuch verglich Frau E.[320] (Kap. III, 3.3) ihre Stimmung mit einer Gewitterstimmung über dem See. Frau A.[321] (Kap. I, 4.3) erlebte ihre Diagnosestellung als Erdbeben. Frau Y.[322] (Kap. III, 5.3) assoziierte die Gefahr, die ihr durch ihren Tumor drohte, mit einem Bergrutsch. Die «Rückkehr» der Kranken zur Natur ist möglicherweise Ausdruck ihres Zurückgeworfen-Werdens auf die Ebene geschöpflicher Religiosität. Sowohl die außerordentlich kräftigen Symbole als auch deren plastische Beschreibungen illustrieren *die unmittelbare Nähe von Naturerfahrung und religiöser Deutung der Krankheit*. In ihr liegt vermutlich die Neigung der meisten Kranken begründet, neben der Schulmedizin auch Naturheilkunde und «religiöse Medizin»[323] anzuwenden, selbst wenn diese durch ihren behandelnden Arzt nicht sanktioniert wurde.[324] Aber nicht nur die Verwendung von Naturphänomenen, sondern auch der Beizug anderer Metaphern zeigt *die Lebenswelt- und Kontextgebundenheit der Leidensinterpretationen*. Ein ehemaliger Bergwerkseelsorger[325] verglich die Abhängigkeit des Menschen von Gott mit der Abhängigkeit des Arbeiters im Schacht, der darauf wartet, daß ihn ein Vorarbeiter mit dem Lift hochzieht am Ende der Schicht. Herr C.[326] verglich sich mit einer Marionette am «Fädeli» Gottes. Vor Herrn B.[327] (Kap. I, 4.4), dem Schlosser, öffnete sich ein Schachtdeckel, und Herrn U.[328], dem Schauspieler, zog es den Boden (die Bühne) unter den Füßen weg, als sie ihre Diagnose vernahmen. In einem Gespräch, das ich während des Golfkriegs führte, verglich ein Kranker[329] sein unschuldiges Leiden mit dem Wohlbefinden und dem üppigen Lebensstil eines gesunden Saddam Hussein, was zeigt, wie sogar politische Gegenwartsereignisse in die Leidensdeutungen hineinspielen. Aus Frau A.s Katastrophe[330] geht hervor, daß *die Krebskrankheit oft nicht die einzige und auch nicht die größte Sorge der Kranken sein muß,* sondern daß Lebensgestaltung und soziale Situation weit bedrückender sein können. Bezüglich dem Herbeiziehen von solchen Symbolen besteht kein Unterschied zwischen Juden und Christen.

Die religiösen Phänomene werden von den Kranken auf unterschiedlichste Art kombiniert. *Wer welche Phänomene verwendet zur Verarbeitung seiner Leidenserfahrung, ist nicht zufällig.* Die «Selektion» wird beeinflußt von allen Faktoren, die ich unter «Auswahl der Untersuchungspersonen» (Kap. I, 4.1) aufführte. Sie sind Teil von

---

[320] Gesprächsprotokoll Nr. 17
[321] Gesprächsprotokoll Nr. 82
[322] Gesprächsprotokoll Nr. 1
[323] Jütte R., Geschichte der Alternativen Medizin, München, 1996
[324] Gesprächsprotokoll Nr. 73
[325] Gesprächsprotokoll Nr. 100
[326] Gesprächsprotokoll Nr. 21
[327] Gesprächsprotokoll Nr. 67
[328] Gesprächsprotokoll Nr. 43
[329] Gesprächsprotokoll Nr. 49
[330] Gesprächsprotokoll Nr. 82

Biographie, Lebenswelt und -kontext der Leidenden. Zusätzlich hängt die Selektion ab von situativen Einflüssen wie der subjektiven Befindlichkeit und Stimmung der Kranken zum Zeitpunkt des Gesprächs.

Die Themen jedes Kranken bilden einen syndromartigen Komplex, der in sich kohärent ist, d. h. aus inhaltlich irgendwie zusammengehörenden Phänomenen besteht. Beispielsweise bedingen sich die Gottesvorstellung, die Funktion Gottes, die Beurteilung des eigenen Leides und das Verständnis der eigenen Verantwortung eines Kranken im Leiden. Wer einen gnädigen, sich erbarmenden Gott vor sich hat, fleht ihn an, betet und bettelt, wer einen Richtergott vor sich hat, duckt sich oder fordert Gerechtigkeit; wer von einer Vaterfigur oder einem lenkenden Gott ausgeht, verläßt sich darauf, daß er sein Bestes tun wird, trägt selbst aber auch zur Verbesserung der Situation bei. So sagte eine Kranke[331]: «Natürlich kommen Entwicklung und Führung des Menschen von Gott, aber ich würde jetzt nicht sagen, daß dieser Tumor eine Strafe oder eine Prüfung sei, obwohl ich dadurch zur Besinnung gekommen bin. Gott macht das nicht, aber trotzdem hat es mich zur Besinnung gebracht und zum Überdenken des Lebens veranlaßt.» Diese Frau sagte weiter, sie sehe das Leben ganz im Zusammenhang mit der göttlichen Führung. Aber nicht so, daß man denken solle: «Lieber Gott, mach du... selbst muß man sich auch bemühen.» Wer Gott aus dem «Spiel» lassen und nicht ins Leid hineinziehen will, sucht anderwertig Hilfe. Die «Logik» der Gedankengefüge vieler Kranken ist für Außenstehende nicht immer leicht nachvollziehbar.[332] Religiöser Glaube ist offensichtlich nicht auf Beweise angewiesen, sondern richtet sich nach dem Verstehen – so, wenn eine Holocaustüberlebende beteuert, sie sei nicht religiös, gleichzeitig aber darauf besteht, daß ihr das Leben zweimal von Gott geschenkt wurde. Viele Kranke erkennen dieses «Muster» ihrer religiösen Leidensinterpretation selbst und benennen es mit einem Begriff wie z. B. Prüfung und ihre Identität entsprechend als «Geprüfte». Herr S.[333] sagte: «Warum ich? Aber es gibt keine Antwort. Es ist einfach so, und man muß es annehmen. Es ist eine Prüfung, ein Prüfstein.» Und auf die Frage, was geprüft werde, antwortete er: «Tja, es ist eine Prüfung, ob man etwas annehmen kann, durchstehen und verarbeiten kann.»

Die meisten Kranken hatten eine minimale religiöse Sozialisation erlebt, indem sie getauft, gefirmt, konfirmiert oder durch die «Bar Mizwah» in die jüdisch religiöse Gemeinschaft aufgenommen worden waren. Einige waren kirchlich getraut worden oder hatten an Trauungen anderer oder an Begräbnissen teilgenommen. Die meisten der Befragten erhielten im Verlauf ihrer Schulzeit oder im Zusammenhang mit den genannten religiösen Lebensriten formalen Religionsunterricht. Daraus kann man schließen, daß bei allen eine latente minimale Religiosität oder religiöse Information schlummerte, an die sie sich nun aufgrund ihrer Krankheit erinnerten.

---

[331] Gesprächsprotokoll Nr. 55
[332] Gesprächsprotokoll Nr. 42
[333] Gesprächsprotokoll Nr. 2

Aus vielen Geschichten geht *eine große Dynamik des Religiösen in der Leidenserfahrung* hervor. Der primär nicht darstellbare abstrakte und ferne Gott rückt beispielsweise im Leiden näher und wird zum Dialogpartner. Ein sterbender jüdischer Mann[334] mittleren Alters erzählte dazu folgendes: «Im Spital sank ich dann auf so eine Art kindliches Niveau. Nachts, wenn ich nicht schlafen konnte, schrieb ich gewissermaßen Briefe an den lieben Gott. Gebete, nicht erlernte, sondern ich habe Sätze geformt. Scheinbar, wenn man in Not ist, fällt es einem wieder ein, und man findet Zuflucht. Man sucht nach einem Sinn und fragt sich nach der Ordnung von allem.» Der eine, neue Gott wird dann nicht der Wahre gegenüber dem vorher nur scheinbar erfahrenen, sondern der «alte» verliert gegenüber dem neuen nur seine Totalität. Leiden findet nicht in fixen Kategorien statt. *Individuelles religiöses Erleben und religiöse Glaubensinhalte unterliegen also Veränderungen. Die Kraft und Wirksamkeit des Glaubens liegt in dieser Lebendigkeit der individuellen gegenüber der eher statischen institutionellen Religiosität.* Ihre Veränderlichkeit ermöglicht den Kranken, ihre Deutungen so zu manipulieren, wie sie sie im Moment brauchen und ertragen. In bezug auf Gott heißt dies, daß sie ihm einmal als strafendem Richter, einmal als Lenker oder Schöpfer begegnen. Jedem sind sie auf eine andere Art verpflichtet (vgl. Kap. III, 6.2). *Ihre eigenen religiösen Vorstellungen helfen den meisten Kranken mehr als angebotene abstrakte theologische Konzepte,* auch wenn manche der in den Gesprächen identifizierten Phänomene solchen, die in der Bibel vorkommen, entsprechen.

Veränderungen innerhalb der religiösen Motivik sind teilweise auch auf die *Prozeßhaftigkeit der Leidensverarbeitung* zurückzuführen. Der Leidensprozeß besteht einerseits aus *Mikroprozessen*, die jeden Moment ablaufen: vor dem Einschlafen, in Gesprächen mit Partnern, im Zusammenhang mit Medienveranstaltungen zum Thema Krebs oder beim allmorgendlichen Durchlesen der Todesanzeigen in der Tageszeitung. Andererseits geschieht die Leidensverarbeitung als *Makroprozeß* vom Zeitpunkt der Diagnosestellung bis zur Lösung des Problems. Eine etwa 60jährige Kranke[335] sagte dazu: «Mein Mann ist Schreiner. Ich habe zu ihm gesagt: ‹Jetzt machst du eine Kiste und den Deckel drauf und fertig!› Ich bin jetzt trotzdem froh, habe ich mir nicht das Leben genommen. Ich muß ‹zwäg› sein.» Sie hatte eben ein Enkelkind erhalten. Im Zusammenhang mit einer Parallelgeschichte zu ihrer eigenen schilderte sie, wie ihr Hadern plötzlich in große Dankbarkeit umschlug. Sie stand am Spitalbett ihrer leidenden Mutter und hielt deren Qualen fast nicht mehr aus. «Ich sah aus dem Fenster, da sah ich, wie unten in der Stadt überall die Lichter angezündet wurden. Es nachtete ein. Die Mutter hatte seit zwei Wochen nicht mehr reagiert, und man konnte sie nicht mehr anfassen und verküssen... Da stand ich am Fenster und faltete meine Hände und sagte: ‹Wenn doch nur der Moment kommt! Sie leidet so! Und jetzt läutet es dann Betzeit und es hat schon geläutet. Warum läßt Ihr sie so leiden? Warum, wieso, warum?› Sie war 84jährig. Und sie hatte ihr Leben wirklich gelebt. Da sagte ich zu

---

[334] Gesprächsprotokoll Nr. 49
[335] Gesprächsprotokoll Nr. 59

dem da oben: ‹Das gibt es doch nicht!› Dem Himmel, dem Himmel und dem Herrgott habe ich es gesagt. Und dann habe ich gesagt: ‹Es muß doch irgendwo eine Macht geben oder irgend etwas. Warum erlöst Ihr sie denn nicht!!› Ich wendete mich um, meine Mutter machte noch zweimal ‹ah, ah›, und dann sagte ich zu meiner Schwester: ‹S'Mami isch tot.› Da habe ich gesagt: ‹Danke villmal, danke villmal, danke villvillmal!›»

Im Regelmäßigen sowie im Widersprüchlichen, Inkonsequenten, Diffusen und Irrationalen der religiösen Deutungen der Kranken werden Zusammenhänge zwischen dem Religiösen und dem psychologischen Modus der Krankheitsverarbeitung einer Persönlichkeit sichtbar. Eine Kranke[336] berichtete, daß sie bereits als Kind vergewaltigt worden war und daß ihre persönliche Integrität deshalb zutiefst verletzt sei. Infolgedessen würde sie sich nie kremieren lassen. Sie hätte das Gefühl, man würde sie wegwerfen, wenn man ihren Körper verbrennen würde. Sie möchte langsam sterben, in der Erde zerfallen und dafür «ganz» bleiben. «Es wartet dort etwas auf mich, und dafür will ich unversehrt bleiben», sagte sie.

Die religiösen Motive stellen die *Erfahrungshorizonte* der Kranken dar. Gleichzeitig sind sie Ausdruck ihres «religiösen Persönlichkeitstypos» und ihrer Glaubensrichtung, und sie dienen den Kranken als *Interpretationsrahmen*. In den 100 analysierten Leidensgeschichten zeichnen sich folgende sechs religiösen Motive ab:

- das Vergeltungsmotiv
- das Motiv der Vorwürfe gegen Gott
- die Aufopferung
- das Ringen um den Willen Gottes
- die Annäherung an die Endzeit
- die mystische Überhöhung.

Diese Motive sind durch überlappende religiöse Phänomene inhaltlich eng miteinander verknüpft.[337] Diese Motive, als Teile der bis heute sinnstiftenden jüdischen und christlichen Leidenstraditionen, ermöglichen den Kranken, ihre Leidenserfahrung zu deuten und ihr Ausdruck zu verleihen. Die Motive sind Gedankengut und Bestandteil der Geisteswelt der Kranken, und ihr Aufscheinen zeigt, daß religiöse Leidensdeutungen sowohl tiefe historische Wurzeln als auch zeitgenössische junge Sprößlinge haben. Diese Verwurzelung religiös erlebender Kranker in ihren Traditionen kann, wie (unter I, 2.1) diskutiert, einerseits auf ein ontologisches Angelegtsein solcher Motive hinweisen. Andererseits kann sie bedingt sein durch die seit der griechischen Antike bestehenden Prägung von Juden und Christen durch ihre Erlösungsreligionen. Die Motive helfen den Kranken nicht nur, ihr Leiden zu deuten, sondern sie leiten sie auch

---

[336] Gesprächsprotokoll Nr. 58
[337] Vgl. Ben-Chorin S., Jüdischer Glaube, 2. Aufl., Tübingen, 1979, 257 f: Mainomides' Unterscheidung von fünf Auffassungen über die Seligkeit des Menschen.

an, um aus dem Leiden herauszufinden. Es liegt deshalb nahe, sie innerhalb eines soteriologischen Rahmens als *sechs Wege vom Leiden zur Erlösung* zu interpretieren. «Erlösung» kann dabei, wie bereits in der Einleitung angedeutet, Heilung, Leben oder Tod bedeuten. Der Tod erscheint somit nicht mehr als Gegensatz zum Leben. Auf die Schwierigkeiten einer Definition des Leidensbegriffes habe ich unter I, 2.3 hingewiesen. Die Verwendung des Begriffes Erlösung ist gleichermaßen problematisch, weil auch er, religionsgeschichtlich bedingt, unterschiedliche Bedeutungen hat.[338] Aus den Leidensgeschichten (Teil III) geht hervor, was Leiden und Erlösung bei den befragten Kranken enthalten. Im Teil IV ist ersichtlich, wie sich dies von der Tradition unterscheidet (Kap. IV, 1.5, 2.7, 4.1, 5.3, 6.3). Die Kranken nehmen situationsbedingt Erlösung vorerst nur als Möglichkeit oder nur fragmentarisch wahr. Manche erleben ihre Heilung, ohne diese im transzendenten Sinn als erlösend zu erleben. Aber umgekehrt machen sie auch Erlösungserfahrungen, ohne daß sie geheilt werden. Das heißt, auch diesbezüglich ist Gesundheitliches und Religiöses verbunden.

Die Antwort auf die Frage nach den religiösen Motiven, die in der Leidenserfahrung von krebskranken Juden und Christen vorkommen, verweist also auf die sechs beschriebenen Deutungsrahmen. Ihre kleine Anzahl widersprach vorerst meinen Erwartungen. Sie ist jedoch teilweise erklärbar. Die befragten Kranken wuchsen auf und lebten in einem relativ begrenzten Kulturraum. Ihre religiöse Sozialisierung orientierte sich vermutlich hauptsächlich am jüdischen oder am christlichen Religionsgut, das die hier identifizierten und kaum andere Motive vermittelt. Eine Angleichung einer einst vielleicht größeren Vielfalt der ihnen zur Verfügung stehenden Motive geschieht möglicherweise durch die heutige Informationsdichte und die Mobilität der Menschen innerhalb des zur Diskussion stehenden Kulturraums. Letzteres geht vermutlich mit einer gewissen Akkulturation einher.

Diese Untersuchung läßt viele Fragen zur Motivik offen. Welche Menschen bleiben trotz allem Leid religiös oder werden sogar noch religiöser?[339] Welche orientieren sich an Gott, welche an einer «Ordnung» oder an sich selbst? Wie setzen Kranke ihre Prioritäten, wenn sie aus Schulmedizin, Alternativen Heilmethoden und verschiedenen Glaubenssystemen wählen? Wie kommt es, daß Kranke im Glauben an Gott Zuflucht finden, obwohl sie ihn als Urheber ihrer Krankheit betrachten, daß sie Gott gewissermaßen gegen Gott anrufen?

---

[338] Einzelheiten dazu vgl. Larsson, E., ‹Heil und Erlösung›, I–IV, *TRE*, 14 (1985), 609–637, und in Broer I., Werbick J. (Hg.), ‹Auf Hoffnung hin sind wir erlöst› (Röm 8,24), biblische und systematische Beiträge zum Erlösungsverständnis heute, Stuttgarter Bibelstudien 128, Merklein H., Zenger E. (Hg.), Scharbert J., op.cit. (Anm. 29), 669–672
[339] vgl. Brenner R. R., The faith and doubt of Holocaust survivors, NewYork, 1980

3. Leiden: menschlich – jüdisch – christlich

Hier geht es darum, ob die von mir ursprünglich wahrgenommenen Unterschiede in der Pflege von Juden und Christen religiös bedingt sind, ob also eine «jüdische Lebensauffassung» und die leidgeprägte kollektive Geschichte des Volkes Israel im Leiden eines individuellen jüdischen Kranken einen Unterschied zur Leidenserfahrung eines Christen bewirkt. Aus den zwei Leidensgeschichten im Teil I (Kap. 4.3 und 4.4) und denjenigen im Teil III geht hervor, daß Juden und Christen durch ihre Diagnose vorerst auf archaisch-kreatürliche Art durch ihre Diagnose erschüttert werden. *Leiden trifft demnach zuerst einmal den Menschen als Menschen und erst sekundär den Juden oder den Christen.* Die bereits festgestellten (Kap. V, 1.1) individuellen, soziokulturellen und situativen Einflußfaktoren der Leidenserfahrung kommen im jüdisch-christlichen Vergleich zum Tragen. Die formale Religionszugehörigkeit ist nur *ein* Element innerhalb dieser Determinanten. Dies erklärt, weshalb Juden und Christen einerseits dieselben oder analoge, andererseits jedoch gänzlich unterschiedliche religiöse Inhalte zur Deutung und Verarbeitung ihres Leidens zu Hilfe nehmen (vgl. Kap. V, 1.). Deutliche Unterschiede in der religiösen Einstellung bestehen zwischen den in Israel lebenden Juden und Juden osteuropäischer Herkunft (Kap. III, 6.1) und den in der Schweiz lebenden Juden und Christen. Erstere identifizieren sich, milieubedingt, stärker mit Wunderglauben und magischen Praktiken im Zusammenhang mit ihrer Heilung als die anderen (vgl. Kap. III, 5.5, 5.6, 6.1). *Es gibt kaum Unterschiede zwischen Juden und Christen bezüglich ihrer Gottesvorstellung,* dem wichtigsten und zentralsten Inhalt beider Religionen. Juden und Christen schreiben Gott dieselben Attribute, Daseins-, Verhaltens- und Wirkungsweisen zu. Beide fragen, ob Gott gut oder schlecht, allmächtig oder in seinem Handeln beschränkt ist. Beide erkennen Gott als Schöpfer, Lenker, Richter, Vater oder Verhandlungspartner. Beiden kann er zum Gegner werden. Keiner der Kranken erwägt, ob Gott mit ihm leidet. Wenn sie von Gott sprechen, legen die Juden allerdings Wert auf Spezifizierung ihrer Vorstellungen. Im Gegensatz zu den Juden «vernachlässigen» die Christen die genaue Bestimmung ihrer Gottesvorstellung so weit, daß sie kaum zwischen Gott und Jesus unterscheiden. Die Juden betonen Gottes Abstraktheit, gestehen aber gleichzeitig, daß sie ihn personifizieren müssen, um mit ihm zu kommunizieren. Tendenziell erscheint der «jüdische Gott» strenger als der «christliche» (vgl. Kap. III, 1.1). «Der liebe Gott» scheint eher eine christliche Kreation zu sein. Aber für Juden und Christen ist die Existenz Gottes wichtiger als seine Gestalt. Beide glauben an einen Gott, der gleichzeitig gegenwärtig und lebendig und auch verborgene Macht ist. Sie sind auch überzeugt davon, daß alle Menschen gleich sind und daß es für alle nur ein und denselben Gott gibt.[340] Diese Auffassung kompromittiert ihr Bekenntnis zu ihrer eigenen Religion. Frau K.[341] sagte dazu: «Es gibt ja nur *einen* Herrgott, und der ist für alle da.» Sie hatte eine gute Nach-

---

[340] Gesprächsprotokoll Nr. 72
[341] Gesprächsprotokoll Nr. 52

barin gehabt und viel mit ihr unternommen. Dann sei diese Familie zu den Zeugen Jehovas übergetreten, und seither seien sie nur noch kühle Bekannte. Sie verstehe nicht, weshalb man sich aus Glaubensgründen trennen könne. Die anderen sagen nun, *nur sie* kommen ins Paradies und *nur sie* werden auferstehen. Deshalb heiraten sie auch nur untereinander. Anschließend sagte sie: «Es ist vielleicht zynisch, aber *der* mag ich die Scheidung ihrer Tochter gönnen.» Eine andere Frau[342] sagte, sie gehe schon in die Kirche, aber der reformierte Gottesdienst sei ihr zu früh am Morgen. Deshalb gehe sie zu den Katholiken. Das komme ja nicht drauf an. Sie habe noch zwei Heilige, die ihr helfen. Schon oft haben die ihr geholfen, das wisse sie. Und das genüge ihr. Sie sei da nicht so. Sie lasse auch ab und zu eine Messe lesen in der katholischen Kirche. Während diese Frau aus praktischen Gründen veranlaßt war, den Gottesdienst der Kirche einer anderen Konfession zu besuchen, basierte Herrn B.s[343] religiöse Toleranz in seiner Lebenserfahrung. Er übertrug sie auf den Umgang mit Menschen verschiedener Konfessionen. Dieser gebürtige Pole sagte: «Es ist ja egal, was für einen Glauben die Leute haben. Ich nehme die Menschen als Menschen. Schauen Sie, ich war als Kind schwer krank und erhielt dreimal die letzte Ölung. Dann war ich in russischer Gefangenschaft. Da scharten sich die alten Gläubigen zusammen. Das hat mir zu denken gegeben. Ich bin katholisch, aber frei erzogen worden. Wir wohnten in einem Kurort. Da kamen Juden, Christen ... alle. Auf meiner Flucht aus Rußland bin ich zusammengebrochen. Da hat mich ein reformierter Pfarrer gerettet und gepflegt. Meine Frau ist reformiert. Es gibt keinen Unterschied zwischen katholisch und reformiert. Der katholische Pfarrer an meinem Wohnort wollte, daß wir die Kinder katholisch taufen. Aber sie sind reformiert, da meine Frau sie erzieht. Wie viele Herrgötter gibt es eigentlich? Wir haben ja nur noch Glaubenskriege!» Frau N., die stark geschöpflich religiöse Israeli[344] (Kap. III, 1.2), genoß trotz ihrer ausgeprägten jüdischen Identität zwar das Sakrale christlicher Kathedralen. Sie ergriff jedoch jeweils die Flucht, wenn es «zu konfessionell» wurde.

Neben dem Gottesbild ist die Vorstellung davon, was *eine moralisch-ethisch verantwortbare Lebensweise* ist, eine zentrale Frage der Kranken. Juden assoziieren dies fast ausschließlich mit Handlungen der Nächstenliebe («Mizwot»), die für sie ein klares religiöses Konzept darstellen. Die Christen umschreiben dies mit «richtig leben» und lassen meist offen, was es genau beinhaltet. Auf diesem Hintergrund macht die Krankheit manchen Juden bewußt, daß sie ihr Leben im Sinne eines Auftrages ernst nehmen müssen und daß «life no picnic» ist. Es ist aber nicht klar, ob dies mit einer bewußteren Wahrnehmung ihrer Religion als «Religion der Tat» einhergeht oder ob sie sich durch die Krankheit ihres Erwählungsauftrages bewußt werden. Die Christen ihrerseits beginnen, den Reichtum des Lebens dankbarer und bewußter als vor der Krankheit zu genießen.

---

[342] Gesprächsprotokoll Nr. 36
[343] Gesprächsprotokoll Nr. 7
[344] Gesprächsprotokoll Nr. 84

Der Wert des Lebens bildet ein weiteres wichtiges Thema in der Leidensverarbeitung der Kranken. *Mehr Juden als Christen betonen ihren unbändigen Lebensdurst.* Manche Juden berufen sich bezüglich des Wertes des Lebens auf die «Halacha», das Religionsgesetz, oder auf ihre Erwählung. Bei manchen schimmert die Beachtung des Gebotes der Erhaltung des Lebens unter allen Umständen durch ihre Krankengeschichte hindurch. Wenn sie sich nicht mehr behandeln lassen wollten, wurden sie meist von ihren Angehörigen dazu gezwungen, oder die Ärzte machten ihnen aufgrund der jüdischen Medizin-Ethik klar, daß sie die Behandlung nicht abbrechen durften.[345] Eine säkulare Jüdin in Israel[346] sagte: «Die Leute glauben an nichts nach dem Tod, deshalb hängen sie so am Leben.»

Im Zusammenhang mit *Jenseitsvorstellungen* beziehen sich Juden und Christen auf die im Alten oder im Neuen Testament vorgegebenen Bilder, relativieren diese aber gleichzeitig als «nur Mythologie».[347] Manche Juden[348] spielen gedanklich mit einem diffusen Begriff von Gericht (Kap. III, 6.1), manchen Christen dagegen ist eine Vorstellung von Auferstehung gegenwärtig.[349] Aus diesen Beispielen geht hervor, daß Juden und Christen im Zusammenhang mit ihrer Krankheit dieselben Themen anschneiden. Wenn sie sich dazu Gedanken machen, beziehen sie sich – wenn auch nur andeutungsweise und inkonsequent – auf ihren je eigenen religiös-ethnischen Hintergrund.

Die beschriebene «phänomenale» Vielfalt der religiösen Vorstellungen hebt sich auf der Stufe der religiösen Deutungsrahmen auf, indem er in sechs religiöse Hauptmotive einmündet. *Juden und Christen verarbeiten also ihr Leiden grundsätzlich gleich.* Die beschriebenen Unterschiede betreffen lediglich die Gestaltung und den Ausdruck ihrer Leidenserfahrung. *Diese Unterschiede sind nicht ausschließlich religionsbedingt.* Es besteht auch kein Unterschied bezüglich ihrem Entschluß, das Leiden auf Gott zu beziehen. Juden interpretieren ihr Leiden nicht häufiger oder weniger häufig in einem religiösen Rahmen als Christen.

Juden und Christen durchlaufen vergleichbare Prozesse der Sinnsuche, und sie leuchten Erklärungsmöglichkeiten für ihre Krankheit auf analoge Weise aus, bis sie schließlich bei dem ihnen entsprechenden und für sie wirksamen Motiv ankommen und mit seiner Hilfe das in ihnen schlummernde «Religionsgut» aktivieren können.

Aus meinen Notizen zu den Gesprächsverläufen und zur Intensität, zum Ton und zur Dynamik und aus den Tonbandaufnahmen der Gespräche geht eine *intensivere und differenziertere religiöse Präsenz der Juden als der Christen* hervor. Dies manifestierte sich darin, daß die jüdischen Kranken schneller zum Fokus des Gesprächs

---

[345] Steinberg A., The terminally ill-secular and Jewish ethical aspects, *Israel J Med Sci*, 30 (1994), 130–135; Gesprächsprotokoll Nr. 91
[346] Gesprächsprotokoll Nr. 92
[347] Gesprächsprotokoll Nr. 49
[348] Gesprächsprotokoll Nr. 79
[349] Gesprächsprotokolle Nr. 57, 58

kamen. Sie haben umfassendere und genauere Kenntnisse des Alten Testaments, der Kabbala und des Volksbrauchtums und können problemlos Geschichten, Episoden oder Gestalten daraus zitieren. Bei den Christen kommt ein vergleichbarer religiöser Bildungsstand nur bei den Nonnen, Theologen und aktiven Mitgliedern religiöser Gemeinschaften zum Tragen. Dieser Unterschied muß allerdings nicht ursächlich mit der Religionszugehörigkeit oder mit dem religiösen Bewußtsein verknüpft sein, sondern kann dadurch entstanden sein, daß sich die Juden verpflichtet fühlten, mir als nicht-jüdischer Befragerin ihre religiösen Konzepte zu erläutern.

In verschiedenen Leidensgeschichten gibt es Anzeichen für meine ursprüngliche Vermutung, daß die kollektive Leidensgeschichte des jüdischen Volkes *ein anderes Leidensbewußtsein* bewirkt, als dies bei Christen beobachtbar ist. So nannte eine säkulare Jüdin[350] die Juden ein «leidbegabtes Volk» im Sinne einer bewußten Selbstdefinition und Abgrenzung von den Christen. In solcher Selbstwahrnehmung kann begründet sein, daß manche Juden ihr Leiden anders (aus)leben als Christen und daß sie dadurch das mir in der Pflege aufgefallene *«andere Bild»* des Leidens produzieren. Der strenge Gott, das Gericht, der Ernst eines Lebensauftrages voller religiöser Schuldigkeiten, sowohl die Gegenwärtigkeit der Erinnerung an das kollektive Leiden als auch die Vorwegnahme zukünftigen Infragegestelltseins verbunden mit einem intensiven Lebensdrang legen einen Schleier unspezifischer Tragik über die Leidenssituation der jüdischen Kranken. Dieser fehlt in den Leidenssituationen der Christen. *Es scheint, daß die Leidenserfahrung der Juden eine andere Trostbedürftigkeit beinhaltet als jene der Christen.* Die Feststellung S. Ben-Chorins, daß das Judentum dem Leiden gegenüber eine realistischere, das Christentum eine idealisierendere Haltung einnehme, kann aufgrund dieser Untersuchung aber so nicht auf leidende Juden und auf leidende Christen übertragen werden. Offensichtlich wenden sie identische Modi der Leidensdeutung und -verarbeitung an. Ob die Überlagerung der individuellen Leidenserfahrung mit dem kollektiven (und selektiv erinnerten bzw. hypothetisch antipizierten) Leidensschicksal des Volkes Israel realistischer oder eben gerade irrational oder in den Worten J. B. Metz' eine Unfähigkeit ist, Leiden konstruktiv zu verarbeiten, ist schwer zu beurteilen.

Im Zusammenhang mit dem Vergleich der Leidensdeutungen von Juden mit denen von Christen stellte ich Leidensdeutungen von Juden, die als deutsche Flüchtlinge,[351] als in Südfrankreich Versteckte[352] oder als dem Warschauer Ghetto Entkommene[353] solchen von jüdischen und christlichen Kranken,[354] die aus anderen Gründen eigentliche «Leidensbiographien»[355] vorwiesen, gegenüber. Dabei zeigte sich, daß *die Holocaustüberlebenden keine anderen Deutungsmotive verwenden als die anderen*

---

[350] Gesprächsprotokoll Nr. 92
[351] Gesprächsprotokoll Nr. 51
[352] Gesprächsprotokoll Nr. 92
[353] Gesprächsprotokoll Nr. 42
[354] Gesprächsprotokolle Nr. 75, 76, 22, 59
[355] Gesprächsprotokolle Nr. 22, 49, 52, 59, 75, 76

Kranken. Dieses Ergebnis ist vergleichbar mit demjenigen einer in Israel ausgeführten Untersuchung der Religiosität bei krebskranken Überlebenden von Konzentrationslagern im Vergleich zu anderen Juden. Auch jene Studie zeigt keine signifikanten Unterschiede bezüglich ihrer Religiosität. Die Überlebenden der Shoa litten jedoch unter dem «Survivor's Syndrome». Dies bedeutet, daß ihr Krebsleiden vergangene Traumata reaktivierte und daß ihre erfolgreiche Bewältigung durch depressiveres, fatalistischeres und abhängigeres Verhalten behindert wurde. Schwere Krisen zerstören den religiösen Glauben leidgeprüfter Menschen also nicht notwendigerweise. Aber Festigkeit im Glauben kann gewisse psycho-soziale und körperliche posttraumatische Reaktionen auch nicht immer kompensieren. Die Leidensverarbeitung von Holocaustüberlebenden läßt vermuten, daß Bewältigung bei ihnen wie bei allen anderen multifaktoriell und vor allem subjektiv bestimmt ist. Nicht der objektive Sachverhalt eines Ereignisses prägt das spätere Leidensverhalten. Das persönliche Leid eines Menschen läßt sich nicht quantifizieren oder buchhalterisch aufrechnen gegen dasjenige eines anderen. Das Leid, welches Holocaustüberlebende durchgestanden haben, darf also nicht als das absolut Schlimmste taxiert und alles andere als weniger traumatisch verharmlost werden. Die Leidenserfahrung eines jeden ist so schwer, wie er es erlebt.

Die Gruppe der Juden und diejenige der Christen erscheint in ihrem individuellreligiösen Erleben so heterogen, daß kaum mehr erkennbar ist, welcher religiösen Tradition sie angehören. Bezüglich den ihnen dienlichen Bewältigungmotiven werden Christen und Juden eins. Angesichts dieser Beobachtungen sind Versuche, das Besondere des einen oder des anderen Glaubens hochzustilisieren oder zu disqualifizieren, höchst fragwürdig.[356] Wenn es ums (Über-)Leben geht, treten sowohl «die Synagoge» als auch «die Kirche» im Bewußtsein der Leidenden in den Hintergrund. Existentielles Leiden bewirkt, daß die institutionelle Religion bzw. ihre «Hauptsätze» bei den Kranken an Bedeutung verlieren. Die Kranken befassen sich an ihrer Stelle mit religiösen Fragen, die sie unmittelbar betreffen. Daß die Dogmen der «angestammten» Religion zugunsten individueller religiöser Präferenzen verblassen, drückt sich auch darin aus, daß manche Kranke zu einer Art interreligiöser Nivellierung oder zu religiösem Eklektizismus oder Pluralismus neigen. Frau A.[357] (Kap. I, 4.3.) «mixte» Glaubenspraktiken aus verschiedenen Strömungen innerhalb des Judentums. Herr Q.[358] hingegen sagte, er frage sich, was Gott ist. Im Christentum, im Islam und im Buddhismus gebe es faszinierende Elemente. Er nehme von allen, was ihm gefalle. Durch solche Formen religiöser Toleranz verschwindet die interreligiöse Polemik zwischen Judentum und Christentum. Jüdisch-christliche Dispute sind nicht Themen der kranken Juden und Christen; sie bilden, im Gegenteil, *eine Leidensgemeinschaft.* Die fehlenden Unterschiede zwischen den Leidensdeutungen der Juden und der Christen stel-

---

[356] Vgl. J. Derridas ‹Essay über das Denken E. Lévinas›, op. cit. (Anm. 32), 121–235
[357] Gesprächsprotokoll Nr. 82
[358] Gesprächsprotokoll Nr. 5

len auch in Frage, ob das Christentum wirklich und wirksam eine Wende vom (jüdischen) «Gerichtsgott» zum «Gott der Liebe» gebracht hat.[359]

Existentielles Leiden führt aber nicht nur zu einer Individualisierung[360] bzw. «Versöhnung» religiöser Bekenntnisse, sondern auch zu einer Art Kristallisationsprozeß, innerhalb dessen Juden und Christen als solche mehr und mehr «sich selbst werden». Ihre religiösen Anliegen treten somit prononcierter hervor. Die Geschichten von Herrn V.[361], einem katholischen Priester jüdischer Herkunft, und Herrn X.[362] (Kap. III, 5.1), dem neuapostolischen Prediger, eignen sich zur Illustration dieses Phänomens. Für Herrn V. wurde der jüdisch-christliche Dialog letztlich so zentral, daß er, der Theologe, Pfarrer und Ökumeniker, es seiner Nachwelt in seiner Todesanzeige zur Erinnerung hinterließ. Darin heißt es: «Gott ersparte ihm gnädig den leiblichen Schmerz, aber nicht die intellektuellen Nöte eines wachen Christen gegenüber den Fragen seiner Zeit an Kirche und Gesellschaft. Sein Halt war der in beiden Testamenten gründende Glaube an Gottes bleibende Zuwendung, in die hinein er sich fallen ließ. Er wußte, daß er dabei nicht ins Bodenlose stürzen, daß vielmehr sein Schöpfer ihn auffangen werde.» Herr V.s versöhnendem Anliegen steht der glühende Wunsch des «Evangelisten» X. gegenüber, der sagte: «Wenn die Juden doch endlich einsehen würden, daß Jesus der Messias ist! Just imagine if all men were Christians!»

Auch die *religiöse Unzufriedenheit* der kranken Juden und Christen bezieht sich auf analoge Themen. Juden kritisieren besonders die dogmatische Enge und Sturheit des Orthodoxen Judentums und dadurch bedingte aufoktroyierte Einschränkungen des Lebens. Bei den beiden jüdischen Hadererinnen Frau W.[363] und Frau O.[364] (Kap. III, 2.1 und 2.2) brachen Ressentiments dem «schwarzen und immer schwärzer werdenden Judentum» gegenüber hervor, als ihre Leiden das Maß des Erträglichen überstiegen. In der Folge beschränkten sie ihre traditionelle Lebensweise auf «kein christliches Fleisch essen» und auf die Einhaltung einzelner anderer Regeln. Diese hielten sie aufrecht, weil sie «im Ghetto» wohnten und die Nachbarn nicht brüskieren wollten.[365] Auch mehrere Christen, die aufgehört hatten, zur Kirche zu gehen oder im Spital den Seelsorger zu konsultieren, begründeten dies mit ihrer Kritik am «System» (vgl. Kap. IV, 5.3). Eine protestantische Frau[366] stellte fest, daß die reformierte Kirche eben die Sinnlichkeit verdrängt habe. Sie sagte: «Wenn der Mensch in einer Krise auf sich selbst zurückgeworfen wird, merkt er, daß ihm etwas fehlt. Man merkt, daß einem das Sinnliche fehlt. Dies hat die reformierte Kirche verkannt.» Frau V.[367] (Kap. III,

---

[359] Wissmann, op.cit. (Anm. 218), 448
[360] Vgl. auch Campiche R., Cultures, jeunes et religions, Paris, 1997
[361] Gesprächsprotokoll Nr. 100
[362] Gesprächsprotokoll Nr. 47
[363] Gesprächsprotokolle Nr. 75, 76
[364] Gesprächsprotokolle Nr. 75, 76
[365] Gesprächsprotokoll Nr. 75
[366] Gesprächsprotokoll Nr. 58
[367] Gesprächsprotokoll Nr. 57

6.2) kritisierte die Finanzpolitik des Vatikans und schimpfte den Papst einen «Reiseleiter». Herr F.[368] stellte fest: «Früher ist in der Kirche von der Bibel geredet worden. Heute wird politisiert. Das gehört nicht zur Kirche. Es gibt fünf oder sechs Pfarrer in unserer Gemeinde, und noch nie ist einer gekommen, um zu fragen, wie es geht. Weil man nicht zur Kirche geht. Aber man ist trotzdem ein Christ und bezahlt die Steuern.» Mehrere Juden und Christen nahmen Abstand von der Synagoge oder von der Kirche wegen deren Vertretern, dem Rabbiner oder Pfarrer. Eine Jüdin[369] nannte den geldgierigen Vorsteher ihrer Gemeinde «Rabbi Bakschisch» (Trinkgeld). Auch die in Israel lebende Frau P.[370] (Kap. III, 5.5) besuchte seit einiger Zeit einen katholischen Priester statt einen Rabbi, weil dieser kein Geld verlangte, wenn er sie tröstete. Die Christen kritisieren vor allem die theologische Inkompetenz ihrer Seelsorger, die ihnen sowohl auf der Kanzel als auch am Krankenbett Unbehagen verursacht. Dabei trifft diese Kritik oft nicht ihre aktuelle Situation, sondern bezieht sich auf frühere Erfahrungen, die sie aber Ähnliches befürchten lassen. Frau K.[371] erzählte: Der Priester in der Gemeinde, in der sie aufwuchs, sei gar nicht beliebt gewesen, und man mußte ihn immer aus dem Wirtshaus holen. Sie sei in der Innerschweiz immer in die Kirche und in die Christenlehre gegangen. Dieser Priester habe dann beanstandet, daß sie reformiert heiratete. Nach der Hochzeit habe sie die Kirchensteuer zusammen mit einer Mitteilung erhalten, die Sakramente seien ihr entzogen. Sie dürfe aber noch in die Kirche gehen. An die Beichte glaube sie schon lange nicht mehr. «Wir haben doch immer dasselbe gesagt. Was betrachtet man als Kind schon als Sünde!» Sie hatte einen kleinen Bruder, einen «Nachzügler». Eines Tages kam er nach Hause und fragte: «Was habe ich Wüstes an meinem Leib?» Die Mutter kam nicht darauf und sagte: «Nichts, du hast nichts Wüstes. Es ist alles in Ordnung.» Der Kleine sei nackt dagestanden. «Aber warum?» fragte die Mutter. Der Pfarrer habe gesagt, sie dürfen das Wüste an ihrem Leib nicht anschauen. Manche Kranke, die nicht mehr in die Kirche gingen, nahmen sich unchristlich verhaltende Kirchengänger zum Vorwand für ihr Wegbleiben.[372] So erzählte eine Frau, ihre Nachbarin gehe jeden Sonntag in die Kirche, aber nach der Kirche gehe sie ins Café über andere schimpfen. «Da bete ich lieber zu Hause laut für mich», schloß sie. Trotz vieler Parallelen hat die Institution Synagoge und Rabbiner bei den Juden weniger Gewicht als Kirche und Pfarrer bei den Christen. Ein schwer behinderter Kranker,[373] der als Briefkastenhausierer arbeitete, hatte sich Gedanken gemacht zur Problematik des Spitalseelsorgers. Er stellte fest, daß dieser immer komme, wenn es einem ja «verschütt» gehe. «Das ist ein unglückseliges Zusammentreffen. Auch in der Literatur und in Heimatfilmen… der Pfarrer kommt in verschiedenen Situationen, wenn etwas los ist, das nicht so gut ist. Und das Volk assoziiert solche

---

[368] Gesprächsprotokoll Nr. 72
[369] Gesprächsprotokoll Nr. 75
[370] Gesprächsprotokoll Nr. 86
[371] Gesprächsprotokoll Nr. 52
[372] Gesprächsprotokoll Nr. 72
[373] Gesprächsprotokoll Nr. 21

Episoden mit der eigenen Situation. Wenn dann der Spitalpfarrer kommt, fragst du dich: Bringt er dich auch an einen Ort hin, wo du nicht mehr existent bist? Und dann sei dieses Gehabe der Pfarrer! Die Bibel können sie ja schon bei sich haben, aber als Pfarrer möchte ich den Patienten ein Geschenklein bringen. Damit ich einen Grund habe, sie zu besuchen. Ich würde es ihnen überreichen und ihnen alles Gute wünschen. Mit leeren Händen ist man Bote Gottes. Wenn man etwas bringt, ist dies vielleicht kapitalistisch, aber dafür hat man das Vertrauen... und auch in denjenigen, an dessen Fädeli man hängt.» Er habe, als er meinen Brief erhielt, gedacht, das Spital schicke eine Frau als Vorbote des Todes. Das sei noch idealer, als einen Mann zu senden. Er habe sich gefragt, ob man mich gesandt habe, um ihm beizustehen und ihn in den Tod zu begleiten. Viele Kranke gingen mit diesem Mann einig in ihrer Meinung, daß der Spitalseelsorger trübe Gedanken auslöst. Herr A. sagte: «Ich habe gedacht, gopferteckel, bin ich so schlimm dran?»

Dieser Einblick in Analogien und Unterschiede in die Leidensdeutungen krebskranker Juden und Christen zeigt, daß sich ihre Glaubenswelten nicht prinzipiell unterscheiden. Angehörige beider Religionen haben vergleichbare transzendente Vorstellungen, stellen dieselben Fragen und führen dieselben religiösen Auseinandersetzungen. Die verbreitete Annahme, daß Juden dank ihrer Erwählung oder infolge ihrer kollektiven historischen Leidenserfahrung «besser» leiden als Christen, erweist sich aufgrund dieser Untersuchung als Irrtum. Ausgangspunkt dieser Untersuchung war meine Wahrnehmung von Unterschieden im Erscheinungsbild des Leidens von jüdischen und christlichen Krebskranken. *Die ausgeführte Untersuchung liefert keine Begründung für die beobachteten Unterschiede. Im Gegenteil, sie zeigt mit erstaunlicher Konsistenz, daß sich die Leidenserfahrung von Juden und Christen, soweit sie sich in der religiösen Motivik ausdrückt, nicht unterscheidet.*

4. Tradition wirkt

Im Teil III habe ich gezeigt, daß jüdische und christliche Kranke in ihren Geschichten nur ausnahmsweise explizit auf die Leidenstraditionen ihrer Religionen zurückgreifen. Trotzdem entsprechen die von ihnen geschilderten Deutungsmotive weitgehend denjenigen ihrer Traditionen. Die Leidensinterpretationen der Kranken zeigen nicht nur, *daß* die jüdische und christliche Traditionen bis heute weiterwirken, sondern sie illustrieren auch *wie*. Im folgenden fasse ich Beobachtungen bezüglich dieser zwei Aspekte der Überlieferung von religiösen Motiven zusammen. Die wirkungsgeschichtlichen Spuren der Tradition, die in den aktuellen Deutungsmustern aufscheinen, deuten darauf hin, daß es sich um erinnerte Inhalte handelt.[374] Ob die Kranken diese Motive aus ihrer jeweiligen seelischen Verfassung heraus konstituieren (die Motive also in ihnen angelegt sind) oder ob diese Motive als besonders prägnante Figuren

---

[374] Vgl. auch Young J. E., Holocaust memorials and memory, London, 1993

aus der Tradition herausragen, ist unsicher. Sie erscheinen jedoch deutlich genug, um einem mindestens rudimentären motivgeschichtlichen Vergleich unterzogen werden zu können. Ein solcher führte zum folgenden Befund:

Die folgenden Vorstellungen aus dem Alten Testament und aus der Kabbala werden ausschließlich von den Juden bedacht:

- Leiden innerhalb der Erwählungsgemeinschaft
- Leiden als Zeichen endzeitlicher Drangsal
- Leiden als Vorwegnahme der eschatologischen Strafe
- Leiden verknüpft mit magischen Hintergründen
- Stellvertretendes Leiden für frühere Generationen

Folgende Leidensdeutungen aus dem Alten *und* dem Neuen Testament werden von Juden und Christen tradiert:

- Sühne von Sünden
- Sühne von Untreue und Ungehorsam gegenüber Gott
- Prüfung und Bewährungsprobe
- Läuterung zur Herstellung des göttlichen Wohlgefallens
- universale Verfügung als individuelle Verantwortung
- Schuld für moralisches Übel im Sinne des Mißbrauchs der Freiheit
- Gotteserfahrung
- Verschränkung von Leiden und Heil, d. h. Heilsgewißheit während des Leidens, so daß Leiden auch als Gnade erlebt wird
- Heilung und Heil bzw. Erlösung vom Leiden sind dies- und jenseitsbezogen und werden von allen angestrebt.

Folgende im Neuen Testament überlieferte Bilder werden ausschließlich von Christen verwendet:

- Leiden als Glaubenszeugnis
- Leiden als ein die Gemeinschaft mit Jesus und anderen Gläubigen bewirkendes Element
- Leiden in der Nachfolge Jesu

Diese rein christlichen Konzepte «kontaminieren» die Leidenserfahrung der Juden nicht. Folgende traditionellen Motive werden von den Kranken nicht erwähnt:

- Individuelles, stellvertretendes Leiden zur Sühne kollektiver Schuld bzw. im Hinblick auf kollektives Heil.
- Als unschuldig erlebtes Leiden wird nicht mit Heilsbedeutsamkeit verbunden, sondern führt zur Abkehr von Gott.

- Bewußt verursachtes Leiden im Sinn der religiös motivierten Askese im stoischen Sinn oder als Teil kollektiver jüdischer Identität kommt nicht vor.
- Leiden wird nicht mit der Ursünde in Zusammenhang gebracht.
- Niemand ist durch Krankheit (oder vorläufige Heilung) zur Religion gekommen, der nicht vorher schon latent religiös war.

Diese Übersicht bestätigt, daß die Phänomene religiöser Verarbeitung heutiger Juden und Christen von der je eigenen Tradition geprägt sind, obwohl die tieferliegenden Verarbeitungsmodi beider Gruppen identisch sind. Bei vielen Kranken ist irgendwann in ihrem Leben etwas Religion «hängengeblieben»: das Vorhandensein von «etwas Mächtigem», eine Idee von dem, was «anständig leben» heißt, oder daß es sein könnte, daß Glauben zur Heilung, zum Ertragen des Leidens oder zur Milderung einer eventuellen Strafe «am Ende» etwas helfen könnte. Es ist jedoch nicht klar, inwieweit das, was die Kranken in einem Gespräch erzählen, alles ist, was sie dazu zu sagen haben. Die im Neuen Testament selektiv rezipierten Traditionen des Alten Testamentes schimmern durch die Geschichten der Christen hindurch. *Die religiöse Leidensdeutung der Christen reflektiert die enge Verschränkung des Alten Testamentes mit dem Neuen.* Die Christen sind aber unberührt von kabbalistischem und midraschischem Gedankengut. *Die von den Juden verwendeten religiösen Phänomene sind vermutlich eine Konsequenz ethnozentrischer Sozialisierung und von auf jüdisches Religionsgut beschränkter religiöser Unterweisung.* Die Überlieferung religiöser Motive ergibt sich bei den Juden aus ihrer *Verpflichtung zur Erinnerung*, welche ihrerseits durch die Erwählung Israels bedingt ist.[375] Die Wahrung des Bundes setzt die Einhaltung der Gesetze und Gebote voraus, bedingt also deren Überlieferung (Ex 34,10f). Gemäß Dtn 25,17–19 ist Erinnern zukunftsspendend, Vergessen vernichtend. Dtn 4,9: «Jedoch nimm dich in acht, achte gut auf dich! Vergiß nicht die Ereignisse, die du mit eigenen Augen gesehen, und die Worte, die du gehört hast. Laß sie dein ganzes Leben lang nicht aus dem Sinn! Präge sie deinen Kindern und Kindeskindern ein!»[376] Das im Alten Testament überlieferte Religionsgut wurde so zur mehrschichtigen überpersönlichen Erinnerung des Volkes Israel. Sie wirkt identitätsstiftend. Die Christen, bei denen auch die Heilstaten Gottes Zentrum des Glaubens und Gegenstand von Riten und Kult sind, geben dem Gedächtnis in der Eucharistie primäre Bedeutung.[377] Erinnerung und Gedächtnis im Sinne der Vergegenwärtigung führen zur Erhaltung und Überlieferung religiöser Inhalte. Erinnerung war und ist aber nicht auf objektive historische Fakten zentriert und beschränkt, sondern auf subjektive Erlebnisse im Zusammenhang mit diesen, auf jene Erfahrungen, welche das eigene Leben am stärksten

---

[375] Yerushalmi, Y. C., Zachor: Erinnere dich! Jüdische Geschichte und jüdisches Gedächtnis, Berlin, 1982
[376] Vgl. auch Shulchan Aruch, Hilkot Talmud Tora, Pereq 2, Halacha 4 bBer 8b
[377] Bos G., Jewish tradition on strengthening memory and Leone Modenaís evaluation, JSQ, 2 (1995), 40–58

beeindrucken.[378] Dadurch wird sie *selektiv* (vgl. Kap. IV, 1.5, 2.7, 4.1, 5.3, 6.3). Bis zum Zug durch den Sinai waren die Israeliten aufgefordert, sich nur an Gottes große Taten zu erinnern; Ausnahme war das Gedenken an Amalek (Ex 17,7; Dtn 25,17f.). Daniel (ca. 175–162 v. Chr.) klammerte das Andenken an die Heilstaten Gottes, an die von Heil bereits betroffene Vergangenheit Israels aus (Dan 2,28–45). Er entaktualisierte diesen Teil der Erinnerung. Daß Erinnerung selektiv ist, geht auch aus bBer 13a hervor. Dort heißt es: «So geht es Israel: die späteren Bedrängnisse lassen die früheren vergessen.» Auch die Entwicklungsgeschichte der jüdischen Mystik zeigt einen *selektiven Evolutionsprozeß religiöser Motive*.

Der motivgeschichtliche Vergleich zeigt, daß neben den religiösen Inhalten auch die *Argumentationsmuster* der Kranken im Dialog mit Gott über die Jahrhunderte hinweg erhalten blieben (Kap. IV, 1–6). Heute wie damals fragen sie: «Wie lange noch Herr?» (Ps 79,5) und auch heute wissen sie «mein Schöpfer kennt mich durch und durch» (Ps 139).

Der motivgeschichtliche Vergleich zeigt eine *Dekomposition und Rekomposition* einzelner religiöser Glaubensinhalte und eine Vermischung der Tradition mit Einflüssen aus soziokulturellen oder praktischen Lebensbereichen der Kranken. Immer geht es um eine Aktualisierung der Religion, auch wenn Dogmen und zentrale religiöse Auffassungen im Judentum erstaunlich rein erhalten bleiben. Zur Illustration der *Vermischung* religiösen Glaubensgutes mit Phänomenen aus fremden Kulturen führt G. Fohrer die Königszeit im Alten Testament an.[379] In jenem Bereich der Religion, in dem sich rituelle Glaubenspraxis und Magie überschneiden, bestand durch die gesamte Antike hindurch eine Tendenz zur Übernahme fremder Elemente in die jüdische Religion (Ez 13,18; Ez 14,1–11).[380] Aus Ez 8 ergibt sich, daß zur ausgehenden exilischen Zeit viele Israeliten einer Mischreligion huldigten. Der Ewige war ein Gott unter anderen.[381] Auch die jüdischen Legenden, die vor allem im 2. bis 14. Jahrhundert geschaffen wurden, aber auch die späteren chassidischen zeigen, wie die Tora als Basis und Verbindung für die Schöpfungen der volkstümlichen Phantasie dienten. Auch die meisten jüdischen Märchen bestehen aus einer historischen, einer theologischen und einer anekdotischen Komponente, die als Mischung die Erzähltradition («Hagadda») erweitern. Auch christlicherseits beinhalten Erinnerungsfiguren somit bewahrtes, neu erlebtes und neu interpretiertes ursprüngliches Religionsgut. *Es sind Produkte der Reflexion.*

Aus dem religiösen Erleben der Kranken geht auch das Phänomen der *Zeitraffung* bzw. eine Dialektik von Nähe und Ferne bezüglich der religiösen Motive hervor. «Zeitraffung» meint das synchrone Vorkommen von religiösen Phänomenen aus verschiedensten religionsgeschichtlichen Epochen. Mit ihr geht eine gewisse Transformation

---

[378] Yerushalmi op. cit. (Anm. 375)
[379] Fohrer G., Geschichte der israelitischen Religion, Berlin, 1969, 144–158
[380] Maier J., Kabbala, Einführung, Klassische Texte, Erläuterungen, München, 1995, 209
[381] Fohrer G., op. cit. (Anm. 373), 315–317

von Motiven und manchmal eine damit verbundene Funktionsveränderung derselben einher. In dieser Untersuchung wird dies deutlich in der analogen Verwendung des Lebensbaumes, des Kruzifix von Jesus, einem Wunderrabbi oder einer Mittlergestalt, die aber alle – auf unterschiedliche Art – Schutz- und Erlösungsfunktion haben. Die religiösen Vorstellungen der kranken Juden und Christen müssen auch in diesem Sinn verstanden werden. Sie stellen *Fortschreibungen* traditioneller religiöser Motive dar. *Bei ihnen bewirkt vermutlich vor allem die Leidenserfahrung eine gewisse Verdichtung oder Kristallisation bestimmter Inhalte aus der Tradition.* Beispielsweise stellt die mystische Überhöhung von Leiden einerseits ein Deutungsmotiv dar, gleichzeitig aber gelingt es mystischem Gedankengut, Fäden kreuz und quer durch alle Motive und durch weisheitlich, apokalyptisch, rabbinisch, pietistisch und liberal-religiöses Gedankengut zu spannen. Der Vergleich der in der Literatur bezeugten Traditionen mit den Glaubensauffassungen der Kranken bezeugt für das Judentum und für das Christentum die Spannweite zwischen diesem normativ-vorbildhaften Bild der Religionen und der gelebten Religiosität mit ihren Glaubenspraktiken. Verschiedene Unterschiede zwischen den historischen Texten und den Geschichten sind darauf zurückzuführen, daß es sich bei den ersteren um Literatur, bei den letzteren um Erfahrung handelt. *Aufgrund dieses Befundes kann nicht von Säkularisierung im Sinne eines Verlustes an Religion gesprochen werden. Die Art der Rezeption traditioneller religiöser Motive bei den Kranken deutet eher auf einen Wandel von einer kirchlich-institutionellen zu einer privatisiert-subjektiven und dadurch weitgehend unsichtbaren Religion hin.*

Aus der Forschungsgeschichte (Kap. II, 1) geht hervor, *wie* religiöse Motive in Gesundheit und Krankheit wirken. Ihre Bedeutung und Funktion sind zentral für das subjektive Befinden der Kranken und für ihre erfolgreiche Verarbeitung ihres Leidens. Die in dieser Untersuchung befragten Kranken bestätigen jene Forschungsergebnisse. Ihre Zeugnisse belegen, daß die meisten von ihnen ihre Krankheit bereits im Moment der Diagnosestellung transzendieren. *Die übergeordnete Bedeutung des Religiösen kann demnach darin gesehen werden, daß es diese Transzendierung, d.h. eine gewisse Überhöhung und Transponierung des Leidens, in eine andere, nicht nur pathophysiologisch-psycho-soziale Sphäre ermöglicht.* Die Krankheit wird dadurch zu etwas «Heiligem».[382] Die Transzendierung ändert nichts am objektiven medizinischen Zustand der Kranken, wohl aber an ihrer religiösen und seelischen Befindlichkeit. Die Kranken verbinden ihren Leidenszustand mit einem (potentiellen) Heilszustand, den gegenwärtigen Zustand mit einem (meist) zukünftigen und den diesseitigen (oft) mit einem jenseitigen. Die profane faktische und die transzendente Wahrnehmung der Krankheit durchdringen einander zum Teil. Aus den Geschichten der befragten Kranken und besonders aus den Verklärungsgeschichten (Kap. III, 5.1–5.6) geht hervor, daß die Transzendierung des Leidens nicht bewußt vorgenom-

---

[382] Cioran E., Von Tränen und Heiligen, Frankfurt, 1988, 37, zitiert von Lenzen V., Jüdisches Leben und jüdisches Sterben im Namen Gottes, Studien über die Heiligung des göttlichen Namens (LeQiddusch HaShem), Zürich, 1995

men wird, um es erträglicher zu machen, sondern daß diese eine unwillkürliche, spontane Reaktion auf das numinose Ereignis ist. Frau R.[383] hielt sich während unseres Gespräches den Unterbauch, in dem sich ihr Tumor entwickelt hatte. Dazu sagte sie: «Mon marie est dans mon ventre. C'est comme un bébé. Il est toujour là et je le sens. Mein Mann ist in meinen Armen gestorben, il a expiré dans mes bras et je voulais sentir son souffle.» Sie zeigte mir, wie sie ihn gehalten hatte, damit er in sie übergehe. «Maintenant il s'ennuie und ich bin deshalb krank geworden. Er will, daß ich zu ihm komme. Ich werde sterben und ihn vielleicht wieder treffen. Ich weiß es nicht. Aber ich weiß, daß er immer bei mir ist, und das genügt. Vielleicht gibt es Gott. Aber mein Gott ist in mir. Er ist bei mir, und ich kenne ihn.» Die jüdischen und die christlichen Leidenstraditionen enthalten Bilder und Geschichten, welche den Kranken ermöglichen, ihr Leid in sie hineinzuprojizieren oder sich mit ihnen zu identifizieren. Oft überhöht ein solcher Akt das Leiden. Beispielsweise kann das Betrachten einer Pietà-Figur bewirken, daß Kranke sich getröstet fühlen. *Religiöse Motive helfen den Kranken, ihre Situation zu definieren, und leiten sie zur Problemlösung und zum Weiterleben an.*[384] Oft ermöglichen sie ihnen, sich schließlich mit ihrem Leiden zu versöhnen. Ob die Kranken ihr Leiden mit Hilfe der Religion pädagogisch oder disziplinarisch instrumentalisieren, ob sie es ästhetisieren oder ob sie moralisieren, im allgemeinen haben die Motive der Tradition diejenige Bedeutung, welche die Kranken ihnen *geben*. Die Leidenden legen sich die Glaubensinhalte so zurecht, daß sie ihnen das Leben erleichtern. *Bedeutung und Wirkung religiöser Motive sind also nicht absolut.* Dies kommt auch in einer gewissen Entsprechung zwischen den seelisch-geistigen Persönlichkeitsstrukturen und dem gewählten Deutungsmotiv eines Kranken zum Ausdruck. Vergleiche des eigenen Leidens mit vorgegebenen Themen der Traditionen wirken nicht immer klärend oder tröstend, sondern können auch irritierend wirken. So zerstörte der Tod seiner Mutter bei einem Jugendlichen den Glauben an die religiösen Verheißungen und seine bisherige religiöse Geborgenheit.[385] *Das Beiziehen traditionell-religiöser Inhalte zur Deutung des Leidens kann also stabilisierend oder destabilisierend sein.* Auf die belastende Wirkung der Religion bezog sich Herr I.[386], ein Atheist, der sagte, er müsse wenigstens nicht noch wegen der Religion ein schlechtes Gewissen haben.

Viele Gespräche vermitteln den Eindruck, daß die Möglichkeit zu glauben, z. B. beten zu können, für die Kranken mehr Bedeutung hat als die Glaubensinhalte, und dies ungeachtet dessen, ob Glauben ein vorbehaltloses Vertrauen auf Gott oder eine eher intellektuelle Haltung ist. Die Kranken aller Motive beten. Dies mag darin begründet sein, daß die Göttlichkeit raum-/zeitübergreifend anrufbar ist. *Die Kranken*

---

[383] Gesprächsprotokoll Nr. 38
[384] Vgl. auch Kowalski B., Die Wertung von Versagen und Unheil in der Geschichte, Judaica, 50 (1994), 327–359
[385] Gesprächsprotokoll Nr. 21
[386] Gesprächsprotokoll Nr. 63

finden im Glauben Trost, Hoffnung und Vertrauen, d. h. eine Zukunft, welche für das Bewältigen des Leidens wichtiger zu sein scheint als klare religiöse Vorstellungen. Viele Kranke wurden aufgrund ihres Nachdenkens über ihre Krankheit religiöser. Daraus kann aber nicht geschlossen werden, daß es religiöse Kranke einfacher haben im Leiden als nicht religiöse.

Eine systematische Analyse der *Veränderungen der Religiosität* bei denjenigen Kranken, die sich in ihrer Leidensverarbeitung auch mit dessen religiösen Aspekten beschäftigen, führte zu folgendem Befund: Die Auseinandersetzung mit dem Leiden bewirkte eine Intensivierung religiösen Handelns und Denkens, Glaubens und Vertrauens, aber führte *nicht zu intensiverer kultischer Aktivität*. Die Kranken konzentrierten sich auf als wesentlich Erkanntes, z. B. Natur oder Nächstenliebe, dem sie zuvor weniger Beachtung geschenkt hatten. Ihre religiösen Alltagserfahrungen verdichteten sich von punktuellen Erlebnissen zur religiösen Lebenserfahrung. Die Kranken wurden sich ihrer existentiellen Abhängigkeit von Gott bzw. der Beschränktheit ihrer persönlichen Autonomie bewußt. Ihre religiöse Identität prägte sich aus. Einige perfektionierten ihre Glaubensfähigkeit und erstarkten darin. Es kam aber auch zu Verkrampfung im Glauben. Manche Kranke kehrten um zu Buße und Gesetz. Einige suchten nach einem existentiellen Auftrag in ihrem Leben. *Es sind also qualitative und quantitative Veränderungen der individuellen Religiosität der Kranken in dem Sinne feststellbar, daß das Religiöse größere Bedeutung erhält.* Plakativ formuliert könnte man sagen, daß Krebs viele Kranke näher zu Gott rückt, obwohl sie ihn auch ursächlich mit der Krankheit assoziieren. Dies geschieht unabhängig von ihrer formalen Religionszugehörigkeit und weitgehend unabhängig von religiösen Institutionen. *Sie gehen deshalb nicht öfters zum Gottesdienst oder konsultieren Seelsorger nicht häufiger, als sie dies sonst getan hatten.* Auch diesbezüglich unterscheiden sich Juden und Christen nicht.

5. Vom Leiden zur Erlösung

Juden und Christen verwenden dieselben religiösen Deutungsrahmen zur Verarbeitung ihrer Leidenserfahrung. Daraus folgt für Pflegende, daß sie Juden und Christen primär als an Krebs leidende Menschen und erst sekundär als Angehörige einer bestimmten Religion oder ethnischen Gruppe begegnen sollen. Trotzdem können sie Kranke besser verstehen und begleiten, wenn sie sich mit den jeweiligen Leidenstraditionen vertraut machen.

Bei Juden und bei Christen tritt Leiden unmittelbar und konkret zutage. Die zum Teil leidenschaftlichen Zeugnisse der Kranken versetzen den Leser ihrer Geschichten in große Betroffenheit. Ihre Fragen an Gott und ihre schonungslosen Angriffe auf ihn sind vehement und real. Das Krebsleiden läßt manche Kranke an Gott fast verzweifeln und andere nach ihm rufen. Gott stiftet fast bei allen Bestürzung und Verwirrung. Er bleibt letztlich für alle unfaßbar und seine Unbegreiflichkeit wird größer mit zunehmender Vertiefung religiöser Erfahrung und Gotteserkenntnis. Dies zeigt, daß entgegen allen Behauptungen Religion nicht eine zeit- und gegenstandslose Worthülse geworden ist, sondern daß sie kraftvoll weiterbesteht. Religiöse Leidensverarbeitung findet aber nicht nur dann statt, wenn Kranke in der Bibel lesen oder mit dem Seelsorger sprechen wollen. Es muß auch nicht sein, daß sie sich mit den Antworten, die ihre religiösen Traditionen auf Leidenserfahrungen geben, zurecht- oder abfinden. Viele Kranke sind wenig distanziert von ihrem Leiden und deshalb weder in der Lage, selbst darüber zu philosophieren, noch sich mit Lehren anderer, etwa mit Theodizeen, zu befassen, selbst wenn sie sie verstehen würden. Schöngeistige Sinngebungen von Drittpersonen wecken Verdacht und können eher Ärgernis als Hilfe sein. Lehren und Belehrern fehlt oft die emotionale Verankerung im Leidensgeschehen. Deshalb ist es ihnen schwer möglich, Wahres dazu zu sagen. Es geht auch nicht darum, Leidende zu kategorisieren, zu bewerten oder zu kritisieren. Die relevantesten und hilfreichsten Deutungen sind diejenigen, welche die Kranken aus ihrer inneren religiösen Auseinandersetzung hervorbringen. Sie suchen Gesprächspartner, die auf ihre Motive eintreten und mit denen sie deren Gültigkeit im Dialog überprüfen können. Hilfreiche Ansätze in der Begegnung und Begleitung leidender Juden und leidender Christen liegen also nicht in der Dogmatik. «Allgemeingültige» religiöse Ansätze unterminieren das religiöse Erlösungspotential der Kranken. Verstehen geschieht eher in der situativen Annäherung an sie. Diese erfordert eine Art Sensibilität für Religiöses und eine persönliche Präsenz, die nicht nur Seelsorgern, sondern auch Pflegepersonen möglich ist. Pflegende können viel zur erfolgreichen religiösen Bewältigung beitragen, wenn sie das Religiöse im Leiden enttabuisieren und den Kranken ermöglichen, über ihr religiöses Erleben zu sprechen. *Die Leidenserfahrung der Kranken ist ein existentielles Geschehen, das den ganzen Menschen betrifft.* Es darf – trotz der bestehenden Aufteilung der Betreuung in verschiedene Disziplinen – nicht aus den Augen verloren werden. Religiöses muß von Psychologischem unterschieden und soll nicht durch dieses weggedeutet werden. Dies soll andererseits aber nicht zu einer Fragmentierung von Zusammengehörigem führen. Letztlich geht es sowohl bei den Kranken als auch bei den Betreuern ums Aushalten der Unbeantwortbarkeit der Frage nach dem Leiden. Es ist wichtiger, einen konstruktiv-kreativen Umgang mit dem Leiden und eine Form von Beistand zu entwickeln, als eine Antwort auf die Frage nach dem Warum bereit zu haben. Damit wird ein theologisch-philosophisches Problem zu einem pflegerisch-seelsorgerlichen bzw. ein akademisches zu einem menschlichen.

VI Bibliographie und Verzeichnisse

1. Primärliteratur

Aethiopisches Henochbuch, Jüdische Schriften aus hellenistisch-römischer Zeit, Bd. V, Siegert Uhlig, Gütersloh, 1984

Altjüdisches Schrifttum außerhalb der Bibel, übers. u. erl. von Riessler P., Augsburg, 1928, 6. Aufl., Freiburg i.Br., 1988

Aurelius Augustinus Bekenntnisse, vollst. Ausg., eingel. und übertr. von Thimme W., 6. Aufl. München, 1982

Babylonian Talmud, The, transl. with notes, glossary and indices, R. Epstein, I., London, 1990

Babylonische Talmud, Der, (12 Bde.) neu übertragen durch Goldschmidt I., Berlin, 1964

Bachia ben Joseph ibn Paquda. Sefer Torat horot ha-levano, Duties of the Heart, Bd. 2, transl. Ibn Tibbon J.,Hyamson M., Jerusalem, 1970

Bahir, Le, Le livre de la clarté, trad. Gottfarstein, J., Lagrasse, 1983

Baruchapokalypse, Die syrische, Klijn A. F., Jüdische Schriften aus hellenistisch-römischer Zeit, BdV, 1976, Gütersloh

Bibel, Einheitsübersetzung der Heiligen Schrift, Gesamtausgabe, Psalmen und Neues Testament Oekumenischer Text, 6. Aufl., Stuttgart, 1990

Biblia Hebraica Stuttgartensia, Edit. Funditus renovata, Editio quarta emendata opera Rüger H. P., Stuttgart, 1990

Die Schriftrollen vom Toten Meer, Burrows M., München, 1957

Die Texte aus Qumran, hebr. u. dt. Übers., Einf. Anm. Lohse E. (Hg.), München, 1964

Henochbuch, Das slavische, Böttrich Ch., Jüdische Schriften aus hellenistisch-römischer Zeit, Bd.V. Gütersloth, 1975

Kizzur Schulchan Aruch, ins Dt. übertragen von Bamberger R. S., 2 Bd., Basel, 1969

Kommentare zum Neuen Testament aus Talmud und Midrasch, erster Doppelband, Das Evangelium nach Matthäus, Strack H. J., Billerbeck P., München, 1922,

Luzzato M.C., Derech ha Shem, The way of God and an essay on fundamentals, transl. and annot. by Kaplan A., 4. ed., Jesusalem, 1988–5748

Mischna, Die (23 Bde.), Text, Übersetzung und ausf. Erklärung Beer G., Holtzmann O., Giessen, 1912

Midraschim, Eine Sammlung alter (6 Bde.), dt. Übertr. Wünsche A., Hildesheim, 1967

Midrasch Bereschit Rabba, die haggadische Auslegung der Genesis mit einer Einleitung von Fürst F., Noten und Verbesserungen von Fürst J., Straschun O. und Varianten von Gründewald M., in Bibliotheca Rabbinica, B. I, Hildesheim, 1967

Midrasch Kohelet, zum ersten Male in dt. übertr. Wünsche A., in Bibliotheca Rabbinica, Bd I, Hildesheim, 1967

Midrasch Sir-Ha-Shirim, zum ersten Male in dt. übertr. von Wünsche A., in Bibliotheca Rabbinica, Bd II, Hildesheim 1976

Midrasch Tehillim oder haggadische Erklärungen der Psalmen nach der Text-Ausgabe von Buber S., zum ersten Male ins Dt. übers. und mit Noten und Quellenangaben versehen von Wünsche A., in Bibliotheca Rabbinica Bd I, Hildesheim, 1967

Midrasch Wajikra Rabba, haggadische Auslegung des dritten Buch Mose mit Noten und Verbesserungen von Fürst J., in Bibliotheca Rabbinica, Hildesheim, 1967

Mischna, Die, Text, Übersetzung und ausf. Erklärung, Beer G., Holtzmann O., (Hg.) Giessen. 1912

Moses Maimonides, The guide for the perplexed trans. from the original arabic text by Friedländer M., 2nd ed., New York, 1956

Pesikta Rabbati (PR), Discourses for Feasts, Fasts and Special Sabbaths, transl. Braude W.G., New Haven, 1968

Pirke de Rabbi Eliezer, (PRE) The chapters of Rabbi Eliezer the Great, 4th, transl. and annot. Friedlander G., New York, 1981

Platon, Sämtliche Werke, 5, Polition, Philebos, Timaios, Kritias, nach der Übers. von Friedrich Schleiermachern und Hieronymus Müller mit der Stephanus-Numerierung, Walter F. Otto, Ernesto Grassi, Gert Plamböck (Hg.), Hamburg, 1964,

Psalmen Solomons in: Riessler P. (Hg.), Altjüdisches Schrifttum außerhalb der Bibel, 6. Aufl., Heidelberg, 1988

Quamran-Essener, Die: Die Texte vom Toten Meer, 3 Bde. Johann Maier, Basel, 1995

Shiur Qumah, The, Texts and Recensions, Cohen M. S., Tübingen, 1985

Sidur Sefat Emet, Basel, 1986

Sifra on Leviticus, according to Vatican manuscript 66 with variants from the other manuscripts, Genizah fragements, early editions and quotations by medieval authorities, Finkelstein L., 3 vol., New York, 1983

Talmud de Jerusalem, Le, trad. Schwab M., Paris, ohne Jahrgang

Testament Abrahams, Jannsen E., jüdische Schriften aus hellenistisch-römischer Zeit, Band III, Gütersloh, 1980

Testament der zwölf Patriarchen, Becher J., Jüdische Schriften aus hellenistisch-römischer Zeit, Bd III, Gütersloh, 1974

Testament Hiobs, Schaller B., Jüdische Schriften aus hellenistisch-römischer Zeit, Band III, Gütersloh, 1979

Thomas von Aquino, Summe der Theologie, zus. gef. und erl. Bernhart J., Bd.1, Gott und Schöpfung, Stuttgart, 1954

Zohar, The book of Enlightenment, Matt Ch.

2. Sekundärliteratur

Albertz R., Gebet, *TRE 12* (1984), 34–42

Albrecht K., Funk S., Monumenta Talmudica, 4 Bd. Volksüberlieferungen, II. Schlögl N. (Hg.), Teil, Aberglauben, Erstes Heft: Traum und Traumdeutung, bearb. Alexander Kristianpoller, Darmstadt, 1972

Allen V., Role transitions, explorations and explanations, London, van de Vliert E., 1984

Atkinson J.M., The patient as sufferer, *Br J Med Psych*, 66 (1993), 113–120

Atkinson R., Narrative turn or blind alley? Reflections on narrative and qualitative health research, paper given to International Interdisciplinary Qualitative Health Research Conference, Bournemouth, 1996

Back W. W., The well-informed informant, *HO*, 14 (1956)

Baider L., Sarell M., Coping with cancer among holocaust survivors in Israel: an exploratory study, Jerusalem, 1984

Baider L., Sarell M., Perceptions and causal attributions of Israeli women with breast cancer concerning their illness: the effects of ethnicity and religiosity, *Psychother Psychosom*, 39 (1983), 136–143

Baldwin J., Mead G. H., A unifying theory for sociology, London, 1986

Basset R. C., Perry K., Repass R., Silver E., Welch T., Perceptions of God among persons with mental retardation: A research note, *JPsT*, 22 (1994), 45–49

Baumeister T., Gebet, *TRE*, 12 (1984), 60–65
Ben Chorin S., Jüdischer Glaube, Strukturen einer Theologie des Judentums anhand des Maimonidischen Credo, 2. Aufl., Tübingen, 1979
Berger P. L., Luckmann T., The social construction of reality, New York, 1967
Berkovits E., Faith after the Holocaust, New York, 1973
Berman A., Belief in afterlife, religion, religiosity and life threatening experiences, OMEGA, 5 (1974), 127–135
Berterö C., Living with leukaemia, Studies on quality of life, interaction and caring, Linköping, 1996
Bilu Y., Witzum E. Working with Jewish Ultra Orthodox patients: guidelines for a culturally sensitive therapy, *Cult Med Psychiatry*, 17 (1993), 197–233
Binswanger L., Ausgewählte Werke, Bd. 4, Der Mensch in der Psychiatrie, Holzhey-Kunz A. (Hg.), Heidelberg, 1994
Blau L., Das altjüdische Zauberwesen, Budapest, 1897, Nachdruck Graz, 1974
Bolduan C., Weiner L., Causes of death among Jews in New York City, *N Engl J Med*, 208 (1933), 407–416
Bogdan R., Taylor S. J. , Introduction to qualitative research methods, A phenomenological approach to the Social Sciences, London, 1975
Bormann C. von, Hermeneutik, *TRE*, 15 (1986), 108–137
Bos G., Jewish tradition on strengthening memory and Leone Modena's evaluation, *JSQ*, 2 (1995), 40–58
Boschki R., Der Schrei, Gott und Mensch im Werk von Elie Wiesel, Mainz, 1994
Brandt B. T., The relationship between hopelessness and selected variables in women receiving chemotherapy for breast cancer, *ONF*, 14 (1987), 35–39
Braun H. J., Elemente des Religiösen, Zürich, 1993
Brenner R. R., The faith and doubt of Holocaust survivors, New York, 1980
Brinberg D., McGrath J., Validity and the research process, London, 1988
Brink P. J., Wood M.J. (Hg.), Advanced design in nursing research, London, 1989
Brocke M., Die Erzählungen des R. Nachman von Bratzlaw, übers. und komm.von Brocke M., Hamburg, 1989
Broer I., Werbick J. (Hg.), Auf Hoffnung hin sind wir erlöst (Röm 8,24), biblische und systematische Beiträge zum Erlösungsverständnis heute, Stuttgarter Bibelstudien 128, Merklein H., Zenger E. (Hg.), Stuttgart, 1987
Bronfen E., Nur über ihre Leiche, Tod, Weiblichkeit und Aesthetik, 2. Aufl., dt. Ausg., München, 1994
Brown G., Some thoughts on grounded theory, *J Br Sociol Ass*, (1973), 1–6
Cain M., Henke C., Living with cancer, *ONF*, 5 (1978), 4–5
Campbell A. V., Moderated love a theology of professional care, London, 1984
Campiche R., Cultures, jeunes et religions, Paris, 1997
Carson V., Soeken K. L., Shanty J., Terry L., Hope and spiritual wellbeing: Essentials for living with AIDS, *Perspect Psychiatr Care*, 26 (1990), 28–34
Cermak I., Ich klage nicht, Begegnungen mit der Krankheit in Selbstzeugnissen schöpferischer Menschen, Wien, 1972
Cicourel A. V., Method and measurement in sociology, New York, 1964
Clark C. C., Cross J. R., Deane D. M., Lowry L. W. Spirituality: integral to quality care, *Holistic Nurs Pract*, 5 (1991), 67–76
Cohn-Sherbok D., Holocaust Theology, London, 1989
Colaizzi J., The proper object of nursing science, *JNS*, 1975, 197–200
Comstock G. W., Partridge K. B., Church attendance and health, *J Chron Dis*, 25 (1972), 665–672
Crapanzano V., Life Histories, *American Anthropologist*, 1986, 953–960
Croog S. H., Levine S., Religious identity and response to serious illness: a report on heart patients, *Soc Sci Med*, 6 (1972), 17–32
Davis E., Frenkel D. A., The Hebrew Amulet biblical-medical-general, Jerusalem, 1996 (Hebräisch)

Denzin N., The research act in Sociology: a theoretical introduction to sociological methods, London, 1970

Denzin N., Interpretative Biography, Qualitative research methods, London, 1989

Derrida J., Die Schrift und die Differenz, 6. Aufl., Frankfurt a. M., 1974

Dubach A., Campiche R. J. (Hg.), Jeder ein Sonderfall? Religion in der Schweiz, 2. Aufl., Zürich, 1993

Durkheim E., Die elementaren Formen des religiösen Lebens, 2. Aufl., Frankfurt a. M., 1984

Dwyer J. W., Clarke L. L., Miller M. K., The effect of religious concentration and affiliation on country cancer mortality rates, *J Health Soc Behav*, 31 (1990), 185–202

Ebach J., Hiob, *TRE*, 15 (1986), 360–380

Eder A., Der Davidstern, seine Bedeutung in der Geschichte und im Verlauf der Erlösung, Jerusalem, 1982

Edmund Husserl, Phänomenologie der Lebenswelt, Ausgewählte Texte II, Held K. (Hg.), Stuttgart, 1986

Edmund Husserl, Die phänomenologische Methode, ausgewählte Texte I, Held K. (Hg.), Stuttgart, 1990

Elboime I. (Hg.), Antologie des sentences, tirées du ‹Michne-Tora› de Maimonide (Harambam), Jerusalem, 1968

Eliade M., Die Religionen und das Heilige, Elemente der Religionsgeschichte, Frankfurt a. M., 1989

Ersek M., Ferrell B. R., Providing relief from cancer pain by assisting in the search for meaning, *J Palliat Care*, 10 (1994), 15–22

Fackenheim E. L., To mend the world, foundations of post-holocaust Jewish thought, Bloomington, 1994

Fahlberg L. L., Fahlberg L. A., Exploring spirituality and consciousness with an expanded science. Beyond the ego with empiricism, phenomenology and contemplation, *Am J Health Promot*, 5 (1991), 273–280

Farrar Highfield M., Carson C., Spiritual needs of patients: are they recognised? *Cancer Nurs*, June (1993), 187–194

Feifel H., Religious conviction and the fear of death among the healthy and the terminally ill, *JSSR*, 13 (1974), 353–360

Feifel H., Freilich J., Hermann L. J., Death fear in dying heart and cancer patients, *J Psychosom Res*, 17 (1973), 161–166

Fellmann F., Symbolischer Pragmatismus nach Dilthey, Reinbek bei Hamburg, 1991

Ferrell B. R., Dow K. H., Leigh S. L., Gulasekaram P., Quality of life in long-term cancer survivors, *ONF*, 22 (1995), 915–922

Filstead W. J. (Hg.), Qualitative methodology: first-hand involvement with the social world, Chicago, 1970

Fitzgerald Miller J., Assessment of loneliness and spiritual well-being in chronically ill and healthy adults, *J Prof Nurs*, March/April, 1985, 79–85

Flick U., von Kardorff E., Keupp H., v.Rosenstiel, L., Wolff S. (Hg.), Handbuch Qualitative Sozialforschung, München, 1991

Fohrer G., Geschichte der israelitischen Religion, Berlin, 1969

Fossum J. E., The image of the invisible God, Essays on the influence of Jewish Mysticism on Early Christology, Freiburg, 1995

Fowler J. W. Stages of faith, San Francisco, 1983

Frank I., Gebet, *TRE*, 12 (1984), 65–71

Friedländer C., Pathways to Teshuvah, including ‹The Reach of Teshuvah›, transl. Silverstein, S., Jerusalem, 1991

Frieling R., ‹Maria/Marienfrömmigkeit›, *TRE*, 22 (1992) 137–143

Ganzevoort R. R., Investigating life-stories: Personal narratives in pastoral psychology, *JPsT*, 21 (1993), 277–287

Geist C. R., Bangham W. R., Locus of control and religious affiliation, *Psychol Rep*, 47 (1980), 1281–1282
Gerlitz P., Mystik, *TRE*, 23 (1994), 533–547
Geyer C., Gott, zivilisiert, *FAZ*, 1996, Nr. 230, N5
Ginzberg L., The legends of the Jews, Bd. III, trans. from German manuscript, Szold H., 7 volumes, 5th ed., Philadelphia, 1968
Glaser B., Strauss A. L., Awareness of dying, Chicago, 1965
Glaser B., Strauss A. L., The discovery of grounded theory: strategies for qualitative research, New York, 1967
Goetschel R., Sefer Jezira, *TRE*, 16 (1987), 658–659
Goetschel R., Kabbala, *TRE*, 17 (1988), 487–500
Görg M., Langer M. (Hg.), Als Gott weinte, Theologie nach Auschwitz, Regensburg, 1997
Granstrom S. L., Spiritual nursing care for oncology patients, *Top Clin Nurs*, April (1985), 39–45
Gräfrath B., Huber R., Uhlemann B., Einheit, Interdisziplinarität, Komplementarität, Orientierungsprobleme der Wissenschaft heute, Akademie der Wissenschaften zu Berlin, Berlin, 1991
Graves C. C., Cause or Cure? *Perspect Psychiatr Care*, XXI (1983), 27–37
Greenbaum A. (Hg.), Garden of the souls, R. Nachman on suffering, New York, 1990
Griffiths M., Nuns, virgins, and spinsters, Rigoni-Stern and cervical cancer revisited, *Br J Obs Gyn*, 98 (1991), 797–802
Grundmann E., Cancer morbidity and mortality in USA Mormons and Seventh-Day Adventists, *Arch Anat Cytol Pathol*, 40 (1992), 73–78
Grote H., Maria/Marienfrömmigkeit, *TRE*, 22 (1992), 119–137
Gusfield J. R., Fieldwork reciprocities in studying a social movement, *HO*, 14 (1955), 29–33
Hamay D. R., Religion and health, *Soc Sci Med*, 14A (1980), 683–688
Heiler F., Erscheinungsformen und Wesen der Religion, 2.Aufl., Stuttgart, 1979
Heine H., Buch der Lieder, Stuttgart, 1990
Held K., Phänomenologie, *TRE*, 26 (1996), 454–458
Heinrichs J., Ontologie, *TRE*, 25 (1995), 244–252
Helsinki Declaration, Recommendations guiding medical doctors in bio-medical research involving human subjects, Helsinki 1964, Tokyo, 1975, Venice 1983
Henry M., Die Barbarei, eine phänomenologische Kulturkritik, Freiburg/München, 1994
Herth K., Fostering hope in terminally ill people, *JAN*, 15 (1990), 1250–1259
Herzlich C., Pierret J., Kranke gestern, Kranke heute, Die Gesellschaft und das Leiden, München, 1991
Hodge D. A., Validated Intrinsic Religious Motivation Scale, *JSSR*, 11 (1972), 369–376
Hoffmann P., Auferstehung, *TRE*, 4 (1979), 478–513
Hoffmann P. ‹Auferstehung›, *TRE*, 4 (1979), 450–467/478–513
Hopf C., Weingarten D. (Hg.), Qualitative Sozialforschung, 2.Aufl., Stuttgart, 1994
Horowitz J., Enterline P. E., Lung Cancer among the Jews, *Am J Pub Health*, 60 (1970), 275–282
Hruby K., Isaak Luria, *TRE*, 16 (1987), 304–310
Hungelmann J., Kenkel-Rossl E., Klassen L., Stollenwerk R.M., Spiritual well-being in older adults: harmonious interconnectedness, *JTHe*, 24 (1985), 147–153
Hunsberger B., Religion, age, life satisfaction and perceived sources of religiousness: a study of older persons, *J Gerontol*, 40 (1985), 615–620
Husserl E., Die Krise der europäischen Wissenschaften und die transzendentale Phänomenologie, Hamburg, 1936/1982
Hurwitz S., Archetypische Motive in der chassidischen Mystik, in Zeitlose Dokumente der Seele, Studien aus dem C.G. Jung-Institut, III, Meier C.A. (Hg.), Zürich, 1970
Idler E.K., Religious involvement and the health of the elderly: some hypotheses and an initial test, *JRHe*, 66 (1987/88), 226–238
James W., The varieties of religious experience, A study in human nature, with an introduction by Marty M. E., New York, 1985

Janda E., Sprecher M. M. (Hg.), Jiddische Lieder mit deutscher Übersetzung und Noten, Frankfurt a. M., 1970
Jaspert B., Leiden und Weisheit in der Mystik, Paderborn, 1992
Jarvis G. K., Northcott H. C., Religion and differences in morbidity and mortality, *Soc Sci Med*, 25 (1987), 813–824
Jenkins R. A., Pargament K. I., Cognitive appraisals in cancer patients, *Soc Sci Med*, 26 (1988), 625–633
Johnston Taylor E., Amenta M., Cancer nurses' perspectives on spiritual care: implications for pastoral care, *JPC*, 48 (1994), 259–264
Johnston Taylor E., Highfield M., Amenta M., Attitudes and beliefs regarding spiritual care, A survey of cancer nurses, *Cancer Nurs*, 17 (1994), 479–487
Jonas H., Der Gottesbegriff nach Auschwitz, eine jüdische Stimme, Baden-Baden, 1987
Jonas H., Materie, Geist und Schöpfung, Frankfurt a. M., 1988
Jung C. G., Psychologie und Religion, Zürich, 1940
Jütte R., Geschichte der Alternativen Medizin, München, 1996
Kahn D. L., Steevens R. H., The experience of suffering: conceptual clarification and the theoretical definition, *JAN*, 11 (1986), 623–631
Kahof A., Jewish Symbolic Art, Jerusalem, 1990
Kanner I. (Hg.), Jüdische Märchen, Frankfurt a. M., 1976
Kaplan B. H., A note on religious beliefs and coronary heart disease, *J South Carol Med Ass*, 1976
Käppeli S., Hochschulbildung für Krankenschwestern? *Spital Management*, 4 (1996), 31–35
Käppeli S., Methodologischer Vergleich, Seminararbeit, Zürich, 1995
Karczorowski J. M., Spiritual well-being and anxiety in adults diagnosed with cancer, *The Hospice Journal*, 5 (1989), 105–115
Kaufman S., The ageless self. Sources of meaning in late life, Madison, Wisconsin 53715, 1986
Kirk J., Miller M., Reliability and validity in qualitative research, London, 1986
Klonoff E. A., Landrine H., Culture and gender diversity in common-sense beliefs about the causes of six illnesses, *J Behav Med*, 17 (1994), 407–419
Koenig H. G., George L. K., Siegler I., The use of religion and other emotion-regulating coping strategies among older adults, *Gerontologist*, 28 (1988), 303–310
Koenig H. G., Moberg D. O., Kvale J. N., Religious activities and attitudes of older adults in a geriatric assessment clinic, *J Am Geriatr Soc*, 36 (1988) 362–374
Kowalski B., Die Wertung von Versagen und Unheil in der Geschichte, *Judaica*, 50 (1994), 327–359
Kronauer B., Maria wie Milch und Blut, *NZZ*, 1996, 67
Kurtz B. R., Wyatt G., Kurtz J. C., Psychological and sexual well-being, philosophical/spiritual views and health habits of long-term cancer survivors, *Health Care Wo Internat*, 16 (1995), 253–263
Lanczkowski G., Heil und Erlösung, *TRE*, 14 (1985), 605–609
Lanczkowski G., Einführung in die Religionsphänomenologie, 3. Aufl., Darmstadt, 1990
Lane J. A., The care of the human spirit, *J Prof Nurs*, Nov./Dec. (1987), 332–337
Langenhorst G. (Hg.), Hiobs Schrei in die Gegenwart, Ein literarisches Lesebuch zur Frage nach Gott im Leid, Mainz, 1995
Larsson E., Heil und Erlösung, *TRE*, 14 (1985), 616–622
Lauer S., Leiden, *TRE*, 20 (1990), 672–677
Lenzen V., Jüdisches Leben und jüdisches Sterben im Namen Gottes, Studien über die Heiligung des göttlichen Namens (Kiddusch HaSchem), Zürich, 1995
Levine J. S., Schiller P. L., Is there a religious factor in health? *JRHe*, 26 (1987), 9–36
Levin J. S. Markides K. S., Religious attendance and subjective health, *JSSR*, 25 (1986), 31–40
Levy S., Levinsohn H., Katz E., Beliefs, observances and socioal interaction among Israeli Jews, Jerusalem, 1993
Lohse E. (Hg.), Die Texte aus Qumran, 4. Aufl., Darmstadt, 1986
Louth A., Mystik, *TRE*, 23 (1994), 547–580
Lührmann D., Gerechtigkeit, *TRE*, 12 (1984), 414–420

Luker K. A., Beaver K., Leinster S. J., Meaning of illness for women with breast cancer, *JAN*, 23 (1996), 1194–1201

Lyon J., Gardner K., Gress R. E., Cancer incidence among Mormons and Non-Mormons in Utah (US) 1971–1985, *Cancer Causes Control*, 5 (1994), 149–156

Maanen van M., From meaning to method, paper given to International Qualitative Health Research Conference, Bournemouth, Oct. 30, 1996

Mack T. M., Berkel J., Bernstein L., Mack W., Religion and cancer in Los Angeles County, *Nat Cancer Instit Monogr*, 69 (1985), 235–245

Macquarrie J., Pantheismus, *TRE*, 25 (1995), 611–615

Maier J., Geschichte der jüdischen Religion von der Zeit Alexander des Großen bis zur Aufklärung mit einem Ausblick auf das 19./20. Jh., Berlin, 1972

Maier J., Kabbala, Einführung, Klassische Texte, Erläuterungen, München, 1995

Mansell Pattison E., Lapins N. A., Doerr H. A., Faith Healing, *J Nerv Ment Dis*, 157 (1973), 398–409

Mansen T. J., The spritiual dimension of individuals: conceptual development, *Nurs Diagnosis*, 4 (1993), 140–147

Martin D., Wrightsman L. S., The relationship between religious behaviour and concern about death, *J Soc Psychol*, 65 (1965), 317–323

Maxwell T., Aldredge-Clanton J., Survivor guilt in cancer patients: A pastoral perspective, *JPC*, 48 (1994), 25–31

Mayring P., Qualitative Inhaltsanalyse, Grundlagen und Techniken, Weinheim, 1988

McGall G. J., Simmons J. L. (Hg.), Issues in participant observation a text and reader, London, 1969

McGilloway F. A., Donnelly L., Religion and patient care: the functionalist approach, *JAN*, 2 (1977), 3–13

Mead G. H., Mind, Self and Society, Chicago, 1934/1962

Meier C. A. (Hg.), Zeitlose Dokumente der Seele, Studien aus dem C. G. Jung-Institut, III, Zürich, 1970

Meyer C. F., Huttens letzte Tage, Eine Dichtung, Stuttgart, 1975

Michel D., Deuterojesaja, *TRE*, 8 (1981), 510 f.

Michel S., Medizinisch-magische Amulettgemmen, Schutz und Heilung durch Zauber und edle Steine in der Antike, Antike Welt, 1995

Mickley J. R., Soeken, K., Belcher A., Spiritual well-being, religiousness and hope among women with breast cancer, Image, *J Nurs Scholarship*, 24 (1992), 267–272

Mickley J. R., Soeken K., Religiousness and hope in Hispanic and Anglo-American women with breast cancer, *ONF*, 29 (1993), 1171–1177

Müller G., Gebet, *TRE*, 12 (1984), 84–94

Multerer-Heiniger M., Geburt im Dunkeln, Erfahrungen mit Krebs, Zürich, 1993

Nagai-Jacobson J. B., Burkhardt M. A., Spirituality: cornerstone of holistic nursing practice, *Holistic Nurs Pract*, 3 (1984), 18–26

O'Connor A. P., Wicker C. A., Germino B. B., Understanding the cancer patients' search for meaning, *Cancer Nurs*, 13 (1990), 167–175

Oelmüller W. (Hg.), Religion und Philosophie, Bd. 3, Paderborn, 1986

Oelmüller W. (Hg.), Leiden, Zürich, 1986

Oelmüller W. (Hg.), Theodizee – Gott vor Gericht? München, 1990

Ohler A., Mythologische Elemente im Alten Testament, eine motivgeschichtliche Untersuchung, Düsseldorf, 1969

Otto R., Das Heilige, über das Irrationale des Göttlichen und sein Verhältnis zum Rationalen, München, 1979

Pack G. T., St. Peregrine O. S. M., The Patron Saint of Cancer Patients, *CA-Cancer J.Clinics*, 17 (1967), 183–184

Peterson E. A., How to meet your clients' spiritual needs, *J Psychosoc Nurs*, 25 (1987), 34–39

Petuchowski J., Thoma C., Lexikon der jüdisch-christlichen Begegnung, Freiburg i. Br. 1989

Piles C. C., Providing spiritual care, *Nurs Educ*, 15 (1990), 36–41

Purdy W., Theological reflections on the ethics of pain control among the terminally ill, *JPC*, 46 (1992), 13–17

Raz S., This world and the world to come, Hasidic legends, transl. S. Twersky-Cassel, Jerusalem, 1953

Reed P. B., Religiousness among terminally ill and healthy adults, *Res Nurs Health*, 9 (1986), 35–41

Reed P. B., Spirituality and well-being in terminally ill hospitalised adults, *Res Nurs Health*, 10 (1987), 335–344

Reed P. B., Spirituality and mental health in older adults, extant knowledge for nursing, *Fam Com Health*, 14 (1991), 14–25

Reisz H. F., A dying person is a living person: a pastoral theology for ministry to the dying, *JPC*, 46 (1992), 184–192

Richardson S. S., Dohrenwend B. S., Klein D., Interviewing, its forms and functions, London, 1965

Robert Bosch Stiftung, Pflegewissenschaft Grundlegung für Lehre, Forschung und Praxis, Denkschrift, Gerlingen, 1996

Rosenau H., Mystik, *TRE*, 23 (1994), 581–589

Ross L. A., Spiritual aspects of nursing, JAN, 19 (1994), 439–447

Rubenstein R. L., After Auschwitz, radical theology and contemporary Judaism, Indianapolis, 1966

Rubin R., Erickson F., Research in clinical nursing, *JAN*, 3 (1978), 131–144

Rustoen T., Hope and quality of life, two central issues for cancer patients: a theoretical analysis, *Cancer Nurs*, 18 (1995), 355–361

Scharbert J., Leiden, *TRE*, 20 (1990), 669–672

Schatzman, L., Strauss A. L. Field research: strategies for a natural sociology, Englewood Cliffs, N. Y., 1973

Schenker A., Heil und Erlösung, *TRE*, 14 (1985), 609–616

Schmitz R. P., Aqedat Jizhaq, Die mittelalterliche jüdische Auslegung von Gen 22 in ihren Hauptlinien, Judaistische Texte und Studien, Maier J. (Hg.), Bd. 4, Hildesheim/New York, 1979/10

Scholem G. G., The messianic idea in Judaism and other essays on Jewish spirituality, New York, 1971

Scholem G. G., Major trends in Jewish mysticism, New York, 1974

Scholem G. G., Die jüdische Mystik in ihren Hauptströmungen, 4. Aufl., Frankfurt a. M., 1991

Schrire T., Hebrew amulets their deciphrement and interpretation, London, 1966

Schubart W., Religion und Eros, München, 1966

Schwartz H., Jacobs J., Qualitative Sociology a method to the madness, London, 1979

Schwarz D., Jüdische Speisegesetze und Gesundheitserziehung, *Z gesamte Hyg*, 36 (1990), 641–644

Schweizer E., Jesus Christu', *TRE*, 16 (1979), 671–685

Scott M. S., Grzybowski M., Webb S., Perceptions and practices of registered nurses regarding pastoral care and the spiritual needs of hospital patients, *JPC*, 48 (1994), 171–179

Seidman H., Lung Cancer among Jewish, Catholic and Protestant males in New York City, *Cancer*, 19 (1966), 185–190

Seiffert H., Einführung in die Wissenschaftstheorie, Bd.I, 10. Aufl. München, 1983

Seiffert H., Einführung in die Wissenschaftstheorie, Bd. II, 10. Aufl., München, 1983

Seiffert H., Einführung in die Hermeneutik, München, 1992

Seils M., Heil und Erlösung, *TRE*, 14 (1985), 622–637

Seybold K., Gericht Gottes, *TRE*, 12 (1984), 460–66

Shaffer J. L., Spiritual distress and critical illness, *Crit Care Nurs*, 11 (1991), 42–45

Siegel B. S., Love, medicine and miracles, lessons learned from a surgeon's experiences with exceptional patients, New York, 1986

Silverman D., Interpreting qualitative data, Methods for analysing talk, text and interaction, London, 1993

Simmons H. C., Discovering the public/private world: A research note, *JPsT*, 21 (1993), 319–332

Sitzler D., Vorwurf gegen Gott, Ein religiöses Motiv im Alten Orient, Wiesbaden, 1995

Sodestrom K. E., Martinson L. M., Patients'spiritual coping strategies: a study of nurse and patient perspectives, *ONF*, 14 (1987), 41–46

Soeken K. L., Carson V. J., Responding to the spiritual needs of the chronically ill, *Nurs Clin North Am*, 22 (1987), 603–610

Sölle D., Leiden, 7.Aufl., Marburg, 1987
Sparn W., Leiden, *TRE*, 20 (1990), 688–707
Staats R., Auferstehung, *TRE*, 4 (1979), 523–529
Steck O. H., Exegese des Alten Testamentes, Leifaden der Methodik, ein Arbeitsbuch für Proseminare, Seminare und Vorlesungen, 13. Aufl., Neukirchen-Vluyn, 1993
Steggink O., Blomme H., Stijn F., Maas J., Peters J., Tigcheler L., Aarnink H., Andrissen H., Vekeman H., Mystik, ihre Struktur und Dynamik, Bd. 1, Düsseldorf, 1983
Steinberg A. The terminally ill-secular and Jewish ethical aspects, *Israel J Med Sci*, 30 (1994), 130–135
Stemberger G., Esoterik, *TRE*, 10 (1982), 368–374
Stewart D. W., Religious correlates of the fear of death, *J Than*, 3 (1975), 161–164
Stewart C., Strategies of suffering and their interpretation(s), *Cult Med Psychiatry*, 16 (1992), 107–119
Stoll R. I., Guidelines for spiritual assessment, *AJN*, 1979, 1574–1577
Strauss A. L., Schatzman L., Cross-class interviewing. An analysis of interactions and communicative styles, *HO*, 14 (1955), 28–31
Sturgeon R. S., Hamley R. W., Religiosity and anxiety, *J Soc Psychol*, 108 (1979), 137–138
Sutherland A. V., Worldframes and God-talk in trauma and suffering, *JPC*, 49 (1995), 280–292
Tebbi C. K., Mallon J. C., Richards M. E., Bigler L. R., Religiosity and locus of control of adolescent cancer patients, *Psychol Rep*, 61 (1987), 683–696
Thoma C., Christliche Theologie des Judentums, Aschaffenburg, 1978
Thoma C., Das Messiasprojekt Theologie jüdisch-christlicher Begegnung, Augsburg, 1994
Thoma, C., Jüdische Versuche, Auschwitz zu deuten, *Int Kathol Zeitschift communio*, 24 (1995), 254
Thoma C., Lauer S., Die Gleichnisse der Rabbinen II: Von der Erschaffung der Welt bis zum Tod Abrahams (BerR 1–63), JüdChr. 13, Bern, 1991
Trachtenberg J., Jewish Magic and Superstition, New York, 1974
Trappler B., Greenberg S., Friedman S., Treatment of Hassidic Jewish patients in a General Hospital Medical-Psychiatric Unit, *Psych Services*, 46 (1995), 833–835
Trill M. D., Holland J., Cross-cultural differences in the care of patients with cancer, A review, *Gen Hosp Psychiatry*, 15 (1993), 21–30
Troyer H., Review of cancer among four religious sects: evidence that life-styles are distinctive sets of risk factors, *Soc Sci Med*, 26 (1988), 1007–1017
Turner B. S., The body and religion: toward an alliance of Medical Sociology and Sociology of Religion, *Annu Rev Soc Sci*, 4 (1980), 247–286
Uexküll T. von (Hg.), Lehrbuch der Psychosomatischen Medizin, München, 1979
Vorländer H.(Hg.), Oral History, Mündlich erfragte Geschichte, Göttingen, 1990
Wehr G., Der Chassidismus, Mysterium und spirituelle Lebenspraxis, Freiburg i. Br., 1978
Weidman Gibbs H., Achterberg-Lawlis J., Spiritual values and death anxiety implications for counseling with terminal cancer patients, *J Couns Psychol*, 25 (1978), 563–569
Weinreb F., Die Symbolik der Bibelsprache, Einführung in die Struktur des Hebräischen, 5. Aufl., Bern, 1981
White R., Gunstone R., Probing understanding, London, 1992
Widerquist J., Davidhizar R., The ministry of nursing, *JAN*, 19 (1994), 647–652
Wiesel E., Night, New York, 1960
Wilhelm K. (Hg.), Jüdischer Glaube, Eine Auswahl aus zwei Jahrtausenden, Basel, kein Jahrgang
Winkler K., Leiden, *TRE*, 20 (1990), 707–711
Winter M., Lohn, *TRE*, 21 (1991), 447–449
Wise W. H., The collected works of Berhard Shaw, New York, 1932
Wissmann H., Erfahrung, *TRE*, 10 (1982), 83–89
Wissmann H., Buße, *TRE*, 7 (1981), 430–433
Wittram A., Heil und Heilung, Symbole ärztlich-pflegerischer Kunst und religiöser Hoffnung, *Die Schwester/der Pfleger*, 31 (1992), 482–485

Wolter M., Leiden, *TRE*, 20 (1990), 677–688
Yates J. W., Chalmer B. J., James P. S., Foansbee M., McKegney P., Religion in patients with advanced cancer, *Med Pediatr Oncol*, 9 (1981), 121–128
Yerushalmi Y. C., Zachor: Erinnere dich! Jüdische Geschichte und jüdisches Gedächtnis, Berlin, 1982
Young J. E., Holocaust memorials and memory, London, 1993
Zacher A., Kategorien der Lebensgeschichte, ihre Bedeutung für Psychiatrie und Psychotherapie, Berlin, 1988
Zedler P., Moser H. (Hg.), Aspekte qualitativer Sozialforschung, Opladen, 1983
Zillessen D., Erfahrung, *TRE*, 10 (1982), 136–141
Zorn F., Mars, München, 1977, Frankfurt a.M., 1994

3. Lexika

Encyclopädia Judaica, Das Judentum in Geschichte und Gegenwart, Klatzkin J., Elbogen I. (Red.), Berlin, 1928
Encyclopaedia Judaica, Roth C. (Hg.), Jerusalem, 1972
Jüdisches Lexikon, Ein enzyklopädisches Handbuch des jüdischen Wissens in 5 Bänden, Herlitz G., Kirschner B. (Hg.), Berlin, 1930
Kosovsky C. Y., Thesaurus Mishnae concordantiae verborum qual in Sex Mishnae ordinibus Reperiunter, Tomus P.-T., Hierosolymis, 1960,
Kosovsky C. Y., Thesaurus Talmudis concordantiae verborum quea in Talmude Babylonica Reperiunter, Tomus R.-Sch., Jerusalem, 1975
Levy J. Wörterbuch über die Talmudim und Midraschim nebst Beiträgen von H. L. Fleischer und den Nachträgen und Berichtigungen zur 2. Aufl. von Lazarus Goldschmidt, 4. Bd., Darmstadt, 1963
Petuchowski J. J., Thoma C., Lexikon der jüdisch-christlichen Begegnung, Freiburg i. Br., 1989
The Jewish Encyclopaedia, A descriptive record of the history, religion, literature and customs of the Jewish people from the earliest times to the present day, 12 volumes, Singer I. et al (eds)., New York, London, 1916
Theologische Realenzyklopädie (TRE), Balz H. R., Krause G., Müller G., et. al. (Hg.), 24 Bände, Berlin/New York, 1977–1996
Theologische Realenzyklopädie (TRE), Abkürzungsverzeichnis, 2. überarb. und erw. Auflage, Schwertner S. M., Berlin/New York, 1994

4. Abkürzungsverzeichnis

4.1 Zeitschriften

A Cancer Journal for Clinicians	CA Cancer J Clin
American Journal of Health Promotion	Am J Health Promot
American Journal of Nursing	AJN
American Journal of Public Health	Am J Pub Health
Annual Review of the Social Sciences	Annu Rev soc Sci
Archives of Anatomy, Cytology and Pathology	Arch Anat Cytol Pathol
British Journal of Obstetrics and Gynaecology	Br J Obs Gyn
British Journal of Medical Psychology	Br J Med Psych
Cancer Causes and Control	Cancer Causes control
Cancer Nursing	Cancer nurs
Critical Care Nurse	Crit Care Nurs

Culture Medicine and Psychiatry	Cult Med Psychiatry
Family and Community Health	Fam com Health
Frankfurter Allgemeine Zeitung	FAZ
General Hospital Psychiatry	Gen Hosp Psychiatry
Geriatric Nursing	Geriatric Nurs
The Gerontologist	Gerontologist
Health Care for Women International	Health Care Wo Int.
Holistic Nurse Practitioner	Holistic Nurse Pract
Human Organisation	HO
Image Journal of Nursing Scholarship	Image J Nurs Scholarship
International Journal of Nursing Studies	IJNS
Israel Journal of the Medical Sciences	Jsrael J Med Sci
Jewish Studies Quarterly	JSQ
Journal of Abnormal Psychology	J Abnorm Psychol
Journal of Advanced Nursing	JAN
Journal of Behavioural Medicine	J Behav Med
Journal of the American Geriatric Society	J Am Geriatr soc
Journal of Chronical Disease	J Chron dis
Journal of Counseling Psychology	J Couns Psychol
Journal of Gerontology	J Gerontol
Journal of Health and Social Behavior	J Health Soc Behav
Journal of Nervous and Mental Disease	J Nerv Ment dis
Journal of Palliative Care	J Palliat Care
Journal of Pastoral Care	JPC
Journal of Pastoral Psychology	JPP
Journal of Professional Nursing	Prof Nurs
Journal of Psychology and Theology	JPT
Journal of Psychosocial Nursing	J Psychosoc Nurs
Journal of Psychosomatic Research	J Psychosom Res
The Journal of Social Psychology	J Soc Psychol
Journal of Religion and Health	JRHe
Journal of the South Carolina Medical Association	J South Carol Med Ass
Journal of the Scientific Study of Religion	JSSR
Journal of Thanatology	J Than
Medical and Pediatric Oncology	Med Pediatr Oncol
National Cancer Institute Monograph	Nat Cancer Instit Monogr
National Library of Nursing Publication	NLN
Neue Zürcher Zeitung	NZZ
Nurse Clinics of North America	Nurs Clin North Am
Nurse Educator	Nurs Educator
Oncology Nurse Forum	ONF
Perspectives in Psychiatric Care	Perspect Psy Care
Psychiatric Services	Psychiatr Services
Psychological Reports	Psychol Rep
Psychotherapy and Psychosomatics	Psychother Psychosom
Social Science and Medicine	Soc Sci Med
Research in Nursing and Health	Res Nurs Health
The New England Journal of Medicine	N Engl J Med
Topics in Clinical Nursing	Top Clin Nurs
Zeitschrift für die gesamte Hygiene	Z gesamte Hyg

4.2 Biblische Bücher

AT	*Altes Testament*	Prov	Proverbia (Sprüche)
Am	Amos	Ps	Psalmen
I–II Chron	Chronikbücher	Sach	Sacharja
Dtn	Deuteronomium	I–II Sam	Samuelbücher
Ex	Exodus	Sir	Jesus Sirach
Ecc	Jesus Sirach	Thr	Threni (Klagelieder)
Ez	Ezechiel	Tob	Tobit
Gen	Genesis	Weish	Weisheit Salomos
Hi	Hiob		
Hos	Hosea	*NT*	*Neues Testament*
Jer	Jeremia	Apk	Johannes Apokalypse
Jes	Jesaja	Eph	Epheserbriefe
Jdc	Richter	Gal	Galaterbriefe
Joel	Joel	Heb	Hebräerbriefe
Koh	Kohelet	Joh	Johannesevangelium
Lev	Leviticus	Kol	Kollosserbriefe
I–IIMakk	Makkabäerbücher	I–II Kor	Korintherbriefe
Mal	Maleachi	Mt	Matthäusevangelium
Mi	Micha	Phil	Philipperbriefe
Neh	Nehemia	Röm	Römerbriefe
Num	Numeri	Tim	I und II Timotheusbriefe

4.3 Qumran

CD	Cairo Dokuments (Damaskusschrift)
QSa	Gemeinderegel

4.4 Außerkanonische Schriften neben AT und NT

aethHen	Aethiopischer Henoch
4Makk	4. Makkabäerbuch
syrBar	Syrische Baruchapokalypse
Test Abr	Testament Abrahams
Test Ass	Testament Assers
Test Hi	Testament Hiobs
Test XII	Testament der Zwölf Patriarchen

4.5 Rabbinisches Schrifttum

Mischna-, Tosefta- und Talmudtraktate

b	**Babylonischer Talmud**
bAZ	Avoda Zara
bBaba Batra	Baba Batra
bBabaQama	Baba Qamma

bBer	Berakhot
bGit	Gittin
bHag	Hagiga
bHul	Hulin
bMen	Menachot
bMoed Katan	Moed Katan
bNed	Nedarim
bQid	Qiddushin
bRHSh	Rosh HaShana
bSan	Sanhedrin
bSheq	Sheqalim
bShevu	Shevu'ot
bSota	Sota
bSuk	Sukkot
bYev	Yevamot
bYom	Yoma
y	**Jerusalemer Talmud**
yAZ	Avoda Zara
m	**Mischna**
mAv	Avot
mAZ	Avoda Zara
mBer	Berachot
mSan	Sanhedrin

Midraschim, Targumim, Sammelwerke

BerR	Bereschit Rabba
CD	Targum Codex Neofiti
MTeh	Midrasch Tehillim
PRE	Pirqe de Rabbi Eli'ezer
QohR	Qohelet Rabba
ShemR	Shemot Rabba
WaR	Wajikra Rabba

5. Stichwortverzeichnis

Abendmahl 56 f.
Aberglaube 138, 142, 144, 148, 152, 199
Abkehr von Gott 115, 185
Abraham 165, 175–177
– Kindschaft 178
Absicht, göttliche 125
Abstieg 195
Abtrünnige 171
Abwesenheit Gottes 114, 172
Achtzehngebet 179 f.
Adam und Eva 114, 126
Ägypten 163, 179, 200
Agnostiker 130
Ahnenkult 201
Aktivität
– religiöse 71, 77 f.
– spirituelle 71
Allmacht Gottes 162
Altar 175
Altes Testament 90, 113, 130, 155, 159 f., 161, 201, 213 f.
Altruismus 102, 109, 112
Amulette 51, 143 f., 200 f.
– Auge, blaues 47, 143
– Chai 47, 144
– Chamsa 47, 143 f.
– Davidstern 47, 144
– Faden, roter 143 f., 152
Analyse
– diachrone 154
– historisch-kritische 88
– interpretative 16
– konstant-vergleichende 89, 95
– Methoden 82
– motivgeschichtliche 155
– religions-phänomenologische 85
– synchrone 154
Andacht 151 f.
Angst 49, 67, 69, 112, 119 f., 122, 126, 138, 141 f., 181
Anleitung Gottes 103
Anforderungsprofil, religiöses 104
Anrufung Gottes 114
Anthropomorphismus 148
Anthropodizee 115
Anthroposophie 117
Antiochus IV 177, 187
Antwort 207
– Gottes 129, 142, 170, 174, 182
Anwalt der Gerechten 170

Anwesenheit Gottes 172
Apokalypse 113, 125
– Johannes 188 f.
– 10 Wochen 186
Apokalyptik 128, 157, 185, 186, 190, 198
– Daniel 187
– Henoch 186
Apokalyptiker 28, 81, 85, 88, 189
Apokryphen 197
Apostel 139
Aqeda Jizhaq 175 f., 178
Armenfürsorge 158
Arzt 73, 75, 102, 197 f., 112, 116, 121, 131–135, 138, 142, 148, 204–206, 213
– Gott als 122 f.
Askese 163
Astrologie 145
Atheist 130
Audition 147, 194, 199
Auferstehung 139, 140, 176 f., 188, 197, 213
– Christi 188
– Hoffnung 183 f.
– Jesu 131, 159
– Texte 139
– Tote 139, 146
Aufopferung 175, 209
Aufstieg 195
Auftrag
– Erwählung 127
– göttlicher 99
– religiöser 127
Aura 144
Auschwitz 172, 174
Ausrottung 162
Ausscheidung 134
Ave Maria 197

Baal teschuva 164
Bann 144–146, 149, 200
Bärin 172
Bar Kochba 176
Barmherzigkeit 156, 158, 162, 164
– Gottes 196
Baum 135–137, 198, 205
Bedeutung 24 f., 83–87, 91
– des Lebens 28, 46
– endzeitliche 127
– transzendente 103
– von Geld 46
Bedrängnis 178

Bedrohung, existentielle   104, 128
Befreiung   103, 106, 182
Begraben werden, lebendig   141 f.
Beichte   151
Beistand   225
Bekehrung   130 f., 147, 149, 194
Bekenntnis   163 f., 174
- der Sünden   117
Belehrung   106, 114, 174
Belohnung   für gute Taten   116
Ben Sira   167
Berg   152, 177
- Gipfel   100, 185
- Luft   147
- Predigt   158
- Rutsch   206
Beschwörung   44, 134
Bethlehem   143
Betreuung, spirituelle   13
Bestimmung   153 f., 168, 205
- des Menschen   25, 99
- göttliche   103
- persönliche   106
- transzendente   106
- zum Guten   104, 161
- zur Erlösung   161
Bewältigung von Krankheit   13, 25, 66, 70 f., 73 f., 81
Bibel   42, 127, 129, 130, 133, 139, 143, 148, 155, 171, 182, 184, 208
Bilanz   102, 118, 173
- des Lebens   106, 127
Bindung Isaaks   175
Biographie   12, 28, 86, 90, 93 f., 103, 110, 115, 123, 129, 138, 207
Birke   102 f.
Blick, böser   47, 143, 145, 152, 201
Blumen   154
Blut Christi   196
Böses   143, 151, 156, 168
Briefe
- an Gott   48 f., 208
- Vergebung   51
Buch   163
- des Lebens   117 f., 124, 152, 161
- der Richter   169
Buch Bahir   96
Buchhaltung Gottes   118
Bund   156, 160 f., 163, 169, 176
Bundesbruch   156
Burg   85
Bürgschaft der Israeliten   162

Buße   50, 63, 98, 149, 158, 161, 164 f., 171
- Gebet   163
- Gottesdienst   164
- Leistung   104
- Tage   163
- Zeit der   125
Büßer   106

Chaos   113 f., 190
Chassidismus   190
Cataclysmos   137
- religiöser   132
Chesed   158
Choc inaugural   192
Christen   13, 15, 19 f., 26 – 29, 39, 65, 71, 82, 95, 97, 101, 105 f., 112, 115, 124, 130, 146, 148 – 152, 157, 162, 165 – 169, 173 – 175, 178 f., 183, 185 f., 197, 199, 201, 203 – 206, 209, 213, 215
- frühe   159
Christentum   13, 15, 96, 128 f., 130, 165, 194, 196, 216
Christus   130, 140, 161, 193 f.
- Ähnlichkeit   197
- Ereignis   159, 188
Coping   65

Dämonie   149
Danielbuch   187
Dankbarkeit   102, 112, 137, 156, 160, 162, 184, 208, 212
Danken   61, 108, 110, 117 f., 123 f., 146, 181
Dasein   102
- eschatologisches   185
Datenmaterial   16
Debekut   144
Deduktion   87
Demut   118, 137, 184
Demütigung   113
Deutung   12, 25, 28, 86, 173, 225
- biblische   75
- christliche   25
- ekstatisch-eschatologische   127, 179
- jüdische   25
- messianische   125
- Muster   90, 93, 97
- Rahmen   23, 28, 115, 140, 202
- rabbinische   177
- religiöse   209
Dialog
- jüdisch-christlicher   14
- mit Gott   103, 114

242

Diät 129, 134
Dienen 131
– Gott 109
Diesseits 109
Disteln 172
Dogmen 79, 153
– religiöse 215
Donner 156, 174
Dornbusch 197
Dornen 172
Drangsal 189
– endzeitliche 159
Dunkel 120

Ebenbildlichkeit 193
Egoismus 109 f., 115
Ehrfurcht 135
Einkehr 195
– religiöse 181
Einsicht ins Leiden 116
Eklektizismus 215
Ekstase 138
Elend 121
Eli 70
Eliahu haNavi 143
El mistatter 171
Endheil 125
Endherrschaft 189
– Gottes 188 f.
Endzeit 157, 177, 179, 185, 186 f., 209
– messianische 128
Engel 49, 130, 147, 151, 175–177, 86, 188, 199
– Wächter 195
Entfremdung Gottes 174
Entrückung 195
Entsühnung 179
Enttäuschung 141 f., 173
– von Gott 108, 110 f., 114, 116, 129, 133
Entwicklung 124
Epidemien 160
Erbarmen 162, 164, 173, 178
Erdbeben 50, 147, 148, 188, 206
Erde 137, 177, 157, 184, 187 f., 196
Erfahrung 28 f., 31, 36
– geschöpfliche 24
– normative 24
– numinose 16
– objektivierte 24
– religiöse 233–27, 184
– sinnliche 21
– spirituelle 137

– subjektive 11, 14
– Typus 95
Erfüllung 128, 182
Ergebenheit 116, 183
Erhöhung 197
Erinnerung 92 f., 162, 178
Erkenntnis 89
– Potential 82
– Prozeß 89
– theoretische 82, 86 f.
Erleben 27
– kreatürliches 27
– Muster 95
– mystisches 138 f.
– religiöses 21
Erlöser 104, 127, 150, 154
Erlösung 11, 51, 94, 106, 122, 192 f., 139 f., 144, 154, 156, 164 f., 179, 182, 194, 204, 210
– Geschehen 29
– Hoffnung 159, 197
– Prozeß 127
– Religion 209
– universale 158
Erneuerung 132–136
Erschöpfung 141 f., 173
Erwachen 100
Erwählung 105, 118, 156, 160, 169, 183, 189, 213
– Auftrag 169, 212
– Bewußtsein 128, 185
– Gemeinschaft 106, 162, 185
– im Leiden 183
– Israels 195
Erweckung der Toten 152, 177
Eschatologie, präsentische 140, 194
Eschaton 104
Esoterik 148, 152, 199, 201
Esrabuch 157
Ethik, protestantische 62
Evangelisch 101
Evangelium 140
Eved Adonai 178
Exil, babylonisches 178, 188
Existenz, menschliche 14
Exit 61, 118
Exorzismus 199
Experience, unusual 129

Familiengründer 159
Fasten 163
Fasttage 163
Fatalist 150

243

Fegefeuer 164
Feinde 156
Fels 139
Feuerofen 164, 179
- Männer im 164, 176
Finsternis 156
Fluch 145 f., 149, 197, 201
Fluchen 120
Flut 190
Forderung 184
Forschung
- Ansatz, interpretativer 16, 82, 95
- biographische 82 f., 90–94
- Feld 87
- Geschichte 16
- Instrumente 87
- interdisziplinäre 82
- Kritik 16
- naturwissenschaftliche 81
- Methode 81 f., 91
- Tradition 81
- transdisziplinäre 82
Freude 130 f.
- im Leiden 159
Feuersäule 177
Freund Gottes 175
Frevel 162, 187
Frevler 156 f., 170 f.
Friede 122, 146, 158, 182
Friedhof 121, 141, 199
- Besuch 124, 143
Fromme 156, 165
Frömmigkeit 112, 129, 144, 148
- Jesu 196
Fruchtbarkeit 197
Frühjudentum 157, 195
Fügung 102
Führung
- von Gott 105, 121
Fürbitte 51, 121, 123, 151 f., 183
- Marias 197
- von Lebenden und Toten 51, 112, 201
Fürsorge 183
Fürsorgepflicht Gottes 153
Fürsorglichkeit Gottes 116

Gaben Gottes 103, 106, 158
Gebet 22, 42, 47, 51, 56, 58, 61, 63, 72 f., 84 f.
 101 f., 112, 117, 121–124, 133, 139, 142–144,
 146, 151–153, 158, 170, 178, 181–183, 195 f.,
 208
- Buch 47, 118

- Rosenkranz 122
- Texte 123
Gebeugte 170
Gebote 156, 160, 168 f., 186
- Zehn 151
Gebrauchsanweisung 98
Geburtstag 142 f., 144
Geburtswehen 186
Gedanken, tragende 138
Gegenstände, magische 142
Gegenzauber 144, 148
Geheimnis, eschatologisches 195
Gehorsam 123, 125, 175, 205
- Abrahams 177
Geist 129, 132, 134, 161, 178, 195
- der Bibel 131
- heiliger 121
Geistheiler 67, 71, 134, 136, 149, 152, 199
Geistheilung 36, 51, 75
Geläuterter 98
Gekreuzigter 196
Gemeinde 111, 160
- jüdische 119
Gemeinschaft 121
Generationen 162 f., 199
Geprüfter 115
Gerechter 36, 157, 161 f., 164 f., 183, 188, 196
Gerechtigkeit 158, 171–173, 197, 207
- ausgleichende 63
- Begriff 159
- des Menschen 159
- Gottes 156 f., 159, 170
Gericht 152, 165, 174, 189, 194, 213
- Gottes 156–158
Geschenk 142, 207
- von Gott 125, 131, 207
Geschichten 90–97, 101–105, 112–115, 120,
 123, 125, 147, 154
Geschick 156
Geschöpfe 98
Gesetz 194, 213
- religiöses 51, 99, 104, 109, 156, 158–161,
 166, 168, 177 f.
- Treue 158, 162
Gesundheit 54, 60, 66, 68 f., 78–80, 82, 112,
 119, 132, 135
- seelische 77
Gethsemane 84
Gewalt, höhere 98
Gewissen 62 f., 166, 179
- schlechtes 109
Gewißheit, religiöse 147 f.

244

Gewitter 102, 206
Ghetto 109 f.
Gideon 169
Glaube 20–22, 47, 49, 61, 66, 69, 71–74
  79–81, 85, 108, 113 f., 125 f., 131, 140, 145,
  149, 153, 159, 168, 175, 207 f.
– christlicher 129
– Erotik 197
– Gemeinschaft 66, 97
– Gewißheit 181, 183 f., 189, 215
– Kampf 130
– Konstruktionen 124
– magischer 148
– mystischer 194
– Praxis 70, 131
– Systeme 67, 79, 115, 210
Gläubige 68, 106, 133, 169
Glück 70, 73, 131, 142, 157, 167
Gnade 49, 128, 133, 137, 149, 153, 156,
  158 f., 162, 164, 168, 173, 179, 182, 205
Gog 157
Gott 20 f., 40, 42, 45, 47, 49, 63, 70–73, 82, 95,
  102 f., 106 f., 112, 146–148, 151, 157, 166,
  171, 181, 188 f., 204 f., 210
– abstrakter 105, 211
– alles-in-allem 193
– allmächtiger 116, 153, 170
– allwissender 153
– barmherziger 104, 112, 125, 182
– Begleiter 121
– Briefe an 48 f.
– Drohworte 163
– empathischer 202
– erbarmender 207
– Erlöser 162, 167
– erziehender 126
– Existenz 211
– Fehlverhalten 169, 173
– ferner 207
– fragwürdiger 116
– gerechter 106, 176
– glaubwürdiger 116
– Großvater 151
– heilschaffender 25, 168
– Lehrer 105
– liebender 108, 125, 130, 152, 156, 211
– personaler 100, 105, 114, 115, 124 f., 144,
  153, 166–168, 201
– Richter 156 f., 207
– sich beherrschender 171
– sich verbergender 171 f.
– sprechen mit 114, 142, 144, 183

– strafend-erziehender 104
– strenger 211
– unberechenbarer 154
– unendlicher 151
– ungerechter 114, 116, 170
– Vater 105
– verborgener 154
– verzeihender 125
– Vertrauen 81
– Vorstellungen von 95, 207, 211
– Wort 131
Gottes
– Bild 103, 108, 116
– Dienstbesuch 66, 69, 78 f., 109, 116, 119, 173,
  183, 212, 217
– Ehre 158, 175
– Entscheid 102
– Erfahrung 115
– Erkenntnis 199
– Existenz 144, 211
– Fingerzeig 167
– Führung 156, 207
– Funktion 207
– Gegenwart 140, 182
– Gerechtigkeit 112, 117
– Gericht 63, 156–158, 165
– Geschenk 84
– Gestalt 100, 105, 211
– Größe 101, 105, 184
– Güte 158
– Hände 119, 121
– heilende Kraft 72, 132
– Herrlichkeit 195
– Herrschaft 158, 161, 165, 179, 188
– Hilfe 103
– Knecht 51
– Königreich 158
– Kraft 80, 129
– Loyalität 116
– Macht 163
– Magd 184
– Mittlerfigur 51, 105, 148, 199, 201
– Rache 162, 172
– Reich 180, 195
– Ruhm 130 f.
– Schau 195
– Thron 195 f.
– Tod 174
– Verständnis 103
– Vorbote 37
– Wege 205
– Wille 153, 158, 175, 179, 183, 186

245

– Wirken 131, 162
– Zorn 156 f., 163, 165, 172, 185, 187, 191
Gottesknecht 178 f., 184
Gottheit 21
Göttliches 21, 22, 204
Gottlose 186
Grab 50, 141, 143, 182
Grenzerfahrungen 199
Grenzgänger, religiöser 154
Greuel 188

Haderer 107, 113–115, 119, 124, 139, 150, 169, 173 f., 181, 190, 202, 208
Hadrian 186
Halacha 99
Hallen, himmlische 195
Haltung
– christliche 111
– religiöse 23
Handlung, religiöse 22 f.
Haggada 221
Heil 94, 128, 143 f., 150, 158, 175, 197
– eschatologisches 194
Heiler, spiritueller 30, 131
Heilerfahrung 70
Heilige 139, 188, 194, 212
Heilige, das 16, 20–22, 27, 66, 85, 94, 114 f., 122, 138, 143, 146, 149
Heiligung des Namens 157, 176
Heilkräfte 132, 135
Heilkräuter 137
Heilmethoden 25, 44, 199
– alternative 20, 36, 132
– chinesische 133
Heilsansage 165
Heilsgarantie 178
Heilsgeschichte 125
Heilsgestalt 148, 199
Heilsgewißheit 150
Heilszusage 168
Heilung 62, 66 f., 70, 129, 133, 135, 137, 142 f., 149, 151, 164, 182, 184, 192, 200 f., 204, 210
– des Blinden 162
Helmsuchung 158
Held 118, 138 f.
hen kai pan 193
Herausforderung Gottes 114
Hermeneutik 24, 82–86, 89, 94
Herz 161
– Jesu 196
hester panîm 171
Hilfe Gottes 103

Himmel 49, 114, 122, 138, 146 f., 152, 157, 165, 174, 175, 177, 179, 181, 184, 185–188 f., 194, 196 f., 209
Himmelfahrt Mose 187
Himmelsreise 195, 198
Hingabe 178
– an Gott 116, 121, 180
Hinweis 119
Hinwendung zu Gott 140
Hiob 28, 156, 170, 176
Hirte 85, 130
Hochmittelalter 192
Hochzeit 135
Hoffnung 22, 37, 63, 72, 77, 94, 101, 120 f., 123, 137, 144, 150, 156, 159, 162, 167, 172, 175, 1823–184, 185–188, 191, 198
– messianische 186
Hoffnungslosigkeit 74, 191
Hohepriester 187
Holocaust 172, 175
– Hypothese 142
– Theologie 175
– Überlebende 144, 207
Hölle 122, 146, 151, 164
Homöopathie 129
Hungersnot 160, 188
Hypothese 203

Ideation 83 f.
Identifikation
– jüdische 105
– mit Jesus 140
Identität
– der Kranken 105
– religiöse 97, 224
Ikone 84
Individualisierung, religiöse 216
Induktion, analytische 87
imitatio Dei 178, 182
Innerweltliches 160
Intention 84
Intentionalität 84
Interaktionismus, Symbolischer 86
Interpretation 24, 27–29, 85, 87–90
– analytische 81
– hermeneutische 88
– kabbalistische 129
– Leiden 19 f.
– magisch-mystische 144
– Motive 26
– Muster 90, 94
– Rahmen, religiöser 209

- religiöse 20, 66
- Wirklichkeit 86 f.

Intersubjektivität 86
Intoleranz, religiöse 131
Irdisches 204
Irreligiosität 203
Irrlehren 105
Irrtum Gottes 153
Isaak 175 f.
Isaak Luria 192 f.
Israel 116, 118, 125 f., 141, 145 f., 156–158, 166, 172, 178, 187, 190, 200, 211
- Haus 161

Israeli 34, 82
Israeliten 157, 176

Jahreszyklus, jüdisch-religiöser 125
Jakobusbrief 159
Jenseits 109, 126, 141, 147, 151, 154, 160, 174, 190, 213
- Vorstellungen vom 58

Jerusalem 47, 75, 100, 144, 146, 152, 171, 183
Jesus 56, 130 f., 133, 140, 147–149, 159, 162, 165, 169 f., 177–179, 184, 188, 194f., 194–198, 200f., 205, 211, 215
- Auferstehung 124
- Passion 124
- Schmerz 131
- Überlieferung 158
- Vorbild 158

Joch 174
- Gottes 116, 156

Johannes der Täufer 165
Jom Kippur 127
Judaistik 14, 15, 203
Juden 13, 15, 19 f., 26–31, 38, 65–71, 78, 82, 95, 97, 99, 105-110, 115-119, 124–126, 128, 130f., 141 f., 143, 148-151, 158, 162 f., 165–169, 173, 175 f., 187–190, 193, 199, 202, 213
Judentum 13, 15, 96, 98, 110, 129, 179, 194, 196, 216
- halachisch-rabbinisches 51, 148
- kabbalistisches 51
- traditionelles 111
- schwarzes 110

Jünger 162, 178, 188, 195

Kabbala 146, 148, 164, 198, 201, 213
- lurianische 192 f.

Kampf 90, 99, 100, 102, 112–114, 118, 141 f., 184

Kastanienwald 102
Kasteiung 163
Katharsis 132, 136
Katholiken 55, 57, 67 f., 78, 113, 137 f., 139, 141, 143, 151, 153, 166 f., 181, 190, 212
Katholizismus 114
Kelch des Zornes 157
Kenntnisse, religiöse 214
Kerze 101, 108, 143 f., 146, 198
- Shabbat 110

Kinderlosigkeit 126, 145
Kirche 26, 55–59, 61, 66, 74, 80, 132 f., 135, 150, 153, 181, 191, 197, 201, 212, 215
- Austritt aus 55 f.
- Besuch der 69, 78 f., 112, 137 f.
- evangelische 58, 63, 216
- katholische 114, 216
- lutherische 131

Klage 103, 115, 163, 173
- Mauer 152, 183
- Lieder 170
- Psalmen 170

Kloster 143 f., 182 f.
Knecht 178
Knospen 103, 205
Kohelet 173
Kollektiv, jüdisches 127
Kommunion 122
Konfession 150
König 160
Königreich Gottes 158
Konstellationen 142, 148, 201
- kosmische 149
- mystische 154

Kontrolle 99, 121, 129
Körper 66, 100, 107, 129 f., 133, 135, 166 f., 177, 209
- Signale 100

Kraft 49, 94, 99, 102, 112, 122, 134, 137–139, 142–144, 150, 152, 157, 168, 172, 179, 189, 208
- der Natur 129
- geschöpfliche 135
- kosmische 193
- magische 28
- Quellen der 101, 143
- religiös-spirituelle 132
- transzendente 136

Kranke 19, 24–27, 31–38, 42, 49, 76, 79–81, 95–97, 103, 106 f., 113, 132, 148, 162, 167, 174, 181–185, 202 f., 210, 224

247

- christliche 12, 30, 32
- jüdische 12, 30–34
Krankenbesuch 158
Krankengeschichte 93
Krankensalbung 122
Krankenschwester 39, 49, 114
Krankheit 30, 37, 41, 53 f., 61 f., 66 f., 70, 73, 75, 80, 97 f., 103, 106, 112, 117 f., 126, 132, 139 f., 142, 144 f., 151, 162, 166 f., 171, 190, 204
- als Lektion 102
- Ereignis 23, 100
- Erfahrung 13, 15, 25, 26, 77
- Interpretation 12, 51, 55
- Situation 25
- ungerechtfertigte 116
- unverdiente 116
- Verarbeitung 12, 13, 16, 51, 97, 105, 147, 209
- Verlauf 120
Kreaturgefühl 203
Krebs 11, 24, 27 f., 40, 42, 50, 53–59, 68, 70 f. 94 f., 99–102, 107–111, 120, 123, 137, 141 f., 145 f., 153, 165, 167 f., 203
Kreuz 123, 131, 140, 143, 147, 159, 170, 177, 194, 196 f., 201
Kreuzigung 130
- Jesu 159, 170, 178
Kreuzzüge 176
Krieg 160, 188
Kristallbild 129
Kruzifix 140, 147, 198
Kult 51

Lamm 196
Last 103, 182
Lästerung 171
Läuterung 165, 188, 195
Läuterungsprozeß 136
Lawine 136
Leben 41 f., 45 f., 49, 51, 58, 63, 85, 94, 99–102, 108 f., 111 f., 119 f., 136, 137 f., 141, 146 f., 150, 153, 166 f., 210, 213
- ewiges 158, 160, 177, 178, 194
- Endlichkeit 28, 63
- geschenktes 102
- nach dem Tod 127, 160
- spirituelles 126
Lebensauftrag 104
Lebensbaum 147, 188, 193, 196 f.
Lebensbestimmung 104
Lebensdurst 213
Lebenselemente 135

Lebenserfahrung 83
Lebensgeschichte 83, 92
Lebenskraft 197, 205
Lebenslogik 126
Lebensplan 167
Lebensqualität 71, 75
Lebensthema 100
Lebenswandel 118
Lebensweise 167, 170, 172, 212
- orthodoxe 110
- Überprüfung der 63, 106
- Veränderung der 97
Lebenswelt 27 f., 82, 86–94, 103 f., 206 f.
Lebenswerk 213
Lebenswunsch 112, 118
Lebenszufriedenheit 71 f., 77
Leere, religiöse 175
Legende 197
Lehre 167, 195
- kabbalistisch-messianische 128
- rabbinisch-halachische 144
Leid 26, 109, 122, 140, 144, 158, 169, 173
Leiden 11, 23 f., 26, 29, 45, 47, 49, 65, 72 80, 95, 105 f., 113–116, 119, 125, 128, 133, 140, 147, 150, 153, 156 f., 160–165 168, 175, 178, 182–185, 188 f., 197
- Auffassung von 26, 159, 167
- Äußerung 26
- Begriff 20, 25
- Bewußtsein 214
- Biographie 50, 113, 115, 214
- disziplinarisches 104
- Erfahrung 12 f., 14, 15 f., 19–29, 27, 81, 94, 82, 94 f., 104 f., 112, 118, 123, 148, 159
- Erleben von 23
- Gemeinschaft 194
- Geschichte 29, 83, 90, 93-97, 109, 114
- Ideologie 160
- Interpretation 24 f., 28, 94–96, 155, 171, 190, 202–204
- Läuterung 160
- pädagogisches 104
- Prozeß 208
- Situation 214
- stellvertretendes 51, 178 f.
- Sühne 160
- Traditionen 11, 20, 25, 209
- Umgang mit 26
- ungerechtes 26, 109, 122, 169
- unschuldiges 172, 178
- Verarbeitung von 13, 26, 128, 168
- Verzückung/Verzücktheit 140, 144, 194

Leidende 25, 29, 75, 95
Leidensgenossen 112
Leidensweg 149
Leistung 101
Lenker 154
Lernen 99, 100, 106
Lesungen 47
Lessons from God 126 f.
Licht 49 f., 134, 145, 160, 187
Liebe 101, 121 f., 131, 153, 181
– zum Leben 111
Liebesgebot, doppeltes 158
Liebeshandlungen 51, 143 f., 151, 157 f.
Liebeswerk 193
Lieder 133
Lilien 172
Literatur
– nachbiblische 160
– nebenbiblische 160
– rabbinische 160
Liturgie 175
Locus of control 73, 94
Lohn 155–159, 174, 188
Lourdes 181
Loyalität Gottes 116
Luft 134
Lukas 178, 195

Macht 124, 209
– höhere 28, 114
– dunkle 142
Magie 44, 70, 128, 134, 145–148 f., 200 f., 211
– Abwehr 70
Magog 157
Mahlsgemeinschaft 178
Mahnung 160–162, 167
Makkabäer 176
Maria 194, 196
– Klage 196 f.
– Leiden 197
– Liebe 197
– Lob 196
– Schmerzen 197
– Verehrung 196
Märtyrer 102, 138, 157, 164, 174, 176, 178 f., 183 f.
– Mutter 176
Martyrium 149, 157, 180
Matthäus 161, 188
Meditation 122
Medizin 66 f., 70, 102, 133, 136
– alternative 48

– Ethik 213
– ganzheitliche 42, 66
– komplementäre 67, 103
– psychosomatische 66
– Schulmedizin 67, 102, 130–132, 135, 137, 147 f., 206
Memoria 182
Mensch 78, 106, 119, 121, 138
Menschensohn 105, 186
Menschheit 127
Merkaba 195
Mesmerismus 199
Messianisten 185
Messias 51, 125–127, 130, 148, 158, 164, 178, 189, 193
– Erwartungen 188, 190
Metapher 11, 100, 104, 117, 135
– konfessionell tradierte 124
Methode, interpretativ-sozialwissenschaftliche 87
Middat ha-dîn 158
Middat ha-rachamim 158
Midian 170
Midrasch 160, 172
Milde 162
Mischna 200
Mizwot 118, 212
Morbidität 67 f., 77
Mortalität 67 f., 77
Mosaikbild 102, 103
Mose 161 f.
Motive 150 f., 154, 168, 209, 219
– alttestamentliche 219
– Fortschreibung 222
– Kabbala 219
– neutestamentliche 219
– religiöse 13–26, 49, 82 f., 95, 106, 125, 155, 204, 219
– Rezeption 222
– Transformation 222
– Verdichtung 222
– Wirkungsgeschichte 223
Motivik 25
Mutter Jesu 197
Mysterien 112, 134 f., 150
– Gottes 187
– religiöse des Lebens 104
Mysterium Divinum 201
Mystik 100, 138, 141, 146, 152, 154 f., 164, 190
– Buchstaben 147 f.
– christliche 147 f., 194
– jüdische 155, 160, 193

249

- Gestalt 139
- hechalot 195
- Jesus 194
- Leiden 194, 197
- Licht 194
- Liebe 194
- Maria 196
- Überhöhung 51
Mystiker 192, 195, 200
Mythologie 213

Nachfolge 139
- Jesu 140
Nachkommen 162
Nacht 175
Nachum Gamzu 183
Naherwartung, endzeitliche 185
Namen Gottes 121
Natur 137, 147, 149 f., 152, 166, 191, 199, 201
- Gesetze 203
- Gewalt 102
- Heilmittel 129
- heilschaffende 206
- Katastrophen 139, 148, 160
- Phänomene 104, 136, 205
- Religionen 201
Nebukadnezzar 176
Nehemia 164
Neoplatonismus 193
Neues Testament 123, 129 f., 155, 161 f., 170, 188, 193, 196 f., 213 f.
Neujahr 48, 117 f., 127, 146
- jüdisches 51
Neuschöpfung 188
Nivellierung, religiöse 215
Nordreich 160, 163
Normen 67, 74, 113 f., 119, 124, 139, 167, 182, 214
Notzeit, messianische 127, 139
Numinosum 16, 21, 27, 85, 94, 100, 105, 151, 166, 200

Offenbarung 129, 162, 167, 192, 194
- Empfang 195
- mystische 194
Offenheit, spirituelle 131
Ohrfeige 98 f., 167, 205
Ölberg 179
Opfer 105 f., 115, 133, 135, 137 f., 140, 161, 163, 167, 173 f., 184
- Bereitschaft 178
- Brand 177

- Gesinnung 175 f.
- Rolle 103
- Sühne 179
Opferung 178
Oral History 92
Ordnung 156 f., 166, 168, 189, 208
- disziplinäre 14
- Gefüge 205
- göttliche 189
- irdische 189
- Verlust der 128
- Wiederherstellung der 106
Orientierung, religiöse 115
Orkan 120, 122
Ostern 81, 117

Panentheismus 194, 201
Papst 153
Paradies 146, 154, 194, 197
Parallelen (Kirchen) 217
Passion
- Jesu 194
- Geschehen 197
Paulus 130, 139, 159, 178, 193 f., 198
Peiniger 157
Pendler 148, 152
Periodisierung 186
Persönlichkeitstyp, religiöser 209
Pessach 117
Petrusbrief 179
Pfarrer 56, 58, 131, 153, 205
Pflege 14, 67, 76, 81, 108, 211, 224
- Beruf 76
- Forschung 65
- Praxis 13, 15, 76, 81, 203
- spirituelle 76
- Wissenschaft 14, 23, 55, 65, 81
Pflegende 31, 75–77, 138
Pflegepersonen 225
Phänomene 24, 155
- religiöse 16, 23, 85, 88, 95, 104 f., 155, 204
Phänomenologie 82–86, 94
Philosophie
- christliche 13
- jüdische 13
Pirqe de Rabbi Eliezer 177
Plan Gottes 126
Pluralismus 215
Polemik, interreligiöse 215
Potenzen 193, 199
- kosmische 196
Prädestination 95

Praktiken
- magische 200
- theurgische 195

Präsenz, religiöse 213

Praxis
- Glauben 144
- mystisch-magische 51
- religiöse 79

Prediger 200

Priester 130, 138, 142 f., 148, 187, 204 f., 207

Priesternschaft 158

Profanes 21 f., 85, 168

Prognose 108

Prophet 157, 160, 166, 187, 195
- Daniel 157, 188
- Ezechiel 157, 161, 195
- Habakuk 187
- Hosea 163
- Jeremia 163, 170
- Jesaja 163
- Sacharia 163

Prophetie
- Droh- 157
- Exils 157, 161
- Gerichts 157
- Heils- 157, 178
- vorexilische 157

Protestanten 55–57, 68, 78, 111, 123, 165, 212

Prozeß 24
- hermeneutischer 24, 85 f.
- Verarbeitung 94

Prüfung 49, 75, 112 f., 152, 175–177 f., 187, 207

Psalm 129
- Büchlein 143

Qaddisch 179 f.

Qibbuz galuiot 189

Qiddusch ha-Schem 157, 176

Quelle 129, 147 f.
- der Heilung 134, 144
- der Hoffnung 136
- des Glaubens 183
- der Kraft 144
- göttliche 197
- rabbinische 155
- zwischentestamentliche 155

Qumran 158, 186 f.

Rabbi 217
- Wunder 143, 145 f., 198, 201
- Chabad 47, 126

Rabbi Akiba 164, 200

Rabbinen 171 f., 180, 183

Rabbiner 39, 47, 124, 130, 142, 144, 147, 149, 152, 162

Rache, Tag der 158

Rachegott 108

Rahmen, religiöser 128

Rebe 194

Rechtfertigung 115, 159, 173, 189
- des Menschen 159
- eschatalogische 158, 175
- Gottes 72, 169

Reduktion 83 f.

Reflexzonenmassage 60

Regel, goldene 158

Regen 143

Reich Gottes 130

Reinigung 134, 163, 195

Religion 11, 20, 22, 26 f., 42, 51, 55, 63, 65–67, 77–80, 94, 98, 101, 111 f., 114, 117, 124, 129, 148, 152, 175, 185, 194, 203 f.
- Aktualisierung 221
- Begriff 15, 20, 204
- christliche 194
- Dekomposition 221
- der Tat 212
- formale 111
- Inhalte 14 f., 23
- institutionelle 215
- jüdische 126 f., 194
- Kritik an 216
- Mischung 221
- Rekomposition 221
- Zugehörigkeit 66–70, 78 f., 211

Religionsgeschichte 82

Religionsphänomenologie 21, 84, 88 f.

Religionspraxis 137

Religionssoziologie 21

Religiosität 11, 13, 20–29, 36, 51, 62–80 102, 123, 204, 207
- Analogien 218
- chassidische 61
- ethnisch bedingte 28, 104
- geschöpfliche 27, 63, 104 f., 113, 137, 150, 203, 206, 211
- individuelle 15, 28, 198
- Inhalte 219
- institutionalisierte 79, 208
- internalisierte 79
- konfessionsbezogene 28, 104
- magisch-mystische 146 f.
- mystische 199

251

- mystisch-esoterische 187
- orthodox-jüdische 106, 151
- panentheistische 168
- persönliche 137
- pietistisch-neuapostolische 128
- rabbinische 51
- situationsbezogene 28
- subjektive 28, 65, 135
- traditionelle 144, 146
- universelle 146f.
- Unterschiede 218
- Veränderlichkeit 208
- Veränderung 224
- Volks 63
- von Christen 13
- von Juden 13
- von Kranken 2

Resignation 124, 150, 168, 174
Ressentiments 114
Retter 103, 131, 154, 156
Rettung 94, 100, 140, 144, 148, 165, 173, 176, 186f., 190, 198, 202
Reue 63, 106, 161, 167
Richter 66, 170
Richtergott 104, 169
Rituale 144
Römer 176, 187
Rosenkranz 197f.
Rosh HaShana 117
Ruchlose 172
Rückblick (auf Leben) 73
Ruhm Gottes 130f.

Sakrales 85
Säkulares 51
Säkularisierung 60, 79, 203
Samen 130
Sankt Blasius 181
Satan 187
Satanskult 200
Schechkina 177
Scheidung 126
Schemone esre 179f.
Schewirat-haKelim 193
Schicksal 70, 73, 94f., 108, 112, 121f., 127 109–112, 119, 122, 143f., 150, 153, 160, 167f., 170, 171, 173, 178, 203, 214
- Gottes 80
- Schicksalsschläge 126f.
Schiffbruch 186
Schimpfen mit Gott 109
Schiur Qoma 195

Schock 116, 145
Schöpfer 98f., 104
Schöpfung 104, 129, 132, 136, 149, 160, 169, 174, 193
- Erfahrung 135
- Gesetzmäßigkeit 104
- Kräfte der 104
- Mensch als Teil der 28
- Ordnung 104f., 160f., 167
- Plan 127
Schranken, religiöse 109
Schrift 140
- Heilige 129
Schuld 47, 70, 80, 98f., 104, 106, 149, 156, 163, 167, 170
- Bekenntnis 98
- der Eltern 47, 162
- Tilgung der 106
Schutz 143, 172f.
Schutzengel 204
Schwache 170
Schwäche 105, 112, 133
Schweben 138, 147
See 152
Seele 50, 54, 120, 127, 130, 134, 146, 154, 160, 164, 177, 192f.
- Korrektur 126f.
- Perfektion 127
- schmerzende 49
- Vervollkommnung 160
- Wanderung 126f., 164, 190
Seelsorge 65, 75f.
Seelsorger 37, 217f.
- Spital 225
Segen 143, 181
Selbsthilfe 79, 103, 142
- Befreiung 103
- Heilung 132f., 136
- Zerstörung 100, 105, 129
Selbsthingabe 176f.
selig 114
Servbabel 188
Sexualität 77
Sexualverhalten 80
Shabbat 107, 110, 143f.
Shalom 133
Sichel 172
Sinn 12, 19, 83, 87, 98f., 101, 116 125, 128, 142, 153, 166, 170, 182, 208
- des Lebens 74, 204
- des Leidens 75, 109
- des Todes 204

- Krise 132, 135
- religiöser 14
- Sinnbesetzung 84
- Sinnfindung 66, 71 f.
- Sinnfragen 29, 146
- Sinngebung 23, 136, 160
- Sinnlosigkeit 81
- Suche 213
- Zusammenhänge 133, 135

Sintflut 160
Sohn 188
Söhne 162 f., 175–177 f.
- der Finsternis 158
- des Lichts 158

Sonne 145 f.
- Licht 185

Soteriologie 178, 194, 197, 201, 210
Sozialforschung, interpretative 82–93
Sozialisierung, religiöse 210
Spanien 198
Spiritualität 72, 74 f., 77, 132, 135, 145
Sprache 90–92, 99 f., 105, 152
Sprachrohr Gottes 102, 105
Stammväter 160, 176
Stärke 162
Staub 189
Steine 199
Steinigung 164
Stellvertretung 196 f.
Sterben 29, 47, 50, 59, 94, 108 f., 113, 117–119, 132, 138, 141, 146, 178, 190
- Konfrontation mit 20, 54

Sterne 189
Sternzeichen 153
Stigma 144
Stigmatisierung 142
Stimme
- Gottes 129
- innere 129

Strafe 61, 63, 72, 75, 77, 99, 104–106, 109–112, 119, 122, 149, 155-158, 161, 163, 165–168, 174, 205, 207
- Gottes 80, 159 f.

Sturm 182
Sturmwarnung 120
Subjektivität 24, 81–83, 87, 90
Suche 106
Suffering 100
Sühne 104, 127, 156, 161, 163, 170
Sühnetod 164
Sühnewirkung des Leidens 140, 164
Suizid 81, 108, 118, 142, 208

Sünde 77, 140, 151, 157, 162, 170, 186
- Bekenntnis 133
- der Eltern 106
- des Volkes 164
- Register 124
- Vergebung 129, 135, 159

Sündenbock 110, 163
Sündenfall 160
Sünder 113, 135, 137, 162, 164 f.
Synagoge 26, 42, 47, 69, 143 f., 201, 215
Synkretismus 148, 201
- religiöser 28, 78

Tafeln, himmlische 186
Tagebuch 81, 83, 120 f.
Talmud 201
- babylonisch 162, 164

Taten
- gute 106, 112, 118, 127, 158, 161, 163, 171, 173
- schlechte 118, 173

Täter 104 f., 137, 167
Tauchbäder 110
Taufe 165
Taxo 164, 187
Tempel 171
- Establishment 186
- Zerstörung 188
- zweiter 163, 187

Teschuva 117, 127, 164
Teufel 152
Theodizee 225
- babylonische 174

Theokratie 157
Theologen 130
Theologie 67, 82, 136, 208, 224
- christliche 13
- jüdische 13
- lutherische 135
- Martyrium 160
- traditionelle 132 f.

Theophanie 137, 199
Theorie 88
- Bildung 89–93, 96
- interpretative 95

Tiqqun ha-Olam 160, 164, 190, 193
Titus 171
Tod 37, 45 f., 58, 74, 112, 115, 122, 131, 138-142, 144, 146 f., 151–154, 160 f., 164, 167, 170, 179, 182–184, 181, 194, 197, 202, 210
- Angst vor dem 69, 74
- Anzeigen 208

253

- Konfrontation mit 129
- Leben nach dem 50, 124
- Stunde 126
Toleranz, religiöse 225
Tomaten 109
Tor 188
Tora 127, 130, 152, 156, 161, 163 f., 169, 171
- Deutung 160
- Erfüllung 158
Tote 121, 143, 147 f., 157, 198 f.
- Erweckung der 127, 140
- Gemeinschaft mit den 51
- Kult 201
- Präsenz 138
- Zwiesprache mit den 121, 124
Tradition 106, 109, 133, 148, 155, 160, 168, 174 f., 189, 195 f., 202, 204
- allgemein religiöse 19, 23, 105
- biblische 169
- christliche 13, 15, 25, 196
- Martyrium 177
- mystische-magische 142
- jüdische 13, 15, 25 f., 51, 155, 159, 166, 173, 176 f., 196
- rabbinische 169
- rezipierte 220
- wissenschaftliche 137
Traditionsgeschichte 155
Transdisziplinarität 14 f.
Transformation 140
Transzendenz 11, 21, 24, 27, 51, 94, 101, 115, 144, 160, 175, 189 f., 202
Transzendierung 185, 194, 222 f.
Trauben, saure 162
Trauer 185
Trauergewand 163
Träume 198
Trennung von Gott 130 f., 149
Trieb, böser 158
Trost 94, 108, 120, 123, 130, 137, 157, 191, 198, 205
- Trostbedürftigkeit 214
Tugend 157
Tun-Ergehen 157, 160, 166–168
Tunnel 100, 154
Typos 89, 95
- Geschichte 95
- Ideal 89
- Phänomenomen 86

Überhöhung, mystische 148, 181, 192, 209
Überleben 102
Überlieferung religiöser Motive 218, 220
Übermensch 137 f.
Umkehr 99, 103, 105 f., 115, 128, 147, 150, 156, 158, 160–163, 164, 166–169, 181
Unbegreiflichkeit Gottes 174
Unerlöste 174
Ungehorsam 157, 160
Unheil 143, 145 f., 157, 163 f.
unio mystica 137, 149, 192
Unkontrollierbares 100
Unrecht 112, 170, 188
Unterdrückung 159 f.
Untergang der Welt 186
Unterordnung
- des Lebens 125
- des Leidens 125
- unter Gott 118, 123
Unterschiede, religiöse 211, 213, 215
Untreue 160
Unzucht 171
Unzufriedenheit
- mit Gott 116, 169
- religiöse 216
Urerfahrungen 199
Urkraft der Natur 100
Urteil 132, 171

Validität 88, 93
Vater 122, 130, 138, 182, 188, 190, 207
Väter 162, 169, 178
Vaterunser 61, 121 f., 125, 139, 179, 184
Verantwortung 80, 94, 101, 114, 116, 132 f., 159, 167, 172, 207
Verbesserung der Welt 127 f., 147
Verbote 156
Vereinigung
- mit Gott 194
- mystische 194
Verfehlung 106, 158, 161, 163, 167
Verfolgung 160, 176
Vergebung 48, 49, 63, 133, 137, 164, 178
Vergehen 106, 150, 170
Vergeltung 151 f., 165–169, 205, 209
- Akt 119
- Dogma 173
- Glaube 155–158, 161, 173
- göttliche 98, 106, 159
- individuelle 158
- Konzeption 106
- Lehre 105, 160 f.,

- Motiv 106
- Muster 119
- über Generationen 166
Vergessen 162
Vergewaltigung 106, 113, 133
Vergleich
- jüdisch-christlicher 105, 211
- motivgeschichtlicher 19
Verhältnis zu Gott 106, 112
Verheißung 169, 178
Verklärte 192, 198
Verklärung 124, 131, 137, 139, 147–149, 190
- mystische 128
- religiöse 95
Verkündigung 165
Verlassen 131
Verletzung 133
Verlieren 118
Vermittler 182
Vernichtung 157, 162
Verpflichtung 105, 169
- ethische 169
- menschliche 106
- religiöse 169
Versagen 101, 104
Verschmelzung, mystische 149
Versöhnung 100, 141, 159, 168, 177, 185, 196, 216
- Tag der 127, 152
Verstehen 24 f., 29, 41, 84 f., 88–91, 100
- hermeneutisches 85
Vertrauen 139, 158, 175, 182 f.
- in Gott 72, 114, 121, 125, 130, 134, 136
Vertreibung der Juden 198
Verwirrung 106
Vielfalt, religiöse 213
Vision 139, 147, 194, 199
- Ezechiel 198
Volk 160, 163, 170, 187
- Israel 164 f., 178 f.
Volksbrauch 144
Vollendung des Seins 195
Vorbestimmung 152
Vorbild 140
Vorbote
- des Todes 37
- Gottes 37
Vorfahren 162
Vorschriften, religiöse 111

Vorsehung 102
Vorstellungen
- religiöse 24 f.
- vom Jenseits 111
- vom Leben 129
- von Gott 104, 116, 124
Vorwurf 102 f.
- gegen Gott 114, 108, 169 f., 173, 175, 181, 209

Wald 201
Wallfahrten 197
Wanderung 164
Wandlung 74, 95, 134–136, 137, 139
Warnung 98, 106, 161
Warum? 72, 109, 110, 112, 114, 115, 118 f., 131, 142
Wasser 128
- heiliges 143
Weg
- böser 163
- mystischer 192, 195
Weihnacht 146
Weinen 117, 120 f.
Weinstock 194
Weisheit 146
- Gottes 125
- Literatur 157, 162, 197
Wellen 199
Welt 157, 164, 168, 173
Weltenbaum 193
Weltgericht 186
Weltsituation 127
Wendepunkt 129
Wesen 84, 88
Widder 161
Widersprüche, religiöse 114, 173
Wiedergeburt 51, 103
- geistige 130
Wiedergutmachung 104, 106, 147, 156, 164, 167 f., 181
Wille Gottes 72, 118 f., 121–124
Willkür Gottes 173
Wind 120
Wirkkraft 147
- Gottes 123
Wirkungsgeschichte 155, 218
Wohltätigkeit 112
Wort 129 f., 194
Wunden 200
- Christi 196
- Jesu 196

255

Wunder 134, 138, 142, 144, 181, 198, 205
– Glaube 211
Wunderheilung 112 f.
Würde 125
Wüste 156

Zaddik 51, 64, 196
– gamur 164
Zauberei 134, 144
Zauberworte 200
Zeichen
– Gottes 102
– göttliches 106
– numinoses 106
Zeit
– messianische 127, 158
– verbleibende 98, 128
Zeloten 187
Zerbrechen der Gefäße 193
Zerfall 209
– apokalyptischer 128
– der Gesellschaft 190

– der Welt 185
– endzeitlicher 185
Zerreißprobe 120
Zeugen Jehovas 212
Zohar 164
Zucht 160
Züchtigungen 160 f., 167
Zufall 119, 126
Zuflucht 20, 94, 101, 111, 140, 144, 148
Zugehörigkeit
– ethnische 28
– konfessionelle 28
Zukunft 126, 128, 185
Zurechtweisung 98
Zusammenhang
– magischer 142
– religiöser 142
Zuversicht 129, 168, 184
Zwänge, religiöse 115
Zweifel 128, 130, 139
– an Gott 114, 116
Zwiesprache 148